Ernest Zahn

Das unbekannte Holland

Ernest Zahn

Das unbekannte Holland

Regenten, Rebellen und Reformatoren

im
Siedler Verlag

CIP-Kurztitelaufnahme der Deutschen Bibliothek

Zahn, Ernest:
Das unbekannte Holland: Regenten, Rebellen u.
Reformatoren / Ernest Zahn. - Berlin: Siedler, 1984.
ISBN 3-88680-113-6

Satz: Bongé & Partner, Berlin
Druck und Buchbinder: Wiener Verlag
Printed in Austria 1984
ISBN 3-88680-113-6

Inhalt

Vorwort

Dieses Buch entstand als eine Art Liebhaberei neben meiner beruflichen Arbeit. Es sollte ein Werk besonderer Art über den Wandel unserer Gesellschaft werden - nicht nur der niederländischen. Das Thema »Holland« bot die Möglichkeit, auf eine Vielfalt aktueller Erscheinungen und Fragen einzugehen, deren historische Wurzeln zu verfolgen und so ein Bild von Kontinuität und Wandel zu zeichnen.

Der Gedanke an ein solches Buch kam mir schon einmal in den frühen sechziger Jahren, als ich in England mit Studien zum erwarteten Beitritt Großbritanniens zum Gemeinsamen Markt beschäftigt war. Zum Schreiben des damals in englischer Sprache geplanten Buches fehlte aber die Zeit. 1967 erschien dann in Amerika das Werk »Dutch Society« meines Amsterdamer Kollegen Johan Goudsblom. Es kam dem dringenden Bedürfnis nach Kenntnissen über die Institutionen der kleinen Länder Europas entgegen, nach Informationen, die wir in den Wirtschaftsbeziehungen oder in internationalen Arbeitsgruppen vermißten, wenn es um Kulturunterschiede zwischen den europäischen Nationen ging.

Als ich schließlich gegen Ende der siebziger Jahre unter dem Eindruck neuer Ereignisse mein Vorhaben in Angriff nahm, bewogen mich im wesentlichen zwei Gründe zur Wahl der deutschen Sprache: Zum einen schien mir ein solches Buch in der deutschen »intellektuellen Landschaft« zu fehlen, zum andern lassen sich viele niederländische Kulturerscheinungen in charakteristischem Kontrast zu deutschen darstellen und akzentuieren - ein Umstand, der auch die thematische Gliederung beeinflußte.

Hinzu kamen andere Überlegungen. Für die Niederlande ist das Verhältnis zur Bundesrepublik Deutschland das wichtigste außenpolitische Verhältnis. Hinsichtlich der Wirtschaftsbeziehungen zwischen beiden Ländern kann man von einer starken wechselseitigen Abhängigkeit sprechen. Daher empfiehlt es sich, die Kenntnis der modernen niederländischen Gesellschaft und das Interesse für sie vorrangig in den deutschsprachigen Ländern, insbesondere in deren Wirtschafts-, Sozial- und Kulturwissenschaften zu fördern.

Dieses Buch wurde aber auch für niederländische Leser geschrieben. Verhältnisse der eigenen Gesellschaft, über die in der

Landessprache schon sehr viel publiziert worden ist, lassen sich in einer fremden Sprache oft distanzierter darstellen. Die Arbeit ist ebenfalls eine persönliche Auseinandersetzung mit gesellschaftlichen und politischen Fragen dieser Zeit.

Die Bezeichnung »Niederlande« scheint sich im Ausland nicht einbürgern zu wollen; daher wurde »Holland« als pars pro toto auch im Buchtitel beibehalten.

Herrn Professor Helmuth Plessner - vor mehr als dreißig Jahren hielt er an der Universität Groningen eine glänzende Abschiedsrede, und zu seinem 90. Geburtstag fanden sich in Göttingen auch niederländische Schüler und Verehrer ein - verdanke ich wesentliche Anregungen; auch Frau Dr. Monika Plessner bin ich sehr verpflichtet. Ein frühes, stimulierendes Interesse an meiner Arbeit zeigte Professor René König (Köln), wofür ich ihm sehr dankbar bin. Professor Christian Graf von Krockow danke ich für sein ermutigendes Interesse während der Schlußphase der Arbeit.

Da die Aufgabe, die ich mir gestellt hatte, so differenziert und vielseitig war, lag es nahe, Sachkundige auf den einzelnen Wissensgebieten um Kommentare zu dem entstehenden Manuskript zu bitten. Ihre Anregungen, Hinweise und kritischen Bemerkungen in Gesprächen, Briefen oder Notizen sind von größtem Wert gewesen. Mein kollegialer Dank gilt den Professoren Rudolf von Albertini (Zürich), Jan Berting (Rotterdam), I. J. Brugmans (Haarlem), Hans Combecher (Aachen), Wim Driehuis (Amsterdam), Walter Goddijn (Tilburg), Klaus Hartmann (Tübingen), E. H. Kossmann (Groningen), Alphons Silbermann (Köln) und Burkhard Strümpel (Berlin).

Herrn Professor Hartmann und Herrn Professor Silbermann schulde ich viel Dank, weil sie meinen Text mit großer Aufmerksamkeit gelesen und ihr Urteil darüber abgegeben haben; sie haben mich auch auf manchen »Hollandismus« in meinem Stil aufmerksam gemacht.

Ebenso herzlich danke ich jenen Kollegen, die mir, ohne meine Arbeit näher zu kennen, wichtige Informationen gaben und mich auf Untersuchungen hinwiesen: Hans Daalder (Leiden), Jacques A. A. van Doorn (Rotterdam), H. L. Jaffé (Amsterdam), Frits de Jong (Amsterdam), Herman Meyer (Amsterdam) und Jan Stapel, dem langjährigen Direktor des Niederländischen Instituts für Meinungs- und Marktforschung (NIPO, Amsterdam).

Nicht zuletzt gilt mein besonderer Dank Herrn Dr. Hans Günther Zempelin (Wuppertal), dem Vorstandsvorsitzenden der

ENKA-Gruppe. Er hat nicht nur großes Interesse an diesem Buch bekundet und dessen Zustandekommen gefördert; als hervorragender Kenner und Beobachter deutsch-niederländischer Verhältnisse war er mir wiederholt ein inspirierender und freundschaftlicher Gesprächspartner. Für die Förderung des Buches danke ich auch dem Vorstand der Deutschen Shell AG. Dem Verlag danke ich für seine Sorgfalt bei der Produktion des Buches.

Die in diesem Werk vertretenen Standpunkte sind nicht notwendigerweise auch die der hier genannten Personen, und Mängel der Darstellung sind ausschließlich mir selbst anzurechnen. Möge diese Studie zu fruchtbaren und kritischen Diskussionen anregen, zur besseren Kenntnis der Niederlande im Ausland beitragen, das Interesse für die kleineren Länder fördern und so unserer Europäischen Gemeinschaft dienen.

Amsterdam, im Juni 1984 *Ernest Zahn*

I.
Die konfessionelle politische Kultur der Niederlande: Kontinuität und Wandel

So wurden die Prädikanten der herrschenden Kirche die lauten Verkünder von Einsichten, die man noch nicht im vollen Sinne des Wortes eine öffentliche Meinung nennen konnte, die aber doch als geistige Macht etwas mehr bedeuteten als bloß eine Stimmung im Lande ... Die Stimme klang ... keineswegs revolutionär ... Trotzdem war eine gewisse Warnung an die Adresse selbstgenügsamer Ratsherren auf der sanften Höhe ihres gepolsterten Amtssessels nicht zu überhören ... Auch wenn die Kirche keine Stimme in der Gemeindeverwaltung oder den Generalstaaten hatte ..., so war die Obrigkeit sich doch sehr wohl bewußt, daß sie mit den Meinungen und Stimmungen, die die Predigt hören ließ, entschieden rechnen mußte ...

Johan Huizinga: *Holländische Kultur des siebzehnten Jahrhunderts (Vortrag in Köln, 1932)*

1.
Einleitung: Bürgerinitiativen und Öffentlichkeit in den Niederlanden; zum Wandel der modernen Demokratie

In der zweiten Hälfte der sechziger Jahre geriet die niederländische Gesellschaft plötzlich in Bewegung. Stürmische Ereignisse traten auf, die große Folgen hatten. Viel Aufsehen erregte im Ausland die militante Reformbewegung der Katholiken mit der Abhaltung eines eigenen Konzils. Nicht weniger aufregend verliefen andere Vorgänge: eine Radikalisierungsbewegung im Protestantismus mit Neubestimmungen des christlichen Verhältnisses zur Wirtschafts- und Gesellschaftsordnung, die Eroberung der sozialistischen Partei durch rebellische Jungsozialisten, die Entstehung einer linksradikalen Partei bürgerlicher Signatur, die Bildung einer weiteren Radikalenpartei durch abtrünnige Konfessionelle, die geglückte, in der Öffentlichkeit weitgehend mit Wohlwollen verfolgte Hochschulrevolte und schließlich die zahlreichen spontanen Initiativen an der Basis vieler Organisationen. Hiervon wurden nicht nur politische Parteien, Kirchen und Universitäten betroffen, sondern auch Gewerkschaften, Fernsehanstalten, Zeitungsredaktionen, Stiftungen und sogar eine bekannte Heil- und Pflegeanstalt. Keinen oder nur wenig Erfolg hatten die Basisbewegungen in den Unternehmen der Wirtschaft.

Dem veränderten Bild der Parteienlandschaft, des Bildungswesens und der Medienwelt folgte alsbald die offizielle Politik. Das Reformprogramm der Koalitionsregierung Den Uyl (1973-77), der die Progressiven fast aller Strömungen angehörten, wurde ausdrücklich als Weg in eine neue, *geläuterte* Gesellschaft verkündet. Es beruhte auf einem ideologischen Konsens, den wir das »emanzipatorische Gesellschaftsbild« nennen möchten. Es soll später vor dem Hintergrund der niederländischen Glaubenskultur seine Verdeutlichung finden. Es wurde nicht mit politischer Philosophie theoretisch begründet; man bekannte sich zu ihm als einer politischen Ethik und gab von dieser aus den als Demokratisierung begriffenen institutionellen Veränderungen Sinn. Die »Streuung von Einkommen, Vermögen, Bildung und Macht«, das primäre Ziel der Regierung, wurde unbeirrt verfolgt und als die wesentlichste Antwort auf die Herausforderungen einer neuen Ära bezeichnet.

Nach Einsetzung des sogenannten *Wohlseinsrates* der niederländischen Regierung 1971 und des *Soziokulturellen Planungs-*

büros 1973 wurde das *Ministerium für Kultur,* dessen Name im Lauf der Jahre wiederholt geändert worden ist, zum reformpolitisch wichtigsten, ideologisch übergeordneten Ressort der Regierung; man konzipierte es als koordinierendes Organ für die Weichenstellung in der gesamten Politik, sah es als Bewacher des allgemeinen Kurses, den vorrangig die Einkommens-, die Bildungs-, die Entwicklungs- und die Außenpolitik steuern sollten.[1] Der Minister entstammte einer der radikalsten Splitterparteien, die im damaligen Fünfparteienkabinett vertreten war.

Jetzt, in den achtziger Jahren, hat sich die Szene längst wieder völlig verändert. Neue folgenreiche Entwicklungen, die zu den stattgefundenen Distanz schaffen, kommen heutzutage auf, ehe man sich's versieht. Doch das politische und gesellschaftliche Geschehen der sechziger und siebziger Jahre bestimmt noch immer wesentlich die Situation der Niederlande von heute. Nach den Fehlschlägen der Reformpolitik kann man jetzt oft, und nicht nur in den Niederlanden, sagen hören, daß die harten Tatsachen der Wirtschaft wieder Vorrang hätten, daß es »erst« die Wirtschaft in Ordnung zu bringen gelte, ehe man sich »den Luxus sozialer Reformen wieder leisten« könne. Wer so formuliert, übersieht, daß gerade in der Wirtschaftsreform die Gesellschaftsreform beschlossen liegt und die Wirtschaftskrise nur die Krise unseres Institutionensystems und unserer Kultur manifestiert. Nicht um ein Zurückstellen der Reformpolitik, sondern um ihr richtiges Verständnis, um die Neuerwägung ihres Inhalts geht es. Als Strukturanpassung der Wirtschaft an die Realitäten einer neuen Ära - eine langwierige, peinliche Aufgabe nach dem Verfliegen der Euphorie von einst - hat die Gesellschaftsreform so gut wie noch gar nicht begonnen.

Bei einem internationalen Vergleich des politischen Verhaltens der Bevölkerung zeigte sich, daß die Neigung zu Protesten in keinem der untersuchten Länder so groß ist wie in den Niederlanden. Die Niederländer verzeichnen den höchsten Anteil derer, die Bürgerproteste grundsätzlich gutheißen und bereit sind, unter Umständen daran teilzunehmen.[2] Im Unterschied zu vergleichbaren Gruppen anderer Staaten zeigen Niederländer überraschend wenig Neigung, die dafür existierenden formalen Wege einzuschlagen. Sie sind eher darauf aus, unmittelbar selbst zu handeln, haben eine deutliche Vorliebe für *»unkonventionelle politische Aktionen«,* wie der Fachausdruck für Bürgerproteste, außerparlamentarische Oppositionsformen und ähnliche Erscheinungen lautet.

Wenn es sich bei den neuartigen Erscheinungen, die in allen westlichen Ländern aufgetreten sind, um keine vorübergehenden Dinge handelt, sondern um neue Tatsachen des politischen Lebens, mit denen weiterhin gerechnet werden muß, dann empfiehlt es sich, den Niederlanden mehr Aufmerksamkeit zu widmen. In mehreren Ländern hatte die Unfähigkeit, die Erscheinungen der außerparlamentarischen Opposition zu verstehen, die Frage aufkommen lassen, ob die Demokratie bedroht sei. Die Forschungsergebnisse lassen solche Furcht unbegründet erscheinen; sie bringen jedoch zu Bewußtsein, daß auch die demokratische Ordnung dem Wandel unterliegt. Demokratie ist eine Idee, ein Wert, der gültig geblieben ist. Indes stehen die konkreten Begriffsinhalte und die institutionellen Formen der Verwirklichung nicht für alle Zeiten fest. Die Neugestaltung politischer Ordnung bleibt ein schwieriges Unternehmen, und da der Erfolg nicht sicher ist, kann die Feststellung, daß die Demokratie nicht bedroht ist, sondern sich »nur« wandle, uns nicht schon beruhigen. Eine Gefährdung der Funktionsfähigkeit der Demokratie ist ja nicht weniger ernst, existiert soziale Ordnung doch nur in dem Maße, wie sie funktioniert.

Die niederländischen Protestbewegungen haben stets Verbindungen mit der offiziellen Politik gesucht. Die Sicherheit der öffentlichen Ordnung war zu keiner Zeit gefährdet. In den Massenmedien vermischen sich die Bilder konventioneller und unkonventioneller Aktionen. Dieser diffuse Zustand schwächt die Wirkung von Protesten aber nicht ab; er steigert eher ihre Bedeutung und Kraft bei der Herbeiführung politischer Veränderungen. »Was in den sechziger Jahren Extremismus war, erhielt in den siebziger Jahren Legitimität.«[3] Wir müssen annehmen, daß Bürgerproteste in verschiedener Form fortan eine immer wichtigere Rolle in der Massendemokratie spielen werden, das heißt in einem differenzierter gewordenen politischen System, dessen Mitglieder in wachsendem Maße an politischen Entwicklungen teilnehmen, Ansprüche geltend machen und Mitsprache fordern. Opposition sucht neue Mittel und Wege, und man sollte diese Entwicklung nicht nur nach Auswüchsen beurteilen. Aus der Bundesrepublik kommen Berichte, wonach die »Grünen« Seminare über gewaltfreie Aktionen und »Planspiele zum Widerstand« durchführen möchten, sich an Bildungsstätten im Rollenspiel auf Konfliktsituationen vorbereiten wollen und bewußte, gezielte Gesetzesübertretungen als Kampfmittel gewaltfreier Aktionen betrachten.[4]

Die Niederländer blicken schon auf eine lange Zeit praktischer Erfahrung mit Bürgerinitiativen und sozialem Protest zurück. Sie haben ein besonderes Verhältnis zum Radikalismus, vor allem zum religiösen; sie haben auf radikales Verhalten reagieren gelernt. Ablehnung führt nicht auch zur Verurteilung, wenn solches Verhalten als Konsequenz einer achtungswürdigen Haltung erscheint. Gerade dadurch wird der Extremismus gebändigt. Die neuen radikalen Parteien hatten unter ihren streitbarsten Politikern keinen einzigen, der im Verhalten gegenüber seinen politischen Gegnern von den Regeln des Anstands abwich; hätte einer dies getan, so wäre er sofort von seiner Organisation desavouiert worden. Es gibt Grenzen, die niemand überschreiten darf. Innerhalb dieser Grenzen jedoch ist allerlei möglich. Und selbst der, der sie einmal überschritten hat, zum Beispiel ein ehemaliger Häftling, kann einem »Bund der Gesetzesübertreter« beitreten, der, neuerdings ebenfalls auf »unkonventionelle« Weise, seine Interessen vertritt. Nicht wenige Menschen, die sich einer bestehenden Regelung widersetzen oder die Einführung einer neuen verhindern wollen, berufen sich auf ihr Gewissen; sie heißen »Gewissensbedrückte« *(gewetensbezwaarden)* - ein typisch niederländischer Begriff, der im bürgerlichen Recht und in den Statuten von Organisationen, vor allem aber im Rechtsempfinden der Bevölkerung Bedeutung bekommen hat, und daß dabei auch Heuchelei im Spiele ist, Gewissen und Interessen miteinander verbunden sind, weiß man auch. Indessen haben die im allgemeinen sehr besonnenen Reaktionen der Öffentlichkeit auf die neuartigen Protestaktionen Regulierungen und soziale Kontrollen gefördert.

Im Januar 1983 teilte die sozialistische *Partei der Arbeit* der Niederlande - nunmehr in der Opposition - mit, daß sie außerparlamentarische Aktionen gegen die Regierung in Form von Demonstrationen von nun an selbst organisieren werde. Dies sollte nicht als Ablehnung der Spielregeln parlamentarischer Demokratie verstanden werden, sondern, wie es hieß, als notwendige Einflußnahme auf die parlamentarischen Prozesse durch maximale Aktivierung vorhandener Opposition. Seien demokratische Beschlüsse einmal zustande gekommen, dürfe deren Ausführung nicht mehr behindert werden. Man hat bis jetzt noch nichts von solchen außerparlamentarischen Aktionen gemerkt, doch etwas anderes ist statt dessen eingetreten, was das ganze Phänomen in einem neuen Licht erscheinen läßt.

Erstens sind die sogenannten unkonventionellen Aktionen

kein Merkmal der radikalen politischen Linken geblieben; auch konservative Gruppen neigen dazu. Bei *allen* Interessengruppen ist, wenn auch mit Unterschieden, die Tendenz zur Entwicklung wirksamerer Aktions- und Oppositionsformen zu beobachten. Zweitens ist hervorzuheben, daß sich das Ziel und die Rechtfertigung der Aktionen insofern gewandelt haben, als jetzt nicht mehr so sehr oder gar nicht mehr die Reform der Gesellschaft, sondern mehr und mehr und immer unverblümter das eigene Gruppeninteresse im Verteilungsstreit der Wirtschaftskrise angeführt wird. Das gilt gerade für diejenigen Gruppen, die sich früher als engagierte Gesellschaftsreformer aufgespielt haben, zum Beispiel im Erziehungs- und Bildungswesen.

Die Leiter der erwähnten Untersuchung nannten die Verhaltensweisen der Niederländer sehr ungewöhnlich. Sie hoben hervor, daß man in der international vergleichenden Sozialforschung nur selten derart spektakuläre Unterschiede antrifft. Es drängte sich ihnen dann aber sogleich die Frage auf, ob der politische Protest in den Niederlanden nicht *institutionalisiert* sei, und zwar so, daß seine Bezeichnung als unkonventionelles Verhalten unzureichend ist. In der Tat kann nachweisbar von einer solchen Institutionalisierung gesprochen werden.

Ein beachtlicher Teil der Bevölkerung und der Medien sympathisierte, wie schon erwähnt, während der Universitätsrevolte des Jahres 1969 mit den Studenten und fand deren Forderungen gerechtfertigt. Wohnungssuchenden, die sich in leerstehenden Häusern niederließen - den »Krakern« -, brachten viele Leute Verständnis entgegen, und wenn man die Aktionen auch nicht billigte, trat die Bemühung, die Hintergründe eines sozialen Problems zu verstehen, stärker hervor als repressive Affekte. Ein Kinderbuchautor versuchte, das Thema Jungen und Mädchen zu erklären. Demonstrationen verschiedenster Gruppen vor dem Haager Parlamentsgebäude, mit kirmesähnlichem Rummel inszeniert, gehören zu den regelmäßig wiederkehrenden Bildern der niederländischen Tagesschau. Die jeweils für Klagen oder Eingaben zuständigen Minister spielen das Spiel mit, geben nach Entgegennahme von Protesten Erklärungen ab, mischen sich nicht selten unter die Menge, die sich dann wieder zerstreut. Proteste gegen die Sparmaßnahmen der Regierung haben sich aus Straßendemonstrationen zu wahren Happenings entwickelt, und auch konservative Gruppen, die ihre politische Einstellung keineswegs als links bezeichnen würden, nehmen daran teil, wenn sie sich betroffen fühlen. Die Interessengruppen haben sich vervielfacht. Die meisten Unterstützungsberechtigten haben sich organisiert und sogar eine Dachorganisation gebildet.

Die Auffassung, bürgerlicher Ungehorsam sei gerechtfertigt, wenn eine Situation als unrechtmäßig erfahren wird, ist weitverbreitet und zeugt nicht von extremistischem Geist. Noch wichtiger als der Rechtsstaat ist der Gerechtigkeitsstaat; dieser gilt als die Idee, an der sich jener - die Realität - zu orientieren habe, und wie dies konkret geschehen soll, darüber wird nicht nur disputiert. Die populärste Protestform sind die sogenannten Besetzungen. Man kann sich schwer vorstellen, daß Maler und Bildhauer in Paris den Louvre, in London das Britische Museum oder in Zürich das Kunsthaus besetzen und dort wochenlang bleiben, um gegen Subventionskürzungen zu protestieren, wie dies in niederländischen Museen Ende 1983 bis Februar 1984 geschah; Museumsdirektoren und Bürgermeister sprachen mit den Künstlern und gaben ihnen Gelegenheit, die Gründe ihrer Aktion darzulegen, die man im übrigen nur dann angemessen beurteilen kann, wenn man die Ideologie und Praxis der niederländischen Kunstpolitik und die einschneidenden Folgen ihrer plötzlichen Änderung kennt. Das Ende der Besetzung, die im Städtischen Museum von Amsterdam ihr Aktionszentrum hatte, war mit einem »Kunsttribunal« verbunden, an dem bekannte Personen teilnahmen. Das ist nur ein Beispiel von vielen.

All diese schon wieder weitgehend konventionell gewordenen »unkonventionellen Proteste« vollziehen sich mit beträchtlichem Ritual, worin sich die soziale Regulierung zeigt. Sie dürfen nicht mit Ausschreitungen verwechselt werden. Diese kommen allerdings auch vor und lassen sich durch nichts bagatellisieren. So genießt Amsterdam nicht nur als Rauschgiftzentrum eine zweifelhafte Reputation, sondern auch als Tatort berüchtigter Rowdy-Banden. Doch nicht daß Krawalle vorkommen, sondern wie hierauf reagiert wird, ist in diesem Zusammenhang die Frage.

Wenn Macht ein soziales Phänomen ist, also kein feststehender Besitz von Personen oder Gruppen, dann gilt es, die Beziehungen zwischen den Vertretern einer Ordnung und deren Opponenten oder Dissidenten genau zu betrachten. In den Niederlanden fehlt eine latente Bereitschaft, Protestaktionen an sich schon als Anmaßung, Brutalität oder Bedrohung zu empfinden. Damit erscheint die brutale Repression auch nicht so leicht als angemessene Antwort. Die bemerkenswerte Bereitschaft, den Kritikern der Ordnung zuzuhören, hängt mit der Erwartung zusammen, daß es auch ihnen um das Beste zu tun sein muß. Auch wenn sie nicht das Beste wollen sollten - worüber niemand erstaunt wäre -, bleibt das prinzipielle Festhalten an der Erwartung eine Norm des Verhaltens. Sie ist mit starker sozialer Kontrolle verbunden und erklärt auch die große Bereitschaft, jüngeren Leuten Aufgaben zu überlassen und Verantwortung zu übertragen.

Die Meinung, ungestüme politische Kräfte sollten sich nicht in destruktiven Aktionen gegen die Sozialordnung verschleißen, man müsse vielmehr versuchen, sie an die Aufgaben der Ordnung gerade dann heranzuführen, wenn die Lösungen schwerfallen, umstritten sind und die Verantwortlichen überfordern, konnte man an der Wende zu den siebziger Jahren wiederholt hören. Bedeutung erhielt diese Meinung angesichts der starken Sensibilisierung der Öffentlichkeit für gesellschaftliche Probleme wie Umweltschutz, Landesplanung, Stadtsanierung, Minderheitenfragen und andere. Daß es notwendig sei, die Gesellschaft »fundamental zu verändern« und es dazu nicht bei philosophischen Diskussionen zu belassen, sondern praktische Maßnahmen zu ergreifen, davon waren in den siebziger Jahren nicht nur die Progressiven aller Parteien und Konfessionen überzeugt, sondern auch viele besorgte, brav lebende, im Hintergrund bleibende Zeitgenossen.

Der konservative Teil des niederländischen Bürgertums erschrak nicht, als die herangewachsene Nachkriegsgeneration gegen die Welt ihrer Väter zu rebellieren begann. Er ließ sich nicht einschüchtern, sondern war eher zu schnell bereit, Aktivistengruppen die Zügel schießen zu lassen, ihnen Experimentierfelder einzuräumen. Die Universitäten muten vielerorts wie autonome Jugendzentren an, wo Jugendliche, die an den Pfeilern der Ordnung gerüttelt haben, unter der Anleitung ihrer Mentoren an eigenen Projekten arbeiten können. Die Behörden können das Gefühl haben, es seien ruhigere Zeiten eingekehrt, wie auch immer die Auswirkung auf den Lehrbetrieb sein mag. Die Tatsache, daß die Jugend ernstgenommen wurde und führende Politiker in ihre Kreise kamen, um zu diskutieren, hat Frustrationen verhindert und Kooperationsbereitschaft gefördert. Aus radikalen akademischen Gruppen rekrutierten sich keine Revolutionäre für den Untergrund, sondern Reformer für das bestehende System, die aber kaum weniger draufgängerisch waren.

Die Organisationen der niederländischen Massenmedien boten auch den radikalsten Gesellschaftskritikern regelmäßig ein politisches Forum im Fernsehen. Etwas grundsätzlich Neues war dies nicht, denn längst ist man an die Verkündung auch extremer

Meinungen und Glaubensbekenntnisse gewöhnt. Solche Auftritte gelten nicht als etwas Ungewöhnliches; man akzeptiert sie als etwas Normales und erwartet, daß dabei gewisse Regeln eingehalten werden. Die niederländische Kultur begünstigt die Bildung von *Sekten* und verpflichtet diese zugleich. Nonkonformismus stellt sich in einem solchen Klima anders dar als in einer intoleranten Öffentlichkeit, in der er sich einem autoritären Konformismus widersetzen muß. Tatsächlich handelt es sich dann ja auch nicht um dieselbe Erscheinung. In den Niederlanden ist der Nonkonformismus nicht nur geduldet, er wird respektiert. Wer Behauptungen unkritisch zustimmt, gilt als »Ja-Nicker« - und das ist kein Kompliment. Die Gesellschaft versteht sich als eine Koexistenzform konkurrierender Gesinnungen, alternativer Bekenntnisse, die sich hauptsächlich in ihrer Organisation voneinander unterscheiden.

Ein solches System fördert die Institutionalisierung von Protestbewegungen, die Integration oppositioneller Gruppen und ihrer *»angry young men«* in eine mannigfaltige, von Kirchen und Sekten geprägte Vielparteienlandschaft. Hegemonialstellungen in diesem System sind ausgeschlossen und verpönt, und sie werden darum schon gar nicht erstrebt. Der Weg »an die Macht« ist kein Weg zur Vorherrschaft, sondern zur partnerschaftlichen Teilhabe an Koalitionsmacht, die stets wieder wechselt. Das bietet den kleinen Parteien und Minderheiten Chancen. Drei Splitterparteien, die von Dissidenten der großen Parteien gegründet worden waren, bekamen in den siebziger Jahren Gelegenheit, im Kabinett die Geschicke des Landes mitzubestimmen. Nicht wenige der damaligen jungen Spitzenpolitiker großer sowohl wie kleiner Parteien sind heute schon wieder, obgleich erst in den Vierzigern, »ehemalige« Politiker. Mancher einstige Rebell ist zu Amt und Würden gekommen, auch wenn das Image des einen oder anderen mit fehlgeschlagenen Reformen verknüpft blieb. Unterdessen versucht eine neue Generation junger Leute in der Politik ihr Glück, nun vor allem, um die Wirtschaft zu retten. Anfang der achtziger Jahre kam wieder die Zeit für die liberale Partei.

Die Niederländer haben ein ausgesprochen positives Verhältnis zu ihrem Staat. Auch wenn sie an ihm allerlei auszusetzen haben, fühlen sie sich im Grunde in ihm wohl. Sie identifizieren sich mit ihm und nehmen Anteil an allem Wichtigen, was im Staat geschieht. Die Mängel der öffentlichen Ordnung und die wachsende Intervention des Staates in allen Lebensbereichen lassen keine Gefühle der »Staatsverdrossenheit« aufkommen, Gefühle, denen der ehemalige deutsche Bundespräsident Carstens entgegentrat. Undenkbar, daß der Staat verdorben genannt oder von Systemkritikern als »Kretin« (H. M. Enzensberger) beschimpft werden könnte. Die niederländischen Gesellschaftskritiker betonten alle die notwendige Funktionsfähigkeit der staatlichen Ordnung. Wo es keine Staatsverherrlichung gegeben hat, kann es auch kein Umschlagen in Staatsverachtung geben. Dies hat zu gelasseneren Reaktionen auf Krawalle geführt, die nicht gleich als Bedrohung des Rechtsstaates empfunden werden.

Es macht einen Unterschied aus, ob die Störung der öffentlichen Ordnung als Vergehen gegen den Staat oder als Verstoß gegen Recht, Sitte und Menschlichkeit verabscheut wird. Viele Niederländer sehen selbst im Terroristen noch den Mitmenschen, nicht den Volksfeind, auch wenn er sich tatsächlich als ein solcher gebärdet, und wer um das Heil auch eines solchen Sünders noch bemüht ist, wird nicht in die Kategorie »Sympathisant« eingestuft. Die Demokratie ist nicht in Gefahr, also sieht man auch keinen Nutzen in besonderen Erlassen zu ihrem Schutz. Eine Terroristenbewegung kann in einem solchen Klima nicht gedeihen – die Aktionen der Südmolukker bilden die charakteristische Ausnahme, die die Regel bestätigt, denn hier handelte es sich um eine nichtintegrierte ethnische Minderheit besonderer Art.

Will man die angedeuteten Erscheinungen gründlicher untersuchen, ist es unerläßlich, mit historischen Betrachtungen zu beginnen. Erkenntnis- und Orientierungsbedürfnisse einer veränderten Welt lassen uns mit neuen Fragen an die Geschichte herantreten. Dies kann sicher nicht in der Erwartung geschehen, die Gegenwart einfach aus der Vergangenheit erklären zu können – darüber sind sich Historiker und Soziologen längst einig.[5] Doch gibt es Ähnlichkeiten und Zusammenhänge zwischen der heutigen Kultur der Niederlande und dem Werdegang der Nation. Sie lassen sich sichtbar machen, und indem wir zunächst dieses versuchen, mag zugleich auch das Einzigartige der Gegenwart hervortreten.

2.
Widerstand gegen Macht und Gehorsamsverweigerung als nationale Überlieferung; Protest als religiöses Erbe

Die Geschichte der niederländischen Nation beginnt mit welterschütternden Protestbewegungen, mit Glaubensstreitigkeiten, bei denen es nie nur um den Glauben gegangen ist. Das sechzehnte Jahrhundert bietet Beispiele erbitterter und bissiger Polemik. Heutige Pazifisten können den Krieg und seine Anzettler nicht drastischer verurteilen als der militante, keineswegs milde Erasmus in einem seiner Briefe aus dem Jahre 1514, vierhundert Jahre vor Ausbruch des Ersten Weltkrieges.[6] Kritiker der Macht, die sich auf große Namen stützen wollten, könnten sich allemal auf den Vater des Vaterlandes, Wilhelm von Oranien, berufen. Er war nun einmal kein absoluter Herrscher, ebensowenig übrigens wie Moritz, sein Sohn, der als Parteigänger zwar eine andere Gestalt als der Vater war, doch wie dieser Anführer eines rebellischen Volkes in Zeiten der Not. Statthalter waren sie beide, keine Könige. Die Herrschermacht, die sie bekämpften, konnten sie auch für sich selbst nicht begehren.

Nicht also die Identifikation mit der Macht, sondern die Identifikation mit dem Widerstand gegen sie steht am Anfang der nationalen Überlieferung. Als die Generalstaaten vor nun schon mehr als vierhundert Jahren in einer feierlichen Sitzung im Haag dem spanischen König den Gehorsam kündigten, hatte Wilhelm der Schweigsame bereits dafür gesorgt, daß den europäischen Fürstenhöfen der Text seiner berühmten *Apologie* bekannt war: die Antwort des Oraniers auf seine Ächtung und den Preis, der auf seinen Kopf ausgesetzt worden war. Diese in fünf Sprachen verbreitete Schrift und die »Kündigungsakte« der Generalstaaten von 1581 sind Dokumente einer großen, religiös begründeten *Gehorsamsverweigerung.* Die Freiheitskämpfer rebellierten nicht nur gegen die spanische, sondern zugleich gegen die römische Herrschaft. Die enge, so wesentliche Verflochtenheit von Politik und Religion, die fortan für die ganze niederländische Geschichte bis auf den heutigen Tag charakteristisch blieb, »drückt sich in einem Nationalmythos aus. Die Liebe zur Freiheit, so lehrt dieser Mythos, ist dem niederländischen Volk angeboren. Als die Zeit reif war, schüttelte es das spanische und römische Joch ab. Wahre Niederländer sind Kinder der Reformation.«[7] Der Mythos der protestantischen Nation sollte in allen kommenden sozialen und

H. Goltzius: Wilhelm von Oranien (1581)

kulturellen Bewegungen lebendig bleiben, »selbst dann noch, wenn diese sich antichristlich oder antireligiös begründeten«[8].

Der Geist von Wilhelms Apologie ist ins Wilhelmuslied eingegangen, das um jene Zeit entstand. Ursprünglich ein Gebet – die zweite Strophe ist es eigentlich noch immer –, verfaßt von einem

N. Visscher: Belgium Foederatum. Karte zur Zeit der Republik mit der damals üblichen Bezeichnung

unbekannt gebliebenen Dichter, wurde es um das Jahr 1568 ein Widerstandslied; die Melodie war ursprünglich ein französischer Spottgesang auf einen der Prinzen von Condé.[9] Heute ist das Lied die Nationalhymne. Sie hält fest, daß die Nation aus dem Protest entstand. Die Nation bildete sich nicht erst nach 1581, dem Jahr, in dem sie die staatliche Souveränität gewann, sondern bereits vorher, in den Jahren des Aufstandes, der 1568 anfing. Eine Revolution war das nicht, sondern eine traditionalistische Revolte erbitterter Stände, gerechtfertigt mit dem Hinweis auf ein pflichtvergessenes Verhalten des Königs. Ihm wurde Eidbruch vorgeworfen, weil er sich durch die Errichtung einer Tyrannenherrschaft nach dem Einmarsch des Herzogs Alba im Jahre 1567 gegen die Rechte des Volkes vergangen hatte. Sich gegen die Tyrannei aufzulehnen, war nicht nur ein Recht: es war - wie es in den berühmten *Vindiciae contra tyrannos* ausdrücklich heißt - eine Pflicht.[10]

Die Seele des Widerstandes bildete der Calvinismus. Während Luther in Deutschland den Aufstand gegen die Fürsten bekanntlich aufs strengste verurteilte und die Kirche der Reformation an die Landesfürsten band - noch heute sind die drei bekanntesten evangelischen Kirchen Berlins nicht nach Heiligen, sondern nach Herrschern benannt; der Historiker Rudolf von Thadden spricht vom »gestörten Verhältnis des Luthertums zur Demokratie« und von der »deutschen Schwierigkeit, die Demokratie christlich zu begründen«[11] -, schmiedete der niederländische Protestantismus die Einheit der Nation als einer bürgerlichen. Dieser Aufstand - so Friedrich Schillers verherrlichende Worte zu Beginn seiner Geschichte des Dreißigjährigen Krieges - machte das sechzehnte Jahrhundert »zum glänzendsten der Welt«[12].

Nur in Form von Fremdherrschaft gibt es in den Niederlanden Beispiele für die autoritäre Staatsmacht. Die Formen und Verfahrensweisen von Regierung und Verwaltung wurden durch keine Feudalbürokratie im Rahmen eines monarchischen Zentralismus, sondern durch die oligarchischen Merkmale der Patrizier- und Ratsherrenherrschaft geprägt. Führungsmacht blieb verteilt, in der Regel in den Händen von Kuratorien und Kollegien, Gremien, Kammern und Räten mit einander abwechselnden Vorsitzenden. Auch der Führungsstil und die Kommunikationsmuster in den mittleren und unteren Rängen wurden hierdurch beeinflußt. Beamte konnten nie auf den Gedanken kommen, sich in subalternen Bereichen einer Instanzenhierarchie als kleine Herrscher aufzuspielen, als verlängerte Arme einer allerhöchsten Macht, die sie deckte. Hohe Beamte waren immer nur Ratspersonen, das heißt Mitglieder von Räten, niemals jedoch selbst ein Rat, wie dies in den Titeln »Regierungsrat«, »Ministerialrat« oder »Hofrat« zum Ausdruck kommt, die es in den Niederlanden nicht gibt.

Die Kirchen waren es, die sich zur *res publica* entwickelten. Sie stellten sich zunächst über den Staat, kämpften lange um die Vorherrschaft, bis der »Versäulungsprozeß« in Gang kam und der Gesellschaft als Koexistenzform verschiedener, gleichberechtigter weltanschaulicher Gruppen Gestalt verlieh. Dem Staat wurden nur exekutive Funktionen belassen; nie wurde er als sinngebende Instanz begriffen. Jungen Menschen wurde nicht vorgehalten, daß es ihnen Ehre einbrächte, als gehorsame Untertanen zu leben oder im Feld zu sterben. Die Gebote des Glaubens verlangten eine andere Art Gehorsam als die Befehle weltlicher Gebieter. Dementsprechend anders waren auch die Gefühle, wenn die Gebote verletzt wurden: Schamgefühle als Folge eingebüßter Ehre, Schuldgefühle als Zeichen eines unruhigen Gewissens. Diese sind es, die den Aufrechten in einer konfessionellen Kultur zu schaffen machen. Und wie Schamgefühle aus dem Gesichtsverlust in der herrschenden äußeren Ordnung herrühren, so erwachsen Schuldgefühle aus der Identifikation mit einer höheren inneren Ordnung, die gerade Wachsamkeit, ja Mißtrauen gegenüber menschlichen Konventionen gebietet. Wenn eine Erscheinung wie die Rache die Ausübung des Rechts ist, den Gesichtsverlust wettzumachen, ohne die geringste Rücksichtnahme auf Maß und Rechtsgrund,[13] dann ist es nicht schwer zu verstehen, warum Erscheinungen wie das Duell oder die Vendetta in den Niederlanden niemals aufkommen konnten. Unter Berufung auf das Gewissen werden aber auch Ansprüche erhoben, verantwortliche Aufgaben und Machtstellungen erstrebt. Fragwürdiger Ehrgeiz macht sich geltend, nimmt jedoch andere Formen an, schlägt andere Wege ein als dort, wo er unentwegt auf den Ruhm des Vaterlandes fixiert war. Dieser ist heute verblaßt, fadenscheinig wie alte Fahnen in einem Armeemuseum, doch der Appell an das Gewissen und das Verantwortungsbewußtsein im Namen geheiligter Grundsätze ist in den Niederlanden nach wie vor eine ernste Sache.

Wir können auch sagen: Der Geist der Opposition, der Widerrede - der Geist von links, wenn man so will -, der in freiheitlichen Gemeinwesen kein Widersacher, sondern ein Wächter der Ordnung sein soll, ein Ferment im Prozeß ihrer Weiterbildung, hat in den Niederlanden nationale, religiöse und - wie wir noch ergänzen müssen - humanistische Traditionen. Lange vor der französischen Revolution, die mit den Girondisten und Jakobinern die Geschichte der bürgerlichen Linken begründete, wurde in der politischen Kultur der Niederländer die Religion zur maßgebenden Instanz der Kritik an Staat und Gesellschaft, auch wenn man sich lange darüber stritt, welche Religion die wahre sei. Johan Huizinga sagte von den Prädikanten des siebzehnten Jahrhunderts, daß sie das Wort Gottes mit der Stimme des Volkes verkündeten. Mit der Predigt drang Mitsprache in die Versammlungssäle der Ratsherren und wurde dort auch gehört. Die Prädikanten, meist Leute aus dem Volk, dem Kleinbürgertum, waren die potentiellen Zensoren des Handelsgeistes der Patrizier und ließen keinen Zweifel daran, daß sie diesen die moralische Legitimation für ihre Tätigkeiten vorenthalten konnten. Die Predigt war eine öffentliche Institution, ein Organ der Kritik. Hier bildete die Religion kein »Opium des Volkes«, kein Rauschmittel, das das Gefühl gegeben hätte, Herrschaft und Unterdrückung müßten ertragen werden im geduldigen Wissen, daß im Jenseits Erlösung komme. Bei den eigenwilligen, kritischen calvinistischen Gemeinden war die Religion immer Motivation und Stimulation des Volkes.

Das Wort *»Protestation«*, das 1529 auf dem Reichstag zu Speyer als Name für eine Aktion auftauchte und von Anfang an politische Bedeutung hatte, geht auf das lateinische Wort *»protestari«* zurück; dieses meint das öffentliche Ablegen eines Zeugnisses vor Gericht. Der Akzent verschob sich dann von der Zeugenaussage zum Recht eines jeden Menschen, seine Überzeugung verkünden und »gegen« andere vertreten zu können. In den Niederlanden ist mit diesem Recht die starke soziale Erwartung verbunden, daß von ihm auch tatsächlich Gebrauch gemacht wird. Für konsequentes Handeln nach Überzeugungen hat man nicht nur »Verständnis«, man bewertet es ethisch positiv, weil es als individuelles Gebot anerkannt ist. Hierin liegt die spezifische Problematik. Wenn Niederländer mitunter sagen, Bekennertum und Streit gehörten zu ihrer nationalen Eigenart (die niederländische Sprache bietet nuancenreiche Ausdrücke zur Bezeichnung entsprechender Erscheinungen), dann haben sie dabei nicht nur religiöse Überzeugungen und psychologische Merkmale des Bekennens im Auge, sondern auch ausgeprägte soziale Verhaltensmuster und Selbstdarstellungen, die im öffentlichen Leben relevant und politisch wirksam werden können. Typische Weisen des Engagements für Grundsätze und Standpunkte wurden ein Stilelement der Politik und Polemik. Es gibt regelrechte Streitmuster - sie ließen sich empirisch untersuchen. Seinen Standpunkt leidenschaftlich vertreten, »so recht gestritten zu haben«, gibt ein Gefühl der Befriedigung und Genugtuung, auch dann, wenn man dabei wenig oder gar nichts erreicht hat.

So könnte man auch sagen, daß der Stil der niederländischen Politik dadurch einen protestantischen und streitbaren Zug annahm. »Hier stehe ich, ich kann nicht anders«, sagte erst kürzlich wieder ein Minister - bezeichnenderweise ein liberaler - in seiner Antwort auf die Kritik der Opposition. Das Wort »Protestantismus« war ursprünglich der Name einer religiösen Protestbewegung und wurde dann zum Namen der christlichen Kirchen der Reformation. Es eignet sich durchaus zur Bezeichnung auch jener kritischen, im strengen Klima des Calvinismus als moralische Beunruhigung anerzogenen Haltung gegenüber den Institutionen der Gesellschaft - einer Haltung, die in der Gegenwart gerade bei den streitbarsten Sozialisten hervortrat. Nie wurde den Niederländern gesagt, Ruhe sei die erste Bürgerpflicht. Zur Zeit, da dieses Wort in Deutschland fiel, war ihr Land ohnehin ein Muster von Ruhe und Ordnung. Das unruhige Gewissen dagegen wurde seit jeher gepredigt und genährt, und nie war dabei nur an die eigene Lebensführung gedacht. Immer sollte man sich auch den Zustand der Gemeinschaft angelegen sein lassen.

Als Madame de Staël in ihrem Buch *De l'Allemagne* (1810) das Wort vom »Land der Dichter und Denker«[14] in Umlauf brachte, da verstanden die Niederländer sich als das »Volk der Kaufleute und Prediger« - ein Ausdruck, der einen strukturellen und kulturellen Antagonismus auf eine Formel bringt. Die Kaufleute: damit ist die aufgeklärte Handelsbourgeoisie gemeint, das städtische Bürgertum, insbesondere das patrizische Großbürgertum und »Regententum«, jene urbane, großzügig denkende Schicht, die einen gemäßigten, toleranten, nachgiebigen, liberalen und erasmischen Protestantismus vertrat. Die Prediger oder Missionare dagegen stehen für den strengen, orthodoxen und dogmatischen Calvinismus, wie er im Volk unter Bauern, Fischern und im Kleinbürgertum Fuß gefaßt hatte; die Betonung lag auf religiöser Zucht, kirchlicher Kontrolle des sittlichen Lebens und auf politischem Einfluß in Gemeinden und Provinzen. Der Gegensatz zwischen diesen beiden Polen oder Strömungen durchzieht die ganze niederländische Geschichte. Er ist für ihren Verlauf so bestimmend wie in anderen modernen Nationen der Gegensatz zwischen einer ausgeprägten Feudalherrschaft und einem sich emanzipierenden Bürgertum. Die niederländische bürgerliche Gesellschaft erhielt dadurch ihren besonderen Charakter.

Daß der Habitus der zeitgenössischen niederländischen Radikalen an den Missionarismus im Glaubensstreit früherer Zeiten erinnert, ist schon so oft betont worden, daß wohl kaum ein Soziologe es für nötig halten dürfte, darüber eine besondere Erhebung durchzuführen. Wenn Radikalismus die »Weltanschauung der Ungeduldigen« (Helmuth Plessner) ist, soziologisch der unteren Klassen, biologisch der Jugend, die Überzeugung, »daß wahrhaft Großes und Gutes nur aus bewußtem Rückgang auf die Wurzeln der Existenz entsteht«[15], - dann kommen ihm die Traditionen der Niederländer entgegen. Sie sanktionieren den Radikalismus und unterwerfen ihn zugleich sozialen Normen. Überzeugungen sind es denn auch, die tolerant stimmen, nicht Argumente, die eher auf rationale Bejahung oder Verwerfung zielen. Selbstlosigkeit und Opferbereitschaft können ein Gefühl aufkommen lassen, daß es sich bei den Gesinnungen anderer, auch wenn man sie nicht teilt, um ernste, gewichtige Dinge handelt. Auf die

Glaubwürdigkeit von Erklärungen und Beteuerungen wird geachtet, darauf, ob einer auch wirklich meint, was er sagt.

Denn freilich kann der Wunsch, glaubwürdig zu erscheinen, zu ebensoviel Manövern führen wie das rationalisierende Bemühen, für die Richtigkeit bestreitbarer Absichten Argumente zusammenzutragen. Ethische Bekenntnisse zur Einkommenspolitik, zur Hilfe für afrikanische Befreiungsbewegungen und leider auch zum Frieden können genauso demagogisch ausfallen wie die geschliffenen Reden autoritärer Politiker, die mit rhetorischem Blendwerk Eindruck zu machen suchen und an bestimmte psychische Dispositionen appellieren. Der konfessionelle Stil der Politik hat seine eigenen Fallstricke. Man täuscht sich darüber nicht, weiß, daß Verführung auch in der Art liegen kann, wie man sein soziales Engagement zum Ausdruck bringt. In den Niederlanden hat nicht der akademische Vortrag, sondern die Predigt auf die Diktion öffentlicher Rede eingewirkt. Man merkt das an Ansprachen bei offiziellen Anlässen, bei Jubiläen, an Tischreden bei Familienfesten und sicher an den Reden der Königin – Muster des sozialreligiösen Moralisierens. Glaubensbekenntnisse heißen heute »Gesellschaftsbilder« *(maatschappijbeelden),* und ihre Verkünder disputieren darüber genauso bewegt wie frühere Bekenner und Sektierer über Sätze und Gleichnisse der Bibel, in letzter Zeit jedoch – nach problematischen Reformen – mit zunehmender Ernüchterung.

Der Gesellschaftsprotest der sechziger und siebziger Jahre war gar nicht so antibürgerlich, wie es schien, rechtfertigte er sich doch gerade mit den moralischen, religiösen und nationalen Traditionen des Bürgertums. Die Fehlentwicklungen der in eine tiefe Krise geratenen Industriegesellschaft, die Bedrohung der Menschheit durch ihre eigenen Errungenschaften, der Skandal des Milliarden verschlingenden atomaren Wettrüstens der Supermächte bei gleichzeitigem katastrophenartigem Anwachsen der Armut auf der Erde: hiergegen sich aufzulehnen erscheint im Licht der Überlieferung nur allzu legitim, auch was den provokatorischen Charakter angeht. Protest gegen Unrecht – so empfindet man – muß beunruhigen, die Gleichgültigen aufrütteln und herausfordern, wenn er nicht zur bloßen Demarche werden soll. Die neue Protestbewegung erschien darum auch nicht als etwas völlig Neues. Wie früher – und mit Erfolg – nicht nur fremde Herrschaft, sondern auch kirchliche Hegemonie und patrizische Regentenmacht im eigenen Land bekämpft worden waren, so wurde eben jetzt die undurchsichtige Macht industrieller Konzerne und staatlicher Bürokratien an den Pranger gestellt, ohne daß das konservative Bürgertum Angst bekommen hätte. Es kennt ja seine eigene Geschichte als eine der kontinuierlichen Beseitigung von Vormachtstellungen und bezieht von daher sein Selbstverständnis.

Indem die Öffentlichkeit die Protestbewegung ernst nahm, zwang sie die Radikalen zur Verantwortung ihres Handelns; die Rebellen wurden selbst auf die Werte der Humanität, mit denen sie den Protest rechtfertigten, verpflichtet. Heute heißt es, daß der Zusammenhalt der niederländischen Nation nicht mehr auf der Religion beruhe, doch ihre Kultur hat die religiöse Prägung nicht so schnell verloren. Es gilt, den Begriff der Gläubigkeit oder der Religiosität neu zu bedenken, denn er ist nicht an die »Kirchlichkeit« gebunden, jenen operationalisierbaren Begriff der Forschung, den die niederländische Soziologie so lange als ihren Maßstab verwendet hat. Das Phänomen der Religion ist seiner Natur nach nicht einfach zu bestimmen. Welche Verhaltensweisen, Empfindungen und Glaubensformen wir als wesentlich erachten, »hängt weitgehend von unserem Interesse ab«, wie Leszek Kolakowski sagt. »Worauf es ankommt, ist, daß wir zwischen der Abgrenzung unseres Untersuchungsgegenstandes, die mehr oder weniger willkürlich ist, und unseren erklärenden Aussagen über die Funktion des religiösen Lebens, die zwangsläufig kontrovers sein müssen, unterscheiden.«[16] Hierbei wäre auch noch hinzuzufügen, daß nicht der geringste Anlaß besteht, die zu untersuchenden Erscheinungen der Religion und des Glaubens von vornherein höher zu bewerten als zum Beispiel die Erscheinungen der Wirtschaft und des Handels. Das sollte allein schon der bloße Hinweis auf die Grausamkeit und Unerbittlichkeit zeigen, mit der im Laufe der Geschichte Religions- und Glaubenskriege geführt worden sind. Der religiöse Mensch ist nicht notwendig ein besserer als der nichtreligiöse, und es ist auch nicht bewiesen, daß er ein glücklicherer ist.

Die moralische Kraft einer Gesellschaft bei der Bewältigung ihrer inneren Aufgaben beweist sich in der Solidarität, die sie trotz aller bestehenden Gegensätze aufbringen kann. Hier setzten die niederländischen Kirchen dem Konzept des Klassenkampfes schon im neunzehnten Jahrhundert mit großer Entschiedenheit das Prinzip der Nächstenliebe entgegen. Solidarität, heute ein neues Fanal polnischen Widerstandes gegen die Macht, verweist auf die dritte der drei Ideen der französischen Revolution: die Brüderlichkeit, die neben der Freiheit und der Gleichheit bei den

Theoretikern der Politik stets viel weniger Interesse fand. Die *Fraternité* sollte den Gegensatz zwischen dem Freiheitsstreben und dem notwendigen Sicheinfügen in eine Ordnung, die sich aus der Rücksicht auf die Freiheit anderer ergibt, überbrücken. Dichterisch und sinfonisch wurde sie verklärt: »Seid umschlungen, Millionen...«; nur selten aber wuchs sie über ein frommes Postulat hinaus.

3.
Toleranz: erstrittenes Ergebnis von Konflikten; Dämme gegen die See und gegen die Wogen des Haders

Die Niederländer haben sich nie als ein einig Volk von Brüdern gefühlt, als Brüder wohl. In bewußter Anerkennung der zwischen ihnen bestehenden Disharmonien haben sie ihre gesellschaftlichen Lebensverhältnisse gestaltet. Die öffentliche Ordnung funktionierte seit je in klaren, offengelegten und gewollten Gegensätzen. Hieraus gilt es, das Prinzip der Toleranz zu verstehen, mit dessen Entwicklung sich geradezu das nationale Bewußtsein bildete.

Schon zu der Zeit, da die reformierte Kirche noch die einzige offiziell zugelassene war, wurden die anderen Religionen toleriert. Der Freiheitskampf gegen Spanien hätte gar nicht geführt werden können, wenn sich die Katholiken und Protestanten des eigenen Volkes als haßerfüllte, unversöhnliche Feinde gegenübergestanden hätten. Zwar waren die katholischen Gottesdienste, die Erteilung der Sakramente und der Katechismusunterricht verboten, doch dieses Verbot galt nur in der Öffentlichkeit. Privat konnten die Katholiken ihre Religion ausüben, was sie auch taten. Die »versteckten Kirchen« *(schuilkerken)* waren bekannt; sie wurden gerade darum, weil sie versteckt waren, geduldet und durften nur nicht auffallen. Die Versuche einzelner protestantischer Geistlicher, auch ihr Verbot zu erwirken, stießen auf den Widerstand der liberal denkenden Regenten. Niemals wurden die Katholiken wie in anderen Ländern, in denen die Reformation gesiegt hatte, persönlich verfolgt, nur weil sie Katholiken waren. Zudem konnten die Mißstände in der katholischen Kirche und die Verbindung Roms mit der spanischen Macht nicht im Sinne der niederländischen Katholiken sein.

Der Artikel 13 der *Union von Utrecht* (1579) bestätigt die Religionsfreiheit ausdrücklich als individuelle Glaubens- und Gewissensfreiheit. Dies wird mit Recht dem Einfluß des Humanismus zugeschrieben, der bei Ausbruch des Freiheitskampfes schon so sehr verwurzelt war, daß keine Reaktion ihn mehr zurückdrängen konnte. Nach den Glaubenskriegen des sechzehnten Jahrhunderts und der Erringung der staatlichen Unabhängigkeit traten die politischen Rivalitäten zwischen den orthodoxen und den gemäßigten Protestanten hervor, ein Gegensatz, der sich, wie schon erwähnt, weitgehend mit dem zwischen den calvinistischen Prädikanten und den Patriziern, zwischen dem von den Geistlichen vertretenen Volk und der Bourgeoisie deckte. Mit den Beschlüssen der Synode von Dordrecht (1619) hatten sich die Orthodoxen gegenüber der politischen Macht der Patrizier die religiöse Vormachtstellung gesichert, die sie erst nach der französischen Revolution wieder verloren. Von diesem Zeitpunkt an trat an die Stelle des Strebens nach religiöser Hegemonie zusehends das nach Autonomie und Gleichberechtigung der Bekenntnisse. Tatsächlich wurde dieses Streben zu einem zentralen Thema niederländischer Innenpolitik. Hierbei bildeten sich die für die Niederlande charakteristischen Weisen ideologischer Auseinandersetzung und politischer Polemik heraus, die den Grundsatz der Toleranz zur Voraussetzung haben.

Dieser wesentliche Grundsatz zielt nicht darauf ab, Konflikten aus dem Wege zu gehen. Er bedeutet keinen Verzicht auf politischen und ideologischen Streit, sondern dessen Regelung. Er setzt das Vorhandensein von Gegensätzen voraus und kann der Auseinandersetzung dort, wo es nötig wird, sogar Schärfe und Härte geben. Wenn die Grenzen gegenüber dem grundsätzlich Nichttolerierbaren deutlich festliegen und ihre Respektierung eine starke Erwartung bildet, wenn für die Barbarei der Gewalt kein Rechtfertigungsgrund gefunden werden kann, die Arroganz der Macht auf Verachtung stößt, Gespött schon als Waffe wirkt und Geschrei verpönt bleibt, dann erhält die Zuspitzung der Kontroverse im Bereich des Erlaubten einen anderen Akzent. Der Sache wegen erscheint sie dann sogar als geboten, wird honoriert und auch von der Gegenpartei erwartet.

Die Toleranz, die man den Niederländern nachrühmt, ist darum nicht als menschliche Eigenschaft aufzufassen. Sie stellt auch keine Nationaltugend dar, die wie eine schöne Blume aus dem guten Wesen eines braven Volkes hervorgegangen wäre und nun von jedermann verkörpert würde. Zu solcher Glorifizierung besteht kein Grund. Toleranz ist eine Idee, ein *Wert* der Kultur, der sich im Laufe der Zeit in Verhaltensnormen des Alltags, ja in Redeweisen niedergeschlagen hat. Damit ist nicht gesagt, daß diese Normen auch stets befolgt würden. Doch haben sie in der Öffentlichkeit Geltung und ermöglichen so die Disqualifizierung intoleranten Verhaltens, zum Beispiel gegenüber Gastarbeitern. Muster der Affektbewältigung sind hier ein Ergebnis historischer Konflikte, die Frucht der Erfahrung wiederholt auftretender Unduldsamkeit und Unverträglichkeit. Diese stoßen dann auf jene sozialen Kontrollmechanismen, die zivilisiertes Verhalten nicht so sehr als individuelle Erscheinung denn als Kulturmerkmal erkennen lassen.

Verkehrt wäre es darum auch, tolerantes Verhalten mit einem behäbigen Verlangen nach leben und leben lassen in Verbindung zu bringen oder mit quietistischer Friedfertigkeit. Der Grundsatz der Toleranz ist auch keiner staatsmännischen Einsicht entsprossen; er wurde nicht von oben durch ein Edikt verordnet, wie etwa in Preußen, wo der Kurfürst den Hugenotten mit dem Edikt von Potsdam die Niederlassung in seinem Land ermöglichte. Er wurde auch nicht als theoretischer Lehrsatz einer philosophischen Ethik begründet und von Kathedern doziert. Die gesellschaftlichen Lebensverhältnisse selbst brachten aus den ihnen innewohnenden Gegensätzen und durch Umstände der Umwelt eine Form der Koexistenz von Unvereinbarkeiten hervor. So wurde Toleranz zu einem institutionellen Merkmal der inneren Ordnung des Alltagslebens. Die Notwendigkeit, mit Andersdenkenden leben und sich mit Anderslebenden vertragen zu müssen, ließ die Einsicht reifen, daß Gegensätze nicht aus der Welt zu schaffen sind, daß man nur versuchen kann, mit ihnen zu leben, das heißt, sie zu beherrschen und die latent vorhandenen Dispositionen zur Intoleranz im Zaume zu halten.

Solche Toleranz beruht auf Gegenseitigkeit, was auch vertikal zu verstehen ist: Nicht nur die Haltung der Herrschenden, auch die der Opposition soll tolerant sein, was viele, die das Wort von der »repressiven Toleranz« im Munde führten (und damit die Integrierung, Korrumpierung und Unschädlichmachung der Opposition meinten), übersahen. Die Idee der Ordnung soll genauso wie die der Freiheit respektiert werden. Toleranz – hier wird sie zur Loyalität. Loyalität ist nicht »knirschende Unterwerfung«, wie der Schweizer Philosoph Hans Barth einmal schrieb, sie gründet sich auf Vertrauen zur Gegenseite, auf den Glauben, daß auch sie auf das Beste aus ist und möglicherweise nicht ganz unrecht hat. »Loyal ist ein Verhalten auch dann noch, wenn man die eige-

Karte zu den Trockenlegungen der großen Haarlemer See

ne gegenteilige Meinung zum Ausdruck bringt, wenn man also nicht durch Stillschweigen, das als Zeichen der Zustimmung gedeutet werden könnte, den Anschein erweckt, im Einverständnis zu sein.«[17] Auf die Möglichkeit, den eigenen Standpunkt innerhalb der gemeinsamen Ordnung weiter vertreten zu können, gründet sich die Erwartung, daß ein mehrheitlicher Beschluß, der dem eigenen Willen zuwiderläuft, akzeptiert wird.

Beispiele ursprünglicher Demokratie bieten die Deichgenossenschaften *(waterschappen),* in denen alle Deichgenossen Mitsprache haben. Die Abwehr der See, die die Deiche bedroht und zugleich auch die Ufer der Flüsse und Binnengewässer, forderte und förderte Toleranz und Zusammenarbeit. Fischererzählungen und Volksdramen wie die von Herman Heyermans betonen die Verträglichkeit im Angesicht der Not. Wo Menschen in einer gefährdeten Umgebung auf kleinem, ja kleinstem Raum, gar auf Schiffen, miteinander auskommen müssen, wo die Mittel knapp sind, es keine Ausweichmöglichkeiten gibt, werden die Eindämmung des Haders, die Regulierung der Affekte, die Beherrschung der Leidenschaften genauso notwendig wie die Bezwingung der Naturgewalten.

Nicht Frömmigkeit und Freiwilligkeit also, sondern Realismus und Notwendigkeit führen zur Toleranz, und diese bewährt und realisiert sich im Streit. Kaum eine Woche vergeht ohne ein Vorkommnis, das hohe Wogen schlägt, sei es in Parteivorständen, Gemeinderäten, Bischofskollegien, Fernsehanstalten oder in Schlichtungskommissionen. Bei näherem Hinsehen zeigt sich jedoch, daß der Streit mit ausgeprägtem Ritual und nach Schablone verläuft. In etwas umständlicher Soziologensprache redet man heute von institutionalisierter Konfliktbewältigung. Gemeint ist ein Rahmen, der die Parteien im Zaume hält, sie Gegensätze nach Spielregeln austragen läßt. Gezähmter Zank miteinander ist die Alternative zum ungezähmten Kampf gegeneinander, der nichts ausrichtet, wenn man bei der Verfolgung des eigenen Zieles vom Gegner abhängig bleibt, sich gegenseitig braucht.

Es ist sicher nicht allein die Geschichte, aus der sich die Merkmale der Kultur eines Volkes erklären lassen. Natur und Landschaft beeinflussen auf schwer zu ergründende Weise die Wege der Geschichte und damit die sich bildende Kultur. Hippolyte Taine, der die Zusammenhänge zwischen Mensch und Milieu als einer der ersten eingehend studierte, hat sich ausführlich mit den Niederlanden befaßt. Er ging weit zurück, untersuchte, wie die Landschaft zur Römerzeit und im Mittelalter aussah, beschrieb sie eindrucksvoll als Sammelbecken ungeheurer Wassermengen, der »trägen Flüsse«, die mangels Gefälle »stehenbleiben, in ihrem Bett hingelümmelt schlafen wie ein großer, flacher, schlammiger Fisch«[18]. Taine schilderte die Gefahren, die sich für die Menschen ergaben, wenn die Flüsse über die Ufer traten und das Meer hereinbrach, zu Zeiten, als Dämme, Deiche und Kanäle erst noch gebaut werden mußten und danach immer wieder brachen, als das Land eine nebelige Sumpflandschaft mit entwurzelten Eichen und streunenden Wölfen war.

Unermeßlich waren die Schwierigkeiten, und man wurde voll davon in Anspruch genommen, sie zu überwinden. Helmuth Plessner meinte, der Kampf gegen das Wasser mit Hilfe systematischer Regulierung habe die Niederländer früh zu rationalem Handeln im Gruppenverband erzogen. Doch diese Rationalität sei zugleich Nährboden und Kunstprodukt, Ursache und Wirkung der gewordenen Kultur. Immer bleibt die Umwelt für die schöpferischen Kräfte des Menschen Möglichkeit und Hindernis; sie ist fügsam und widerspenstig, doch die Art, wie die Menschen auf beides reagieren, ist nicht naturgegeben. Es ist nie möglich, »natürlichen und geschichtlichen Einfluß zu trennen, auch wenn wir sie unterscheiden können«. Plessner erwähnte auch die mögliche Unterdrückung bestimmter menschlicher Fähigkeiten, wobei er Dinge sagte, die schon manchen Holländer, der sein Land und Volk mit anderen verglich, nachdenklich gestimmt haben: »Die spielende Beweglichkeit des Lebens wurde... gehemmt, die Entwicklung der Phantasie unterdrückt. Wie anders das Leben auf einem von der Natur selbst gewährten Boden, mit Bergen und undurchdringlichen Wäldern, mit überraschenden Seen, die nicht, wie das holländische Polderland, den rationalen Stempel tragen, sondern an die Phantasie appellieren.«[19]

Dennoch muß man sich zu Bewußtsein bringen, wie mächtig das Meer die Phantasie angeregt hat. Die Phantasie äußerte sich nur anders; sie ging mit kaufmännischem und technischem Unternehmungsgeist einher und war mit allem verbunden, was die Seefahrt versprach. Das Sinnen und Trachten der Niederländer hatte mit der See alles, mit dem Hinterland gar nichts zu tun. Der Blick ging stets nach Westen, nie zur Ostgrenze; er war, wie die Folklore sagt, »meerwärts gerichtet«. Bedrohung und Verlockung zugleich, war das Meer mit friedlichen und kriegerischen Unternehmungen verbunden. Mit Recht nennt es der Historiker H. W. von den Dunk müßig, herausfinden zu wollen, wie groß von Fall zu Fall die relative Bedeutung der drei Dominanten der niederländischen Gesellschaft und ihrer Geschichte gewesen ist: des Wassers, des Handels und der calvinistischen Religion. »Alles kommt irgendwie zusammen. Doch die handfeste Ausrichtung aufs Materielle des Kaufmanns und die ebenso handfeste Ausrichtung auf klare Lehrsätze des calvinistischen Theologen ergänzten sich, obschon sie sich auch immer aneinander rieben. Und in ihnen spiegelt sich irgendwie auch die Flachlandschaft mit ihren geraden Linien und ihren klaren, einfachen Formen.«[20]

4.
»Gesellschaftsreformation«: die militante Widerstandsbewegung gegen die civitas diaboli der modernen Welt

Das niederländische Wort für »Reform« *(hervorming)* – heute mehr auf die Gesellschaft als auf den Glauben bezogen, und wenn auf die Kirchen, dann stets als Teil dieser Gesellschaft – bleibt mit der Erinnerung an die großen religionsgeschichtlichen Ereignisse der Vergangenheit verknüpft. Es behält seinen religiös-ethischen Akzent, erweckt die Vorstellung einer moralischen Erneuerung der Nation, gibt der Veränderung von Institutionen und Rechtsformen tieferen Sinn, taugt also schlecht für pragmatisches Denken. Was man in der deutschen Bundesrepublik mit dem überstrapazierten Begriff »Gesellschaftspolitik« im Auge hat, heißt in den Niederlanden »Gesellschaftsreformation« *(maatschappijhervorming)* und klingt in manchen Ohren ernst und feierlich wie Kirchenglocken oder ein Orgelton.

Das Denken vieler Niederländer über soziale Reformen lebt auch heute noch vom christlich-humanistischen Gehalt, der dem Fortschritts*glauben* einmal eigen war. Der Materialismus, der das Fortschritts*denken* des neunzehnten Jahrhunderts beherrschte, machte nie Schule. Wir werden noch darauf zurückkommen. Es gab in den Niederlanden keine deklassierte Intellektuellenschicht, von der Max Weber sagte, sie habe einen religionsartigen Glauben an die sozialistische Eschatologie wenigstens zeitweise getragen.[21] Auch die Arbeiter wurden keine Atheisten. Sie blieben gläubig, von christlicher Kultur geformt, auch dann, wenn sie sich der Kirche entfremdet hatten. Der Geist der Religion und des Humanismus hat die ganze Nation zu tief geprägt, als daß der Ungeist des autoritären und revolutionären Sozialismus hätte Fuß fassen können. Revolutionäre Gewalt, wie Karl Marx sie als einzigen Ausweg gesehen hatte, lief dem Wertempfinden der Niederländer zuwider. Ein solcher Sozialismus konnte kein Thema der Predigt sein. So wurde der niederländische Sozialismus reformatorisch, nichtautoritär und bürgerlich. Sein prominentester Vertreter in der jüngsten Zeit, Joop den Uyl, hat die Verbürgerlichung des Sozialismus ausdrücklich betont und als die einzig konsequente Entwicklung gutgeheißen.[22]

Die politische und soziale Geschichte der Niederlande ist wesentlich Glaubensgeschichte, die Geschichte der Beziehungen zwischen konfessionellen »Volksteilen«, zwischen Kirchen, Sekten und kirchlich ungebundenen Weltanschauungen wie dem Humanismus, Liberalismus und Sozialismus. In konfessionellen Gegensätzen, nicht in Klassengegensätzen im landläufigen Sinne dieses Begriffs, stellte sich auch die soziale Problematik der sich bildenden Industriegesellschaft dar. Die Fragen der sozialen Gleichheit und Gleichberechtigung, die in den alten Industrienationen an der Arbeiterfrage entbrannten, hatten sich in den Niederlanden schon vor der Industrialisierung an der Lage der Katholiken und der sich unterdrückt fühlenden orthodoxen Calvinisten entzündet. Als die *soziale Frage* als Arbeiterfrage aufkam - gesetzt, man darf überhaupt so sprechen, hat doch Vilfredo Pareto so schön gezeigt, daß schon in der *Ilias* davon die Rede ist -[23], gab es in den Niederlanden bereits eine *konfessionelle Frage,* in der die Arbeiterfrage aufging.

Die Geschichte des niederländischen Sozialismus und die der Glaubensbekenntnisse sind unzertrennlich miteinander verbunden, und zwar nicht in dem Sinn, daß der Sozialismus von diesen Bekenntnissen nur beeinflußt wäre, ohne selbst zu ihnen zu gehören. Auch er ist ein echtes Bekenntnis, ein Ausdruck der ganzen Glaubenslandschaft, wie im Folgenden an zahlreichen Beispielen zu zeigen sein wird. Will die niederländische Soziologie die eigene Gesellschaft verstehen, muß sie sich als universal interessierte Religionssoziologie einrichten. Über das bloße Registrieren von Mitgliedschaften in Kirchen, Sekten und deren Organisationen hinaus muß sie in die breiteren kulturhistorischen und ökonomisch-politischen Zusammenhänge vorstoßen. Daß dies bis heute noch nicht in befriedigender Weise geschehen ist, hängt damit zusammen, daß auch die Geschichte der Sozialwissenschaften ein Stück Glaubensgeschichte ist, ganz ähnlich, wie sie in Deutschland, Frankreich und anderen Ländern ein Stück Philosophiegeschichte darstellt.

Der Schriftsteller Menno ter Braak legte in den dreißiger Jahren auf die Feststellung wert, daß in der Lehre von Marx und der von Calvin dasselbe »disziplinäre Prinzip« walte und daß sich die »echt christliche Diskrepanz« zwischen den formulierten Lehrmeinungen und deren Widerhall bei den Gläubigen beim Sozialismus »ebensosehr wie beim Katholizismus und Protestantismus«[24] zeige. Die Wendung der sozialistischen Ideen ins Religiöse kommt besonders deutlich in jenen Worten zum Ausdruck, die die Dichterin Henriette Roland-Holst, eine der großen Gestalten des niederländischen Sozialismus, gegen Ende des Zweiten Weltkrieges schrieb: Der Sozialismus müsse sich »als ein gesellschaftliches Werk zur Ehre Gottes verstehen« und »in dem Willen wurzeln, die Kräfte und Anlagen aller Menschen zur höchsten Vollkommenheit zu bringen, für das Wohl der Gemeinschaft, nicht jedoch, damit diese ihre Bedürfnisse stets steigern und verfeinern oder eines jeden Arbeitsquantum verringern kann, vielmehr, um Gott im Gemeinschaftsleben zu verherrlichen«[25].

Sozialismus, dieses »ebenso treffende wie eingängige Wort, dessen sich andere bemächtigten«, wie der deutsche Jesuit Oswald von Nell-Breuning bedauernd schrieb, das für die Kirche, wie er meinte, verlorengegangen und nun nicht mehr »zurückzugewinnen«[26] sei, ist zwar auch in den Niederlanden die exklusive und exemplarische Bezeichnung des Programms der Arbeiterpartei geworden; dennoch gibt es kein besseres und genaueres Wort zur Charakterisierung des heute auch in den christlichen Kirchen vorherrschenden Denkens in Sachen der Gesellschaftsordnung. Wenn der Sozialismus, wie Menno ter Braak ihn charakterisiert, schon lange vor Marx »als Idee der Gleichheit zunächst das ungeduldige Bewußtsein der christlichen Würde ist, das sich den Ständen widersetzt, jener Ordnung, in der die offizielle Christenheit eine notwendige Ungleichheit in der Erwartung der himmlischen Gleichheit anerkennt«[27], dann könnten auch schon die orthodoxen calvinistischen Kleinbürger, die sich im vorigen Jahrhundert in einer religiösen Separatistenbewegung erfolgreich gegen die Patrizierherrschaft auflehnten – wir werden diese Bewegung schildern –, als Sozialisten gelten, zumindest als deren Vorläufer.

Lange bevor neomarxistische Denker darangingen, geschichtliche und gesellschaftliche Prozesse »emanzipatorisch« zu interpretieren, hatten niederländische Historiker das Auftreten von Gleichberechtigungsbewegungen als das wesentlichste Thema der niederländischen Geschichte des neunzehnten Jahrhunderts bezeichnet. Erst in neuerer Zeit wurde es üblich, alle diese Bewegungen im Sinne jener neuen Strömung zu deuten, die den Begriff »Emanzipation« mit dem Entfremdungsgedanken verbindet und dabei weniger an den rechtlichen Akt der Statusveränderung einer bis dahin »unmündigen« Person oder Gruppe denkt, als vielmehr die Befreiung aller Menschen aus entfremdenden gesellschaftlichen Verstrickungen im Auge hat.[28] In den Niederlanden bleibt der Emanzipationsbegriff auf die konkrete Geschichte der Nation bezogen, verbunden vor allem mit den Bestrebungen des katholischen Volksteiles, aus gesellschaftlicher Diskriminierung herauszugelangen. Die Anwendung des Begriffes auf das Freiheitsstreben aller Unterprivilegierter – Arbeiter, Frauen, Kolonialvölker, heute Gastarbeiter und anderer Gruppen – erfolgte im Rahmen einer ganz bestimmten Identifikation mit der eigenen Geschichte. Autoren, die die ganze niederländische Geschichte als eine von Dissidentenbewegungen bezeichneten[29] oder in der ganzen Weltgeschichte den »Wellenschlag der Emanzipation«[30] zu spüren meinten, konnten stets bekannte Ereignisse aus der vaterländischen Vergangenheit zitieren, Ereignisse, die plausibler erschienen als die meist sehr dürftig ausgefallenen Versuche, Thesen theoretisch zu begründen.

Als in den sechziger Jahren die Emanzipationsideologie aus dem Ausland in die Niederlande gelangte, wurde sie für große Teile einer gläubig gebliebenen Bevölkerung zu einer zeitgemäßen und populären politischen Ethik, die den Bedürfnissen nach Erneuerung des Glaubens entsprach und mit den alten Wertvorstellungen vereinbar zu sein schien. Der Ökumenische Rat der Kirchen in den Niederlanden hatte schon Anfang der sechziger Jahre zur Abkehr vom dämonischen Geist der Leistungs- und Konsumgesellschaft aufgerufen, zur Verwerfung der »eudämonistischen Wohlstandsideologie, die den Geist des Menschen in Beschlag nimmt«[31]. Die Auflehnung gegen die Wohlstandsgesellschaft, die als moderne *civitas diaboli* empfunden wurde, erschien als Widerstandsbewegung gegen eine Weltentwicklung, die kein Christ und kein Sozialist hinnehmen durfte. Die theoretische Begründung des emanzipatorischen Gesellschaftsbildes der neuen Protestbewegung und ihrer politischen Thesen war nicht so wichtig.

Der erste Bericht des *»Club of Rome«* über die *Grenzen des Wachstums*[32] - nur noch in Japan hatte er eine ähnlich sensationelle Wirkung wie in den Niederlanden - bewirkte sehr viel mehr als alle um diese Zeit entstandenen soziologischen Schriften zusammengenommen. Manch einer, der die popularisierten und dramatisierten Ergebnisse des Berichtes las, machte sich nicht klar, daß es hier um die theoretische Simulation der Weltentwicklung im Szenarium eines abstrakten Faktorenmodells ging. Unbewußt wirkten die Ergebnisse auf ängstliche Zeitgenossen vielleicht ähnlich wie früher alte Prophezeiungen, nur war jetzt nicht vom Weltuntergang, sondern vom »Systemkollaps« die Rede. Man spricht nicht mehr vom Weltuntergang wie einst, da Pest, Höllenfurcht und Aberglaube das Volk in Schrecken hielten, die Apokalypse mit Fabelwesen dargestellt wurde wie in den Bildern von Hieronymus Bosch, doch erschienen die Trends, die die Computer produziert hatten, nicht wie alte »Zeichen an der Wand«?

5.
Religion: ein Ansporn des Volkes; Bibel und Laienbildung einst; Basisgruppen und Missionarismus heute

Max Weber, der so viel zum soziologischen Verständnis von Religionen und Heilslehren beigetragen hat, ist in seinem Werk nicht näher auf die Niederlande eingegangen. Das ist erstaunlich, weil er doch darauf bedacht war, für seine Aussagen Beispiele aus der ganzen Weltgeschichte zusammenzutragen, aus den Kulturen des Fernen Ostens und Indiens ebensosehr wie aus der christlichen Welt. Die berühmte Studie *»Die protestantische Ethik und der Geist des Kapitalismus«*[33] befaßt sich fast nur mit den angelsächsischen Puritanern. Dennoch bietet Webers Werk wesentliche Einsichten für das Verständnis des niederländischen Konfessionalismus und dessen jüngster Entwicklung. Wir wollen nur einige Grundgedanken hervorheben, die sich in dem Hauptwerk *»Wirtschaft und Gesellschaft«*[34] finden.

Weber behauptete, daß bei der Entwicklung religiöser und ethischer Lehren neben der Gläubigkeit und Frömmigkeit der Menschen ihr *intellektuelles Interesse an religiösen Fragen* von Wichtigkeit sei. Er betonte die gedankliche Bemühung um Erkenntnis und verstandesmäßige Erhellung des Glaubens, konzentrierte sich dann insbesondere auf die Träger und Verbreiter religiöser Lehren und auf die von ihnen hervorgebrachten Strömungen oder Schulen. Er machte hierbei einen wichtigen Unterschied zwischen privilegierten und nichtprivilegierten Schichten. Er glaubte nämlich, einen typischen Zusammenhang zwischen der sozialen Herkunft, Stellung und Macht der religiös Gebildeten einerseits und dem Inhalt der Religions- und Heilslehren (zum Beispiel dem Versprechen einer diesseitigen »Vollendung« des Lebens oder der Verheißung eines ganz anderen und ewigen nach dem Tode) andererseits aufzeigen zu können. Dasselbe gilt auch für die moralischen Grundsätze der Lebensführung und deren theoretische Begründung.

Dann folgt eine weitere, wichtige Hypothese: Eine Heilslehre könne bei privilegierten Gebildeten ihren Ursprung nehmen; wenn sie jedoch auf die nichtprivilegierten Schichten übergreife und zur Massenreligion werde, die sich Laienkreise aneignen, zum Beispiel bildungsbeflissene Bauern und Kleinbürger, Autodidakten in Randberufen oder auch – in Zeiten, da Schriftkundigkeit noch ein Vorrecht war – wandernde Sänger, Erzähler, Rezitatoren und Vorleser, dann passe sich die Heilslehre den jeweiligen *Bedürfnissen* der unteren und unterprivilegierten Schichten an. Zugleich trachteten die intellektuell geschulten Privilegierten danach, für ihre eigenen Bedürfnisse und Interessen die Esoterik zu kultivieren: zum Beispiel als Theologen oder Philosophen »vom Fach« Schulen und Akademien zu gründen und sich als kompetente Schriftgelehrte auszugeben.

Die niederländische Religionsgeschichte ist demgegenüber durch und durch das Werk selbstbewußter *Laien.* Sie ist die Geschichte eines religiös aktiven Volkes und seiner Kirchengemeinden, eine Geschichte bibelkundiger und Bildung suchender Bauern, Handwerker, Fischer, Seeleute, Bürger und Handelsleute. Anders gesagt: sie ist keine Kirchenfürstengeschichte und auch keine Geschichte einer akademischen Theologenelite und deren offizieller Lehren. Weber selbst sprach in bezug auf das siebzehnte Jahrhundert - und dabei nannte er auch die Niederlande - von der »unerhörten Verbreitung der Bibelkenntnis« und des Interesses »für äußerst abstruse und sublime dogmatische Kontroversen« im Volk, von ernster Gemeindereligiosität, die keinen »anstaltsmäßig-autoritären«, sondern sektiererischen Charakter besessen hatte, von einem religiösen Massenintellektualismus, der sich in den puritanischen Ländern auch dann noch behauptete, als die Glaubenskämpfe zu Ende waren und die Machtverhältnisse sich gefestigt hatten.[35]

In niederländischen Familien- und Nachbarschaftskreisen disputierte man damals ganze Sonntage hindurch über Themen wie die Prädestinationslehre oder die Folgen eines bestimmten Lebenswandels für den Platz im Jenseits. Wilhelm von Oranien »ist Moses, der das Volk von dem spanischen und römischen Pharao befreite und das zweite Israel in das neue Kanaa führte. Hier verfährt Gott mit den Niederländern wie Jahwe mit den Juden: ein frommer Lebenswandel wird mit Freiheit und Wohlstand belohnt; Abfall von Gott zieht Unterdrückung und Elend nach sich. Die Regenten des Landes sollen daher die Sünden der Kinder Israels meiden.«[36] Keine Theologen, sondern Laien vertraten diesen religiösen Mythos der Nation in ihren Gemeinden. Und nicht der berühmte theologische Fachdisput zwischen Gomarus und Arminius, sondern der Streit zwischen deren Anhängern - den Gomaristen und Remonstranten - stürzte die junge Republik der Vereinigten Niederlande in ihre erste ernste innere Krise. Uneinigkeit bei der Auslegung von Bibeltexten konnte zu den heftigsten Erregungen führen.

Die gleiche beharrliche Leidenschaft, mit der einst Bibeltexte und religiöse Fragen erörtert worden sind, kann heute in den gesellschaftspolitischen Disputen beobachtet werden. Die Teilnahme an diesen oft scholastisch anmutenden Disputen ist rege, die Öffentlichkeit für die Themen in hohem Maße sensibilisiert, doch das Niveau der Diskussion darf nicht esoterisch werden und damit den Anstrich des intellektuell »Elitären« erhalten; diese Erwartung gilt auch für die Politiker. Die Dispute bleiben auf das Durchschnittspublikum mit besserer Schulbildung zugeschnitten, und seine Sprecher geben den Ton an. Weitgreifende Themen, zu denen sich in der Presse anderer Länder vor allem namhafte Fachleute äußern, werden in den niederländischen Medien häufig von jungen Menschen aufgegriffen, die oft gerade erst ihr Studium abgeschlossen haben. Einer Dissertation wird in der Presse ebensoviel Bedeutung beigemessen wie dem Vortrag einer internationalen Koryphäe. Für Doktoranden mit umstrittenen Themen zeigt oft das Fernsehen Interesse.

Das anspruchsvolle Durchschnittspublikum erinnert denn auch an die religiösen Laien des siebzehnten Jahrhunderts. Allerdings dürfte diesen damals das Lesen der Bibel leichter gefallen sein als heutigen Zeitgenossen das Studium komplizierter Gegenwartsfragen. Die alten Gleichnisse waren verständlicher als moderne Begriffe, von denen Georg Simmel schon vor langer Zeit sagte, daß sie »wie verschlossene Gefäße von Hand zu Hand gehen«[37]. Auch ist das Kommunikationssystem ein anderes. Das zeigt sich, wenn Rundfunk und Fernsehen den heutigen Diskurs einem Massenpublikum vorführen. In keinem anderen Land ist eine so große Zahl und eine solche Vielfalt von Sendungen sozialmoralischen Zeitfragen und Gewissenserforschungen gewidmet - »geweiht« sagen die Niederländer. Eine historische Ähnlichkeit ist jedoch nicht zu verkennen. Das Bedürfnis, nicht nur die Gesellschaft, sondern auch den Glauben zu erneuern, ihn in neuen Formen wiederzufinden, kommt immer wieder zur Sprache. Zitiert ein Theologe zum Beispiel Erich Fromm, der den Genuß der Konsumkultur Idolatrie nennt und auf die Verwurzelung des Entfremdungsbegriffes im alttestamentarischen Begriff des Götzendienstes hinweist,[38] so führt diese Disposition wie von selbst dazu, die alte Israeltheorie mit dem jetzigen Emanzipationsdenken zu verbinden: Der Auszug aus dem Land des Pharao wird zur Absage an die Konsumgesellschaft.

Wie schon in der Vergangenheit die Lehrmeinungen der Theologen nicht als sakrosankte Wahrheiten akzeptiert wurden, so werden auch heute die Aussagen von Fachleuten der Wissenschaft nicht einfach hingenommen, wenn es sich um Angelegenheiten handelt - und das sind nicht wenige -, die als Grundsatz- und Glaubensfragen gelten, worüber also jeder sich seine Meinung bilden will und bilden soll. Als sich die rebellierenden Laien unter den Katholiken gegen das Theologiemonopol des Klerus wandten und Mitbestimmung *in ecclesia* forderten, waren die Studenten der katholischen Universitäten die ersten, die die wissenschaftliche Autorität der Fachgelehrten zur Diskussion stellten. Der Begriff »Kompetenz« wird auf die Untersuchung gesellschaftlicher Fragen, nicht auf deren Entscheidung bezogen, wobei freilich nicht selten vergessen wird, daß die fachkundige Untersuchung Voraussetzung für gute Entscheidungen bleibt.

Die intellektuellen Eliten und professionellen Gebildeten gerieten in den Niederlanden schon in alter Zeit in den Bann der Laienbewegungen und konnten sich bis heute kein Monopol auf eine bewunderte »Geisteskultur« erwerben. Sie verzichteten darauf in dem Maße, wie sich die nationale Kultur gerade als religiöse Kultur der Mitte profilierte. Während die Gebildeten Deutschlands und der romanischen Länder geneigt waren, sich als Freidenker von der Kirche loszusagen, überlieferte Glaubensinhalte als naiv zu belächeln oder als dogmatisch zu bekämpfen, erwiesen die niederländischen Gebildeten der Religion weiterhin die herkömmliche Ehrerbietung. Dies hatte zweierlei zur Folge: Zum einen blieb die Religion weiterhin ein Bestandteil der Bildung, und zum anderen geriet die Bildung dadurch nicht unter die Autorität Maßstäbe setzender philosophischer und literarischer Eliten.

Diese Entwicklung steht in schärfstem Gegensatz zu den Prozessen in Frankreich und Deutschland. In den romanischen Ländern entwickelte sich die höfische Bildung »zu radikaler Kirchenfeindschaft oder absoluter Kirchenindifferenz«, wie Weber sich ausdrückt, in Deutschland kam es zur unpolitischen Bildung einer Intellektuellenelite, die nicht an spezifisch religiösen, sondern an metaphysischen Fragen interessiert war; sie hatte Erkenntnisbedürfnisse, keine ausgesprochenen Erlösungsbedürfnisse.[39] Weber vergißt nicht hinzuzufügen, daß diese unpolitische Bildung natürlich trotzdem für die Politik von Bedeutung war, eben dadurch, daß die Politik den Gebildeten gleichgültig blieb. Wie das Volk, so sah in Deutschland auch die geistige Elite die Verhältnisse in Staat und Gesellschaft nicht als eine Sache an, für die sie selber Verantwortung zu tragen gehabt hätte. So galt man im deutschen Bürgertum vornehmlich dann als gebildet, wenn man Kenntnisse auf dem Gebiet der Literatur, Kunst und Philosophie besaß, während Kenntnisse des Staatswesens oder der Wirtschaft für weniger wesentlich angesehen wurden. Nicht selten wurden sie bewußt vernachlässigt. Literarische und philosophische Kenntnisse brachten in Deutschland auch mehr Ansehen ein als Bibelkenntnis - nicht so in den Niederlanden.

In den Niederlanden wurde mit der Bildung des Geistes immer auch das Heil der Seele gesucht. Von dem Augenblick an, da die einfachen Leute die Bibel lesen konnten, waren sie bestrebt, sich mit ihr und durch sie, nicht gegen sie intellektuell zu entwickeln. In der niederländischen Sprache hat das Wort »Entwicklung« *(ontwikkeling)* die Bedeutung von Bildung, und zwar von Allgemeinbildung. Erasmus pries jenes allgemeine Orientierungswissen über die Welt, das *zusammen* mit der Bibelkenntnis erstrebt wurde und den Glauben nicht ersetzen, sondern erhellen sollte, als Vorzug des Volkes. Neben den Mönchen verspottete er die Gelehrten, deren Weisheiten nicht besser gewesen seien als das schlechte Latein, das sie gesprochen hätten. Einen esoterischen weltlichen Vortragsstil mit entsprechender Diktion und Gestik haben die niederländischen Gelehrten niemals ausgebildet. So kam es weder zu stilisierender Selbstdarstellung wissenschaftlicher Autorität noch zu Vorbildern eleganter Präsentation.

Vor allem aber stand die Glaubenskultur der Niederländer der Entstehung einer esoterischen, von der Religion getrennten Geistesbildung unter der Regie der Philosophie im Wege. Die niederländische Gesellschaft wehrte sich, sagt Plessner, gegen jede wichtige Entscheidung, die ihre Legitimation nicht aus der christlichen Offenbarung bezieht. Darum »ist ihr die Narrenfreiheit der Spekulation, das Künstlertum des Gedankens immer verdächtig«[40]. Was Menschen denken und sagen, ihre Ideen und Meinungen, ihre Erwartungen vom Leben und ihre Gedanken über den Tod, ihr Bild vom Menschen und von der Gesellschaft: alles, was ihre Weltanschauung ausmacht, wird ernstgenommen.

Während in Deutschland, wie Plessner nachwies, »das Interesse an theologischen Fragen nicht entwickelt« wurde, die Gleichgültigkeit seiner Gebildeten gegenüber dem christlichen Glauben »in einem Maße fortgeschritten war wie in keinem anderen Land«[41], die Frömmigkeit darum auch keine Bedeutung für den Bildungsbegriff gewann und Gläubigkeit zur reinen Privatsache wurde, verhinderte der Calvinismus in den Niederlanden die Privatisierung der Religion und damit ihre Verbannung aus den öffentlichen Lebensverhältnissen. Das deutsche Bürgertum begann seine Kultur anzubeten, in seiner Philosophie und Literatur das Höchste zu suchen. Es begann, seine Gelehrten wie Heilige zu verehren, bis später die Vergötzung des Volkes und der »Glaube an Deutschland« den Geist vergifteten und den Weg ins Verderben öffnen sollten. »Die Philosophie übernahm es, einer latent gebliebenen Radikalität Ausdruck zu geben, weil die Wege zur Aktion versperrt schienen. Die Philosophie vertrat die Aktion. Zur Revolution fehlten die gesellschaftlichen Kräfte, aber durch die Macht der Sprache, die Radikalität des Gedankens ergab sich eine politische Wirkung. Das ist wohl der hintergründige Sinn des Wortes von Madame de Staël: Dichter und Denker *machten* die Deutschen zu einem Volk.«[42]

Die niederländische Reformbewegung der sechziger und siebziger Jahre war eine *säkularisierte* Glaubensbewegung, die sich in den antiautoritären Basisgruppen der gesellschaftlichen Organisationen formierte. Ihr Ziel waren Struktur- und Statutenänderungen, die als Demokratisierung begriffen wurden. Den Mitgliedern der Organisationen sollte ein Maximum individueller Artikulations- und Mitsprachemöglichkeiten eingeräumt werden, um Modelle praktisch zu erproben. Von ihren Institutionen aus, etwa den Parteien, Universitäten und Fernsehanstalten, sollte die Gesellschaft verändert werden. Hatte man Erfolg, so wollte man auch jetzt nicht zugeben, daß der Staat dem »Druck« von unten »nachgab«, zum Beispiel 1970 in Form eines neuen Hochschulgesetzes. Lange schon waren dem Staat ja nur exekutive Funktionen zugestanden. Nicht *er* hatte die Politik zu bestimmen, sondern die »Strömungen« in der Gesellschaft, wie sie sich in Parteien, Kirchen und Sekten manifestierten. Nur waren diese jetzt inhaltlich und in ihren Formen andere geworden. Wie und mit welchen Ergebnissen die unterschiedlichen Vorgänge verliefen, soll in einem späteren Kapitel näher dargestellt werden. Hier gilt es, zunächst noch zu zeigen, wie neben den kulturellen und ideologischen Überlieferungen auch die Traditionen des niederländischen Staats- und Verwaltungswesens der neuen reformatorischen Bewegung Chancen boten.

6.
Oligarchische Verwaltungstraditionen und der Aufstand gegen das »Regententum« von Technokratie und Bürokratie

Die niederländischen Rebellen wider die Leistungs- und Konsumgesellschaft waren von anderem Schlag als die Neuen Linken anderer Länder. Sie ließen es nicht bei der Kritik bewenden, sondern machten positive Vorschläge. Sie gaben sich nicht als Revolutionäre, sondern als Reformatoren, wirkten nicht frustriert, sondern trauten sich etwas zu. Der Wirbel, den sie verursachten, war darum nicht geringer. Sie warben um Vertrauen, wußten, daß sie sich letztlich durch die Fähigkeit, Verantwortung zu übernehmen, bewähren mußten. Die Gelegenheit, zu zeigen, was sie angeblich besser machen konnten, ließ nicht lange auf sich warten. Die Vorwegnahme der Möglichkeiten formte das Denken, nicht die Weisheit aus Büchern, die den Radikalen anderer Länder zum kompensatorischen Ersatz für fehlende politische Chancen dienen mußte. Für ein Marx-, Mao- oder Marcuse-Studium fehlten niederländischen Gesellschaftskritikern Zeit, Lust und Vorbildung; Revolutionstheorie konnte ein Thema für Sektierer oder für Fachleute der Politologie bleiben. Während die philosophierenden Radikalen des Auslands mit vagen Vorstellungen von einer Systemveränderung herumliefen, konkreten Sachfragen meist aus dem Wege gingen und mit rauhem Gehabe friedfertige Bürger erschreckten, stürzten sich die niederländischen Rebellen geradenwegs auf lauter praktische Themen des politischen Alltags. Sie schalteten sich ein in die Diskussion über Gesetzesentwürfe, Parteiprogramme, Gemeindeangelegenheiten und Wirtschaftsfragen. Die theoretische Untersuchung und Begründung von Reformzielen wurden bei weitem nicht so wichtig genommen wie das Bekenntnis zu ihnen. Der Glaube an die grundsätzliche Realisierbarkeit einer besseren Ordnung und die Lust, die Sache zu versuchen, das war es, was Eindruck machte.

Wer in jener Zeit die Demokratisierung staatlicher, kirchlicher, akademischer, wirtschaftlicher und anderer Organisationen forderte, rechnete bei den Bürgern mit einer ganz bestimmten Vorstellung vom Wesen der alten niederländischen Regierungs- und Verwaltungsformen. Es war die Vorstellung von einer oligarchischen Macht, die in Kollegien und Ratsversammlungen zum Ausdruck kommt, das Bild von einer Herrschaft von Ratsherren, Amtsinhabern und Würdenträgern, wie es sich im Volk in der

C. Troost: Die Regenten des Amsterdamer Armenwaisenhauses (1729)

Rede von den *Regenten* erhalten hat. Jedem Niederländer ist dieses Wort aus dem Geschichtsunterricht ein Begriff. »Regenten« hießen ursprünglich die Statthalter und Landesverwalter, später wurden alle Vertreter der herrschenden Schicht so genannt. Heute bezieht sich die ironische oder polemische Verwendung des Wortes weniger auf jene würdevollen, schwarz gekleideten Gestalten mit weißen Halskrausen, wie Frans Hals und andere Maler sie in so vielen Bildern dargestellt haben, damals schon nicht nur in Einzel- sondern auch in Gruppenporträts; das Wort ist vielmehr auf die Privilegierten der Gegenwart gemünzt: auf Bankiers, Minister, Bürgermeister, Rektoren und nicht zuletzt auf Vorstandsmitglieder von großen Wirtschaftsunternehmen. Wer einen Firmenchef oder Fakultätsdekan einen typischen Regenten nennt, hat mit der Person zugleich den exklusiven Kreis im Auge, wobei aber immer – dies sei nicht übersehen – ein latenter Respekt vor Leistung und Verantwortung mitschwingt.

Das seinerzeit aufgekommene Modewort *Establishment* hatten die niederländischen Gesellschaftskritiker nicht nötig, doch konnten sie es gebrauchen. Es war für sie keine vage Vokabel aus linksphilosophischen Traktaten, es wurde durch seine Anwendung auf niederländische Verwaltungsstrukturen ohne weiteres plausibel, so daß es eigentlich gar keines neuen Fachausdruckes bedurft hätte. Mit den volkstümlichen Bezeichnungen »Regentenherrschaft« und »Regentenmentalität« konnte jeder, der wollte, das bestehende System viel deutlicher anprangern als mit dem neuen Jargon der importierten Systemkritik oder deren kolportiertem Kauderwelsch. Unternehmereliten, von neomarxistischen Autoren als Produkte des Spätkapitalismus mit »kritischer Theorie« attackiert, wurden in den Niederlanden einfach als historische Verlängerung und moderne Variante jener Elitenherrschaft hingestellt, die schon immer da war. Lösung aus elitärer *Bevormundung* erschien nicht nur als Ziel der militanten politischen Linken, sondern als eine wiederkehrende Aufgabe niederländischer Geschichte.[43]

Die Niederländer sind mit ihren Regenten und Magistraten im großen und ganzen nicht schlecht gefahren. Die Patrizier und die, die nun als ihre Nachfahren angesehen und als Machthaber und Bevorrechtete angegriffen wurden, zeigten im allgemeinen ein hohes Maß an Verantwortungsgefühl, auch wenn sie keinen Wählern Rechenschaft schuldig waren. Machtmißbrauch kam kaum vor. Starke Männer, die dazu neigten, ihre Macht eigensinnig und eifersüchtig zu verteidigen, waren selten. Wer Macht begehrte oder auffällig zeigte, machte sich unpopulär, wenn nicht gar lächerlich; die Ehrgeizigen merkten dies und mußten sich darauf einstellen. Gerade durch die Bindung an Ämter blieb die Macht verteilt. Man wurde zu ihr für eine Amtsperiode oder auf Lebenszeit nach akzeptierten Prozeduren berufen und bei Antritt des Amtes feierlich eingekleidet. Daß Amtsübernahmen nicht Machtübernahmen, sondern Übernahmen öffentlicher Verantwortung darstellten, kam im Zeremoniell zum Ausdruck. Mit den Ämtern, nicht mit den Personen verband der einfache Bürger Privilegien und Autorität. Der Respekt vor dem Amt erschien nicht als Servilität, sondern als Korrektheit. Die alte, ständische Titulatur, die sich bis heute erhalten hat, ja bis vor kurzem wie Maße, Gewichte und Verkehrsschilder noch Jahr für Jahr in den Taschenkalendern aufgeführt wurde, ist kein Zeichen der Untertänigkeit, sondern ein historisches Relikt der Achtung vor Amt und Würden.

Wo die Kritik der Herrschaft den Respekt vor ihren Institutionen nicht ausschließt, kommen die äußeren Zeichen der Autorität nicht so leicht in Verruf. Die Amtskette ist ein anderes Symbol als das Zepter, der Hammer des Ratspräsidenten ein anderes als das Schwert. Die Rebellen gegen die Elitenherrschaft empfanden die Relikte der Patrizierherrlichkeit nicht als Ärgernisse, und so lebte mancher alte Zopf, mancher Brauch mit seinen Requisiten fort. Wie ihre Vorgänger trugen die zu Bürgervätern ernannten Neuen Linken ihre Amtsketten, die zu Professoren ernannten die alten, schwerfälligen Talare. Da die Magistratswürde im Bewußtsein gerade der einfachen Leute nicht an die Person gebunden ist, sondern als Rolle begriffen wird, die jeder routinemäßig spielen kann, wenn er an die Reihe kommt, trägt man solche Würde auch unbefangen, wie etwas, was man nicht sich selbst verdankt. Man erfüllt eine Funktion, die ehrenvoll sein kann, bei der man sich aber auch nichts vergibt. So war es nichts Ungewöhnliches, daß auch Fraktionsvorsitzende jener Parteien, die Gegner der Monarchie sind (der Kommunisten zum Beispiel), das feierliche Geleit mit bildeten, das Königin Beatrix zur Krönung in die Kirche führte. Auch bei der Königin wird deutlich zwischen der Institution und der Person unterschieden. Auch der einfachste Bürger weiß, daß es nicht die Königin ist, die regiert.

Nationale Feste und Staatsfeiertage wurden in den Niederlanden niemals zu Demonstrationen eines kollektiven Geltungsbedürfnisses oder eines Verlangens nach nationaler Selbstdarstellung. Das Solidaritätsgefühl der Nation bedarf keiner Staatsakte, Militärparaden und patriotischen Reden, in denen der Niederländer eher das Komische entdeckt und dies auch ausspricht. Wohl fühlt man sich bei zivilen Ereignissen, die eine entspannte Atmosphäre bieten und einen familiären Charakter tragen. Ein Geburtstagsfest, ein Berufs- oder Amtsjubiläum oder ein Nikolausabend (der Nikolaus pflegt noch immer alljährlich mit dem Schiff aus Spanien einzutreffen und hat buntgekleidete Mohren bei sich) sind repräsentativer als Galaabende oder Theaterbälle, die äußerst selten sind und sich dann ganz und gar nicht mit solchen Ereignissen in Wien oder Paris messen können. Der kleine Kreis, nicht der große Rahmen, setzt die Maßstäbe. Informelles dominiert über das Formelle und gibt dadurch offiziellen Ereignissen Ungezwungenheit. Das gilt auch für die Monarchie, die Prunk und Pracht als Lebensstil nie praktiziert hat und sich fast entschuldigen muß, wenn das Protokoll sie einmal vorschreibt. Der Geburtstag der Königin ist eigentlich kein Staats-, sondern ein Volksfeiertag. Er mutete stets wie ein großes Familienfest an, glich zu Julianas Zeiten im Schloßpark von Soestdijk oft einer Kirmes und wurde gerade darum als gelungen empfunden. Und als die ehemalige Königin ihren fünfundsiebzigsten Geburtstag feierte, begab sie sich mit der großen Schar ihrer Enkel tatsächlich zur Kirmes. Kirchweihfeste und ihre »Drehmühlen«, wie die Karusselle heißen, werden zum königlichen Vergnügen in einem puritanischen Land, das keine *Hautevolee* kennt und dessen reiche Leute den Luxus rauschender Feste nur im Ausland genießen können.

In der Tatsache, daß man zur Bekleidung öffentlicher Ämter nicht gewählt, sondern ernannt wurde, hatte bis in die sechziger Jahre niemand einen Widerspruch zu demokratischen Prinzipien erblickt. Zweifel konnten nur die Frage betreffen, ob das Zustandekommen einer Berufung korrekt erfolgte, kein fähiger Mann übergangen, kein weniger guter bevorzugt wurde. Kontroversen gab es freilich bei den Ansprüchen, die die religiösen Minderheiten geltend machten. Natürlich war bei der Ämterverteilung immer die Konfession im Spiel. Schon Ende des neunzehnten Jahrhunderts sprach man von sogenannten Gleichgewichtsberufungen, worunter der Grundsatz verstanden wurde, keine religiöse Gruppe zu bevorzugen und unverhältnismäßig stark an den Ämtern zu beteiligen. Das zeigte sich übrigens nicht nur bei der Verteilung, sondern auch schon bei der Einrichtung von Ämtern, etwa von akademischen Lehrstühlen. Die Abwicklung der Berufungsverfahren, nicht ein Prinzip stand jeweils zur Diskussion. Neuerdings wurde jedoch in zunehmendem Maße gefordert, daß Bürgermeister, Professoren und andere Amtsträger gewählt werden sollten. Direkte Demokratie war dann aber nicht so leicht zu realisieren. So blieb vieles beim Alten, oder man faßte, wie in den Universitäten, die Aufnahme von Vertretern verschiedener Gruppen in Berufungskommissionen als Demokratisierung der Prozeduren auf.

Kritik traf auch eine Erscheinung, die man als Verfilzung bezeichnen kann: die Tatsache, daß ein und dieselbe Person gleichzeitig oder nacheinander mehrere wichtige Ämter bekleidet. Dies wurde in der Vergangenheit nie als Machtkonzentration verurteilt, sondern eher als Bereitschaft zu öffentlicher Verantwortung gewürdigt. Groß war stets die Zahl derer, die man im Laufe ihres öffentlichen Wirkens in einer ganzen Reihe von Ämtern kennenlernte, sei es als Professor, Minister, Vorstandsmitglied einer Großunternehmung oder Bank, sei es als Gewerkschaftsführer,

Parlamentarier, Vorsitzender eines Konsortiums, einer Fernsehanstalt oder einer staatlichen Kommission. Oft wurden solche Posten geradezu turnusgemäß eingenommen. Man könnte einen Begriff aus der Managementliteratur auf die Laufbahnen niederländischer Führungseliten anwenden und von einer Art »job rotation« in öffentlichen Ämtern und privatwirtschaftlichen Funktionen sprechen. Dies würde in oligarchischer Führungsstruktur das spiralförmige Pendant zum senkrechten Aufstieg in eine hierarchische Führungsspitze darstellen.

Durch die Häufung der Ämter, insbesondere der Neben- und Ehrenämter, und die oft starke Fluktuation ist die Zahl wichtiger Leute, die einander in einer neuen Rolle begegnen, natürlich relativ hoch. Jeder, der eine hohe Position innehat, muß damit rechnen, mit einem alten Bekannten in veränderter Konstellation wieder zu tun zu bekommen. Die Besetzung der Plätze ändert sich, nicht aber wechselt im selben Tempo auch die ganze Besatzung des Karussells. Es fragt sich nur, ob alles ganz so negativ bewertet werden muß, wie die Vorkämpfer der Demokratisierungsbewegung es taten. Die meisten von diesen waren übrigens längst Hansdampfe in allen Gassen auf niedrigerem Niveau gewesen, sei es als Journalist, Fernsehkommentator, Universitätsassistent, Prädikant, Gemeinderats- oder Parteivorstandsmitglied. Dem neuen Typ von Ehrgeizigen, die heute unmittelbar nach dem Hochschulstudium in der Politik Erfolg suchen,[44] steht in den Niederlanden ein breites Spektrum von Möglichkeiten öffentlichen Wirkens offen, darunter viele Tätigkeiten, die nebeneinander ausgeübt werden können.

Die Traditionen der oligarchischen und patrizischen Ordnung, gegen die die Progressiven Sturm liefen, haben noch deren eigenes Streben mit geprägt. Das gilt, wie wir später noch an Beispielen zeigen werden, für den Stil der Politik und Polemik, der - bei aller Härte der Auseinandersetzung - kein »Kampfstil« ist, keine eigentlichen Muster der Konfrontation kennt. Zwar wird der Gegner oft »verketzert« - wie die alte, eingebürgerte Bezeichnung für die typische Untugend lautet -, doch ist man nicht darauf aus, ihn politisch zu vernichten. Die alten Normen für die tolerante, zivilisierte Austragung politischer und ideologischer Kontroversen und Konflikte können nicht über Bord geworfen werden bei Strafe, jegliches öffentliche Vertrauen zu verlieren. Keine niederländische Radikalenpartei wirkte je so ungeschickt wie die deutschen »Grünen« nach ihrem Einzug ins Parlament und nach den Entgleisungen einiger ihrer Vertreter, was doch nur ihrem eigenen rühmlichen Vorhaben schaden konnte: dem Einsatz für die Erhaltung und Wiederherstellung einer »grünen Welt«.

Das betonte Festhalten an alten Grundsätzen und Spielregeln war es gerade, wodurch es nun wieder den niederländischen Konservativen möglich wurde, die provozierende Gegenkultur, die Kleider-, Haar- und Sprachmoden zu tolerieren, mit denen sich die rebellierende Generation von der steifen, sterilen Vornehmheit der alten »besseren Kreise« distanzieren wollte. Die Kontinuität alter Wertbegriffe konditionierte manche neue Erscheinung, manche Abweichung vom Gewohnten. Die Toleranz abweichenden Verhaltens beginnt ja bei Äußerlichkeiten, der Mode etwa, von der wir nicht erst seit heute wissen, daß auch ihre Erscheinungen mit der Politik, mit gesellschaftlicher Stabilität und sozialem Wandel zu tun haben.

7.
Kollegialität, Subalternität und die Kritik elitärer Sitten und Rituale der Ständekultur

Wiederholt wurde in den letzten Jahren betont, man solle beim Studium des sozialen und kulturellen Wandels den Gepflogenheiten des menschlichen Alltagslebens mehr Aufmerksamkeit schenken. Herbert Spencer, der Brite unter den Gründern der Soziologie, schrieb schon vor mehr als hundert Jahren, daß die Herrschaft von Gebräuchen, Ritualen und Zeremonien nicht nur allen anderen Herrschaftsarten vorausgehe, sondern von jeher den umfassendsten Anteil an der Regulierung des Lebens der Menschen gehabt habe und denselben noch beständig ausübe.[45] Dennoch hat die Sozialforschung unseres Wissens nur wenig vergleichende Studien interpersoneller Rituale in den Alltagsbeziehungen der Menschen westlicher Nationen geliefert. Die Ergebnisse solcher Studien können Aufschluß darüber geben, in welcher Weise und in welchem Ausmaß die Formen des öffentlichen Alltagsverhaltens von unterschiedlichen Merkmalen der politischen Geschichte geprägt sind.

In diesem Zusammenhang ließe sich, zugespitzt formuliert, folgende Hypothese aufstellen: Wie in den Feudalbürokratien alter monarchischer Strukturen die *Subalternität,* so hat in den oligarchischen und dezentralisierten Strukturen der Niederlande die *Kollegialität* Muster und Stile des sozialen Verhaltens in der

Öffentlichkeit und deren Institutionen gebildet. Von Landesverwaltern, Ratsherren und Angehörigen der freien Berufe praktiziert, wurde Kollegialität als kooperativer Arbeitsstil auch für die mittleren und unteren Beamten der Verwaltung zum Vorbild. Oldenbarnevelt, den ersten bürgerlichen Staatsmann der Neuzeit, nennen die Niederländer den »Landesadvokaten« und »Ratspensionär«. Die Öffentlichkeit präsentierte sich als eine Gemeinschaft freier Bürger, die gewohnt waren, daß ihre Angelegenheiten in körperschaftlichen Organisationen geregelt wurden.

Die nichtautoritären Vorbilder körperschaftlicher Kollegialität kamen jedoch nicht allein von den Eliten; auch die Kirchen, Sekten und religiösen Vereine, die Gilden, Berufs- und Deichgenossenschaften setzten Maßstäbe. »Kollegianten« nannten sich die Mitglieder der bekanntesten Sekte des siebzehnten und achtzehnten Jahrhunderts, einer Vereinigung Freigesinnter, in der die deutsche Aufklärung damals ein Ideal toleranter Gemeinschaftsbildung sah. Rembrandt stand ihr nahe, und Spinoza lebte eine Zeitlang in ihrem Quartier, wo er die Grundzüge seiner Philosophie niederschrieb. »Kollegien« hießen die monatlichen Zusammenkünfte, in denen nach gemeinschaftlichen Beratungen Beschlüsse gefaßt wurden. Das Phänomen der Sekte hat in der politischen Kultur der Niederlande eine *wesentliche* Bedeutung; es darf nicht nur als ein isoliertes religiöses Problem betrachtet werden, auf das der Begriff »Sekte« in einem engeren Sinn Anwendung findet.

Während in der gesellschaftlichen Welt rechts der Elbe bis etwa 1914 die Feudalbürokratie und die Armee, Beamte und Offiziere subalterne Muster des Dienstes und Gehorsams gegenüber vorgesetzten Personen und Instanzen prägten, Vorbilder für den Umgang der Menschen in Städten und Dörfern - Gerhart Hauptmann und Theodor Fontane haben dies eindrucksvoller dargestellt, als soziologische Beschreibungen es vermögen -, kamen in den Niederlanden soziale Beziehungen auf der Grundlage ziviler, körperschaftlicher und kollegialer Verhältnisse zustande. In der niederländischen Literatur fehlt nicht nur der Typ des Trägers autoritärer Herrschaft, sondern auch der, der die Muster passiver Anpassung verkörpert. Auch den Nutznießer der Herrschaft in den unteren Klassen, wie er vor allem in der russischen Literatur zu finden ist, den Spitzel oder den kleinen, bestechlichen Beamten, schließlich den armen, ausgebeuteten Mann, der durch einfallsreiche Drückebergerei und gespielte Albernheit sein Los zu erleichtern sucht - wie der brave Soldat Švejk des Tschechen

Jaroslav Hašek –, sie alle sucht man in der niederländischen Literatur vergebens.

Die alte niederländische Oberschicht hat sich nie durch auffallendes Hervorkehren ihres Reichtums, sondern durch eine eher unauffällige Kultivierung ihres Lebensstiles von den unteren Schichten abgehoben. Sie neigte genausosehr dazu, sich abzusondern wie die religiösen Gruppen und Sekten. Konfessionell unterschied sie sich vom protestantischen Kleinbürgertum durch ihre »liberale Weltanschauung«. Äußerer Luxus und Pomp blieben verpönt. Repräsentativ wurde das reiche Innere der Patrizierhäuser, nicht ein sie umgebender Grundbesitz als Ausdruck feudaler Macht.

Die Religion war auch bedeutsam für die Art und Weise, wie sich das Volk sozial zu den Patriziern verhielt. Arbeit zum Beispiel wurde nicht als eine von weltlichen Herren auferlegte und nur in deren Dienst zu erfüllende Pflicht empfunden, als etwas, wofür der Patron allein alle Verantwortung zu tragen gehabt hätte. Dies nahm dem Verhalten zu ihm die Servilität. Der wesentliche Dienst blieb immer der Gottesdienst. Er war es, der zur disziplinierenden Institution wurde, womit der Patron rechnen mußte, was er sich aber auch wieder zunutze machen konnte. Auf der Grundlage der Religion bildeten sich die Einstellungen der Menschen zur Arbeit, zu Berufs- und Amtspflichten heraus, die auch noch in der beginnenden Industriegesellschaft, in der sich entwickelnden Arbeiterbewegung Bedeutung behielten.

Die niederländische Patrizierherrschaft schneidet also bei einem Vergleich mit anderen zu ihrer Zeit in Europa bestehenden Herrschaftsordnungen gar nicht ungünstig ab. Doch dies hinderte nicht daran, das nach Meinung der Progressiven fortbestehende »Regententum« und seinen unzeitgemäßen »Elitengeist« Ende der sechziger Jahre heftig aufs Korn zu nehmen. Die Provobewegung – die possenhafte Vorläuferin der von tiefem moralischem Ernst und politischem Ehrgeiz beseelten progressiven Bewegung – hatte den Anfang gemacht, indem sie den Lebensstil und die Umgangsformen der »besseren Gesellschaft« lächerlich machte und parodierte. Man muß dazu wissen, daß sich nuancierte ständische Unterscheidungen in informellen Verhaltensmustern und Ritualen bis in die Gegenwart erhalten haben, zum Beispiel in Anreden, die es erlauben, soziale Distanz zwischen steifer Förmlichkeit und Intimität subtil zu variieren, kühle Unpersönlichkeit ebenso zu vermeiden wie ein unerwünschtes Abgleiten der Beziehung ins allzu Vertrauliche. Dabei können auch Statusverhältnisse betont werden. Relikte informeller ständischer Stilformen wurden nun nicht mehr hingenommen.

Die Alternativkultur machte ihr Entree als Happening. Bespöttelt wurde die als affektiert empfundene Sprechweise der vornehmen Kreise, ihr Akzent und ihre Gesten, obwohl das meiste davon viel mehr eine regionale Eigenart von Den Haag war als ein Standesmerkmal. Mit der Provobewegung trat der Kulturprotest aus seiner kabarettistischen Enklave heraus. Er wurde nun zur öffentlichen Provokation, was um so mehr auffiel, als laute Ausgelassenheit in den puritanischen Niederlanden keinen Platz hat. Nur im katholischen Süden pflegte man den Karneval zu feiern. Ausgelassenheit, »einen draufhauen« - in autoritären Ordnungen oft nur die Kehrseite strenger Disziplin, zugestanden und ausgekostet, wenn man nicht »im Dienst« ist - vertrug sich nie mit der Zurückhaltung, die dem Calvinisten ziemt; sein Sonntag ist nicht für Sport, Spiel, Kino- und Kneipenbesuch da.

Doch nicht nur gegen Äußerlichkeiten und Symbole richtete sich der Kulturprotest. Als Bourgeoisiekultur wurde von den neuen Gesellschaftskritikern und -reformern nun auch das charakteristischste Strukturmerkmal des niederländischen bürgerlichen Lebens abgelehnt: die traditionelle und institutionell ausgebaute Absonderung der Niederländer von andersgläubigen Landsleuten, die isolierte Lebensweise in der eigenen religiösen Gruppe und deren Organisationen. Das wird uns noch ausführlich beschäftigen. Diese Zurückgezogenheit auf den eigenen konfessionellen »Volksteil«, die zwar sehr zur Kultivierung des Familiensinnes, der sprichwörtlichen niederländischen Häuslichkeit, und zur Entwicklung der Wohnkultur beigetragen hat, war zu diesem Zeitpunkt bereits im Verschwinden begriffen; die bewußte Abkehr von der »versäulten Kultur« förderte nur den schon begonnenen Verfall. In der sich verbreitenden Überzeugung, dieser Auflösungsprozeß sei nur zu begrüßen, war ein wachsender Teil der Bevölkerung mit den Kritikern einig. So zeigt sich, daß sich die Ziele der Neuen Linken auch hier auf sehr konkrete und spezifische Sachverhalte der eigenen Gesellschaft bezogen, die der Bevölkerung geläufig waren. Kritik der bürgerlichen Gesellschaft hieß hier: Kritik des als *Establishment* angeprangerten modernen technokratischen Regententums und Kritik der konfessionell *versäulten* bürgerlichen Gesellschaft.

Versucht man, die Veränderungen, die die niederländische Gesellschaft während der letzten beiden Jahrzehnte erfahren hat, auf eine Formel zu bringen, dann drängt sich die Paraphrase des Titels von Webers berühmter Studie über die protestantische Ethik und den Geist des Kapitalismus auf, allerdings in bezug auf eine völlig andersgeartete Problematik. Webers Untersuchung galt dem fleißigen, sparsamen, asketisch lebenden Bürgertum, das die westliche Wirtschaftsgesellschaft schuf und im Calvinismus die dazu passende Ethik, die religiöse Rechtfertigung seines Handelns fand; auf die historischen Einzelheiten, denen die Forschung inzwischen nachging, und die wissenschaftlichen Kontroversen, die in der Fachwelt entstanden, brauchen wir in diesem Zusammenhang nicht mehr zurückzukommen.[46] Was sich in den Niederlanden ereignete, ließe sich unter dem Titel »Die protestantische Ethik und der Geist des *Sozialismus«* zusammenfassen. Es geht dabei nicht mehr um die Geschichte der bürgerlichen Gesellschaft, sondern um deren Verwandlung in der Gegenwart, in einem Land, in dem die vom Calvinismus geprägten Institutionen und Lebensweisen auch für die Industrie- und Wohlstandsgesellschaft charakteristisch geblieben sind.

Was wir wirtschaftliche und gesellschaftliche Entwicklung nennen, ist heute nicht mehr dasselbe wie im siebzehnten und achtzehnten Jahrhundert. Nicht das wirtschaftliche, sondern das politische Verhalten kam jetzt in das Blickfeld. Während sich die alten protestantischen Liberalen in den Institutionen des Kapitalismus hervortaten, erstrebten die neuen Protestgruppen außerhalb dieses inzwischen problematisch gewordenen Systems dessen Reform. Sie haben nichts mit den Kaufleuten von einst gemeinsam, ähneln eher den missionierenden Prädikanten. Ein vom Calvinismus geprägtes soziales Sendungsbewußtsein und ein engagierter Laienintellektualismus, der sich mit staatlicher Sanktionierung an die Reformarbeit machte, sind die quasireligiösen Merkmale jener »Demokratisierungsbewegung«, die von unten kam und mächtig am Werk gewesen ist. Den Wirbel, den sie verursachte, konnte sich eine so stabile Gesellschaft wie die niederländische leisten. Die Auswüchse konnte sie bis jetzt auch noch verkraften - gerade noch.

Gescheitert ist diese Bewegung an der falschen Beurteilung der Verhältnisse, an der großen Überschätzung ihrer Möglichkeiten, an Dilettantismus und nicht zuletzt daran, daß sie die Rechnung ohne den Wirt gemacht hatte. Dieses Fazit wird heute nicht von der reaktionären Rechten gezogen, sondern von Personen, die zu den Vorkämpfern der Bewegung gehörten - und das sind nicht nur Sozialisten. So stehen wir noch immer am Anfang, nur unter bedenklicheren Umständen, die in der Wirtschaftskrise spürbar werden. Die Reform - nochmals - ist nicht zu Ende, sie hat in der richtigen Weise noch gar nicht begonnen. Die zu lösenden Probleme sind nicht mehr aus dem *status quo ante* zu erklären, sondern aus der Veränderung. So ergibt sich das Paradox: Je mehr verändert worden ist, umso nötiger scheint weitere Veränderung zu werden. Um die Bewältigung der Veränderung geht es, nicht um die Beseitigung einer veralteten Gesellschaftsstruktur aus längst vergangener Regentenzeit.

II.
Rückblicke und Vergleiche: die frühe Nation der Niederländer und die verspätete deutsche Nation

Etwas für die Freiheit des Glaubens und des Gedankens getan zu haben, kann ein mächtiger Schutz und eine Barriere gegen die Verführungen der Radikalität sein. Ein Land, das auf Erasmus und Wilhelm von Oranien stolz ist, glaubt an die Verträglichkeit von Vernunft und Barmherzigkeit, anders als Frankreich und Deutschland, in denen die Philosophie zu Hause ist, die immer bis zum Äußersten geht. Diese Unbarmherzigkeit stößt in Holland stets auf Widerstand, denn man ist dazu erzogen, an den praktischen Effekt, nicht nur den Nutzeffekt von Theoremen zu denken.

Helmuth Plessner: *Holland und die Philosophie (Abschiedsvorlesung an der Universität Groningen, 1951)*

1.
Goldene Zeit der Niederlande – die Tragik der deutschen Geschichte; Kirchen als res publica über dem Staat

Wenn die niederländische Nation ein Produkt des sechzehnten und siebzehnten, die deutsche eines des achtzehnten und neunzehnten Jahrhunderts genannt werden kann, dann darf man davon ausgehen, daß der Unterschied auch in verschiedenen Erfahrungen der modernen Zeit und in verschiedenen Reaktionen auf die großen Veränderungen des Lebens im zwanzigsten Jahrhundert zum Ausdruck kommt. Die Betrachtung des Kontrastes zwischen den Entwicklungen beider Nationen und ihrem jeweiligen Verhältnis zur eigenen Geschichte ist naheliegend. Vergleiche drängen sich oft geradezu als ein methodologisches Prinzip auf.

Die Schlußphase des achtzigjährigen Freiheitskrieges der Niederlande, eine Glanzzeit, die sich mit der Regierungsperiode des Statthalters Prinz Frederik Hendrik (1625–1647) deckt, fällt in Deutschland mit einem Tiefpunkt seiner Geschichte, dem Dreißigjährigen Krieg zusammen. Während die Niederlande zu Wohlstand und Weltgeltung gelangen, zu nationalem Selbstbewußtsein und zur Konsolidierung ihrer politischen Errungenschaften, zu einer Entfaltung der Wissenschaft und des künstlerischen Schaffens, die ihresgleichen sucht, fällt Mitteleuropa schrecklichsten Verwüstungen und grausamsten Raubzügen anheim. Zu Ende des Krieges ist Deutschlands Bevölkerung um ein Drittel zurückgegangen, in manchen Gegenden um die Hälfte. Das Reich ist zusammengebrochen, das Land verarmt, die wirtschaftliche, staatliche und nationale Entwicklung auf lange Zeit gelähmt.

Ist das Verhältnis der Deutschen zu ihrer Geschichte durch die vaterländische Verherrlichung des mittelalterlichen Reiches bestimmt, so das der Niederländer zu ihrer Vergangenheit gerade durch die Loslösung von jener Welt. »Der Schnitt«, sagt Plessner, »der die Niederlande von ihren spätmittelalterlichen Wurzeln und ihrer Verflochtenheit mit Burgund und dem Reich trennt, ist für die Formung ihres Geistes in der Folgezeit entscheidend geworden.«[1] Reformation, Humanismus, die aufblühende Wissenschaft und Kunst, Seefahrt und Überseehandel im Zeichen der Entdeckungsreisen – all diese Ereignisse erhielten in den Niederlanden die Aureole großer nationaler Vergangenheit. Die Reformation hinterließ tiefe Spuren, desgleichen der niederländische

Humanismus, »ein spezifisch nördlicher« (Huizinga), der sich vom italienischen und französischen deutlich unterscheidet.

Viel wurde über den »tragischen Charakter« der deutschen Geschichte reflektiert, über das Erleben dieser Geschichte als Schicksal und Verhängnis, über das nostalgische Fortleben des Mittelalters als hohe Zeit in Liedern und Legenden und über die »müßige Frage« (Hans Kohn), ob die deutsche Geschichte den deutschen Charakter oder der deutsche Charakter die deutsche Geschichte beeinflußt habe. Wir brauchen hierauf nicht mehr zurückzukommen. Indes ist es notwendig, sich die historischen Hintergründe verschiedener politischer und nationaler Kulturen zu Bewußtsein zu bringen, um die unterschiedlichen Manifestationen des heutigen Kulturwandels besser verstehen zu können. Die folgenden gelegentlichen Rückblenden und Vergleiche mögen dann zugleich die historischen Wurzeln des noch manchmal als ungeklärt bezeichneten deutsch-niederländischen Verhältnisses sichtbar werden lassen; sie reichen viel weiter zurück als nur bis zum Zweiten Weltkrieg.

Die mythisierende Verklärung des mittelalterlichen Reiches im Denken des deutschen Bürgertums während des neunzehnten Jahrhunderts war für dessen Einstellung zu den Niederlanden nicht ohne Bedeutung. Ein politischer Romantiker wie der »Turnvater« Friedrich Ludwig Jahn warb um 1813 für die Rückgängigmachung des Westfälischen Friedens. In dem Großdeutschland, das ihm vorschwebte, sah er die Niederlande, auch die Schweiz, »Oberland« genannt, und das »Nordreich« getaufte Dänemark einverleibt. Die Hauptstadt sollte »Teutonia« heißen und an der Elbe liegen.[2] Als im letzten Drittel des neunzehnten Jahrhunderts Heinrich von Treitschke Zweifel am Fortbestehen der Niederlande als eines selbständigen Staates äußerte, ging es schon nicht mehr nur um romantische Träumereien. Jetzt war die Politik romantisiert, der Liberalismus war an seinem Ende.[3]

Die Niederländer, denen im Nachbarland so oft eine deutsche Abstammung nachgesagt wurde, fühlten sich den Deutschen zu keiner Zeit verwandt und sind auch nicht deren Verwandte. Nach Überquerung der östlichen Grenze fühlten sie sich nicht in einem Land, mit dem sie eine »Wesensgleichheit« verband. Damit ist nicht behauptet, das Verhältnis wäre schon *deswegen* nicht gut gewesen. Über etwas Derartiges wurde bis 1914 nicht geklagt. Daß sich das Verhältnis in den dreißiger Jahren verschlechterte, hatte andere, hinreichend bekannte Gründe. Jetzt erst erhielt auch die Wahrnehmung Deutschlands als eines nicht zum Westen gehörenden Landes eine andere emotionale und politische Qualität. Daß Deutschland als ein nichtwestliches Land empfunden wurde und es ja tatsächlich, schon als Kaiserreich, war, kann man sich in der heutigen Bundesrepublik vielleicht nicht mehr so recht vorstellen. Die Kenntnisnahme der zahlreichen, heute in gründlichen historischen Dokumentationen vorliegenden antiwestlichen und antiliberalen Äußerungen und Affekte so vieler von Deutschlands berühmtesten und gefeiertsten Geistern[4] sollte davon aber einen Eindruck geben können. Nach dem Zweiten Weltkrieg hatten die Niederländer nicht das Gefühl, durch die Teilung Deutschlands wäre die Grenze zwischen West und Ost mehr nach Westen verschoben; für *sie* hatte sich diese Grenze - die Grenze der Demokratie - durch die Entstehung der Bundesrepublik nach Osten verschoben.

Ein deutscher Journalist hat einmal »auf deutsch« gesagt, wie die Niederländer die Deutschen seiner Meinung nach wahrnähmen. Er schrieb den schroff klingenden Satz: »Die Deutschen sind die Russen der Holländer.«[5] Aber das kann verschieden, auch wieder auf eine bestimmte deutsche Art ausgelegt werden, wodurch der Vergleich dann nicht mehr zutrifft. Unverkennbar sind die Einstellungen zum deutschen Nachbarn längst anders als nach 1945, wie auch Umfragen ergaben. Doch daß die deutsche Demokratie von oben kam, in den von den Siegermächten geschaffenen oder erzwungenen Institutionen »hängenblieb«, nicht gleich auch nach unten »durchwirkte«[6], wie einmal die deutsche Politikerin Hildegard Hamm-Brücher bemerkte, daß die Demokratie nun noch in einem zweiten Schritt zu einem *way of life* gemacht werden muß: dieses Gefühl ist bei den Niederländern mit sehr konkreten Vorstellungen verbunden. Man begrüßt es, daß eine neue Generation den Verlust der Nationalgeschichte nicht mehr traumatisch erfährt, sondern auf der Suche nach der deutschen Identität - wie Michael Stürmer[7] schreibt - neue, europäische Antworten will, keine nationalgeschichtlichen im hergebrachten Sinn; man bleibt jedoch mißtrauisch in bezug auf alle erstrebten neuen Arten der Geschichtsdeutung und »Identitätsfindung«, vor allem, wenn sie sich pathetisch geben. Deutschland bleibt für viele Niederländer ein unberechenbares Land.

Huizingas bekannte Studie über die *Goldene Epoche* der Niederlande entstand aus Vorträgen, die er im Jahre 1932, kurz vor dem Ende der Weimarer Republik, in Köln hielt. Sie waren also für ein deutsches Publikum bestimmt und erschienen auch zunächst in deutscher, erst später, in der erweiterten Fassung, in niederländischer Sprache. Unwillkürlich denkt man an Jacob Burck*h*ardt, der 1868, ebenfalls in Deutschland und unter dem Eindruck der politischen Ereignisse seiner Tage, jene Vorträge verfaßte, die er dann in Basel hielt und die später unter dem Titel »Weltgeschichtliche Betrachtungen« in die Literatur eingingen. Dem Schweizer und dem Niederländer, beiden gelingt aus Randpositionen zu den Geschehnissen ihrer Gegenwart eine eindrucksvolle historische *tour d'horizon* mit reifen Einsichten in die Entstehung und Vergänglichkeit von Herrschaftsgebilden, zu einer Zeit, da sich neue imperiale Macht als zweites beziehungsweise Drittes Reich aufzubauen beginnt.[8]

Huizinga hat die *Goldene Epoche* nicht verklärt. Mit vaterländischer Glorifizierung wäre er schon damals schlecht angekommen. Er wußte: »Unsere vaterländische Geschichtsschreibung hat sich seit langem daran gewöhnt, die Fehler der ›Regentenklasse‹ sehr scharf zu beurteilen.«[9] Er meinte, die Patrizierherrschaft in Schutz nehmen zu müssen. Sein Werk über Erasmus beschloß er mit der nachdrücklichen Feststellung, daß gerade auf die städtischen Magistrate und Patrizierfamilien der Geist des großen Humanisten am stärksten eingewirkt habe. Welche andere Aristokratie, fragte er, hat so lange, so gut und mit so wenig Gewalt einen Staat regiert wie die niederländische? »Wenn die Niederlande im siebzehnten Jahrhundert für fremde Besucher das bewunderte Modell für Einrichtungen der Wohlfahrt, der Armenfürsorge und der sozialen Disziplinierung darboten – damals Beispiele der Sanftmut und Weisheit, wie mangelhaft sie uns heute auch immer vorkommen mögen –, dann gebührt das Verdienst dem städtischen Patriziat.«[10] Dank ihm hatte die Verfolgung von Hexen und Teufelsanbetern längst au*f*gehört, als sie in anderen Ländern noch in vollem Gange war. Dem Volksglauben, der auf Verfolgung drang und den die reformierten Geistlichen teilten, trat das Großbürgertum entgegen.

Die urbane niederländische Patrizier- und Regentenklasse gilt als die Verteidigerin der Werte des Humanismus gegen den Starrsinn des Volkes und seiner religiösen Eiferer. Die von den Patriziern hochgehaltenen »erasmischen Tugenden« – Sanftmut, Mäßigung, Wohlwollen und Bildungsbeflissenheit – wurden Leitbilder und Ideale, als solche ein fester Bestandteil des Kulturerbes der Nation. Sie sind keine »schwachen«, passiven Tugenden, stehen in keinem Gegensatz zum Heroismus. Sie schließen, wie schon bei Erasmus selbst, das entschiedene Eintreten für Gerechtigkeit, den kämpferischen Widerstand gegen Unmenschlichkeit nicht aus. Mäßigung und Sanftmut, Güte und Nachsicht werden nicht mit Nachgiebigkeit und Verzicht, sondern eher mit der Vorstellung einer beherrschten, besonnenen und entspannten Haltung verbunden; Barmherzigkeit ist der Großzügigkeit näher als dem Mitleid. In der niederländischen Sprache haben die Worte »Sanftmut«, »Mäßigung«, »Barmherzigkeit« und »Frömmigkeit« eine andere Gefühlsqualität als in der deutschen - eine Feststellung, bei der die im Gang befindliche Wandlung der Werte und Tugendbegriffe nicht übersehen sei, und auch nicht die Tatsache, daß *alle* Tugenden immer auch vorgetäuscht, geheuchelt sein können.

Wenn es zutrifft, daß das Bild, das Deutsche von sich selbst haben, vor allem von Werten wie Leistung, Tüchtigkeit, Wettbewerb, Tapferkeit und Effizienz geprägt ist, wenn Deutsche geneigt sind - wie deutsche Autoren, etwa Karl Heinz Bohrer[11], selbst beschrieben haben -, sich als Funktionsträger zu sehen, bemüht, sich als solche zu bewähren, während die als »weibisch« empfundenen emotionalen Qualitäten - Charme, Mitleid oder erotische Ausstrahlung - keine Bedeutung für das Ideal des deutschen Mannes bekommen haben und eben darum leicht als unmännlich empfunden werden, dann gilt dies letztere wohl auch für jene Tugenden, die die Niederländer die erasmischen nennen. Der Soziologe Norbert Elias (der eine Zeitlang in Amsterdam lehrte) nannte Erasmus den Wegbereiter einer neuen Affektbewältigung in der weltlichen Oberschicht der damaligen Zeit.[12]

Elias befaßte sich mit der Bedeutung, die die vornationale »gute Gesellschaft« Europas für die entstehenden bürgerlichen Nationen gehabt hatte, insbesondere für die langfristige Transformation von Persönlichkeitsstrukturen und die Herausbildung gesellschaftlicher Mechanismen der Affektregulierung. Er untersuchte das Eindringen höfischer Vorbilder des Verhaltens, modellierter Muster des gesellschaftlichen Verkehrs, in die Lebenswelt des Bürgertums und nannte diesen Prozeß »Verhöflichung«, auch »Zivilisierung«. In bezug auf Deutschland wies er darauf hin, daß dessen aufsteigende bürgerliche Mittelschicht, insbesondere die talentierten Geister, vom höfisch-aristokratischen Leben so sehr abgesperrt waren.

Das niederländische Bürgertum brauchte die Vorlagen des höfischen Lebens nicht mehr. Die selbstherrlichen Patrizier hatten sich längst die Traditionen der vornationalen »guten« europäischen Gesellschaft mit dem Französischen als deren Sprache zu eigen gemacht. Erasmus erlangte mehr Bedeutung als das Hofleben, zu dem sich die niederländischen Bürger und ihre Geister nicht zu bequemen brauchten. Sie boten vielmehr mit ihrem zivilisierten, toleranten Milieu den Geistern anderer Länder Aufnahme, wenn diese zu Fürstenhöfen keinen Zugang hatten oder dort nicht mehr erwünscht waren.

Die Soziologen haben sich sehr viel mehr mit der Arbeiterklasse und den Mittelschichten als mit den alten europäischen Oberschichten und deren Bedeutung für die nationale Kultur befaßt. Leistungen und Unterlassungen der alten Aristokratie und der ihr nachfolgenden Großbourgeoisie wirkten nach. Als der Wiederaufbau nach dem Zweiten Weltkrieg beendet war - eine Restauration nach konservativen Leitbildern -, porträtierte Friedrich Sieburg die Versuche der Neureichen, sich nach den alten Schablonen großer Gala als »vornehme Welt« zu geben. Unter dem Titel »Haben wir einen gesellschaftlichen Stil?« sprach er in der Kulturbeilage einer bekannten Zeitung von der Unfähigkeit der alten herrschenden Klasse Deutschlands, eine Harmonie vorzuleben, die den unteren Schichten versagt ist. »Die Oberschicht hat in unserem Land... - bei strahlenden Ausnahmen - weder Meisterschaft noch Geschmack genug besessen, um uns dauerhafte Maßstäbe zu hinterlassen, noch hat sie ausreichend Würde und Manieren gezeigt, um eine Norm zu schaffen, die sich hätte behaupten können.«[13] Es ist hier nicht der Ort, diesen Dingen nachzugehen, doch der Hinweis ist angebracht, daß sich ein soziologischer Vergleich typischer Kulturtraditionen zwischen Deutschland und den Niederlanden wesentlich auf die Rolle und den Habitus der Oberschichten beider Länder zuspitzen müßte.

Gerade die von den Patriziern kultivierte Toleranz bekam in den Niederlanden durch ihre Verankerung in Persönlichkeitsstrukturen und Kontrollsystemen für jenen langfristigen Affektbewältigungsprozeß, den Elias meint, Bedeutung, stellt sich doch die Intoleranz nicht als historisches Phänomen, sondern als beständiger potentieller Affekt dar. Konfrontation findet in der niederländischen Kultur keine sie verklärenden Vorbilder; sie erscheint nicht wertvoll durch Ideale des Mutes. Umgekehrt erscheinen Konzessionen nicht so leicht als Zeichen mangelnder Standhaftigkeit. Alle neuerlichen Versuche, den Niederländern das »Konfliktmodell« anzupreisen, konnten diesen grundlegenden Zug der Kultur nicht plötzlich ändern. Unnachgiebige Kritiker versuchen statt dessen, aus den Formen der Kooperation das Letzte herauszuholen, dabei zum Äußersten zu gehen, ja die Regeln zu pervertieren, womit sich wiederum zeigt, daß kein Grund besteht, die Situation zu idealisieren.

Nach dem Sieg der Reformation wurde die katholische Kirche in den Niederlanden als öffentliche Institution verboten, doch die katholische Religion als persönliches Glaubensbekenntnis fiel nicht der Verfolgung anheim. Da eine offizielle Koexistenz der sich bekämpfenden Kirchen auf der Grundlage der Gleichheit in jener Zeit nun einmal nicht möglich war, ist nicht die Unterdrükkung der Institution, sondern die Respektierung des persönlichen Glaubens das Bemerkenswerte. Die Katholiken bildeten damals noch die Mehrheit. Geschätzt wird, daß beim Tode Wilhelms von Oranien (1584) noch keine zehn Prozent der Bevölkerung reformiert waren. Die meisten wohlhabenden Familien blieben bis 1609 katholisch, während die Calvinisten eine streitbare Minderheit bildeten. Das Verhältnis zwischen ihnen und den Katholiken blieb gespannt, auch nach der Wiederzulassung der katholischen Kirche während der napoleonischen Zeit. Man ging den Andersgläubigen aus dem Weg, wollte nicht mehr als notwendig mit ihnen zu tun haben. Dies war der Beginn jener religiösen Apartheidsverhältnisse. Aus Gewohnheiten wurden später institutionelle Formen.

Verkehrt wäre es, aus dem hohen religiösen Organisationsgrad der Niederländer und dem bis vor kurzer Zeit so erstaunlich hohen Kirchenbesuch zu schließen, sie wären frommer als die Gläubigen anderer Länder. Ihre Organisationsformen sind ein Produkt des Glaubensstreites und haben viel mehr mit dem Streit als mit dem Glauben zu tun. Sie sind somit keine inhärente Folge der Religion, sie entstanden vielmehr in der Rivalität religiöser Gruppen, wobei die trennenden, nicht die verbindenden Funktionen hervortraten. Unter dem schillernden Begriff der Emanzipation wurde alsbald weniger das Freiwerden *von* etwas Fremdem als das Freiwerden *zu* etwas Eigenem verstanden. Damit wurde jener Prozeß eingeleitet, in dessen Verlauf die Toleranz nicht bloß der Religionsfreiheit als solcher galt, sondern sich mehr und mehr auf das Bedürfnis nach Selbstgestaltung der Lebensverhältnisse gemäß den eigenen religiösen Grundsätzen bezog. Die Duldung anderer Gesinnungen mußte bei allen die Bereitschaft einschließen, den wachsenden Wunsch nach *Artikulation der Gesinnung* zu akzeptieren. Die Folge war die immer prononciertere Betonung der eigenen Religion in eifersüchtiger Selbstdarstellung. Damit zeigt sich wieder der Zusammenhang zwischen dem Grundsatz der Toleranz und dem Bekennertum, denn das öffentliche Zeugnis für den Glauben erwuchs nicht aus purer Frömmigkeit, nicht aus rein religiöser Innerlichkeit.

P.J. Saenredam: Mittelschiff und Chor der Marienkirche in Utrecht (1641)

Und doch haben die Niederländer damals etwas Bedeutsames zustande gebracht. Den intoleranten Streit um die wahre Religion mit dem Anspruch auf Hegemonie setzten sie um in den toleranten Streit dezidierter Bekenntnisse mit dem Anspruch aller auf Autonomie. Der Glaubensstreit begann mehr und mehr einem Wettstreit zu ähneln. Einander duldende, doch hart rivalisierende Kirchengemeinschaften nisteten sich in den weltlichen Institutionen der bürgerlichen Gesellschaft ein – ein Prozeß, der ohne die

Konsolidierung der staatlichen Souveränität, ohne die nachlassende Bedrohung der nationalen Existenz durch ausländische Mächte nicht denkbar ist. Hier wird ein interessantes soziologisches Phänomen sichtbar, das heute in Form des wiedererwachten regionalen und ethnischen Separatismus zutage getreten ist. »In Ländern mit relativ stabilen politischen und sozialen Verhältnissen«, heißt es in einer Studie darüber, »bekundet sich heute weniger ein Drang nach Einpassung als ein Bedürfnis nach Abgrenzung«[14]. Obwohl das Bedürfnis nach nationaler Identität befriedigt ist, spielt auch bei dieser neuen »Refragmentierung« der Gesellschaft die Religion noch immer oder erneut eine wichtige Rolle, so daß auch das Phänomen der Sekte keineswegs verschwindet. Die Frage, die uns noch sehr beschäftigen wird, ist, wie sich die Sekten im Säkularisierungsprozeß wandeln oder neu bilden. Die Religion oder Weltanschauung hat immer mit den Mächten dieser Welt zu tun, viel mehr, als man oft wahrhaben will. Sowenig es ein über den gesellschaftlichen und politischen Gegebenheiten »freischwebendes Denken« gibt, sowenig gibt es in diesem Sinn einen »freischwebenden Glauben«.

Die Geschichte der niederländischen Nation ist die Integrationsgeschichte ihrer Kirchen und Sekten, wobei Toleranz das gestaltende Prinzip ist. Sucht man ein aktuelles und krasses Gegenbeispiel: Glaubensgemeinschaften, die noch keine Nation bilden und für die darum auch noch nicht alle Menschen Brüder sind, so findet man es im Nahen Osten. Dort bekämpfen sich die Glaubensfanatiker schon seit Jahrhunderten aufs brutalste, unduldsam und unversöhnlich wie zum Beispiel die außerhalb der islamischen Gemeinde stehenden Drusen, die von der morgenländischen Kirche geschiedenen christlichen Maroniten, die Schiiten, die sich für die wahren Nachkommen der Tochter Mohammeds halten, oder die Sunniten, die glauben, ihre Kalifen allein seien die rechtmäßigen Nachkommen des Propheten und ihre Lehren ergänzten die Lücken des Korans. Blutig befehden sie sich immer schon, heute mit den modernsten Waffen, die ihnen die Superstaaten oder deren Verbündete liefern, denn inzwischen sind aus ihren Fehden »Stellvertreterkriege« der Großmächte geworden, statt daß diese helfen würden, den nationalen Prozeß als Bildungsprozeß toleranter Formen der Auseinandersetzung in die Wege zu leiten.

Der Weg zur Nation ist damit freilich noch kein Weg zum Heil, denn die Nationen bekämpfen sich weiter, und die Religion kann dabei wiederum sehr verschiedene Funktionen bekommen. An der katholischen Kirche zeigt sich dies, wenn wir ihre Funktion in den Niederlanden mit der in Polen vergleichen und dabei die typisch niederländische Religionsproblematik weiter verdeutlichen können. Der polnische Katholizismus gilt als eine Brauchtumsreligion, in deren Festen und Kulten die Gläubigen ihre Identität als Katholiken und zugleich als Polen finden. So wuchs dem polnischen Katholizismus eine verbindende Funktion für das *ganze* Volk zu; als Volkskirche verstärkte er im Kampf um die bis heute bedrohte, wenn nicht beseitigte nationale Unabhängigkeit das Bewußtsein der Zusammengehörigkeit. Die religiösen Bräuche wurden nationale Bräuche. In einem alten Lied heißt es: »Herr, gib uns unser freies Vaterland zurück!« Zu Pfingsten 1983 lagen in Warschau auf dem eindrucksvollen Blumenkreuz neben der St.-Anna-Kirche, dem geistigen Zentrum von Polens akademischer Jugend, Zettel mit den Worten des Dichters Mickiewicz: *»Pod tym krzyzem, pod tym znakiem, Polska jest Polska...«* (Unter diesem Kreuz, unter diesem Zeichen ist Polen Polen...). Papst Woytila gilt nicht nur als geistiger Führer der Nation, er ist es tatsächlich.

Der niederländische Katholizismus dagegen gab einem *Teil* der Nation seine charakteristische Identität als Volksgruppe und Minderheit, gerade in der *gewollten* Abgrenzung von anderen Volksgruppen mit anderen Kirchen und anderen Überzeugungen. Dies geschah zu einer Zeit, da die nationalstaatliche Selbständigkeit der Niederländer durch ausländische Großmächte nicht mehr gefährdet war. Der niederländische Katholizismus wurde somit zur *Subkultur* einer im eigenen Land von den eigenen Landsleuten diskriminierten Volksgruppe, die sich durch das Festhalten an eben dieser Religion gegenüber den anderen Volksgruppen durchzusetzen trachtete. Zum Ausdruck kam dieser Katholizismus nicht in den Festtagsgebräuchen eines unterdrückten Volkes, sondern im Alltag eigenständiger Gruppen einer freien Nation, und das blieb so bis zur Mitte des zwanzigsten Jahrhunderts.

Die niederländische Kultur- und Sozialgeschichte ist durch und durch Religions- und Kirchengeschichte - ein Satz, der sich auch umkehren läßt. Die Religions- und Kirchengeschichte steht nicht isoliert da, sie ist die Geschichte der ganzen Gesellschaft. Damit ist auch schon gesagt, daß es sich bei den Glaubenskontroversen nicht nur um Uneinigkeiten über theologische Lehrsätze, Auslegungen des Evangeliums, Formen des Gottesdienstes und der christlichen Lebensführung handelt. Mit den Kontroversen sind dezidierte gesellschaftliche Ansprüche verbunden. Politische Gegensätze manifestieren sich als konfessionelle und erhalten auf diese Weise Bedeutung für die institutionelle Entwicklung der Gesellschaft. Das gilt auch für die Entwicklung der Industriegesellschaft im neunzehnten Jahrhundert, sogar noch für die »nachindustrielle Gesellschaft«, was auch immer dieser Begriff besagen mag. Die Kirchen durchdrangen alle öffentlichen Bezirke, nahmen die Gestaltung der Politik, der Wirtschaft, des Bildungs- und Wohlfahrtswesens und des Kulturlebens in die Hand; sie machten ihre Ansprüche bei der Besetzung öffentlicher Ämter und Würden geltend und ließen keine von ihnen unabhängige geistige Strömung aufkommen. Sie waren es, die den Staat bildeten.

Man könnte auch sagen, daß der Grundsatz des Augsburger Religionsfriedens, *»Cuius regio, eius religio«* (Wessen das Land, dessen die Religion), in den Niederlanden insofern umgekehrt wurde, als die verschiedenen konfessionellen Volksgruppen teils gegeneinander, teils miteinander über das Land und dessen Institutionen zu bestimmen trachteten. Die Religion richtete sich nie nach dem Staat, dieser hatte sich nach ihr zu richten. So wurden die Kirchen zur *res publica,* zu den Maßstäbe setzenden öffentlichen Instanzen *über* dem Staat. Die konfessionellen Werte und Anliegen erhielten Priorität vor den nationalen, nicht umgekehrt. Man hat darauf hingewiesen, das Gottesbild der Niederländer sei ein anderes als das der Deutschen;[15] wie dem auch sei, sicher ist, daß dieses Bild nicht allein durch die Religion geprägt ist, sondern vielmehr durch die umfassende Kultur, in die die Religion eingebettet ist. In den Niederlanden ist Konfessionalismus ein durchgängiger Zug der Kultur; er hat keinen so verhängnisvollen Verlauf genommen wie anderswo der Nationalismus, er ist aber nicht schon deswegen etwa unproblematisch.

2.
Handel und Seefahrt in Dasein und Bewußtsein der Nation; Niederländisch-Indien: nachwirkende Kolonialzeit

Wie die Religion die niederländische Nation in weltanschauliche Volksgruppen trennte und diesen eine *konfessionelle* Identität gab, so fanden alle Landsleute im Handel und in der Seefahrt die *nationale* Identität, die sie wieder verband. Der Handel ist von

E. Sillemans: Schiffe im Hafen (1649)

der Seefahrt nicht zu trennen; im Begriff »Überseehandel« sind beide verbunden. Für das nationale Selbstbewußtsein wurde dieser noch wichtiger als die Waffengänge der Oranier. Mit dem Wohlstand, den er brachte, schuf er die materielle Grundlage für die Unabhängigkeit. In zahllosen amtlichen und privaten Schriftstücken der damaligen Zeit wird zu seiner Förderung und Expansion angespornt, weil man ihn als Quelle des Wohlstands und der Macht und als Weg zur Konsolidierung der Freiheit erkannte. Wenn es den Kaufleuten gut ging, ging es dem Lande gut - dies wäre die zutreffende niederländische Version des Sprichwortes: Hat der Bauer Geld, hat's die ganze Welt.

Die sieben Provinzen der Niederlande hatten zu Anfang des siebzehnten Jahrhunderts kaum anderthalb Millionen Einwohner. Ein sehr großer Teil der Bevölkerung lebte damals von der See und hätte von Landwirtschaft und Gewerbe allein niemals leben können. Die Handelsflotte wird zwischen den Jahren 1608 und 1610 mit 16.289 Schiffen und 159.825 Seeleuten angegeben.[16] Rund die Hälfte aller Welthandelsgüter wurde in niederländischen Häfen umgeschlagen. Das niederländische Steueraufkommen des Habsburgerreiches betrug vor dem Aufstand ein Vielfaches dessen, was aus allen anderen Teilen des Imperiums eingebracht wurde. Von herausragender Bedeutung, nicht zuletzt für den Ausgang des Freiheitskampfes, war die Rolle der Vereinigten Ostindischen Kompanie.

Die wirtschaftliche Entwicklung der Niederlande ist der nationalstaatlichen Einigung vorausgegangen; in Deutschland war es umgekehrt. Dort kam der Wirtschaftsaufschwung mit der industriellen Entwicklung nach 1871. Er entstand im Fahrwasser der Machtpolitik und wurde von der Oberschicht auch so gesehen.[17] Die Tatsache, daß die Wirtschaftsentwicklung in den Niederlanden das materielle Fundament der Freiheit schuf und diese weiterhin garantieren mußte, hatte ein ausgesprochen positives Verhältnis zum Handel zur Folge und ließ den »Handelsgeist« auch als nationale Tugend erscheinen. Handel und Seefahrt hatten zudem Bedeutung für die Überbrückung von Standesunterschieden. Die Flottenchefs kamen, nach Huizinga, aus allen Schichten der Bevölkerung. Adelige waren darunter und Seemannskinder. Das Kolonialreich war keine Schöpfung dynastischer Eroberer, es geht auf die Initiativen sehr verschiedener Gruppen, Personen und Handelsgesellschaften zurück, die Land erwerben, Gewinne machen oder einfach Reichtum heimbringen wollten und dabei staatlichen Schutz suchten.

Keinem Niederländer, der heute auf diese Zeit zurückblickt, wird dabei sein patriotisches Herz höher schlagen, wurde doch die glorreiche Vergangenheit immer schon recht nüchtern betrachtet. Heute sieht man die Entdeckungsreisen, die Gründung von Handels- und Kolonialimperien aus der Perspektive der »Entwicklungsproblematik«, die ja schon im sechzehnten Jahrhundert begann. Mit neuen Fragestellungen ist der Kolonialismus zum Forschungsgegenstand geworden; man geht ihm nach wie Archäologen ausgegrabenen Ruinen. Häßliches, das ans Tageslicht kommt, wird herausgestellt, kann jedoch keiner regierenden Macht mehr angekreidet werden. Als Goethe sagte: »Krieg, Handel und Piraterie, dreieinig sind sie, nicht zu trennen«, konnte dieser Ausspruch noch als pikant empfunden und auf die herrschenden Mächte gemünzt werden. In der retrospektiven und kompensatorischen Betonung der unheiligen Dreifaltigkeit hingegen zeigt sich das Schuldgefühl der Nachfahren oder auch das nationalistische Ressentiment der einstmals Unterdrückten. Die Einsicht, daß die Humanitätsideen, die das Abendland mit so viel Pathos verkündete, nur auf seine eigenen Nationen, nicht auch auf die Völker der noch »unzivilisierten« Welt angewendet wurden, daß mit der Kritik an der Kolonialherrschaft im sechzehnten und siebzehnten Jahrhundert immer nur das spanische Monopol auf diese Herrschaft gemeint war,[18] kommt zu spät.

W. van de Velde d.Ä.: Kriegsrat vor der Vier-Tage-Schlacht an Bord der »Zeven Provinciën«, De Ruyters Admiralsschiff, 10. Juni 1666 (Detail) - Episode aus dem zweiten englisch-holländischen Krieg (1665-67)

Die Niederländer haben die Seefahrt nie romantisiert. Es gibt auch auffallend wenige Abenteuergeschichten in der niederländischen Literatur. Reine Abenteuerlust war es nicht, die aufs Meer hinaustrieb, auch nicht sentimentale Sehnsucht nach exotischen Inseln. Seefahrt war ein Erwerbszweig, als solcher verlokkend, und in den Anfängen des Überseehandels, als dieser noch eine mildere Form des Krieges war, nicht nur durch die ungestümen und unberechenbaren Naturgewalten gefährlich. Gerade durch die Regelung des Seehandels entstand - als *Seerecht* - das Völkerrecht, dessen Vater der Niederländer Hugo Grotius ist, eine der großen Gestalten der klassischen Epoche. Bevor es aber soweit war, war die Grenze zwischen kommerziellem Gewinn und kriegerischer Beute oft noch nicht zu ziehen. So war beispielsweise der Gründer des niederländischen Kolonialreiches in Indonesien und Erbauer Batavias, Jan Pieterszoon Coen (1587-1926), nicht nur Flottenchef, sondern auch Feldherr zu Lande. Er bezwang die javanischen Sultane von Bantam und Mataram.

Der französische Historiker G. d'Avenel hat vom Krieg zu Lande gesagt, er sei im Mittelalter die Spekulation des armen, braven Mannes gewesen, seine Chance, reich zu werden; zudem konnte man dabei Ruhm erlangen und riskierte nur, was man einsetzte: sein Leben, das jedoch damals nicht so wichtig genommen wurde wie heute.[19] Um wieviel mehr gilt dies vom damaligen Handelskrieg zur See. Einen Sieg »davontragen«, *remporter la victoire,* klingt im Niederländischen besonders bildlich und unmißverständlich: da wird der Sieg nicht getragen, sondern »geschleppt« *(in de wacht gesleept),* und unwillkürlich denkt man dabei an schleppende Boote und Kähne. Lyriker wurden durch solche Bilder nicht angeregt, Seeräuberei und Freibeuterei nicht als »lustig Leben« besungen wie in deutschen Pfadfinderliedern das Landsknechtsgemetzel zu Lande mit zugestandenen Plünderungen. Indes gibt es Kulturpsychologen, die glauben, die Kaperei, der rauhe, oft brutale Umgang unter Seeleuten, das Hafenleben und ein Leben, das auf dem Wasser zügelloser war als auf dem Land, hätten ihre Spuren in allgemeinen Verhaltensweisen hinterlassen. Manch einer nimmt sich zuviel Freiheiten heraus. Chorus[20] sagt den Niederländern Mangel an Schliff nach, und zwar in allen Schichten. Platte Rede wird in der bürgerlichen Konversation manchmal verdächtig gern und auffallend gut parodiert, als könnte man sie sich auf solche Weise gestatten.

Der Reichtum, der den Seefahrernationen zuteil wurde, wurde bekanntlich auf sehr verschiedene Weise genutzt. Während in Spanien die aus der Neuen Welt geplünderten Schätze von der Aristokratie verbraucht wurden, die Kosten der Hofhaltung in die Höhe trieben und eine große Inflation verursachten, wurde in den Niederlanden und in Großbritannien investiert. John Maynard Keynes hat die Beute, die der englische Seefahrer Francis Drake auf seiner *Golden Hind* zurückbrachte, »die Quelle und den Ursprung von Großbritanniens Überseeinvestitionen«[21] genannt. In bezug auf die Niederlande ließe sich unter Anführung anderer Beispiele Ähnliches feststellen. Der Kapitalismus entwickelte sich, ohne den auch, wie Joseph Schumpeter[22] gezeigt hat, die Demokratie nicht entstanden wäre. In jener kommerziellen Revolution, die der industriellen um Jahrhunderte vorausging, verdrängte der Kapitalbesitz den Grundbesitz als Herrschaftsbasis. Nach Alfred von Martin trat die mobile, liberale, bürgerliche »Macht der Zeit« an die Stelle der immobilen, konservativen, feudalen »Macht des Raumes«[23]. In jener Zeit schufen die europäischen Nationen ihre Kolonialreiche, und sie taten auch dies auf sehr verschiedene Weisen und mit sehr verschiedenen Ergebnissen. Da es notwendig und lehrreich ist, die Unterschiede[24] zu erkennen, seien die wichtigsten Merkmale der niederländischen Kolonialherrschaft hier festgehalten. Oft in der besten missionarischen Absicht und mit moraltheologischen Rechtfertigungen, beruhte sie weitgehend auf einer Politik der Ausbeutung durch Gunstbezeigung.

Man hat sich in den letzten Jahren viel mehr für den Zerfall der Kolonialreiche als für deren Entstehung interessiert, war geneigt zu übersehen, daß ihre Entstehung nicht weniger als ihr Zerfall zum Verständnis der Probleme von heute beiträgt. In den Niederlanden hat die Kolonialzeit unauslöschliche Spuren hinterlassen. »Indien« oder »de Oost«, wie die ältere Generation noch immer sagt und damit Niederländisch-Indien, das heutige Indonesien, meint, hat nicht nur auf Kultur und Bewußtsein der niederländischen Nation eingewirkt, sondern auch rassische Merkmale zurückgelassen. Die Zahl der Niederländer, die einen indonesischen Ahnen unter ihren Vorfahren haben, wird gewöhnlich auf zehn Prozent geschätzt (die heute in den Niederlanden lebenden, nach 1945 aus Indonesien zugezogenen Mischlinge nicht mitgerechnet); sie dürfte tatsächlich viel höher liegen. Die rassischen Merkmale, die bei Niederländern auf einen indonesischen Vorfahren schließen lassen, werden nicht bewußt wahrgenommen; der Hinweis auf relativ deutlich erkennbare Züge überrascht meist.

Die Merkmale der Kolonialzeit sind verhältnismäßig leicht zu skizzieren, weil sich die Geschichte von Niederländisch-Indien in Phasen einteilen läßt, die sich auf charakteristische Weise voneinander unterscheiden und je später sie liegen, desto kürzer ausfallen. Die erste und längste Phase bildet die Zeit der selbstherrli-

Wappen der Vereinigten Ostindischen Kompanie und der 1619 als Verwaltungszentrum der holländischen Besitzungen auf Java gegründeten Stadt Batavia.

chen, mit eigenen Hoheitsrechten, Streitkräften und Jurisdiktion ausgestatteten *Vereinigten Ostindischen Kompanie* (1602–1798). Diese war die mächtigste jener Handelsgesellschaften, denen die Regierungen der damaligen europäischen Großmächte bei den Unternehmungen im Fernen Osten freie Hand ließen, weil sie die betreffenden Gebiete nicht selbst schützen konnten und sich mit den asiatischen Herrschern nicht einzulassen wünschten. Der Handel beschränkte sich damals noch auf die Küsten und Häfen. Die lokalen Potentaten unterlagen einem rigorosen System von Zwangsablieferungen. Sie hatten dafür zu sorgen, daß der begehrte Pfeffer und die Gewürze, für die die *Kompanie* im ganzen Seehandel zwischen Ceylon und Malakka das Monopol besaß, ge-

nauso wie früher Tributzahlungen eingetrieben wurden. Die Kolonialmacht griff damals noch nicht in die einheimische Gesellschaft ein, jedenfalls nicht direkt. Sie brauchte es nicht, denn die Stammesfürsten in den vielen Hafenfürstentümern entwickelten sich zu effizienten Ausbeutern im lukrativen Dienst der *Kompanie.*

Eine zweite Phase - wir können sie die *dirigistische* nennen - begann nach dem Ende der Napoleonischen Ära, als die Niederlande ihre Freiheit wiedererlangt hatten, zugleich aber die von Napoleon zustande gebrachte Modernisierung des Rechts- und Verwaltungswesens beibehielten und die Vorteile auch auf die Kolonien übertragen wollten. Inzwischen hatte die *Kompanie* nach fast genau zweihundert Jahren zu existieren aufgehört. Die Regierung nahm nun in Gestalt des Gouverneurs und seiner Beamten die Kolonialverwaltung wie ein einziges großes Staats-

H. van Schuylenburgh: Faktorei der Vereinigten Ostindischen Kompanie in Hoegly, Bengalen (1665)

unternehmen energisch in die Hand. Mit dem Gouverneur Herman Willem Daendels (1762–1818) begannen die Durchdringung des Landes und der wirkungsvolle Eingriff in die javanischen Verhältnisse. Jetzt entdeckte man die einheimische Bevölkerung als potentielle Arbeitskraft. Java sollte produktiv gemacht, als gewinnbringendes Unternehmen exploitiert und die ganze Agrarordnung diesem Ziel untergeordnet werden. Auch die Bevölkerung sollte - man nahm es sich jedenfalls vor - von der Entwicklung profitieren, ein Vorhaben, mit dem die Einführung eines Steuersystems gerechtfertigt wurde. In Wirklichkeit führte die neue Ordnung zu großen sozialen Desorganisationserscheinungen, zur Verarmung vieler Gegenden und zur Korruption. So konnte sie auch ökonomisch kein Erfolg werden.[25]

Anfang der vierziger Jahre des neunzehnten Jahrhunderts wurde unter dem Gouverneur Jan van den Bosch (1780–1844) das sogenannte Kultivationssystem *(Cultuurstelsel)* entwickelt, ein Zwangsanbausystem vor allem für Zucker und Indigo auf bewässerten Feldern, für Kaffee auf trockenem Land, mit einer effizienteren Arbeits- und Abgabenregelung. Hierbei kam man wieder auf das alte System der Ausbeutung durch die einheimischen Fürsten zurück. Ihre Stellung wurde wieder gestärkt, ihr Verhältnis zur Kolonialverwaltung neu geregelt. Diesmal blieb der Erfolg nicht aus; tatsächlich war er enorm, sein Nutznießer jedoch war so gut wie allein das Mutterland. Bis heute wird über das *Cultuurstelsel* viel geschrieben. Schon im neunzehnten Jahrhundert wurde es leidenschaftlich kritisiert. Man hat die Zeit zwischen 1830 und 1850 die beschämendsten Blätter im Buch unserer Kolonialgeschichte genannt. Und doch haben auch schärfste Kritiker nie versäumt, darauf hinzuweisen, daß die damaligen Gouverneure die besten Absichten hatten, keine Ausbeuter sein wollten, im Gegenteil ehrlich davon überzeugt waren, ihre Reformen kämen nicht nur dem Wiederaufstieg des Königreiches, sondern auch den Bewohnern der Kolonien zugute. Zur Rechtfertigung der Kolonialpolitik lieferte jede Periode ihre eigenen Argumente. Die Geschichte des Kolonialismus ist immer zugleich die Geschichte seiner Kritiker und seiner Apologeten.

Phasen der Kolonialherrschaft in Niederländisch-Indien
(Akzentuierungen)

Phasen / Merkmale	1600–1800 *Seemachtsphase:* Ostindische Kompanie (1602–1798)	1800–1870 *Dirigistische Phase:* Kolonisierung als Staatsmonopol	1870–1900 *Liberale Phase:* Expansion Imperialismus Atjeh-Krieg*)	1900–1940 *Soziale Phase:* »Ethische« Entwicklungspolitik**)	1940–1949 *Letzte Phase:* Weltkrieg und Dekolonisation
Wirtschaft	Küsten- und Hafenhandel insbes. Gewürz; Zölle, Tribute	Kultivation Arbeitszwang im autochth. Feudalsystem	Systematische Landzuteilung für Plantagen und Bergbau	Infrastruktur Landesplanung Fürsorgewesen Volksbildung	Desorganisation, Raubbau Ökonomischer Rückgang
Machtträger	Autochthone Fürstentümer u. Kaufmannsaristokratie	Gouverneur u. Bürokratie der Kolonialverwaltung	Zunehmend Privatkapital industrieller Unternehmen	Techn. Elite in Syndikaten Staatsbetrieben u. Großfirmen	Japaner, danach die revolutionäre Bewegung
Gesellschaft	Noch kein Eingriff in die einheimische Gesellschaft	Eingriff durch Mobilisierung agrarischer Arbeitskraft	Kol. Strukturen Neue Klassen: Indoeuropäer und Chinesen	Übervölkerung Verfall alter Feudalordnung Nationalismus	Konflikte Repression Revolution Republik

*) Das Gebiet Atjeh auf Sumatra, seit dem 13. Jahrhundert unabhängig, seit 1873 unter niederländischer Verwaltung, wurde erst nach 30 Jahre dauernden Eroberungszügen unterworfen (1903).

**) Einige Autoren teilen diese Phase noch auf: in die der (offiziell so bezeichneten) »ethischen Politik«, die bis 1930 angesetzt wird, und in die Phase der 30er Jahre (Weltwirtschaftskrise und die Zeit vor dem Zweiten Weltkrieg).

Mit den siebziger Jahren begann die *liberale Phase,* in der das Privatkapital industrieller Unternehmer als organisierendes Prinzip den staatlichen Dirigismus ablöste. Jetzt wurde der Akzent vom Produktionsfaktor Arbeit auf den Produktionsfaktor Boden verlagert. Systematisch wurde an Private Land in Erbpacht für Plantagen und Bergbau vergeben. Das Zeitalter des Imperialismus erreichte seinen Höhepunkt. Große Kapitalgesellschaften entstanden, die nach der Eröffnung des Suezkanals 1869 den kürzeren Weg der Schiffahrt intensiv ausnutzten. In den folgenden Jahrzehnten, vor allem im zwanzigsten Jahrhundert, gelangten die Tee-, Kaffee-, Zucker-, Kopra- und Kautschukkulturen zur Blüte, wurden Eisenbahnen gebaut und die Zinnerz- und Erdölförderung entwickelt.

Die Bevölkerung begann nun rapide zu wachsen. Im Jahre 1800 zählte Java nur sechs Millionen Einwohner, 1900 achtundzwanzig und 1980 schon einundneunzig Millionen (die ganze Republik Indonesien wuchs von 120 Millionen 1971 auf mehr als 147 Millionen Einwohner 1980). Mit dieser Wachstumsbeschleunigung im vorigen Jahrhundert änderte sich auch die Sozialstruktur. Die alten, einheimischen Fürstentümer büßten zusehends ihren Einfluß ein. In den Städten entstanden neue soziale Schichten, die weitgehend ethnischen Unterschieden entsprachen. Nicht mehr eine kleine Schicht europäischer Kolonisten stand der einheimischen Gesellschaft mit ihrer traditionellen Ordnung gegenüber. Zwei neue Schichten traten in Erscheinung - Zeugnis eines kolonialgesellschaftlichen Kastensystems: die Indoeuropäer und die chinesische Minderheit. Beide sind sie Produkte des kolonialen Prozesses, auf den sie nun ihrerseits einwirkten. Zum Schluß sollten sie beide Opfer des entfesselten indonesischen Nationalismus werden.

Was das zwanzigste Jahrhundert brachte - die *soziale* Phase der sogenannten *ethischen Politik,* die im Jahre 1901 in einer Rede von Königin Wilhelmina offiziell proklamiert wurde, und schließlich die letzte Phase der *Dekolonisation* -, darauf werden wir später eingehen. Hier sei nur noch die Geschichte von Westindien gestreift, und zwar von Surinam, dem ehemaligen Niederländisch-Guayana, das zu den interessantesten und ergreifendsten Kapiteln europäischer Kolonialgeschichte gehört; zugleich ist ihre Kenntnis eine Voraussetzung für das angemessene Verständnis der Probleme der heutigen surinamischen Niederländer. Wir übergehen die Geschichte der Niederländischen Antillen.

Schon im Jahre 1580 kamen die Niederländer nach Guayana. Sie ließen sich am Fluß Pomerun nieder, während in der Gegend von Paramaribo die Engländer sich einrichteten. Im Frieden von Breda (1667) traten die Engländer Surinam an die Niederländer ab im Austausch gegen die nordamerikanische Kolonie Nieuw Amsterdam, die damals umgetauft wurde und fortan New York hieß. Surinams Geschichte ist durch und durch Plantagen- und Sklavengeschichte. Ohne die Einführung von Sklavenarbeit hätten sich die rund 600 Kaffee-, Zucker-, Kakao- und Baumwollplantagen, die bis zum Ende des achtzehnten Jahrhunderts entstanden waren, niemals entwickeln können. Die Bevölkerung des ganzen Gebietes bestand damals zu fast fünfundneunzig Prozent aus Negersklaven, auf deren massenweise Deportation aus Afrika sich die Westindische Kompanie spezialisiert hatte. Die Zahl aller Sklaven, die von der Gründung der Kolonie an bis etwa 1823 eingeführt wurden, wird auf 300.000 bis 350.000 geschätzt. Von den Einwohnern Paramaribos waren im Jahre 1772 drei Viertel Sklaven. Einige von ihnen waren von der Regierung freigekauft und als Soldaten zur Verteidigung der Stadt ausgebildet worden.

Den dramatischen Inhalt der weiteren Geschichte bildet der Freiheitskampf der in den undurchdringlichen Urwald entlaufenen Sklaven, deren Zahl im Jahre 1738 auf zehn Prozent geschätzt wurde. Diese Buschneger *(bosnegers)* haben sich den militärischen Versuchen, sie wieder einzufangen, nicht nur erfolgreich widersetzt, sie haben auch zurückgeschlagen. Sie waren nicht zu besiegen, so daß den Kolonialherren nichts anderes übrig blieb, als mit ihnen Frieden zu schließen und die Entwicklung der neuen Stämme entlang den großen Flüssen zu dulden. Über das Schicksal der Djukas - ihr Name soll, der Legende nach, ursprünglich der eines Urwaldvogels gewesen sein, den die Buschneger aus ihrer afrikanischen Heimat kannten - hat die Kulturanthropologin Silvia de Groot[26] eine Studie verfaßt. In der internationalen Wissenschaft ist Surinam aber auch im Zusammenhang mit zwei Büchern der berühmten amerikanischen Anthropologen Melville J. und F. S. Herskovits[27] bekannt geworden.

Das neunzehnte Jahrhundert brachte den Niedergang der Plantagenwirtschaft und die Abschaffung der Sklaverei (1863). Das Volumen des transatlantischen Sklavenhandels war gegen Ende des achtzehnten Jahrhunderts schon allgemein zurückgegangen. In den rund vier Jahrhunderten dieses Handels wurden insgesamt rund zehn Millionen Menschen aus Afrika nach Amerika verschifft. Die Verkündung der Menschenrechte hatte noch keinen Einfluß auf die herrschende öffentliche Meinung. Die Bibel verurteilte die Sklaverei ja nicht. Die Bekehrung der Sklaven zum Christentum änderte nichts am Sklavenstand; Missionsgesellschaften hielten selbst Sklaven.[28] Wirtschaftliche, ja selbst soziale Argumente sprachen noch für die Aufrechterhaltung der Institution.

Nach Abschaffung der Sklaverei in den britischen Kolonien 1834 war in Den Haag auf Betreiben britischer Missionare eine

»Niederländische Gesellschaft zur Abschaffung der Sklaverei« gegründet worden. Dem Vorstand gehörten berühmte Leute an. In den Sitzungen wurde vor allem darüber disputiert, ob die Sklaverei im Widerspruch zu den Forderungen des Evangeliums stehe oder nicht.[29] Lang sollte es noch dauern, bis das entsprechende Gesetz mit siebenundvierzig gegen elf Stimmen am 9. Juli 1862 angenommen wurde und den Sklavenbesitzern für jeden Sklaven 300 Gulden Entschädigung zugestand. Ein Jahr später trat es in Kraft.

Die niederländische Kolonialherrschaft war in Westindien eine *toto genere* andere als in Indonesien. Tatsächlich war sie eine der rohesten, und hier fragt man sich nun, wie sich dies mit dem vielgerühmten humanistischen Geist im Mutterland reimt. Sicher liegt die Erklärung weniger im Mutterland als in der aus Massendeportationen entstandenen Kolonie, im dortigen Mangel an sozialer Integration und institutioneller Ordnung. Die alltäglichsten sozialen Beziehungen entbehrten der Regelung, zum Beispiel (wie übrigens in ganz Südamerika) die sexuellen, dadurch nämlich, daß die Sklavenbesitzer mit den Sklaven keine Ehen eingehen konnten. Soziologische Studien der Kolonialgeschichte sind heute nicht nur von historischem Interesse. Sie helfen uns begreifen, wohin es führen kann, wenn das Leben der Menschen durch anarchische Prozesse die Bausteine kultureller Ordnung und damit seine Würde verliert.

3.
Der Holländer als Philister bei deutschen Dichtern und Denkern; Grotesken der Romantik; Bewunderung und Spott

Friedrich Schillers »Geschichte des Abfalls der vereinigten Niederlande von der Spanischen Regierung« (1788) spiegelt die Bewunderung wider, die man damals in Europa den Niederlanden entgegenbrachte. Heute ist dieses Werk wohl nur noch Fachhistorikern und Germanisten bekannt. Es hat für die Niederlande keine ähnliche Bedeutung erlangt wie das fünfzig Jahre später erschienene Amerikawerk von Alexis de Tocqueville für das Nationalbewußtsein der Vereinigten Staaten. Schiller wurde in den Niederlanden als Theaterdichter bekannt, und dies relativ spät, eigentlich erst, als sein Ruhm nach Frankreich gedrungen war und die Wirkung von dort kam. Das Freiheitsdrama *Don Carlos* löste beim niederländischen Publikum keine Stürme nationaler Begeisterung aus. Vielen erschien der Freiheitsidealismus des deutschen Dichters rhetorisch und pathetisch, bezeichnend für die noch nicht angetastete Despotie dort, wo das Stück entstanden war. Der Schriftsteller Menno ter Braak hat dieses Empfinden ausgesprochen: Man vermißte in Schillers Charakteren die psychologische Komplexität und den Humor Shakespeares, wodurch dessen Gestalten noch immer als Menschen von heute empfunden werden können.[30] *Don Carlos* blieb auf niederländischen Bühnen immer ein deutsches Theaterstück.

Vergleicht man die niederländische Kulturgeschichte mit der deutschen, kann man das Bild nicht übergehen, das Deutschlands Dichter und Denker sich von Holland und seinen Bewohnern gemacht haben. Es hat auf die Vorstellungen des deutschen Bildungsbürgertums nachhaltig eingewirkt, vor allem, als es gegen Ende des achtzehnten Jahrhunderts eine plötzliche Veränderung vom ausgesprochen Positiven ins ausgesprochen Negative erfuhr, einen Wandel, der freilich viel mehr über die Entwicklung des deutschen als die des niederländischen Geistes aussagt. Er zeigt, wie die niederländische Geisteswelt von der deutschen mißverstanden, wie sehr sie ein Objekt typischer, oft sehr affektgeladener Vorurteile werden konnte. Bei der Betrachtung dieser Erscheinung tritt die Verschiedenheit der Kultur- und Bildungsbegriffe der beiden Nationen hervor. So sei denn an dieser Stelle ein literarhistorischer Exkurs eingeschaltet und auf einige illustrative Beispiele hingewiesen, die niederländische Germanisten im Laufe der Zeit zusammengetragen haben und von denen der Amsterdamer Literarhistoriker Herman Meyer schon einmal eine große Blütenlese unter dem Titel *Das Bild des Holländers in der deutschen Literatur*[31] einem deutschen Publikum vorgelegt hat. Vor ihm hatten Timon Hommes (1926), E. F. Kossmann (1901)[32] und andere Autoren Beiträge zu diesem immer auch irgendwie amüsanten Thema verfaßt. Die meisten der ebenso typischen wie klassischen Aussprüche hat E. F. Kossmann, der Großvater des Historikers E. H. Kossmann, schon vor mehr als achtzig Jahren anläßlich seiner Leidener Antrittsvorlesung aufgespürt. Die Zitate sprachen damals schon für sich; sie scheinen auch heute keines Kommentars zu bedürfen. Dennoch hat Herman Meyer bei der näheren Analyse eine ganz bestimmte und bezeichnende Entwicklungstendenz des »Holländerbildes« in der deutschen Literatur und in der deutschen Öffentlichkeit nachweisen können.

Immanuel Kant schrieb in seinen *Beobachtungen über das Gefühl des Schönen und Erhabenen* (1764): »Der Holländer ist von einer ordentlichen und emsigen Gemüthsart, und indem er lediglich auf das Nützliche sieht, so hat er wenig Gefühl für dasjenige, was im feineren Verstande schön oder erhaben ist. Ein großer Mann bedeutet bei ihm eben so viel als ein reicher Mann, unter dem Freunde versteht er seinen Correspondenten, und ein Besuch ist ihm sehr langweilig, der ihm nichts einbringt.«[33] Herder, der große Geist der Romantik, von dem es heißt, sein Hauptverdienst liege in der Erforschung des Volkstums und der Sprache, nannte die Holländer »ein dekadentes Handelsvolk«, sprach ihnen jede Befähigung zur Poesie ab und hielt eine Übersetzung Homers ins Niederländische, »ohne ihn zu travestieren«[34], für unmöglich. In Herders *Stimmen der Völker in Liedern* sind keine niederländischen Volkslieder aufgenommen. Der Shakespeare-Übersetzer August Wilhelm Schlegel, der sechs Jahre in Amsterdam als Hauslehrer weilte, bekannte, ihm sei die holländische Sprache so zuwider gewesen, »daß mir davor ekelt, ein holländisches Buch nur in die Hand zu nehmen«. »Indessen wären selbst in diesem Misthaufen vielleicht Perlen zu finden, womit wir unsere eigene Sprache schmücken könnten; wer nur Geduld hätte, sie heraus zu suchen.«[35] Jacob Grimm, der Begründer der germanischen Philologie, gestand der Sprache der Niederländer immerhin »manche Vorteile und Schönheiten« zu, fand sie aber dennoch durch das Französische in Wörtern und Syntax »verdorben«[36]. Von Georg Friedrich Lichtenberg stammt der Aphorismus: »Der Esel kommt mir vor wie ein Pferd in's Holländische übersetzt.«[37]

Diese Aussprüche sind nur eine kleine Auswahl aus zahlreichen Urteilen berühmter deutscher Klassiker über das Nachbarvolk. Die Reihe führt dann weiter zu den Nationalromantikern, Pangermanisten und Volkstumsmystikern des neunzehnten und beginnenden zwanzigsten Jahrhunderts, unter denen einige besonders herausragen: der »Jungdeutsche« Ludolf Wienbarg mit seinem damals vielgelesenen Hollandbuch (1834), der *Rembrandtdeutsche* Julius Langbehn, der den bedeutenden Maler als höchste Kulturleistung nordischen Germanentums ausgab (1890), und der an Arroganz nicht zu überbietende Graf Keyserling (1928)[38], von dem es dann nur noch ein Sprung zu jenen ist, die die Niederlande »wieder« ins Großdeutsche Reich aufnehmen wollten.

Im sechzehnten und siebzehnten Jahrhundert war das Bild, das man sich in Deutschland von den Niederländern machte, genauso positiv wie in anderen Ländern. Die ganze Welt bewunderte damals die Großartigkeit des kleinen Landes an der Nordsee. In Reiseberichten - Herman Meyer hat auch diese untersucht - schwärmte man von einem Bollwerk politischer Freiheit und bürgerlicher Tugend. Weltmacht und Reichtum beeindruckten ebensosehr wie die Blüte der Kunst und der Wissenschaft. Höchstes Lob fand die Achtung der menschlichen Person.[39] Taine zitiert einen französischen Beobachter, der die Freiheit, »sogar über Ratspersonen sprechen zu können«, hervorhob; gelobt wurde das Recht, »mit all seinem Geld« das Land verlassen zu können.[40] Auch die Freiheit der Landbewohner wurde gepriesen. Die Stadt Amsterdam galt vielen als Metropole der Welt.

Im zwölften Jahrhundert gab es noch keine deutsch-niederländische Sprachgrenze. Heinrich von Veldeke, der Bahnbrecher der hochdeutschen Dichtung und Schöpfer der höfischen Epik, stammte aus Maastricht und schrieb die Servatius-Legende im Limburger Dialekt. Die epische Literatur und die Volkslieder waren der gemeinsame Besitz von Niederländern und Deutschen. In ihrer Blütezeit wurde die niederländische Literatur als Muster und Vermittlerin der Renaissancedichtung für Deutschland von größter Bedeutung. »Es ist überbekannt, wie Marnix, Heinsius, Vondel, Hooft, H. Grotius, Voss, Cats u.a. von Fischart, Opitz, Gryphius, Flemming u.a. übersetzt und nachgeahmt wurden.«[41] Nicht wenige deutsche Poeten hielten sich damals in den Niederlanden auf, darunter Opitz. Von ihm gibt es berühmte, schon oft zitierte Verse, in denen er den niederländischen Dichter Daniel Heinsius als Retter der »teutschen Poesy« preist, als den, der »vnsre Muttersprach in jhren werth gebracht« hat. »Jch auch, weil jhr mir seyt im Schreiben vorgegangen, was ich für Ruhm vnd Ehr durch Hochteutsch werd erlangen, will meinem Vatterlandt bekennen ohne schew, dass ewre Poesy der meinen Mutter sey.«[42]

Für Albrecht von Haller, der in Leiden studierte, und für Friedrich Klopstock, der mit seinen niederländischen Übersetzern in enger Verbindung stand, war die Literatur der Niederländer kein geringeres Zeugnis ihrer damaligen kulturellen Führungsrolle als die Malerei. Im Gegensatz zur Malerei war die Blüte der klassischen niederländischen Literatur im siebzehnten Jahrhundert, die Dichtkunst eines Hooft, Bredero, Vondel und Cats sowie deren Vorläufer Coornheert, Roemer Visscher, Coster und anderer, nun einmal nur denen zugänglich, die die niederländische

Sprache in all ihren Feinheiten kannten. Die Blüte der niederländischen Klassik ging der der deutschen voraus; als die deutsche Klassik im achtzehnten Jahrhundert aufblühte, trat in den Niederlanden unter zunehmenden französischen Einflüssen ein literarischer Verfall ein, den deutsche Geister damals mit besonderer Empfindlichkeit wahrgenommen haben dürften.

Goethe und Schiller hatten keinen Kontakt zum wirklichen Leben der Niederländer. Goethe hat ihn nicht gesucht - die niederländische Literatur hat er, wenn wir E. F. Kossmann glauben dürfen, nicht gekannt -, und Schiller war zu arm dazu, später zu krank. Schiller hat sich über das Mißverhältnis zwischen seiner eigenen Lage und der großen Welt, die den Gegenstand seiner Dramen bildete, in Gedichten lustig gemacht. Goethe gefielen manche niederländischen Wörter, zum Beispiel das Wort für »bestimmen«, das *»bepalen«* lautet und ursprünglich *»bepfählen«* bedeutet. Daß die Bezeichnung für das Befestigen des Bodens durch Pfähle im übertragenen Sinn auch »begriffliches Definieren« meint, paßt zu *Faust* und dem Bild von einem Volk, das sein Land dem Meere abringt, ihm als bepfähltem, eingedämmtem und durch Kanäle eingezäumtem Polderland eine eigene, gewollte Form gibt.

In der Folgezeit nimmt dieses Bild jedoch andere Züge an. Die »Holländer« erscheinen wie eine Art landschaftlicher Zimmerleute und Zäunebauer, die sich der Natur nicht im Rausche »hingeben«, sondern deren Zähmer und Züchter geworden sind. In jungen Jahren schrieb Goethe einmal: »Man muß ein Holländer sein, um mit einer Tulpe zu sympathisieren, und dann ist auch die Sympathie dieser Wassermänner sehr phlegmatisch.«[43] Phlegmatisch, so hatte schon Kant gesagt. Bereits zu Goethes Zeiten trat die Veränderung und Verzerrung der deutschen Vorstellung von den Niederländern auf. Das neue Bild wurde zu einem bürgerlichen Stereotyp und einem literarischen Begriff. Es stellt den *Philister* dar, eine Figur, die ein Produkt der Goethe-Zeit ist, zum ersten Mal im *Werther* vorkommt und schon dort, wie Meyer gezeigt hat, mit Eigentümlichkeiten niederländischer Landschaft und Gartenkultur verbunden ist. »Genie und Philister, dies ist der Kern von Werthers Erguß, verhalten sich zueinander wie Natur und Regel, wie Strom und Kanal.«[44] Tulpenbeete, Gartenhäuschen, Windmühlen, Holzpantoffeln, Käse, Butter, chinesisches Porzellan, die Kanäle und die auf ihnen dahinziehenden Schleppkähne: das ist das Milieu des Philisters, eine Welt ohne schneebedeckte Berge, rauschende Flüsse, dichte Eichen- und Tannenwälder, kurz: ohne allgewaltige Natur. Daß an der niederländischen Küste das Meer und die Winde toben, die Fischer auf hoher See und die Verteidiger der Deiche beständig gegen die Naturgewalten ankämpfen müssen, ist aus diesem Bild weggelassen, weil es nicht hineinpaßt.

Clemens Brentano, der in seiner scherzhaften Abhandlung über den Philister sagt, dieser sei der ausgesprochene Feind aller Ideen, aller Begeisterung, allen Genies und aller freien göttlichen Schöpfung, nennt dabei zwar nicht Holland, doch welche Leute sonst könnten es sein, die in der »bedächtigen, breiten Trekschuite der Philister« auf Kanälen »vom Buttermarkt nach dem Käsemarkt«[45] reisen? In Eichendorffs Komödie *Krieg den Philistern* überklappern Windmühlen das Waldesrauschen. Wie die »Trekschuite« bei Brentano, so wird die Windmühle bei Eichendorff zum Philistersymbol, »sehr im Gegensatz zu ihrer poetischen Halbschwester im kühlen Grunde des deutschen Waldes mit dem romantischen Mühlenrad«, wie Herman Meyer schreibt; als philiströs, so sagt er, gilt offenbar jede Nutzbarmachung der Natur. Holland existiert für den Romantiker schließlich »nur kraft des Kunststücks, ein Element gegen das andere auszuspielen und das Wasser durch den Wind zu vertreiben«[46].

In der Folgezeit nimmt das Holländerbild bizarre, groteske, exotische Züge an. Man spricht von den »Chinesen von Europa«. Die dichterische Groteske ist »so sehr zum allgemeinen deutschen Bildungsbesitz geworden, daß sie kräftig auf das außerliterarische Urteil über Holland abzufärben beginnt«[47]. Was zunächst dichterisches Symbol war, wird Stereotyp der öffentlichen Meinung. Gefördert wird diese Entwicklung durch Hoffmann von Fallersleben, Karl Schnaase, den Fürsten Pückler-Muskau, Ludolf Wienbarg, Karl Immermann, Annette von Droste-Hülshoff und andere. Für die junge literarische Generation, die aus Romantik und Burschenschaft hervorging und - wie E. F. Kossmann sich um die Jahrhundertwende ausdrückte - »in souveränem Witz ihre Stilform« suchte, »wurde Holland Zielscheibe des Spottes«[48].

Einen besonderen Platz unter den deutschen Schriftstellern des vorigen Jahrhunderts, die sich mit den Niederländern eingehend befaßt haben, nimmt Ludolf Wienbarg ein, einer der Führer der fortschrittlichen Bewegung *Junges Deutschland,* der auch Heinrich Heine und Karl Gutzkow angehörten. Liest man seine Darstellungen - man findet darin die köstlichsten Blüten romantischen Unsinns -, dann könnte man geneigt sein, die ehrliche

Sympathie zu übersehen, die er den Holländern bei all seinem Mitleid mit ihnen entgegenbringt. Tatsächlich wollte er bei seinen deutschen Landsleuten neues Interesse für das Nachbarvolk wekken. In der Beschreibung des Fischerdorfes Scheveningen oder richtiger: der Eindrücke, die er dort bekam, liegt nichts Überhebliches. Freilich konnten die armen Fischerfrauen dem Vergleich mit den griechischen Jungfrauen, die bei feierlichen Aufzügen heilige Opfergeräte in Körben auf dem Kopf trugen, nicht standhalten. Holländer sind keine Griechen. »Ihre Weiber sind häßlich, umgekehrte Sirenen, mit bogenförmigen Fischmäulern«, sie halten den Korb »mit gebogenen Armen weniger anmuthig wie die atheniensischen Kanephoren und setzen sich, wenn sie zur Stadt gehen, in kleinen Trab, wobei sie mit ihren unverschämten Hinterbacken glockenspielartig hin und her wackeln.«[49] Auch konnte sich der Flachland-Rhein nicht mehr mit dem jungen, mächtigen Strom messen, der er noch war, als er »das Juragebirge durchbrach, bei Schaffhausen vom Fels donnerte, bei Bingen dahinschoß wie Tells Pfeil und über Bonn dem langen Schatten des Drachenfels Raum gab, um sich auszubreiten über seinen Spiegel«[50].

Wienbargs Schilderung der »Wanderschaft« des Rheinstromes durch deutsches Gebirge unter Begleitung des Gottes Dionysos und dessen ekstatisch verzückte Nixen, jene fröhliche Weinreise, die dann an der holländischen Grenze, wo die flache, kalte Ebene beginnt, jäh und grausam endet, hat niederländischen Literarhistorikern schon viel Spaß bereitet. Wiederholt wurde die Passage zitiert. Da gibt der Weingott dem Rheingott ein Fest, und ein schöner, blonder Jüngling mit Efeu und Weinlaub singt ein Lied. Darin heißt es: »Einer aber war traurig und das warst du, Vater Rhein. Du hobst dein Haupt aus den Wellen und sprachst, singe nicht so schön! Singe nicht so schön, denn nun du mich verlässest, verläßt mich meine Jugend. Reißt mir das letzte grüne Blatt aus den Haaren, es verspottet mich durch seine Erinnerungen. Ich will vergessen, wer ich war, ich will nicht denken, wohin ich gehe. Ich will vergessen, daß ich über Wolken geboren bin, vergessen, daß ich als Knabe schon mit kühnen Thaten spielte, daß ich mit schäumender Begeisterung ins Leben stürzte, ich will meine Jugend, dein Lied vergessen. Fort mit den Bergen, fort mit den Gesängen, fort mit den Reben, weg mit euch Nixen. Leb wohl Dionys und grüß' die andern Götter. Goldne Gemeinheit, nimm mich auf, flache Gesichter, von nun an bin ich euer Bruder. Ich von Götter Gnaden in Poesie empfangen und geboren will sterben und verderben in eurer Prosa.«[51]

Holländische Professoren in den Ferien am Rhein, während zu Hause die Universitätsdebatte stattfindet. Holl. Karikatur (1871)

Wienbarg und andere Romantiker, die sich als Völkerpsychologen versuchten, hatten jedoch ein Problem. Es lag in der Frage, wie sich denn das Philiströse der Holländer mit den moralischen Leistungen reimen ließe, die man ihnen doch nicht absprechen konnte. Wienbarg leugnet dies nicht, hebt vielmehr hervor, daß ein Volk, das gegen die spanische Herrschaft und die Gewalten des Meeres erfolgreich war, auch moralisch stark sein müsse. Er erklärt diese Moral jedoch für grob, »weil sie mit grobem Egoismus vermischt ist, weil Noth und Bedürfnis ihre Erzeugerinnen, kalter Verstand ihre Triebfeder, Wuchergeist und Geldsucht ihre Begleiter, Argwohn, Mißgunst und oft nur zu grausame Parteilichkeit ihre Folgen sind. Es ist eine Moralität ohne Zartheit, ohne Wärme, ohne Liebe, ohne Großmuth, mit einem Wort eine unliebenswürdige egoistische Moralität, welche die holländische Nation unter ihren Brüdern in Europa charakteristisch auszeichnet.«[52]

Der Holländer, so schreibt er weiter, singt nicht; er hat keine Phantasie, »die ihm die wirkliche Welt vergessen macht«, er hat keine Sinne, »die sich bezaubern lassen wie die Sinne des Italieners«, ja »selbst die Liebe« ist dem Jüngling »keine Träumerei, kein Geheimnis«, vielmehr »eine Sache, die ihre guten Gründe hat«. Zum Mangel an Poesie kann Wienbarg nur sagen: »Der Nebel hat keine poetischen Zeugungskräfte.« Irgendwie scheint ihn diese Erklärung dann aber doch nicht ganz zu befriedigen, gilt der Nebel doch auch als mystisch. Er »wittert durch die Sagas, die Nibelungen, den Erlkönig«. Es scheint ausgemacht zu sein, daß der Nebel die Rede der Niederländer verdorben hat. »Ihre Sprache ist versumpft und in Gurgellaute ausgeartet, ihr Geist ist nur der feuchte Niederschlag des deutschen mehr.« Rembrandt habe sich »kalt und gleichgültig gegen das Schöne« verhalten; »er malte seine Weiber von der Faust weg, die Weiber, die ihm saßen, nahm er von der Gasse, die Erste, die Beste...«; die Antike habe er lächerlich gemacht und im übrigen sei er geizig gewesen.[53]

Rund sechs Jahrzehnte später sollte Rembrandt eine ganz andere, doch nicht weniger problematische Darstellung finden, die im Kaiserreich ein *Bestseller* wurde. Julius Langbehn, der sich dazu berufen fühlte, die deutsche Kultur aus dem Geiste der Kunst zu erneuern, und dazu ein nordgermanisches Kunstideal brauchte, fand es in Rembrandt, den er dann auch prompt zum deutschen Volkserzieher umfunktionierte. Er sah in ihm die Verkörperung mystischen deutschen Wesens und nordisch-germanischer Tugenden, die es wieder aufzufrischen gelte, um die Deutschen vor dem Verfall ihres Geisteslebens durch die entseelenden Folgen der Industrialisierung, des Intellektualismus und der westlichen Demokratie zu retten.

Wir brauchen uns bei dem sogenannten Rembrandtdeutschen nicht aufzuhalten. Fritz Stern hat alles über dieses abstruse, unselige Buch gesagt und den Weg gezeigt, der von der hier gezüchteten Feindschaft gegen Modernität, Demokratie und Judentum mitten in das Verhängnis des Dritten Reiches führte; Langbehn war wirklich ein geistiger Wegbereiter.[54] Nur eine Stelle sei zitiert, die die groteske Deutung Rembrandts wiedergibt. Seine Kunst, so heißt es dort, die der Heiterkeit, des Maßes und der Ruhe der Griechen entbehre, sei darum die stärkste und zugleich feinste Barbarei, die es je gegeben habe. »Ebendarum kann und soll sie uns Deutschen, die wir einmal Barbaren sind und bleiben, als ein Muster deutscher Bildnerei und Bildung gelten. Dem lichten Tagesgestirn der griechischen steht der dämmernde Nachthimmel der nordischen Kunst gegenüber...« Es habe »der Deutsche sich nach der deutschen Art von Harmonie zu richten. Und hierin stellt Rembrandt bisher die höchste Leistung dar: trü-

Rembrandt: Selbstporträt (1648)

ber, unarchitektonischer, unruhiger und in gewissem Sinne maßloser als seine Bilder ist nichts zu denken... Rembrandt ist ein echter Nibelunge, ein Held aus dem Nebelland; seine Werke machen den Eindruck, als ob der Nebel sich zu mystischen Bildern verdichtet habe.«[55]

Ein anderer, der Geist und Seele zu neuer Einheit bringen wollte, nach Sinnerkenntnis strebte, schöpferische Intuition der Verstandeskultur entgegensetzte und das Menschentum auch schon vor rassischer Degeneration bewahren wollte, war Hermann Graf Keyserling, einer der meistgelesenen philosophischen Schriftsteller Deutschlands in der Zeit vor und nach dem Ersten

Weltkrieg. Seine Studie über Holland beginnt mit einer Betrachtung darüber, daß Kultur in vielerlei Hinsicht naturfeindlich sei, alte Geschlechter »auf die Dauer klein und häßlich werden«, Adlernasen verschwänden, Gesichter »schweinchenartig« würden, die Menschen länger »anständig und gescheit als schön bleiben«. Denn »anscheinend setzt die Natur es, wo immer Zucht statthat, wie aus *malice* oder *ressentiment* darauf an, sobald es irgend geht, das Minderwertige zu potenzieren.«

Die Holländer werden als Beispiel par excellence dieser traurigen Entwicklung angeführt. Ihre Lebenswelt sei »recht eigentlich eine Kultur der häßlichen Norm«. Denn: »Der Satz, daß die Naturbasis des niederländischen Menschentums häßlich ist, gilt übrigens auf der ganzen Linie«; Rubens habe »scheußliche Frauenleiber« gemalt. Die Trachten Volendams seien »mit letzter Raffiniertheit« entworfen, »das Häßliche zu akzentuieren«. Die Hafenbevölkerung sei »eine der wüstesten der Welt. Holländischen Huren nahte sich selbst Satan nicht ohne Umsicht«. »Höchstgebildete Holländer« ließen sich zu »Ausbrüchen von Flegelhaftigkeit« hinreißen. Der Deutsche, der die holländische Sprache nur oberflächlich kenne, müsse denken, »daß sie irgendeinmal in Herrengesellschaft gegen drei Uhr morgens erfunden worden sei. Ihre Grundlage ist tölpelhaft. Wie tief dieses Tölpelhafte wurzelt, sieht man auch an der besonderen Art, wie Holländer falsch deutsch reden oder schreiben«, wie denn auch »schon kleinste Kinder intuitiv erfassen, welche Worte unpassend sind und diese mit Vorliebe verwenden«. Häßlichkeit erkläre auch, »warum die Niederlande eine ursprüngliche Kultur der Liebe nur in Form der Ausschweifung gekannt haben. Trunkenheit und scheußliche Weiber gehören ästhetisch ja zusammen.«[56]

Der »Schlüssel zum holländischen Kulturproblem« liegt nach Keyserling darin, daß »der Geist dieses kerngermanischen Volkes ... romanisch« sei, »und zwar in seiner heutigen Gestaltung vom Erz-Romanen Johann Calvin geprägt«. Holland habe »kein adliges Nationalideal«, und man müsse fürchten, daß der Geist des Puritanismus »noch Jahrtausende entlang ein unerschütterbares Philisterdasein führen«[57] könnte.

Man könnte den Grafen Keyserling (der übrigens mit einer Tochter von Herbert von Bismarck, einer Enkelin des Reichskanzlers, verheiratet war) übergehen oder ihn nur noch in amüsanten Geschichten erwähnen, würde er in Kompendien deutscher Philosophiegeschichte nicht immer noch als ein »vielseitiger und weltaufgeschlossener Philosoph« beschrieben; sein »Reisetagebuch« wird in einer auflagenstarken Weltgeschichte der Philosophie »eines der lebendigsten philosophischen Bücher unseres Jahrhunderts«[58] genannt.

4.
Deutsche Wahrnehmungen der niederländischen Sprache; der Mythos vom deutschen Dialekt; Sprache und Nation

Noch immer glauben viele Deutsche, die niederländische Sprache sei »ursprünglich« ein deutscher Dialekt, da die Niederländer ja auch einmal zum deutschen Reich gehört hätten. Ein deutschstämmiger Dialekt hätte sich dann sozusagen nach dem Abfall des Volksstammes vom Reich allmählich zur eigenen Schriftsprache als einer Art Abart herausgebildet. Wie es sich in Wahrheit verhält, läßt sich in jedem guten Konversationslexikon nachlesen. Niederländisch ist genau wie Deutsch oder Englisch eine selbständige Kultursprache der westgermanischen Sprachgruppe. Es hat sich, zunächst in der Provinz Holland, im siebzehnten Jahrhundert zur allgemeinen Schriftsprache entwickelt.

Der Hartnäckigkeit, mit der sich falsche Meinungen über die niederländische Sprache noch immer behaupten, ist Hans Combecher[59] in vorzüglichen Studien nachgegangen. Er wies auf eine Reihe von Gründen hin und unterschied dabei zwischen Mißverständnissen und Vorurteilen. Mißverständnisse lassen sich aufklären, Vorurteile sind nicht so leicht aus dem Weg zu räumen. Bei diesen handelt es sich um erworbene Attitüden, um Dispositionen, auf bestimmte Dinge mit einer mehr oder weniger affektiven Qualität zu reagieren, wodurch schon die Wahrnehmung der Realität ernstlich verzerrt werden kann. Zu einem Vorurteil gehört auch die Neigung, sich seiner Erkenntnis zu widersetzen.[60]

Ein verbreitetes Mißverständnis ist die Meinung, Dialekte seien regionale Entartungen der Hochsprache. Es hängt wohl damit zusammen, daß die Kenntnis elementarer sprachlicher Sachverhalte relativ wenig Allgemeingut ist und die meisten Menschen sich dennoch berechtigt fühlen, aufgrund subjektiver Eindrücke darüber zu urteilen. Vorurteile zeigen sich bei der negativen Wahrnehmung jener Merkmale des Niederländischen, die daher rühren, daß es von der hochdeutschen Lautverschiebung nach Ende des fünften Jahrhunderts unbetroffen blieb. Wie erklärt sich diese Wahrnehmung? Die Lautverschiebung in den germanischen Sprachen hat natürlich nichts mit deren Wert zu tun. Es geht hier um die subjektive Reaktion auf eine ganze Reihe von Erscheinungen wie Diphthonge, Akzente, Artikulationen, Wortbildungen und Wortfolgen in Sätzen, schließlich auch auf manche niederländische Wörter, die deutschen Wörtern ähnlich sind, aber andere Bedeutungen haben.

Combecher zeigte, wie sehr die niederländische Sprache die Deutschen an die Eigenheiten ihrer eigenen niederdeutschen Dialekte erinnert, die ja von der Lautverschiebung ebenfalls unberührt geblieben sind. Dies scheint, bemerkt er, zuerst einmal die Meinung, Niederländisch sei ursprünglich ein deutscher Dialekt, zu bestätigen. Zugleich bewirkt aber die Assoziation mit deutschen Dialekten eine minderwertige Vorstellung von der niederländischen Sprache und deren Eigentümlichkeiten. Hierbei gerät die irrige Meinung, Dialekte seien Abfallprodukte der Hochsprache, in den Sog eines tiefverwurzelten sozialen Vorurteils über Dialekte. Wienbarg plädierte in Deutschland für die »Ausrottung« des Plattdeutsch. Zu seiner Zeit erschien die niederländische Sprache in der Tat nicht wenigen deutschen Gebildeten als verdorbene Sprache, als degeneriertes Hochdeutsch. »Um jemand von dieser total verkehrten Vorstellung zu heilen, kann man ihn darauf aufmerksam machen, daß Hochdeutsch (mit einer kleinen Ausnahme in Südost-Limburg) niemals die Muttersprache des jetzt Niederländisch sprechenden Volkes gewesen ist. Wenn er sich dann von seinem Erstaunen erholt hat, kann es freilich geschehen, daß er die nächste verkehrte Schlußfolgerung zieht und Mitleid mit den Niederländern empfindet, weil diese niemals ›gesegnet waren mit dem guten Einfluß‹ einer Sprache, die er meint höher bewerten zu müssen.«[61]

Die Vorurteile beruhen aber auch auf Gegenseitigkeit. Die Niederländer reagieren auf ihre Art typisch auf all jene Merkmale der deutschen Sprache, die mit der Konservierung eines komplizierten Flexionssystems zusammenhängen. In der niederländischen Sprache ist dieses umständliche System verschwunden, weshalb sie viel leichter zu erlernen ist. Die schwere Erlernbarkeit der deutschen Sprache fällt jedoch stärker ins Gewicht, weil viel mehr Niederländer Deutsch lernen müssen als Deutsche Niederländisch. Viele Niederländer würden die Wirkung, die die deutsche Sprache auf sie ausübt, mit einigen der folgenden Bezeichnungen angeben: schwerfällig, umständlich, bombastisch, mustergültig, bühnengerecht, in komplizierten Konstruktionen künstlich, in der korrekten Diktion und Akzentuierung der flektierten Formen dienstlich, schneidend oder, wie Deutsche auch sagen, zackig. A. Chorus meint, die deutsche Sprache habe »selbst in der einfachen Konversation etwas Didaktisches und Belehrendes«[62]. Gereizte Urteile über die deutsche Sprache finden sich bei dem Dichter Bilderdijk, der die witzelnden deutschen Bemerkungen über die niederländische Sprache und die Neigungen mancher Deutscher, sich als »Priester der Poesie« aufzuspielen, nicht vertragen konnte. Schwer verdaulich finden viele Niederländer auch das, was sie den »deutschen Gelehrtenstil« nennen, haben diesem jedoch keinen eigenen entgegenzustellen.

Inwieweit der Charakter der deutschen Sprache auch durch die politisch-staatliche Entwicklung Deutschlands bestimmt oder beeinflußt worden ist, kann hier nicht erörtert werden. Daß ein solcher Zusammenhang besteht, davon dürfen wir ausgehen, und das gleiche gilt - *mutatis mutandis* - für die Niederlande. Die deutsche Sprache entwickelte sich als Amts- und Literatursprache eines lockeren Staatengefüges, nicht als Sprache eines einzigen politischen Verbandes mit einer Metropole. Sie bildete sich in der obrigkeitlichen Verwaltung und im Unterricht, hob sich dort ab von den Dialekten als überregionales, überbrückendes Medium. An den Höfen wurde Französisch gesprochen, und wer an der höfischen Kultur teilhatte, empfand Deutsch als schwerfällig, ungelenk, ja als »une langue à demi-barbare«[63], wie Friedrich der Große schrieb. Elias zitiert die Braut Gottscheds, die 1730 ihrem Verlobten mitteilte: »Nichts ist plebejischer als Briefe in deutscher Sprache zu schreiben.«[64] Luther hatte, wollte er die Vielfalt der Dialekte überwinden, kaum eine andere Wahl, als für seine Bibelübersetzung die Prager Kanzleisprache und die Hofsprache des sächsischen Fürsten zum Vorbild zu nehmen. Zunächst Kanzlei- und Kanzelsprache zur Verkündung weltlicher Erlasse und göttlicher Offenbarung, machte Schriftdeutsch als Sprache der Autorität sein Entree, und mit dem Abglanz hohen Geistes erschien es auch als Literatursprache der später kanonisierten Klassiker.

Mit der niederländischen Sprache verhält es sich völlig anders. Sie ist »wild aufgewachsen« (Verdam Stoett), entstand als Umgangs-, Alltags- und Handelssprache des Volkes,[65] nicht im Bereich des Offiziellen, Gehobenen und Erhabenen. Sie entwickelte sich im Zusammenwirken einfacher Menschen, die die Sprache brauchten, Wörtern bestimmte Bedeutungen gaben und neue Wörter und Redewendungen hervorbrachten. Die Vereinfachung der Grammatik ging mit dieser Entwicklung Hand in Hand. Die gesprochene Sprache neigte immer dazu, von der Schriftsprache abzuweichen; heute wird diese Abweichung als »emanzipatorisch« interpretiert, akademisch rehabilitiert. Auch in der Sprache äußerte sich Freiheitsdrang und immer auch Zügellosigkeit. Die Abneigung gegen Pathos und Pose, gegen alles Gravitätische und Großtuerische schlug sich in der niederländischen Sprache nieder, zugleich aber behielt diese dort, wo große Worte gesprochen werden durften – in der Kirche, bei der Predigt (und gepredigt wurde nicht nur in der Kirche) –, ihre Feierlichkeit.

Alle, die sich mit der niederländischen Sprache befassen, stoßen auf eine charakteristische Merkwürdigkeit: die ungewöhnlich große, praktisch unbegrenzte Zahl von Verkleinerungen bei Substantiven, aber auch bei Adverbien, Zahlwörtern und präpositionellen Zustandsbezeichnungen: Gern sitzt der Holländer im Gärtchen ein bißchen im Sönnchen und liest im Zeitungchen Geschichtchen; er macht am Abendchen ein Rundherumchen, das heißt ein Spaziergängchen, trinkt am Eckchen des Sträßchens ein Bierchen und zahlt mit einem Zehnerchen. Die wiederholt geäußerte Vermutung, die von der Religion betonte Kleinheit und Vergänglichkeit der menschlichen Dinge, die *vanitas,* könnte sich auch sprachlich niedergeschlagen haben, ist nicht von der Hand zu weisen.

Als die niederländische Bibelübersetzung zustande gekommen war – und zwar als die »Befestigung einer bereits selbständig gewachsenen Kultursprache, während Luthers Bibel die deutsche Kultursprache erst gründete«[66] –, blieb das »große Wort« dem Gespräch über religiöse Dinge vorbehalten. Über menschliche Dinge ziemte es sich, ohne Pathos zu reden. Combecher glaubt, daß die niederländische Sprache damals, mit Ausnahme ihres Dienstes bei der religiösen Verkündung, in das *Understatement* hineingedrängt wurde, während die deutsche Sprache genau dem entgegengesetzten Prozeß unterlag. Das Pathos des Schweren, Gewichtigen, Würdevollen, Erhabenen, Offiziellen und Autoritären färbte auf die Sprechweisen des alltäglichen Lebens ab. Die Ausbildung jener *sprachlichen Mittellage* wurde verhindert, die »vom gehobenen Sprechen ebenso weit entfernt ist wie vom Ordinären«[67]. Diese Mittellage ist im Niederländischen außerordentlich ausgeprägt, und daß auch dazu Dichter beitragen konnten, zeigte keiner besser als Cats. Wenn die Sprache nicht nur ein Produkt der Geistesbildung, sondern zugleich auch ein wesentliches Mittel der Gestaltung sozialer und kultureller Lebensverhältnisse ist, dann ist die niederländische Sprache ein besonders interessanter und ergiebiger Forschungsgegenstand für Sprachsoziologen und Soziolinguisten.

Da Latein so lange die Sprache der Gelehrten blieb - bis 1876 an den Universitäten die offizielle Sprache *(voertaal)* - und Französisch sich bis weit ins neunzehnte Jahrhundert hinein als Sprache der Oberschicht behauptete, konnte sich die niederländische Sprache als Umgangssprache verfeinern. So wurde sie zum mächtigen Medium der *Laienkultur,* einer zivilen »Kultur der Mitte«. Die Niederländer hatten es nicht nötig, ihre literarische Sprache gegenüber der französischen durchzusetzen oder mit dieser geistig zu konkurrieren, um ihre nationale Identität zu finden. Sie waren schon eine Nation, so daß ihre Sprache einen eigenen Weg gehen konnte, unabhängig von prestigeträchtigen literarischen Vorbildern.

Der besondere Charakter der niederländischen Sprache als Produkt und Gestaltungsmittel des sozialen Lebens wirkte sodann wieder auf das Verhältnis der Menschen zur »gehobenen Kultur« ein. Denn der Reichtum der Umgangssprache an Bildern, festen Redewendungen für eine Vielfalt von Lebenssituationen, an nuancierten Ausdrücken, deren Sinn jeder begreift, läßt das Bedürfnis nach Abstraktionen, nach begrifflichen Klärungen von Sachverhalten geringer sein. Die »Anstrengung des Begriffs« (Hegel) erübrigt sich, wenn ein Bild da ist, um eine Lebenssituation und deren Bedeutung zu erfassen. In den Niederlanden suchen Fachleute die Esoterik, den professionellen Jargon zu vermeiden; sie kommen dem Laien entgegen, was nie als Herablassung erscheint. In Deutschland neigt der Laie oft dazu, die Sprache des Experten anzunehmen, wenn diese als Zeichen einer besseren Beherrschung der Materie gilt und mit wissenschaftlichem Status, mit Autorität behaftet ist.

Die Rolle der französischen Sprache in der niederländischen Kulturgeschichte ist an die Pflege des exklusiven Lebensstiles der Patrizier gebunden, an deren Bedürfnis, sich mit einer kultivierten liberal-humanistischen Gesinnung von den kirchlichen Religionsgemeinschaften der unteren Volksschichten abzuheben, von den Kleinbürgern vor allem, die auch ihrerseits selbstbewußt und standesbewußt waren, sich nicht nach den Patriziern richteten. Hier wurde - so könnte man sagen - die »höhere Kultur« zur Subkultur. Das klingt nur scheinbar paradox, gilt es doch nur, die

Angemessenheit unserer soziologischen Begriffe und Denkgewohnheiten zu überprüfen. So hat auch die französische Sprache – wie vorher schon die lateinische – der nationalen Identität keinen Abbruch getan. Dagegen gehört die lange Dauer der Orientierung an der französischen Sprache zum Bild der gesellschaftlichen und kulturellen *Stagnation* während des neunzehnten Jahrhunderts.

Die Gymnasien hießen damals noch »Lateinische Schulen« und waren für angehende Wissenschaftler bestimmt. »Französische Schulen« hießen die Privatschulen der höheren Stände, die mit hohen Schulgeldern unterhalten wurden. Niederländisch als Literatursprache wurde akademisch nicht gepflegt, was mit der sehr verspäteten Entwicklung der Geisteswissenschaften zusammenhängt. Als im Jahre 1871 das erste Wörterbuch der niederländischen Sprache erschien, war in den größeren Nachbarnationen bereits eine Weltliteratur entstanden, an der die Niederländer keinen Anteil hatten. Die Gebildeten lasen sie freilich – und sie zogen die Originalsprache der Übersetzung vor.

Daß Niederländisch nicht als Sprache einer Elite, sondern als Sprache des Volkes zur Entwicklung kam und akademisch nicht gepflegt wurde, hatte freilich auch Nachteile. Mit Regelmäßigkeit wird darüber geklagt, selbst Leute mit höherer Bildung könnten sich in gehobener Sprache nur mangelhaft ausdrücken. Niederländer sind geistreiche Plauderer, doch schlechte Redner, gewandt im kleinen Gespräch, nicht in der großen Diskussion. Eine ganze Reihe von Tätigkeiten wie Unterrichten, Übersetzen, Schreiben, Theaterspielen, Sozialarbeit und andere, zu denen man in anderen Ländern sprachlich gehörig geschult wird, galten lange und gelten noch immer oft als Beschäftigungen, zu denen Begabung und Liebhaberei genügen. Obgleich es dafür jetzt Schulen und Akademien gibt, läßt das Ausbildungsniveau zu wünschen übrig. Überall dort, wo begriffliche Schärfe, theoretische Klarheit und Subtilität der Formulierung die Qualität geistiger Arbeit ausmachen, in der Wissenschaft vor allem, können selbst viele im Lande bekannte Autoren internationalen Ansprüchen nicht genügen. Schon Huizinga hat den Niederländern sprachliche Nonchalance, Gleichgültigkeit, ja Mißtrauen gegen scharfe Formulierungen angekreidet.[68] Nur muß ihm widersprochen werden, wenn er folgert, wir seien weder Erzähler noch Argumentierer und hätten nur ein geringes Sprachgefühl. Denn er übersieht die so entwickelte *Mittellage* der Sprache, die Alltagssprache, bei deren Beherrschung sich viele Essayisten und Feuilletonisten als Meister zeigen. Deswegen sind sie auch nicht leicht zu übersetzen.

Menschen eines kleinen Landes, die mit aller Welt Handel treiben und darauf ihre Existenz gegründet haben, können nicht erwarten, in der Fremde die eigene Sprache sprechen zu können. Daher wurden Fremdsprachenkenntnisse, wie mangelhaft auch immer, gebraucht, gerade von einfachen Leuten - Seeleuten, Kaufleuten und Angestellten in den Kolonien. Das gebildete Bürgertum gewann mit der Kenntnis der Sprachen der Nachbarnationen Abstand von der eigenen Kultur, ohne geneigt zu sein, diese im Licht der »großen Welt« als provinziell zu verleugnen. Das Bild der Fremde erwuchs aus dem Umgang mit ihr, nicht aus der Literatur. Mit fernen Ländern hatte man zu tun. Den Erzählungen der Heimkehrenden hörte man eher neugierig als wißbegierig zu, bestrebt, etwas zu erfahren, weniger, um durch Kenntnisse auch als kulturell Gebildeter zu gelten. Niederländer suchten in der Ferne nicht die eigene Seele. Sie waren nicht darauf aus, von der Fremde geistig Besitz zu ergreifen, Reize und Rätselhaftes auf die eigene Existenz und Innerlichkeit zu beziehen und sich dabei darzustellen. Eine solche latente Neigung mag bei Deutschlands hervorragendsten Geistern dem Studium fremder Kulturen sehr zugute gekommen sein, bei weniger hervorragenden konnte es abstoßen, wie zuletzt nach dem Zweiten Weltkrieg, als manche deutsche Besucher der Niederlande gutgemeinte Betrachtungen über nationale Kulturmerkmale anstellten und dabei Themen berührten, von denen man damals besser nicht gesprochen hätte. Die Unlust der Niederländer, bei der Vergangenheitsbewältigung Gesprächspartner zu sein, wurde dann nicht selten als mangelnde Bereitschaft zur Völkerversöhnung mißverstanden.

Im zwanzigsten Jahrhundert hat sich die niederländische Sprache in Wortschatz und Grammatik immer schneller entwickelt und gewandelt. Die fehlende Gebundenheit an klassisch-literarische Dokumente begünstigt die Wandlung. Huizingas Sprache klingt oft schon sehr altmodisch und wirkt allein durch die Rechtschreibung der dreißiger Jahre wie ein alter Text. Vielleicht sind wir von der Schriftsprache der Vorkriegszeit bereits weiter entfernt als die Deutschen von der ihrigen zur Goethe-Zeit. Die sogenannte Vorzugsrechtschreibung, das heißt die freie Möglichkeit, Wörter auf zwei verschiedene Weisen zu schreiben, erlaubt es jedem, seine konservative oder progressive Einstellung auch im Schreibverhalten zum Ausdruck zu bringen. Praktiziert wird auch noch eine dritte, offiziell noch nicht zugestandene

Rechtschreibung, eine – wenn man will – Linksschreibung mit orthographischen Usancen, Wortbildungen und Slangausdrükken, die als Merkmale einer nichtelitären Kultur oder Gegenkultur angesehen werden. Die offizielle Unkorrektheit mancher Schreibweisen hat einige Autoren, Gruppen und Buchverlage nicht davon abhalten können, sie dennoch zu übernehmen und so auch auf diesem Gebiet zur propagierten pluralistischen Kultur beizutragen. Das Gefühl, daß Sprachpflege und Spracherziehung mehr Aufmerksamkeit verdienen, ist weit verbreitet.

5.
Suspekte deutsche Philosophie; späte Geisteswissenschaften; ausgebliebene Romantik; Bourgeoisie ohne Belle Epoque

In Deutschland und Frankreich, schrieb Plessner, sei die Philosophie zu Hause, »die immer bis zum Äußersten geht«[69]. Da dies in Holland nicht der Fall ist, brauchten sich auch seine Theologen nicht intensiv mit ihr einzulassen. Auch ein ausgeprägtes Bedürfnis, die Theologie als System »auszuarbeiten« und theoretisch zu begründen, gab es nicht. Die philosophischen Kenntnisse der Theologen waren meist sehr dürftig, was jedoch weder von ihnen selbst noch von ihrem Publikum als ein Mangel empfunden wurde. Die Denkmodelle moderner Theologie, von denen Arnold Gehlen einmal sagte, daß sie an die moderne Physik erinnern und durch ihre Abstraktheit »das Volk im Stich lassen«[70], fanden in den Niederlanden ebensowenig Anklang wie spekulative philosophische Systeme.

So erklärt es sich wohl, warum das kirchlichste aller westlichen Länder selbst keinen Fachtheologen vom internationalen Rang eines Karl Barth, Paul Tillich oder Reinhold Niebuhr hervorgebracht hat – Schillebeekx ist Flame. Damit sei kein Werturteil über die niederländische Theologie gefällt. Festgestellt sei jedoch, daß Gläubigkeit, Frömmigkeit und die Rolle von Religionen und Kirchen in einer Gesellschaft nicht notwendig vom theoretischen Niveau ihrer Theologie abhängen. Im übrigen ist die Wirkung von Schillebeekx weniger theologisch-theoretischer als politischer Art gewesen, wies er doch nach, daß die Priester in den Anfängen der Kirche durch die Gemeinde berufen, nicht von der klerikalen

Hierarchie ernannt wurden, diese Berufung durch die Gemeinde der kirchlichen Weihe vorausging und nur derjenige geweiht wurde, den die Gemeinde akzeptierte. Seine These, ursprünglich sei von der Wirkung des Heiligen Geistes durch die Gemeinde ausgegangen worden, paßte in den sechziger Jahren zu den kirchlichen Mitbestimmungsforderungen der niederländischen Katholiken und erhielt eine zentrale politische Bedeutung für die neue Basisbewegung.

Da die *Religion* bis weit ins zwanzigste Jahrhundert die unerschütterliche Instanz der Gesellschaftskritik blieb, diese Kritik als legitime Aufgabe der Kirchen angesehen wurde und eine vom christlichen Glauben unabhängige, von Literatur und Kunst getragene »Geisteskultur« nicht aufgekommen war, so daß sich auch Intellektuelle nicht darin sonnen und das hohe Roß der Bildung reiten konnten, hatte die Abdankung der Philosophie als eine solche geistige Instanz in anderen Ländern für die Niederlande kaum Bedeutung. Nihilistische, atheistische, anarchistische Strömungen stießen nicht auf Gebildetenschichten, die jetzt die Dekadenz hätten repräsentieren können. Der Marxismus wurde in den Niederlanden kein »Opium der Intellektuellen« (R. Aron); als politischer *Theorie,* politischer Ökonomie, Geschichtsphilosophie, als Kritik des »bürgerlichen *Denkens«* war ihm bis heute keine Wirkung beschieden. Kathedermarxismus wird als sektiererisch empfunden, macht mißtrauisch, stößt ab. Man toleriert den Marxismus als eine Strömung wie jede andere auch, als Überzeugung einer Gruppe, die soziale Ideen vertritt.

Durch das Fehlen einer großen philosophischen Tradition, einer elitären, akademischen, weltlichen Kulturkritik, sind die niederländischen Marxisten ohne geistige Führer geblieben; sie wurden notwendig in den Status einer weltanschaulichen Sekte gedrängt und damit integriert. Stets blieben sie auf ausländische Ideologen angewiesen, die sie zu Vorträgen in ihre Enklaven einluden, wobei dann die Zuhörer intellektuell meist sehr überfordert wurden. Das gesellschaftskritischste aller Länder besitzt keinen linksphilosophischen Theoretiker vom Format eines Georg Lukács, Antonio Labriola, Ernst Bloch, Max Horkheimer oder Jürgen Habermas; doch vom Besitz solcher Philosophen hängt keineswegs die Fähigkeit einer Gesellschaft ab, soziale und kulturelle Veränderungen zustande zu bringen.

Die schon wiederholt gestellte Frage, »ob uns die Philosophie liege«, wurde zuerst von E. F. Kossmann in seiner erwähnten Leidener Rede von 1901 aufgeworfen. Damals schon war aufgefallen, daß die deutsche idealistische Philosophie in den Niederlanden nicht rezipiert worden war, »Holland gerade dieser Strömung fernblieb«. Gesetzt, man hätte den Niederländern – wie bisweilen behauptet – eine Abneigung gegen Philosophie nachweisen können, so hätte sie sich tatsächlich nur auf die deutsche Philosophie des neunzehnten Jahrhunderts, nicht auf die Philosophie überhaupt beziehen lassen. In ihrer klassischen Zeit hatten die Niederlande einem der bedeutendsten Philosophen Zuflucht gewährt. In den Niederlanden erhielt der weltberühmte Satz *»cogito ergo sum«* Gestalt. »Nur dort«, schrieb Heinrich Heine, konnte Descartes »seinen Geist von dem traditionellen Formalismus befreien... vielleicht nirgends anders als in Holland, konnte Descartes es wagen, eine Philosophie zu lehren, die mit allen Traditionen der Vergangenheit in den offenbarsten Kampf geriet«[71].

Und ist nun nicht Spinoza zu nennen, der große jüdische Niederländer, bei dem die Religion zur Philosophie wird und dennoch Religion bleibt? Von seiner jüdischen Glaubensgemeinschaft verstoßen, fand er bei den freisinnigen *Kollegianten* das tolerante Klima für seine philosophische Arbeit, in der die Religiosität des Barock im Bunde mit der Mathematik nach klarer, harmonischer Erkenntnis strebte. Gegenüber dem deutschen Idealismus jedoch und der Romantik, dort, wo die Grenze zwischen Glauben und Unglauben verschwimmt, sodann gegenüber dem Materialismus, den Linkshegelianern, Nietzsche und der Lebensphilosophie trat eine Abwehrhaltung auf, die im vorigen Jahrhundert schon auffiel. Und diese Abwehrhaltung bestimmte auch, wie bereits Plessner hervorhob, das ganze ambivalente Verhältnis zu der plötzlich emporgekommenen deutschen Nachbarnation. Diese blieb eben »unberechenbar« – was hier wörtlich aufzufassen ist.

In den niederländischen Geschichtsbüchern gilt die Zeit zwischen 1815 und 1870 als eine Periode des Stillstands der gesellschaftlichen und kulturellen Entwicklung. In der Wissenschaft kam dieser Stillstand vor allem darin zum Ausdruck, daß die neuen Geistes- und Kulturwissenschaften, die in anderen Ländern aufblühten, in den Niederlanden nur mühsam und spät vorankamen. Huizinga hat die Verspätung der Sprachwissenschaft, Altertumskunde, Geographie, Ökonomie und anderer Disziplinen sehr beklagt. Plessner meinte, man merke, »daß Holland keinen Humboldt hatte und daß es ihn, ehrlich gesagt, auch nicht vermißt«[72]. Hier könnte man aber nebenbei daran erinnern, daß der so vielseitige Wilhelm von Humboldt jenen Niederländern, die sich damals mit der Kultur Indonesiens befaßten, durch seine bedeutende Studie über eine altjavanische Dichtersprache bekannt wurde. Humboldts dreibändiges Werk über die *Kawi-Sprache,*[73] die in der Zeit zwischen 900 und 1400 n. Chr. auf Java lebendig war und den kulturellen Einfluß des Sanskrit zeigt, regte die Orientalistik an, die in den Niederlanden immer schon starkes Interesse gefunden hat.

Bis zum Zweiten Weltkrieg dominierten auf den niederländischen Universitäten die alten Wissenschaften: klassische Naturwissenschaft, Medizin, Theologie, Jurisprudenz, klassische Philologie. Die jüngeren Wissenschaften, die sich zwischen den beiden Weltkriegen etabliert hatten, waren eben dabei, sich zu entfalten. Und als nun jene Disziplinen hinzukamen, die sich in den Vereinigten Staaten schon als angewandte Wissenschaften weit entwickelt hatten - Psychologie, Soziologie, Anthropologie, Politologie und andere -, da machte es sich bemerkbar, daß sich die Wissenschaften vom Menschen und von der Gesellschaft in den Niederlanden nicht auch mit philosophischen Systemen und Strömungen wie dem Marxismus, dem Darwinismus oder der liberalen Ökonomie hatten auseinandersetzen müssen. Theoretische Grundlagen der Sozialwissenschaften sind in den Niederlanden nicht erarbeitet worden.

Statt theoretischer waren jedoch andere Grundlagen vorhanden, andere Gewohnheiten, Werte und Institutionen, um sich mit den betreffenden Fragen auseinanderzusetzen. Alle Angelegenheiten, die die Einrichtung des Staates und der Gesellschaft betrafen, Recht, Moral, Familien- und Wirtschaftsordnung, waren zu lange in der Obhut der Kirchen und ihrer Moraltheologen geblieben. Indem die Wissenschaft solche Themen nicht aufgriff oder sie nur zögernd »zu einem Problem« machte, ließ sie den Eindruck bestehen, es handle sich hierbei um Glaubens- und Grundsatzfragen. So wurde die Entwicklung des sozialen und politischen Denkens in den Niederlanden zwangsläufig ein Aspekt der Glaubensgeschichte. Die Sozialwissenschaften spiegeln, im Rahmen der niederländischen Kulturgeschichte betrachtet, die Veränderung der Glaubenskultur ebensosehr wider, wie sie in Deutschland die Entwicklung der nach der Philosophie hin orientierten »Geisteskultur« erkennen lassen.

Die Fragen der Wissenschaften vom Menschen und von der Gesellschaft blieben somit *ernste* Belange, über die nicht leichtfertig gesprochen wurde. Man disputierte hierüber nicht unverbindlich und selbstgefällig wie in jener Schwabinger Herrengesellschaft, die Thomas Mann im Roman *Doktor Faustus* darstellt. Dort wird die Blasiertheit »führender oder doch eingeweihter und am geistigen Leben beteiligter Köpfe« aufs Korn genommen, ihr Schwadronieren und Ergötzen an tiefsinnigen Betrachtungen über den bedenklichen Lauf der Zeit. Die »Narrenfreiheit der Spekulation« und das »Künstlertum des Gedankens« (Plessner) lehnen Niederländer ab. Da sie nicht dazu erzogen wurden, Fragen über letzte Dinge anders als vom Glauben her anzugehen, entwickelten sich schon früh Gepflogenheiten für Gespräche über solche Fragen.

Im privaten Umgang mit Andersgläubigen zum Beispiel war es üblich, die eigene Gesinnung nicht unnötig stark hervorzukehren; anders hingegen, wenn es um die Regelung öffentlicher Angelegenheiten ging. In der Konversation mit suspekten Literaten und als freidenkerisch verdächtigten Intellektuellen wurden weltanschauliche Themen vermieden.[74] Das ist freilich schon lange nicht mehr der Fall, doch nach wie vor fällt auf, daß die Gespräche über wichtige Themen nicht nur von fachlichem Interesse zeugen und intellektualistischer Art sind; die Themen »leben« als Anliegen engagierter Laien, sind oft affektbesetzt und insofern mit politischem Geist verbunden, als jedesmal auch sogleich Standpunkte gesucht werden, ob es sich um Einkommensverteilung, Frauenberufe oder Atomenergie handelt.

Für einen Menschen, der vielseitig belesen ist, die Künste liebt und sich geistreich unterhalten kann, existiert im Niederländischen ein besonderes Wort. Man nennt ihn *»erudiet«,* einen *homo eruditus,* also einen gebildeten Menschen. Man hört ihm gern zu, wenn er erzählt, läßt sich auch von seinen Erzählungen »fesseln«, erliegt ihm jedoch nicht so leicht, wenn er Meinungen äußert. In Sachen Lebensweisheit gilt er nun einmal nicht als Autorität. Literarische Bildung und Wissen gelten eher als Zierde, als »artig« *(aardig).* Man schätzt sie, wie etwa das Musizieren im kleinen Kreis, doch niemand läßt sich von ästhetischer Brillanz blenden. Großes Wissen an sich macht keinen Eindruck; es stößt ab, wenn es selbstgefällig dargeboten wird, so daß mancher gescheite Gedanke dann unwirksam bleiben kann. Gelehrsamkeit war nie ein Gegenstand devoter Ehrenbezeigung wie auf jenem Osterspaziergang in Goethes *Faust,* auf dem der unterwürfige Famulus schwärmt: »Mit Euch, Herr Doktor, zu spazieren, ist ehrenvoll und ist Gewinn.« Im Gegensatz zum deutschen Bürgertum, das sich durch klassische Bildung darzustellen liebte und im Gymnasium das Institut seiner intellektuellen Disziplinierung besaß, brachte die niederländische Bourgeoisie ihren Gelehrten keinen übertriebenen Respekt entgegen. Sie himmelte die Gelehrten nicht an, weil der Himmel sich über ihnen nicht auftat. Der Geistliche war es, dem man Reverenz bezeigte, den man bemerkte, wenn er vorbeiging.

Nach Plessner waren die Niederlande als einziges europäisches Land ohne Romantik geblieben. Diese These wurde bestritten, doch die Beispiele, die gegen sie angeführt wurden, erschienen eher als Ausnahmen, die die Richtigkeit bestätigten: Maler, die man zur Romantik zählen könnte, lebten meist in Paris. Literarische Produktionen, die den Einfluß der Romantik des Auslandes erkennen ließen, entfachten im eigenen Land keine eigene geistige Bewegung. Der Einfluß blieb oberflächlich und wurde von der konfessionellen Kultur absorbiert. Als Träger eines weltlichen »Kulturschaffens« konnten selbst die begabtesten Künstler keine wirkliche Avantgarde bilden. Das bewies gerade die neue Blüte der niederländischen Dichtung unter den sogenannten Achtzigern, den Dichtern der achtziger Jahre des vorigen Jahrhunderts. So sehr dominierten die Kirchen, daß sie an dieser Blüte selbst teilnahmen, die neuen literarischen Strömungen in ihren eigenen, konfessionellen Zeitschriften[75] darstellten und in ihren eigenen Reihen Poeten und *hommes de lettres* hervorbrachten. Beets und Ten Kate sind die bekanntesten Dichter unter den Geistlichen. Man nennt die Zeit ausdrücklich die der »dichtenden Prädikanten«. Sogar Schaepman und Kuyper, der Führer der Katholiken und der der orthodoxen Protestanten, die großen Staatsmänner unter den Theologen, machten geistliche Reime, und der Sozialistenführer Troelstra (wir kommen auf alle zurück) übertraf beide als Arbeiterpoet.

Wie groß auch immer die Bedeutung niederländischer Dichter und Schriftsteller wie Albert Verwey, Louis Couperus, Fred van Eeden, Herman Heijermans, Israel Querido und all der anderen sein mag, ein Platz in der Weltliteratur war keinem beschieden. Zu lange hatte die kulturelle Stagnation gedauert, zu sehr hatte das eigene literarische Schaffen von der Nachahmung des ausländischen gelebt, als daß sich dies alles mit einem Mal hätte ändern können. Das konservative Leserpublikum schien Erbaulichkeit, lehrhafte und moralisierende Gedichte, biblische und legendenhafte Stücke zu wünschen, das progressive zunehmend soziales Engagement. Ästhetischer Glanz und reflektierendes Künstlertum, mit denen die literarische Elite anderer Länder ihr Publikum faszinierte, paßte in die niederländische Kulturlandschaft nun einmal nicht hinein. Beim reformierten Kleinbürgertum des neunzehnten und beginnenden zwanzigsten Jahrhunderts wirkte auch noch die alte kirchliche Anfechtung des Romans nach, die Urs Herzog kürzlich in einer amüsanten Studie zu Grimmelshausens »Simplicissimus« behandelte und dabei schrieb: »Statt Romanlektüre geistliche *Lectio* und Studium der Schrift, statt literarischer Tränen solche der Buße oder der Liebe im Anblick des Kreuzes. So fordert durch alle Jahrhunderte die Kirche Bekehrung als Abwendung von der ›*conversio ad fabulas*‹.«[76]

Mit dem elitären Intellektualismus einer weltlichen Trägerschicht des Kulturlebens fehlte auch der »Kaffeehausintellektualismus« (Max Weber), das Künstlerleben der Boheme mit seinen Flaneurs und Ästheten. Nicht gedeihen konnte das modebewußte Promenadenleben der Bourgeoisie mit der kultivierten Frivolität seiner Dandys, das Vergnügungsleben mit dem zur Schau getragenen Luxus in der Glanzzeit der Gründerjahre. Freilich, dafür hatten die holländischen Städte am Meer wieder etwas, was den Metropolen an der Seine und der Donau abging: den Reiz des Hafens, eine Welt mit grelleren, gröberen Farben, aber nicht weniger verführerisch. Indes, das Bürgertum blieb puritanisch. Promenade, Strand, großstädtisches Nachtleben, flüchtige Begegnungen in einer diffusen Umwelt - solche Sujets, von der Avantgarde des Modernismus erfaßt als Ausdruck veränderter Welterfahrung, eines gesteigerten Erlebens von Licht, Geräusch, Bewegung im Gefolge des Aufkommens von Elektrizität, Eisenbahnen, Fabriken, des Kinos, der Photographie, des Automobils, fanden in den Niederlanden sehr viel weniger Ansatzpunkte. Das niederländische Bürgertum hatte keine *belle époque*. Seine *society* hat kein gesellschaftliches Modell urbaner Vergnügung hervorgebracht. Im politischen und gesellschaftlich-kulturellen Leben der Niederlande gibt es nur einen konfessionellen, keinen weltlichen Konservativismus.

6.
Zum Verhältnis der Niederländer zu Musik, Literatur und Malerei; die sozialen und religiösen Dispositionen

Ähnlich wie das Verhältnis der Niederländer zur Philosophie ist im neunzehnten und beginnenden zwanzigsten Jahrhundert ihr Verhältnis zur Musik. Es heißt, daß zwischen der Musik vor und der nach 1800 ein charakteristischer Unterschied bestehe und daß die menschliche Einstellung zur Musik in beiden Fällen auf verschiedenen Voraussetzungen beruhe. Nikolaus Harnoncourt, der 1980 in Amsterdam den Erasmuspreis erhielt, hat den Unterschied vereinfachend auf eine Formel gebracht: »Die Musik vor 1800 spricht, die Musik danach malt. Die eine muß man *verstehen,* so wie alles, was gesprochen wird, Verständnis voraussetzt, die andere wirkt mittels Stimmungen, die man nicht zu verstehen braucht, die man erfühlen soll.«[77] Wenn dies zutrifft, dann ist die Einstellung der Niederländer zur Musik während des neunzehnten Jahrhunderts noch vorwiegend die Einstellung zur sprechenden Musik des Barock. Diese Musik war auf der Proportionslehre des sechzehnten und siebzehnten Jahrhunderts aufgebaut. Die harmonischen Intervalle darin galten als Abglanz der göttlichen Ordnung.

Nach Harnoncourt spielte in der Barockzeit die musikalische Symbolik für das Verständnis der Musiksprache eine große Rolle. Bei Bach zum Beispiel – der übrigens ohne die von dem Niederländer Jan Pieters Sweelinck geschaffene Form der Orgelfuge so nicht komponiert hätte – stellen die Anzahl der Tonwiederholungen und der Takte, bestimmte Notenwerte und verschiedene Tonhöhen kunstvoll in seine Werke eingebaute »verschlüsselte Botschaften« dar. Trompeten seien stets der göttlichen oder weltlichen Herrschaft zugeordnet. »Die Kompositionen der Niederländer aus dem 16. Jahrhundert... lassen die endgültige Klanggestalt völlig offen, ja es ist nicht einmal wesentlich für eine Komposition, ob sie gesungen oder gespielt wird.«[78] Heute nehmen die Niederländer eine führende Rolle in der Pflege barocker Musik ein, wie Fritz Muggler in einer vorzüglichen Studie gezeigt hat: »Es gibt sogar so etwas wie einen niederländischen Interpretationsstil des Hochbarocks... er widerspiegelt in jedem Fall in seiner Bezogenheit auf den französischen Hofstil, gepaart mit einem empfindsamen Manierismus fast sektiererischer Art, sehr schön die Grundhaltung dieses trotz der deutschen Sprachverwandtschaft dem deutschen Geist eher abholden und eben doch nahestehenden Volkes.«[79]

Wie auch immer das traditionelle Verhältnis der Niederländer zur Musik gewesen sein mag, fest steht, daß sie die Entwicklung der Musik zum verweltlichten, ästhetischen und stimmungsmäßigen »Musikgenuß« während der Romantik noch nicht mitgemacht haben. Auch diese Entwicklung trat verspätet ein und stellte sich dann anders dar. Das traditionelle religiöse Empfinden gestattete der Musik nicht, eine vom Glauben getrennte geistige Welt zu vermitteln, in die sich zurückzuziehen mehr verspräche als der Gottesdienst und das Gebet des Gläubigen. Einem echten Calvinisten konnte es nie in den Sinn kommen, sich der Musik so völlig hinzugeben, daß die religiöse Kontemplation darunter litte oder gar versperrt würde. Auch als Vermittlerin solch einer Kontemplation wurde die Musik abgelehnt. Das gilt ebenso für die Katholiken. In den Hochämtern der katholischen Kirche wurden keine Messen von Schubert oder Mozart aufgeführt. Die strenggläubigen Calvinisten lehnten auch die Oper ab, wodurch die Entwicklung des Musiktheaters im neunzehnten Jahrhundert geradezu gelähmt wurde.

Hier ist der Gegensatz zwischen den Niederlanden und Deutschland so extrem, wie er nur sein kann. Zur hundertsten Wiederkehr des Todestages von Richard Wagner schrieb Eberhard Straub über das große Welttheater in einer entgötterten Welt: »Den Schöpfer-Gott ersetzte der schöpferische Künstler, der Hohepriester des Schönen und Wahren, der Kenner und Richter der menschlichen Herzen, der Gesetzgeber der Menschheit. Die Kunst wurde für eine sittliche Macht gehalten, für die einzige und ewige Offenbarung, die letzte und äußerste Widersprüche versöhnend aufhebt. Der Künstler sollte gesellschaftlichen Unterricht erteilen... Der wahre Künstler hat als Mystagoge das soziale Wort zu verkünden, er muß der Menschheit die Richtung weisen, weil nur mythische Bilder und Symbole den totalen Menschen ausdrücken.«[80] Undenkbar solche Gedanken für Niederländer, und damit auch - wie in einem deutschen Opernführer zu lesen ist - »der Gedanke des Festspiels als eines Mysteriums, zu dem der Kunstjünger wie zu einem Wallfahrtsort pilgert und von dem eine sittliche veredelnde Kraft ausgehen soll«[81]. Ein solcher Gedanke »konnte nur in Deutschland entstehen«, wie Gerhart von Westerman hinzufügt.

Die »Liebe zur Musik« hing in den Niederlanden von einer so hehren Aufgabe nicht ab. Das »Musikleben«, wie es sich außerhalb der Kirche in Opernaufführungen und Orchesterwerken entwickelte, war rege, nahm beachtlich zu und wurde im kleinen Kreis sehr gepflegt. Doch da die Kunst nicht vergöttert wurde und Veranstaltungen nicht zur Manifestation eines kulturellen Geltungsbedürfnisses der Bourgeoisie ausarteten, fand die weltliche Musik einen nicht gerade einladenden Rahmen vor, in dem große Talente sich hätten zelebrieren, Meister, Mäzene und nicht zuletzt das Publikum Ton und Takt hätten angeben können. Die Musik ließ sich daher auch nicht für patriotische Gefühle und nationale Selbstdarstellung mobilisieren wie in der bewunderten Nachbarnation. Man kennt den Ausspruch des Wiener Satirikers Karl Kraus, wonach die deutsche Revolution nach 1848 »wegen schlechten Wetters in der Musik stattfand«. Kaiser Wilhelm II. wird der Spruch »Im Liede stark, deutsch bis ins Mark« zugeschrieben. Als er die Fahnen wackerer Gesangvereine zierte, wurde zum Lied schon weniger durch Wald und Feld gewandert als auf Straßen marschiert. Musik, Gesang und Poesie - hier dienten sie der Macht.

In den Niederlanden brachte die Literatur jener Zeit noch einmal ein bedeutendes Dokument des Protestes hervor. Zur gleichen Zeit, da der deutsche Dichter Felix Dahn, ein glühender Verehrer Bismarcks, in Österreichs Krieg gegen Italien eine letzte Gelegenheit sah, nach 600 Jahren den Tod des letzten Hohenstaufen zu rächen - poetisch feuerte er die Österreicher dazu an: »Auf... Hohenstaufenerbe, noch harrt der Rache Konradin!« -, stürzten sich die Niederländer auf einen aufsehenerregenden Roman, der ebenfalls eine, wie man empfand, die Nation belastende Schmach zum Thema hatte. Doch diese Schmach war ganz anderer Art. Sie betraf kein Ereignis in ferner Vergangenheit, sondern Zustände in der unmittelbaren Gegenwart, wenn auch in räumlicher Ferne. *»Max Havelaar«,* so der Titel des Romans, ist die Geschichte eines rebellierenden Beamten der Kolonialverwaltung von Niederländisch-Indien, die leidenschaftliche Anklage gegen die Ausbeutung der javanischen Bevölkerung, und zwar viel mehr durch deren eigene Stammesfürsten als durch die niederländischen Kolonialherren. Bei diesen wurden die Gleichgültigkeit, die Distanzierung von Mißständen und die Simulation, als wisse man von allem nichts, an den Pranger gestellt. Die öffentliche Meinung war mit einem Schlag für die koloniale Frage sensibel geworden. Man könnte das Buch in seiner Wirkung mit dem Werk von Friedrich Engels über *»Die Lage der arbeitenden Klassen in England«* (1845) vergleichen.

Der Verfasser, Eduard Douwes Dekker, hatte sich das Pseudonym *Multatuli* zugelegt. »Viel habe ich ertragen« bedeutet es, und so beginnt auch einer seiner Briefe, in dem er bekennt, er fühle sich als Auserwählter, der mit Begeisterung und Mut seiner Berufung zu folgen habe.[82] Multatulis Werk, obschon das bedeutendste niederländische Prosawerk im neunzehnten Jahrhundert, kann nicht mit den großen bürgerlichen Romanen anderer Länder auf eine Stufe gestellt werden. Der Dichter Albert Verwey nannte *Max Havelaar* die Geschichte »eines idealisierten Aufständischen, eines Erzengels des Widerstandes, eines Helden und Bestürmers eines veralteten Himmels«[83]. Einer solchen Gestalt, meinte er, hätten die Niederländer damals bedurft. Multatuli gilt als Vorläufer und Wegbereiter der schon erwähnten »Dichter der achtziger Jahre«.

Bezeichnenderweise fand die soziale Frage als literarisches Thema die erste eindrucksvolle Darstellung in bezug auf Niederländisch-Indien; nicht in der aufkommenden Industriegesellschaft des eigenen Landes, sondern in der Kolonialgesellschaft der überseeischen Besitzungen trat sie stark hervor. Die Ausbeutung Javas florierte, war effizienter geworden. Die Wirkung Multatulis war außerordentlich, nicht primär eine literarische, sondern eine politische, wie es der Autor auch gewollt hatte. Immer mehr ist dann vor und nach 1900 über Leben und Leiden auf Java geschrieben worden. Mancher von Schuldgefühl und unruhigem Gewissen bedrückte Geist suchte seine Empfindungen und Reformideen in der entstehenden Tendenzliteratur auszudrücken. Das missionarische Bewußtsein verschob sich schon damals von religiösen zu sozialen Fragen. Pieter Brooshoofd, bekanntester Publizist des Archipels und engagierter Redakteur einer tonangebenden Zeitung in Semarang (von ihm stammt der Ausdruck »ethische Politik«, der offiziell übernommen wurde, ein Schlagwort abgab und in die kolonialhistorische Literatur zur Bezeichnung einer Geschichtsphase Niederländisch-Indiens einging), schrieb unter anderem auch ein melodramatisches Schauspiel »Armes Java«, das aber nie aufgeführt wurde.[84]

Das Bemühen der »ethischen Publizisten«, wie man die Vertreter der damaligen Tendenzliteratur auch nennen könnte, war nicht darauf gerichtet, schöpferische Darstellungsformen zur Bereicherung der Literatur zu entwickeln. Ästhetizismus und unverbindliche Betrachtungen der exotischen Inselwelt gestatteten sie sich nicht. Sie wollten Aktivisten sein. Und so brachten die Niederlande keinen einzigen Autor hervor, den die verführerischen

Reize des Fernen Ostens und der Tropen, der Zauber Javas, Balis oder Sumatras, die verwirrende Geschäftigkeit Semarangs, Surabajas, Batavias, das bunte koloniale Durcheinander von Javanern, Chinesen und Europäern, von Kaffee-, Tabak- und Opiumhändlern, von Ausbeutern und geplagten Kreaturen, zu belletristischen Meisterwerken inspiriert hätten, wie etwa Singapur und die malaysische Welt die Großen der englischen Kolonialliteratur: Joseph Conrad, Rudyard Kipling und Somerset Maugham.[85]

Wenngleich aber die Niederländer, bei aller Bewunderung für einen Louis Couperus, keinen eigenen Romanschriftsteller und Dramatiker unter den vielgelesenen und -gespielten der Weltliteratur besitzen, sie keinen epochemachenden romantischen Tonkünstler hervorgebracht haben und auch keinen Philosophen, der, niederländischen Dispositionen entsprechend, die Philosophie ganz in den Dienst des Religiösen hätte stellen können wie der Däne Søren Kierkegaard, so brachten sie in jener Zeit doch eine ganze Reihe bedeutender Maler hervor: H. W. Mesdag, Jacob und Willem Maris, Anton Mauve, Jozef Israëls und schließlich den alle überragenden Vincent Willem van Gogh, den Wegbereiter der Moderne, den manche als den größten Maler nach Rembrandt ansehen. Er war ebensosehr von missionarischem Drang erfüllt wie Multatuli und darin ein echter engagierter Niederländer. Sein Vater war Pfarrer, und viele seiner Vorfahren waren calvinistische Geistliche gewesen. Auch er studierte Theologie, scheiterte jedoch, versuchte sich als Laienprediger in England und Belgien, als »Heiliger Franziskus der Kumpel« bei den Arbeitern des Bergwerkgebietes Borinage, bis er seine künstlerische Darstellungsgabe entdeckte und entwickelte und dazu nach Paris ging.

Der französische Dichter Albert Aurier nannte Van Gogh einen »starken und wahren Künstler mit den brutalen Händen eines Riesen, mit der Überempfindlichkeit einer hysterischen Frau, mit der Seele eines Erleuchteten«, und der Kunstschriftsteller Leopold Zahn schrieb: »Seine urchristlichen Instinkte zogen ihn immer zu den Erniedrigten und Beleidigten.«[86] Er wirkte nicht mit gefühlsbetonter und sozial-tendenziöser Bauern-, Weber- und Armeleutemalerei, sondern durch die schöpferische Kraft der von ihren Vorbildern unabhängigen Kunst als Ausdruck ernster Auseinandersetzung mit der Welt. In Van Gogh wird der Missionarismus zur Kunst. Die Leuchtkraft der in den Briefen an seinen Bruder »hymnisch verherrlichten Sonnenfarbe Gelb« (Leopold Zahn), von der er überzeugt war, daß sie »durch sich

V. van Gogh: Die Kartoffelesser (1885)

selbst etwas ausdrückt, was man nicht entbehren kann«[87], aus der er darum alle sinnlichen und seelischen Kräfte herausholte, ließ es gerechtfertigt erscheinen, in ihm einen religiösen Maler zu sehen, auch wenn die religiösen Diskussionen über sein Schicksal die künstlerische Bewertung des Werkes belasten können.[88] Ohne die Kenntnis der niederländischen Kultur kann man die Gestalt und das Engagement Van Goghs wohl kaum wirklich verstehen. Die berühmten »Kartoffelesser« von 1885 gelten in den Niederlanden als ein gesellschaftskritisches Gemälde – ein schweizerischer Betrachter hat es ein »›Abendmahl‹ ganz besonderer Art«[89] genannt.

Immer wieder wurde die thematisierte oder latente Religiosität für einen Wesenszug der niederländischen Malerei gehalten. Bei den Meistern des sechzehnten und siebzehnten Jahrhunderts kommt aber nicht nur religiöses Erleben zum Ausdruck. Daß das Mysterium oft hinter der Moral zurücktritt, hat J. Bruyn[90] dargelegt. In der vielbesprochenen Profanmalerei, die bekanntlich gar nicht so »ungeweiht« war, wie der Wortsinn glauben machen will, fand die Vorstellungswelt der Sittenpredigten ihren Niederschlag, und manche Darstellung der Ausschweifung, der Wollust oder der Trunksucht der Bauern sollte weniger gefallen als abschrecken, nämlich von Sünde, Laster und den Verlockungen des

Rembrandt: Die Bettler an der Haustür (1648)

Teufels. So zeigt uns also auch die Malerei seit ältester Zeit die Verbindung von Religion und Moral. Viele Stilleben zeigen puritanische Züge: Speisen einer einfachen Mahlzeit, und mit deren Überresten – Schalen zum Beispiel, einem Fischskelett oder einer heruntergebrannten Kerze – die Vergänglichkeit des Lebens, *vanitas*.

Religiös bestimmt ist vor allem die Hinwendung zur Armut und zum Leid. In der Goldenen Epoche war lange nicht alles Gold, was glänzte. Keiner hat dies schärfer gesehen als Rembrandt, der große Meister des »Helldunkel«, der Kontrastierung von Licht und Schatten. Das Schönste über ihn hat Hippolyte Taine gesagt. Zu der Zeit, da Van Gogh um seinen künstlerischen Ausdruck rang, porträtierte der französische Philosoph den Mann, der vielleicht wie kein zweiter seelischen Ausdruck zu beobachten und festzuhalten wußte. Seine Worte klingen ganz anders als die früher zitierten von Julius Langbehn, jenes Kulturerneuerers des deutschen Kaiserreiches, der den niederländischen Maler als Verkörperung nordischen Germanentums in Anspruch nehmen wollte.

Taine schrieb über Rembrandt: »Die Künstler Griechenlands und Italiens hatten vom Menschen und vom Leben nur die geradesten und höchsten Triebe gekannt, die gesunde Blume, die sich im Licht entfaltet, während er deren Wurzel gesehen hat, alles, was im Schatten sich schlängelt und schimmelt, die entstellten, verkrüppelten Mißgeburten, die düstere Welt der Armen, das Judenvolk Amsterdams, die elende, kränkliche Bevölkerung einer großen Stadt und eines schlechten Klimas, den krummbeinigen Bettler, die alte, aufgedunsene Idiotin, den kahlen Schädel des abgestumpften Handwerkers, das bleiche Gesicht des Kranken, die ganze wimmelnde Fülle schlechter Leidenschaften und scheußlichen Elends, die in unserer Zivilisation wuchern wie die Würmer in einem vermoderten Baumstamm. Einmal auf diesem Weg, hat er die Religion des Leidens, das wahre Christentum begreifen, die Bibel interpretieren, den ewigen, heute wie ehemals allgegenwärtigen Christus wiederfinden können, ihn, wie er in einer Kammer oder Herberge Hollands genauso lebendig ist wie unter der Sonne Jerusalems, den Tröster und Heiler der Elenden, der allein sie erlösen kann, weil er ebenso arm und noch viel trauriger ist als sie.«[91]

Die Niederländer haben auch ihre Malerei anders erlebt als die ästhetischen Bewunderer und verzückten »Genießer« der Kunst in anderen Ländern. Was wir schon von der Musik sagten, gilt genauso in bezug auf bildliche Darstellung des Elends und Leidens. Die lange Kultivierung der Ehrfurcht vor dem Leiden verhinderte zudem das Aufkommen religiöser Folklore und rührseliger Verkitschung; undenkbar jene biedermännische Frömmigkeit, die dort entstand, wo man in Wohnstuben und Gaststätten barocke Kruzifixe hängen hat, doch eine Großaufnahme leidender Negerkinder mit Hungerödemen als Beeinträchtigung der Gemütlichkeit empfinden würde. Sollte nicht ursprünglich das Bild des Gekreuzigten die ernste Mahnung an Leid, Tod und Erlösung sein? Heute begegnet man in den Niederlanden vielerorts Plakaten, die an das Elend in der armen Welt erinnern sollen, und Rembrandt ist vielen Menschen aktueller denn je, schuf er doch damals, statt die konventionelle katholische Kirchenmalerei fortzusetzen, eine biblische Kunst, die in der harten sozialen Realität seiner Stadt wurzelte. An die Stelle der Idealfiguren italienischer Heiliger traten die Typen aus den untersten Volksschichten, und das Judenviertel wurde, wie schon Timon Hommes[92] hervorhob, eine Fundgrube für die Darstellung orientalischer Figuren.

Und doch bildete das religiöse Moment der niederländischen Malerei kein Hindernis für die Darstellung auch all dessen, was das Leben an sinnlichen Genüssen zu bieten hat, im Gegenteil. Das Bewußtsein der Vergänglichkeit alles Irdischen ließ die Dankbarkeit für zuteil gewordenes Glück gedeihen, die Wertschätzung des Lebens und ein folgerichtiges »Pflücke-den-Tag«, die Freude und Festtagsstimmung, wie sie die großen Meister in unübertrefflichen Szenen festgehalten haben. Taine meinte, im deutschen Geistesleben sei die Herrschaft der Philosophie der Entwicklung der Malerei abträglich gewesen. Die starke, forschende Hinwendung zu abstrakten gedanklichen Systemen, zur Metaphysik, ging in der Tat mit einer geringeren Wertschätzung der Sinnenwelt einher. Die Malerei ist für das Auge da, und als Augenweide für den sinnenden Geist.

III.
Vom neunzehnten ins zwanzigste Jahrhundert; der Konfessionalismus im Bildungsprozeß der modernen Gesellschaft

Wir haben in unserem Volk die Hegemonie eines Glaubensbekenntnisses mehrere Male gebrochen: erst die des katholischen, dann die des calvinistischen, danach die des freisinnig-liberalen. Jetzt trachten wir, ein gewisses Gleichgewicht zu bewahren, durch die Annahme des Säulensystems, das heißt der Koexistenz einer Anzahl isolierter weltanschaulicher Subkulturen in bewaffnetem Frieden. Der prächtige Ausdruck »Einheit in der Verschiedenheit«, den wir dafür haben ... eignet sich besser für die Bezeichnung einer Aufgabe: des Versuches, friedliches Zusammenleben mit geistigen Auseinandersetzungen ohne Isolierung zustande zu bringen.

J. P. Kruijt: *Weltanschauung und Gruppenidentität (1957)*

1.
Ständekultur und Stagnation bis 1870; gemäßigte Industrialisierung; die dreifache Arbeiterbewegung

Die früh entstandene niederländische Nation bleibt im neunzehnten Jahrhundert zurück. Das alte Handelsvolk wird eine späte Industriegesellschaft. Die Restaurationszeit nach dem Ende der Napoleonischen Herrschaft bringt Stagnation, die bis in die siebziger Jahre anhält. Zugleich aber gewöhnen sich die Niederländer daran, in der Welt eine kleinere, bescheidenere Rolle zu spielen. Sie besitzen ein Kolonialreich, um 1850 die viertgrößte Handelsflotte der Welt, ohne politisch und militärisch eine Großmacht zu sein oder sein zu müssen. Sie haben keine außenpolitischen Ziele, die sie in die internationale Machtpolitik verstricken würden, und erkennen die Vorteile dieser Situation. Sie lernen, wie der Groninger Historiker E. H. Kossmann[1] näher dargelegt hat, ihre Schwäche für ihre Freiheit zu nutzen.

Nach I. J. Brugmans ist die niederländische Gesellschaft bis ins letzte Viertel des neunzehnten Jahrhunderts keine Klassen-, sondern eine Ständegesellschaft.[2] Der Unterschied braucht hier zu keinem theoretischen Problem zu werden; es ist klar, was gemeint ist: Nicht Geldbesitz, sondern die historisch überkommene, in ständischen Sitten verankerte Ungleichheit der Lebensstile prägt die soziale Ordnung. In der niederländischen Sprache hat das Wort »Stand« bis heute diesen alten, von jedem verstandenen Sinn behalten, während die theoretischen Anstrengungen, den Klassenbegriff plausibel zu machen, nie so recht gelingen wollten. Die Wirtschaft hat um 1870, wie Brugmans zeigte, noch alle Merkmale des Frühkapitalismus.[3] Den fortschrittlich eingestellten Unternehmertyp, der nach besseren Produktionstechniken, neuen Produkten, Leistungssteigerung und Expansion strebt, gibt es bis dahin noch nicht. Wer Geld anlegen will, kauft Grundstücke oder Staatsanleihen, er investiert nicht in Industrieprojekte. Neue Erfindungen kommen meist aus dem Ausland. Damit bleibt auch das Bank- und Kreditwesen in der Entwicklung zurück. Der Bau von Eisenbahnen wird großenteils mit ausländischem Geld finanziert. Selbst in Rotterdam verhält man sich lange Zeit skeptisch, wenn nicht sogar abweisend gegenüber der aufkommenden Dampfschiffahrt. Die Textilindustrie, die Stahlindustrie und andere Branchen verspäten sich so sehr, daß man heute noch manchmal die Meinung hören kann, wir wären nie rechte

Maschinenbauer geworden. Als stärkste Seite der niederländischen Wirtschaft gilt vielen noch immer die leistungsfähige Landwirtschaft.

Von einer Arbeiterbewegung ist vor 1870 keine Rede. Die Arbeiter gehören zu den Armen, die Unternehmer zu den höheren Ständen. Daß diese Ordnung gottgewollt sei, die Armen mit ihrem Los zufrieden sein sollen, wird gepredigt. Hier ist die Religion kein Ansporn des Volkes zu öffentlichem, politischem Engagement in einer sozialen Erneuerungsbewegung. Es zeigt sich, daß nicht der calvinistischen Lehre als solcher eine ihr »innewohnende« Dynamik zugeschrieben werden kann, sondern immer nur ihrer Verbindung mit bestimmten gesellschaftlichen Dispositionen, einer Konstellation von Faktoren, die im historischen Prozeß nichts Stabiles darstellt. In jener Ära, die als Zeit des Stillstands gilt, fehlt es zwar nicht an religiöser Dynamik (wie in den dreißiger Jahren des vorigen Jahrhunderts die Konflikte zwischen orthodoxen und gemäßigten Protestanten verdeutlichen), doch ist die potentielle politische Energie der protestantischen Kultur noch nicht gegen die Ständeordnung mobilisiert. So mag man die Religion in bezug auf diese Zeit ein »Opium des Volkes« nennen. Kindern wird im Religionsunterricht in der Schule gelehrt, der Wohlstand der Reichen bringe den Armen Wohltaten und der soziale Aufstieg der unteren Schichten durch Schulbildung könne für die Gesellschaft schädlich sein; von einer im Jahre 1861 errichteten Amsterdamer Gewerbeschule wird befürchtet, daß sie »die jungen Leute ihrem Stande entrücken könnte«[4]. Dieses geistige Klima kennzeichnet noch die Anfangszeit der Industrialisierung.

Die Prozesse der Industrialisierung verlaufen geschmeidiger als in den typischen Industrieländern, wo die Erscheinungen sozialer Desorganisation ins Auge stechen. Die in die Stadt abwandernden Landarbeiter werden keine Entwurzelten, die sich in einer ihnen fremden Arbeits- und Lebenswelt nicht mehr zurechtfinden. In den Dörfern, die sie vor allem während der schweren Krise der Landwirtschaft zwischen 1878 und 1894 verlassen, haben sie Not und Elend schon kennengelernt. Sie ziehen in die Stadt, um den Entbehrungen auf dem Lande zu entgehen. Gewöhnung an hartes Leben erleichtert die Anpassung an die Fabrikarbeit. Kirchliche Bindungen und religiöse Überzeugungen bleiben erhalten. Die Religion wird, wie P. J. Bouman gezeigt hat, zur Stütze; sie bietet Orientierung bei der Niederlassung in städtischer Umgebung. Das niederländische Volk bleibt »auch dann noch ein gläubiges Volk, wenn sich breite Schichten von der Kirche entfremdet haben; die Hinnahme des Leides behält einen religiösen Einschlag«[5]. Religiös gebundene Vorstellungen von Fleiß, Pflichterfüllung, Ordnung und Redlichkeit bleiben bestimmend für die Erziehung der Arbeiterkinder. Alte handwerkliche Fähigkeiten und Tugenden verkümmern nicht, sondern tragen vielmehr dazu bei, die Industrialisierung in Gang zu bringen.

Bekanntlich hat die Industrialisierung in ihrer Anfangsperiode das soziale Elend nicht geschaffen, sondern vorgefunden. Die von Friedrich Engels gleich zu Beginn seines berühmten Buches über die englische Arbeiterklasse (1845) vertretene These, wonach die Fabrikarbeit die Ursache des Arbeiterelends gewesen sei – eine Generationen überlebende, schier unausrottbare Legende, die falsche Grundlage der orthodoxen sozialistischen Lehren über Industriearbeit und Kapitalismus –[6], ist in den Niederlanden noch viel weniger aufrechtzuerhalten als in England. Große Unternehmer waren es gerade, die bessere Löhne zahlen konnten und Arbeiterwohnungen bauten. Durch industriellen Fortschritt nahm die Not, »die beständige Geißel des Volkes« (Schopenhauer), ab.

Da sich die niederländischen Arbeiter niemals von ihrer Gesellschaft isoliert oder ausgeschlossen fühlten, waren sie auch nie geneigt, gegen diese Gesellschaft aufzubegehren. Das Ziel der sozialen Bewegung war die Existenzverbesserung der Arbeiterklasse, nicht die Umgestaltung der Ständegesellschaft. Die Produktionsmittel sollten kein Gemeinschaftsbesitz werden. Zwar war 1869 in Amsterdam eine niederländische Sektion der *Internationale* gegründet worden, doch »man denke nicht, daß damit der marxistische Sozialismus in unserem Land eingeführt worden wäre«[7]. Die Statuten waren absichtlich unbestimmt gelassen, um die konfessionellen Strömungen der Arbeiterbewegung gewinnen zu können.

Im Jahre 1871 entstand in den Niederlanden eine »Vaterländische Werkleutevereinigung auf der Grundlage von Gottes Wort«, 1877 ein Zusammenschluß christlicher Arbeitervereine in einem Bund, der sich »Patrimonium« nannte, und erst 1878 gelangte mit der Gründung der politischen Bewegung »Sozialdemokratischer Bund« »das sozialistische Element in die Arbeiterbewegung«, wie Sozialisten selbst später konstatierten.[8] Im Jahre 1909 hatte das niederländische Gewerkschaftssystem mit der Entstehung einer protestantischen, einer katholischen und einer sozialistischen »Säule« seine feste Form gefunden. Rund sieben Jahrzehnte lang sollte es für die niederländischen Arbeitsverhältnisse charakteristisch bleiben.

So konservativ und standesgebunden wie die Einstellungen und Verhaltensweisen der Arbeiterschaft waren auch die des Bürgertums. In diesem profilierten sich im vorigen Jahrhundert ebenfalls drei Gruppen, jedoch anderer Art: die liberal denkende protestantische Patrizierschicht (auch »Regenten« genannt), das orthodoxe calvinistische Kleinbürgertum (die »kleinen Leute«) und die Katholiken. Die zwischen diesen drei Gruppen bestehenden Gegensätze sollten für die institutionelle und ideologische Entwicklung der modernen niederländischen Gesellschaft grundlegende Bedeutung erhalten. Zwischen den Patriziern und dem Kleinbürgertum entspann sich ein typischer Ständekonflikt, der als jahrzehntelanger Kirchenkonflikt ausgetragen wurde und 1886 mit einer Abspaltung der Orthodoxen von der gemeinsamen Kirche endete. Dieser Separatistenbewegung bei den Protestanten liefen die Emanzipationsbewegung der Katholiken und die Arbeiterbewegung parallel. Zusammen formten sie die soziale und politische Dynamik der niederländischen Gesellschaft im letzten Drittel des neunzehnten Jahrhunderts.

Bevor wir auf diese Prozesse eingehen, ist es jedoch unumgänglich, einen Blick auf die vorangehenden Jahrzehnte zu werfen, in denen die Regenten und patrizischen Kaufleute die Szene beherrschten. Obgleich diese Zeit als eine lange Periode der Stagnation gilt, tat doch gerade in ihr der liberale Geist seine Wirkung. Das Land erhielt eine moderne Verfassung. Der Liberalismus, der dem Volk den Unterschied zwischen »der Freiheit« und »den Freiheiten«, das heißt den Privilegien, beibrachte,[9] war Sache der herrschenden Schicht geworden: er galt als *deren* Weltanschauung.

2.
Die Patrizier als herrschende Schicht; Liberalismus, Libertinismus und das Verhältnis von Geist und Macht

Spricht man in den Niederlanden in bezug auf das neunzehnte Jahrhundert von den *Liberalen,* dann meint man immer das aufgeklärte Großbürgertum, »den gebildeten Teil der Nation«, und unter dem Begriff *»Liberalismus«* dessen »regierenden Geist«.

Dieser Begriff bezieht sich damit nicht nur auf die in der naturrechtlichen Staatsauffassung des siebzehnten und achtzehnten Jahrhunderts begründete politische Philosophie und den ökonomischen »Manchester-Liberalismus«. Soziologisch auf die Gesinnung und Geisteshaltung der führenden Schicht gemünzt, steht er für das kulturelle Erbe der klassischen humanistischen Epoche. Im Liberalismus der Patrizier war das liberale oder – wie man in den Niederlanden sagte – *libertinische* Gedankengut des sechzehnten und siebzehnten Jahrhunderts aufgegangen und lebendig geblieben. In den ideologischen Auseinandersetzungen mit den kirchlichen Ansprüchen behielt es seine Bedeutung.

Erinnern wir uns: »Libertiner« nannten sich zuerst die Gegner der von Calvin in Genf eingeführten politischen Ordnung. Vertreter des dortigen städtischen Bürgertums widersetzten sich unter dieser Bezeichnung den theokratischen Tendenzen der Calvinisten. In den Niederlanden griffen die Regenten, die sich in der gleichen Situation sahen, den Begriff auf. Der Libertinismus hatte pantheistische Gedanken angenommen sowie die Philosophie des Descartes, dem nicht die Bibel, sondern die Vernunft den Weg zu Gott und der Wahrheit wies. Zugleich blieben in den Niederlanden die Lehren des Erasmus wirksam. Und wenn die Patrizier die Bibel zitierten, um ihren Anspruch auf Ordnung der weltlichen Dinge zu begründen, beriefen sie sich auf Moses als Führer. Er, nicht der Hohepriester Aaron, habe das Volk Israel in das Gelobte Land geleitet. In den Niederlanden war der Libertinismus vom Humanismus nicht zu trennen. Beide hatten ein musisches Zentrum im *Muidener Kreis;* dessen herausragende Gestalt war der Dichter und Historiker Pieter Corneliszoon Hooft (1581–1647), Drost und Herr des Schlosses von Muiden, des heute eindrucksvollsten architektonischen Denkmals der niederländischen Renaissance und des niederländischen Humanismus.

Die Patrizier des neunzehnten Jahrhunderts galten wie ihre Vorgänger im siebzehnten als geistige Elite der Nation und waren bemüht, den kirchlichen Bekenntnissen einen eigenen, nicht an Kirchen gebundenen und doch »vollwertigen« Glauben gegenüberzustellen: ein auf Toleranz rechnendes nichtklerikales Bekenntnis christlich-humanistischer oder völlig freisinniger Art. Ein ausgesprochener Antiklerikalismus trat bei den niederländischen Liberalen – im Gegensatz zu den belgischen und französischen – nicht auf; sie waren bestrebt, sich der allgemeinen konfessionellen Kultur einzufügen. In einer so sehr von Konfessionen beherrschten Gesellschaft wie der niederländischen nahm auch die Distanzierung von den Kirchen Bekenntnischarakter an. Selbst die Konfessionslosigkeit hatte, paradox formuliert, die Tendenz, eine Konfession zu werden, was am psychologischen Habitus der Freidenker aller Richtungen bis heute beobachtet werden kann.

Der Humanismus, von den Gelehrten im allgemeinen als jene geistige Bewegung zu Beginn der europäischen Neuzeit betrachtet, wurde in den Niederlanden eine soziologische Erscheinung im konfessionellen Differenzierungsprozeß der modernen Gesellschaft. Auch nachdem die liberalen Patrizier nicht mehr die herrschende Schicht waren, versuchten Freisinnige unterschiedlichster Art, ihre Welt- und Lebensanschauung nicht negativ als »Unkirchlichkeit«, sondern positiv als Humanismus darzustellen. Auch trat eine bemerkenswerte Tendenz auf, den Humanismus aus der Bindung an das Christentum zu lösen, so daß er zum Beispiel auch mit dem jüdischen Glauben vereinbar war. Der *Humanistische Bund,* der nach dem Zweiten Weltkrieg entstand, hatte einen namhaften, sich ausdrücklich zum Humanismus bekennenden Juden unter seinen Gründern. Da die Juden keine eigene »Säule« bildeten, neigten sie entweder zum Humanismus oder zum Sozialismus.

Als das System weltanschaulicher Apartheid seinem Höhepunkt zusteuerte, setzte sich der *Humanistische Bund* ausdrücklich zum Ziel, den Humanismus als »vollwertige Lebensanschauung« in konkreten Rechten und Regelungen durchzusetzen: etwa im geistlichen Beistand in Krankenhäusern, in der sozialen Fürsorge, in Schulen und anderen Institutionen. Der Bund wollte »für die Rechte der ›Außerkirchlichen‹ eintreten« und die Meinung bekämpfen, »daß nur die Kirchen sich auf ein vollwertiges geistliches Leben gründen können«[10]. Man muß dazu wissen, daß inzwischen die auf dem weltanschaulichen Apartheidsprinzip aufgebauten staatlichen Subventionsregelungen eine brauchbare Legitimation und Anerkennung der konfessionellen Vollwertigkeit der Weltanschauung einer Volksgruppe erforderten.

Die Verbindung von Glauben und Macht ist in den Niederlanden so innig, daß es längst zur Gewohnheit geworden ist, die beiden terminologisch zu identifizieren. So spricht E. H. Kossmann in bezug auf die Patrizierherrschaft im neunzehnten Jahrhundert von der »Herrschaft de liberalen Gesinnung« und J. P. Kruijt in bezug auf die ganze niederländische Geschichte von der Beseitigung der Hegemonie »erst... des katholischen, dann... des calvinistischen, danach... des freisinnig liberalen Bekenntnisses«.

Bildungsdiskussion im Parlament (1876) mit dem »Geist« von J.R. Thorbecke

Man bezeichnet also nicht die betreffenden Gruppen oder Klassen, sondern den von ihnen verkörperten *Geist* als Subjekt der Macht. Freilich soll das nicht heißen, daß es nur ein Geist wäre, der regiert. Doch da sich die sozialen und politischen Gegensätze in der Form der Rivalität von Bekenntnissen manifestierten, konnte die ideologische Orientierung der herrschenden Gruppe leicht auch zum *Namen* der herrschenden Macht werden.

Die große Zeit der Liberalen kam nach der Abdankung König Wilhelms I. (1840), eines arbeitsamen, temperamentvollen, etwas mißtrauischen Monarchen, der siebenundzwanzig Jahre lang wie ein tüchtiger Geschäftsmann regiert hatte. So wurde er denn auch der »Kaufmann-König« genannt. Für Kossmann ist er der originellste aller europäischen Fürsten der Restaurationsepoche.[11] Unter dem Nachfolger Wilhelm II. kam im europäischen Revolutionsjahr 1848 die Verfassungsreform zustande. Sie ist mit dem Namen *Jan Rudolf Thorbecke* (1798-1872) verbunden, dem größten niederländischen Staatsmann des neunzehnten Jahrhunderts. Er gilt als eigentliche Verkörperung des niederländischen Liberalismus. Bevor er in die Politik ging, war er Professor für Rechtswissenschaft in Leiden. In Göttingen und Gießen hatte er studiert, war dort als Student unter den Einfluß der idealistischen Philosophie gekommen und hatte dann im belgischen Gent, wo er mehrere Jahre dozierte, die sozialen Fragen der Industrialisierung kennengelernt.

Im turbulenten Jahr 1848 schrieb der Regierungschef Thorbecke an den König: »Sire, wir sind davon überzeugt, daß unsere Institutionen jetzt vor allem anderen eine Mitarbeit der Bürger erheischen, die unendlich viel mehr umfaßt als bisher. Nur dann wird sich der Staat der Niederlande und mit ihm seine verfassungsmäßige Monarchie behaupten können... Das Grundgesetz schloß die Kraft des Volkes aus; jetzt muß es diese Kraft in alle Adern des Staates aufnehmen... Die Bürger hatten bis jetzt nicht das Bewußtsein, daß sie mitregierten. Ohne dieses Bewußtsein gründet sich der Staat nicht auf nationale Kraft. Ohne eine hochentwickelte nationale Kraft kann heute kein Staat überleben.«[12] So schrieb der Mann, der als Symbol der herrschenden Klasse galt und sie auch tatsächlich in seiner Person repräsentierte.

Immer wieder wurde darauf hingewiesen, das politische Ideengut sei von den Gruppen oder Schichten, die es vertreten, nicht zu trennen. Auch für politische Ideen gilt, was Max Weber an den Religionen vorführte. Entscheidend ist die Frage: Wie steht es um die soziale Position und die Macht derer, die die Ideen angenommen haben und verkünden? Der Liberalismus, den Thorbecke und die herrschende Schicht in den Niederlanden verkörperten, stellt etwas anderes dar als zum Beispiel der Liberalismus in Deutschland. Dort waren die Liberalen nicht die herrschende Schicht. Der preußische Gouverneur der Rheinprovinz führte im Jahre 1844 über sie noch Klage, weil »diese sogenannten Gebildeten«, wie er die Ärzte, Lehrer, Advokaten und wohlhabenden Kaufleute nannte, Redefreiheit, Pressefreiheit und Volksvertretung durchzusetzen suchten.[13] Bismarck schrieb 1862: »Deutschland erwartet von Preußen keinen Liberalismus, sondern Macht.«[14] Hier wird dem Liberalismus die Macht entgegengesetzt. In den Niederlanden wurde er mit ihr identifiziert.

Die deutschen Liberalen kapitulierten vor dem preußischen Militarismus, ohne zuvor an der Macht gewesen zu sein. Die niederländischen Liberalen besaßen die Macht und mußten sie nach dem Ende der Ära Thorbecke an neue politische Strömungen abgeben. In beiden Fällen unterlag eine Partei, die sich mit dem Wort »Liberalismus« bezeichnete, doch wie unterschiedlich sind die Akteure, Szenen und Inhalte des Geschehens! In Deutschland wurden aus liberalen Bildungsbürgern keine drei Jahrzehnte nach 1848 Diener und Bewunderer des Kaiserreiches, mit Geistern wie Johann Gustav Droysen und Heinrich von Treitschke als Apologeten; in den Niederlanden wurde eine selbstherrlich regierende und standesbewußte liberale Großbourgeoisie von aufbegehrenden Kleinbürgern und Konfessionellen gestürzt, die mit orthodoxen Ideen für ihre religiöse und soziale Autonomie stritten.

Ein Vergleich der staatsmännischen Bedeutung Thorbeckes für die Niederlande mit derjenigen Bismarcks für Deutschland läßt nicht nur die Verschiedenartigkeit der herrschenden Schichten hervortreten, sondern auch sehr verschiedene Aufgaben und Ziele der Politik. Macht – dieses Wort konnte sich in den Niederlanden immer nur auf innenpolitische Gegensätze beziehen. Thorbecke kam nie in die Lage, nach außen Machtpolitik, gar Großmachtpolitik treiben zu müssen. Zeitlebens seinem juristischen Ethos verpflichtet, wollte er immer nur in Kategorien des Rechts, nicht der Macht denken. Einmal schrieb er, die lange Gewohnheit, in der Macht des Staates auch dessen Sinn zu sehen, drücke nur deutlich aus, worauf man es bei der Entwicklung des Staates meistens abgesehen hätte.[15]

Die Zeit, in der die niederländischen Liberalen den Ton angaben, war die klassische Zeit des Wirtschaftsliberalismus. Damit hängt auch zusammen, daß der Begriff des Liberalismus in den Niederlanden bis heute noch mit Vorstellungen des ökonomischen *Laisser-faire* verbunden ist. Die Monopolkritik der liberalen Geister Amerikas, die gerade unter Berufung auf die liberalen Traditionen die Antitrustgesetze zustande brachten, hatte in den Niederlanden, nicht zuletzt wegen der so späten Entwicklung der ökonomischen Wissenschaft, keinerlei Bedeutung für die Weiterentwicklung des liberalen Ideengutes. Nicht das Ideengut, das *Image* des Liberalismus zählte, die Vorstellung, die im weltanschaulichen Streit der Geister mit dem Begriff verbunden wurde. Für eine harsche Verteufelung des Liberalismus sorgten im neunzehnten Jahrhundert nicht nur die Sozialisten, sondern sehr viel wirksamer die Kirchen.

Papst Pius IX. verurteilte den Liberalismus in seinem *Syllabus Errorum* 1864 religiös und moralisch, was bei den niederländischen Katholiken bis heute deutliche Spuren hinterließ, nicht zuletzt bei den katholischen Unternehmern, denen es nie in den Sinn gekommen wäre, liberale Ideen zu verteidigen. Die Spannungen zwischen Katholiken und Liberalen nahmen zu, als eine liberale niederländische Regierung die Eroberung des päpstlichen Staates durch Victor Emanuel anerkannt und die Gesandtschaft beim Heiligen Stuhl aufgehoben hatte. Lange blieb das Wort »liberal« ein Schimpfwort. Die heutige liberale Partei führt es gar nicht mehr im Namen. Sie nennt sich *Volkspartei für Freiheit und Demokratie* und ist bemüht, den Eindruck zu vermeiden, ihr ginge es um die Kontinuität des alten »Regentengeistes«. Dennoch ist sie keine Volkspartei geworden. Von ihren Gegnern wird sie manchmal Unternehmerpartei genannt, die sie aber auch nicht ist. Die Unternehmer wurden hauptsächlich von den konfessionellen Arbeitgeberverbänden vertreten. Eine liberale Partei als politische Heimstätte eines nichtkonfessionellen Konservativismus, einer urbanen, »weltlich« denkenden Bourgeoisie, gibt es nicht.

3. *Orthodoxe »kleine Leute« gegen urbane Privilegierte und die Emanzipationsbewegung der Katholiken*

Noch einmal kann uns eine Gegenüberstellung mit der innenpolitischen Entwicklung Deutschlands die Besonderheit der niederländischen Entwicklung vor Augen führen. Nicht nur die Liberalen setzten sich in Deutschland nicht durch, auch konfessionellen Strömungen gelang das nicht. Während des sogenannten *Kulturkampfes* sagte Bismarck im Reichstag: »Ich habe es von Hause aus als eine der ungeheuerlichsten Erscheinungen auf politischem Gebiet betrachtet, daß sich eine konfessionelle Fraktion in einer politischen Versammlung bildete...«[16] Genau dies geschah fortwährend in den Niederlanden. Der Konfessionalismus prägte den Parlamentarismus, die Parteien, die Innenpolitik und die Machtverhältnisse. Die »ungeheuerlichsten Erscheinungen auf politischem Gebiet« sind bis auf den heutigen Tag normale Vorgänge in der niederländischen Nation geblieben, und die Regelung dieser Vorgänge ist ein wesentliches Stück der politischen Geschichte. Das Verhältnis zwischen Kirche und Staat stellte sich völlig anders dar.

Die großen Streitfragen der niederländischen Innenpolitik zwischen ungefähr 1870 und 1918 sind Fragen der Konfession. In ihnen kommen gesellschaftliche Gegensätze zwischen den Glaubensgemeinschaften zum Ausdruck, Nachwirkungen der historischen Konflikte in veränderten Verhältnissen, neue Wirkungen der sich bildenden Industriegesellschaft und ihrer sozialen Probleme. Um diese Wirkungen sichtbar werden zu lassen, seien nun die *drei* Bewegungen erwähnt, die der Entwicklung ihren Stempel aufdrücken: die Separatistenbewegung der orthodoxen Calvinisten, die Katholikenemanzipation und die sozialistische Gesinnungsbewegung. Das Jahr 1917 brachte mit einer Verfassungsänderung die staatsrechtliche Grundlage für die in Gang gekommenen *Versäulungsprozesse*. Diese sollen im übrigen Teil dieses Kapitels verdeutlicht werden, womit zugleich die Entwicklung der Gesellschaft bis zur Mitte des zwanzigsten Jahrhunderts skizziert werden kann.

Die dogmatischen, kleinbürgerlichen Calvinisten widersetzten sich dem als lau empfundenen Protestantismus der gemäßigt denkenden Patrizier, die in der protestantischen Kirche die Oberhand hatten, und schalten sie wegen ihrer Nachgiebigkeit in ernsten Glaubenssachen »Reckbare«. An ihrem Anfang trug die neocalvinistische Bewegung gewisse romantische Züge, verlor sie aber mit der Zeit. Man verwarf den »religiös neutralen« Staat, träumte von der Wiederherstellung eines puritanischen Staates auf reformatorischer Grundlage und trachtete danach, das Emporkommen der Katholiken zu verhindern. Dies konnte freilich nicht das Ziel bleiben. Nachdem im Jahre 1834 eine kleine Gruppe aus der alten Kirche ausgezogen war, um »das Erbe der Väter« zu retten, kam es zu einer realistischeren Orientierung.

Erstrebt wurde jetzt die Verwirklichung einer pluralistischen Gesellschaft, deren Staat von gesellschaftlich autonomen Glaubensgemeinschaften geformt werden und diesen dienen sollte, eben durch die Errichtung oder Förderung konfessioneller Einrichtungen verschiedenster Art, vor allem von Schulen. In Bauern- und Fischerdörfern fanden sich die meisten Anhänger der Bewegung. In den Städten waren sie unter kleinen Beamten und Händlern zu finden. Sie nannten sich ausdrücklich »die kleinen Leute«, was mit ihrem Selbstgefühl durchaus vereinbar war. Sie hatten eine sehr genaue Kenntnis der Bibel, die als Gottes Wort ihre allein gültige Autorität im Kampf gegen die gebildeten Freisinnigen blieb. Der auf die Bibel gegründete Laienintellektualismus trat hier mit der Legitimation der Orthodoxie dem urbanen Protestantismus der Privilegierten entgegen. Er enthüllte, schon vor der Arbeiterbewegung und im Unterschied zu dieser, nicht die neuen Klassenkonflikte der beginnenden Industriegesellschaft, sondern einen in der Religion sich darstellenden Ständekonflikt als Zeichen der zur Neige gehenden Patrizierherrschaft. Nichtsdestoweniger sollte der Ständekonflikt für die Industriegesellschaft Bedeutung gewinnen.

Die Bewegung dieser orthodoxen Calvinisten ist die militanteste, konsequenteste und kompromißloseste Protestbewegung gewesen, die die Niederlande im neunzehnten Jahrhundert hervorgebracht haben; die Arbeiterbewegung kann sich, was innere Geschlossenheit und Zielstrebigkeit betrifft, nicht mit ihr messen. Im entscheidenden Moment trat an die Spitze der Orthodoxen ein großer geistlicher und politischer Führer, ein Einpeitscher des Glaubens und Antreiber zur Aktion: Abraham Kuyper (1837–1920), Prädikant, Moraltheologe, Parteiführer, Staatsmann, Ministerpräsident von 1901 bis 1905 und Rektor der von ihm selbst gegründeten Universität - die Verkörperung des strammen, streitbaren Calvinisten schlechthin. Das Merkwürdige an diesem Manne ist, daß er in religiöser Hinsicht als Konservativer und Antiliberaler, in sozialer jedoch als Progressiver erscheint. Die Orthodoxie berief sich auf ihn als den Hüter des alten Glaubens und sittlicher Werte in den Zersetzungserscheinungen des modernen Lebens, die Sozialisten und Marxisten würdigten ihn später als Vorkämpfer des unterdrückten Volkes, als »Glockenspieler der kleinen Leute«, als Emanzipator, unter dessen Führung die Vormachtstellung der Großbourgeoisie gebrochen wurde.[17]

Im Jahre 1878 gründete Kuyper die *Antirevolutionäre Partei,* in der sich seine Getreuen politisch organisierten. Der Name richtete sich gegen den »Geist von 1789«, worunter der wortgewaltige Gottesmann »die zutiefst sündige Auffassung der Volkssouveränität« verstand, »welche auf die Ausschaltung des Allmächtigen aus dem gesamten Staatsleben abzielt«[18]. Die Partei sollte die Geschicke der niederländischen Politik fortan für genau hundert Jahre auf hervorragende Weise mitbestimmen. In ihrer Schlußphase wurde aus ihr noch einmal eine radikale religiöse Linkspartei, die dann in der Fusion der großen christlichen Parteien 1978 aufging und darin den linken Flügel stärkte. Im Jahre 1880 erfolgte die Gründung einer eigenen calvinistischen Universität, deren erster Rektor, wie schon erwähnt, Kuyper wurde. Das bei weitem bedeutsamste Ereignis war jedoch 1887 die Gründung einer eigenen *Reformierten Kirche,* die unter diesem Namen von der bestehenden protestantischen Kirche und den anderen Glaubensgemeinschaften und Sekten zu unterscheiden ist.

Skizzieren wir nun die Etappen und Erfolge der zweiten konfessionellen Unabhängigkeitsbewegung, der Emanzipationsbewegung der Katholiken. Wie schon früher erwähnt, war die Vormachtstellung der Calvinisten durch die Synode von Dordrecht (1618–1619) sanktioniert worden. Seit diesem Zeitpunkt erstrebten die Katholiken die Wiederzulassung ihrer Religion, deren Anerkennung als eines gleichwertigen Bekenntnisses und vor allem die Beseitigung ihrer gesellschaftlichen Diskriminierung und Isolation. Drei Ereignisse markieren Stationen dieser Entwicklung: die Aufhebung des öffentlichen Verbotes der katholischen Religion nach dem Einmarsch der französischen Revolutionstruppen 1796, die Wiedereinführung der Hierarchie der römisch-katholischen Kirche 1853, während der liberalen Regierung Thorbecke, und die Durchbrechung der gesellschaftlichen und kulturellen Isolierung der Katholiken unter ihrem engagierten Wegbereiter, dem Pfarrer, Theologieprofessor, Staatsmann, päpstlichen Hausprälaten und Schreiber religiöser Gedichte, *Herman Schaepman* (1844–1903).

Im Jahre 1883 gründete Schaepman die Römisch-Katholische Staatspartei. 1880 war er als erster katholischer Priester ins Parlament gewählt worden. Die Katholiken, die sich jetzt politisch organisierten, hatten zu dieser Zeit zahlreiche und wichtige Positionen in der Wirtschaft erworben. Unter den wohlhabenden Kaufleuten und Unternehmern der Niederlande waren sie unverhältnismäßig stark vertreten, so gut wie gar nicht dagegen in den freien Berufen – eine Folge ihrer lange Zeit erzwungenen Abwesenheit von öffentlichen Ämtern und des schwierigen Zugangs zu den Universitäten. Während des ganzen neunzehnten Jahrhunderts gab es in den Niederlanden nur zwei katholische Professoren, und noch im Jahre 1900 machten die katholischen Studenten nur 1,5 Prozent aller Studenten aus. »Der Protestant ist der Beamte, der sich in die Brust wirft, der Katholik der Ladenbesitzer mit dem gebogenen Rücken« lautet einer von vielen Aussprüchen, mit denen heute noch ältere Menschen die Verhältnisse charakterisieren, die sie aus ihrer Jugend in Erinnerung haben. Mehr als ein Jahrhundert sollte es noch dauern, bis die gesetzliche Gleichstellung der Religionen, die das Jahr 1796 gebracht hatte, »auch der tatsächliche Wille großer protestantischer Volksgruppen wurde. So wie durch das 13. Statut der Union von Utrecht im Jahre 1579 nicht auf einen Schlag eine protestantische Nation entstanden ist, so steht auch fest, daß das niederländische Volk nach 1796 nicht aufhörte, dominierende protestantische Züge zu tragen.«[19] Protestantische Züge im Sinne von sozialen Verhaltensweisen und Kulturmerkmalen hatten die Katholiken und, wie wir noch sehen werden, die Sozialisten freilich auch schon lange angenommen.

Im Jahre 1887 schlossen Schaepman und Kuyper einen Bund, und ein Jahr später kam nach einer Wahlrechtsreform zum ersten Mal in der niederländischen Geschichte ein Koalitionskabinett aus Katholiken und Reformierten, die die Mehrheit stellten, zustande. In der damaligen Lage war diese Verbindung der Römisch-Katholischen Staatspartei mit der Antirevolutionären Partei eine Linksregierung, gerichtet gegen die Liberalen und das gemäßigt-protestantische Großbürgertum, dessen Vorherrschaft nun endgültig zu Ende war. Damit war die konfessionelle Mittelschicht an die Macht gelangt (die sozialdemokratische Partei wurde erst sechs Jahre später gegründet). Das neue Regierungsbündnis war noch etwas so Ungewohntes, daß man es einfach »die Koalition« nannte.[20] Doch es hielt stand, und in der Folge – vielleicht durch die noch frische Erinnerung an ihre soziale Unterdrückung – ergriffen die beiden, nun emanzipierten konfessionellen Gruppen auch Initiativen in der Arbeiterfrage. Sie entwickelten eigene Programme, die Katholiken auf der Grundlage der Enzyklika *Rerum Novarum* von Papst Leo XIII. (1891), die in den Niederlanden nicht nur in Theologenkreisen, sondern auch bei den Kirchenbesuchern beachtet wurde und ihre Sensibilität für die soziale Frage verstärkte. Soziologisch ist das damalige Regierungsbündnis zwischen den beiden militanten Bekenntnisgruppen, die sich fortan als politische Parteien immer stärker profilieren sollten, von Interesse, weil es die Institutionalisierung der ideologischen Gegensätze anbahnte. Ein ökumenisches Bündnis war es nicht; an eine christliche Union war damals nicht im entferntesten zu denken. Indes begann jener politisch-gesellschaftliche Rahmen für die Bewältigung langwieriger Kontroversen Gestalt anzunehmen, dessen Muster und Konventionen auch dann noch Bedeutung besaßen, als es – in einer sehr veränderten Welt – um andere ideologische und soziale Konflikte ging.

4.
Die Vision isoliert lebender Volksteile; Sendungsbewußtsein und Einrichtung eigener Institutionen

Der politische Kampf der orthodoxen Calvinisten um ihre Sonderrechte entzündete sich im neunzehnten Jahrhundert an den staatlichen Plänen zur Regelung der Schulfrage, der brisantesten der konfessionellen Streitfragen. Jahrzehntelang blieb sie der typische Zankapfel. Das ursprüngliche Ziel der Calvinisten – die Einführung ausschließlich konfessioneller und die Verhinderung allgemeiner Schulen – konnte freilich nicht erreicht werden. Entscheidend jedoch war, daß die unermüdlichen Orthodoxen ihre eigenen Organisationen bekamen, womit für die ganze Gesellschaft ein Signal gesetzt wurde. Grundsätzlich war nun das Recht einer jeden Gesinnungsgruppe anerkannt, bei der Entwicklung der gesellschaftlichen Organisationsformen einen eigenen Weg einschlagen zu dürfen. Die ursprünglich als Idee und Verhaltensweise begriffene Toleranz erhielt damit ihre institutionelle Form; daß diese Institutionalisierung viel mehr dem Eigeninteresse der religiösen Gruppen als der Nächstenliebe entsprang, schmälert ihre Bedeutung nicht. Das war der Beginn der *Versäulung,* und zwar mit der oft unvermeidlichen Konsequenz für die Bürger, sich einer der Bekenntnisgruppen zuzuordnen oder eine neue zu bilden, die sich dann als vollwertige ausweisen und darstellen mußte. Die praktischen politischen Fragen einer Verwirklichung der religiösen Apartheid waren nicht gering; der Akzent der Auseinandersetzungen verlagerte sich fortan mehr und mehr von ideologischen auf praktische Fragen.

Natürlich mußten alle Volksgruppen bei der Gestaltung der staatlichen und gesellschaftlichen Einrichtungen Kooperation suchen und politische Programme entwickeln, um Ziele und Standpunkte zu gesellschaftlichen Fragen zu bestimmen. Abraham Kuyper realisierte dies in seiner Staats- und Gesellschaftslehre, die er, hochbetagt schon, während des Ersten Weltkrieges vollendete. Sein Ausgangspunkt ist die schon erwähnte Grundthese, wonach »von Volkssouveränität als einer Quelle und eines Ursprungs von Herrschaft keine Rede sein kann«. Wenn das Volk sich einen Magistrat wähle, dann vergebe es einen ganz besonderen Auftrag; es mache Personen zu »Treuhändern göttlicher Macht«.

Es ging dabei aber nicht nur um den Staat. Kuyper hat einen Begriff geprägt, der seitdem in politischen und staatsrechtlichen Angelegenheiten eine sehr wichtige Rolle spielte: den Begriff der »Souveränität im eigenen Kreis«. Er meinte damit, daß in allen Lebensbereichen - und er zählte sie auch namentlich auf: Familie, Kirche, Wissenschaft, Kunst, Handel, Gewerbe, Landwirtschaft, Fischfang, alle Arten von Vereinen (Rundfunk und Fernsehen gab es damals noch nicht) - »die göttliche Herrschaft gilt, die von Menschen instrumentell ausgeübt wird... Der Staat... muß sich dazu entscheiden, diese Souveränitäten im eigenen Kreis anzuerkennen und ihnen dort, wo sie im öffentlichen Bereich der Unterstützung bedürfen oder miteinander in Konflikt geraten, Ordnungsdienste zu liefern, um ihr Gedeihen möglich zu machen und Konflikte zu verhindern. Mehr hat der Staat nicht zu tun.«[21]

Auf der Grundlage dieser Prinzipien wurde zum Beispiel die Einstellung der Calvinisten zu allen wichtigen Fragen der Wirtschaftsordnung, zu industriellem Eigentum, Fabrikarbeit und Wettbewerb, genau bestimmt. Treuhänder, »Gutsverwalter Gottes« *(Gods Rentmeester)*, ist auch der Unternehmer, ein Lehrsatz, der erst in den sechziger Jahren, wie wir zeigen werden, im Zusammenhang mit der Mitbestimmungsfrage, revidiert wurde. Das moralische Verhalten des Unternehmers sollte genauso überwacht werden wie in alten Zeiten schon das Verhalten des Kaufmannes. Schon vor dem Beginn der Arbeiterbewegung hatte Kuyper als Prädikant gesagt, es sei durchaus mit dem Evangelium vereinbar, wenn ein Arbeiter gegen einen ungerechten Herrn streike.

Kuyper starb 1920, im gleichen Jahr wie Max Weber, der einmal den Ausspruch seines gottesfürchtigen niederländischen Zeitgenossen zitierte, wonach alle Gewaltigen dieser Erde, »der Herrscher und seine Beamten Sünder«[22] seien. Kuypers Gesellschaftslehre - sie ist nicht Soziologie, sondern Theologie für Laien - hat mächtig gewirkt, gerade in den einfachen Mittelschichten, die jetzt nicht mehr nur die Bibel lasen, sondern als Zeitgenossen des zwanzigsten Jahrhunderts mit besserer Schulbildung intellektuell anspruchsvoller geworden waren. Kuypers Thesen blieben weiterhin Gleichnisse, doch wirkten sie wissenschaftlicher. In ihnen sprach der Prädikant als Professor, als Rektor. Die menschliche Gesellschaft wird ein Organismus genannt; die Menschen gelten als dessen »Gliedmaßen« und unterstehen den »Gesetzen des organischen Lebens«. Die Frage, ob diese Aussage, dieser Vergleich soziologisch haltbar ist, ist hier nicht am Platz, wurde auch von keinem »Andersdenkenden« gestellt. Es ging darum, ein Bild von der Gesellschaft als *Leitbild* anzunehmen, in der Überzeugung, es könne nur gut sein, als Glied einer organischen Gemeinschaft zu leben.

Daß wir es bei diesen Gedanken keineswegs nur mit Erbaulichkeiten für stille Sonntage zu tun haben, vielmehr mit moralischen Begründungen und Rechtfertigungen konkreter politischer Aktionen, ist aus den Reden und Schriften reformierter Politiker bis auf den heutigen Tag ersichtlich. Zahlreiche und sehr verschiedene Beispiele bieten sich an. M. Ruppert, viele Jahre Mitglied des Staatsrates der Niederlande, zuletzt dessen Vizepräsident und in dieser Funktion Vertrauensmann und Berater der Königin, legte nach dem Ende des Zweiten Weltkrieges als Gewerkschaftsführer den protestantischen Standpunkt zu allen Fragen der Industriearbeit fest. Er schrieb dabei, daß »christliche Aktion in Staat und Gesellschaft geboten ist«, weil »das öffentliche Leben in Staat und Gesellschaft nicht von uns, sondern von Gott ist, und wir dazu gerufen sind, in dieser seiner Welt als seine Kinder zu leben. Wir dürfen und müssen die vernommene Botschaft weitergeben.«[23] Die missionarische Sprache der Prädikanten wurde, wie man sieht, von Politikern und Gewerkschaftsführern übernommen; sie prägte auch die Thronrede. Im Gegensatz zu anderen Ländern, in denen die Theologie den politischen, sozialen und ökonomischen Fragen eher eine sekundäre Bedeutung beimaß, war sie in den Niederlanden bei der Diskussion wichtiger öffentlicher Angelegenheiten immer im Spiel.

Diese Entwicklung blieb, wie wir schon früher erwähnten, auch für die Wissenschaft nicht ohne Bedeutung, um so weniger, als die wissenschaftlichen Leistungen der konfessionellen Universitäten des Landes hinter denen der allgemeinen nicht zurückblieben. Die Gründung der reformierten *Freien Universität Amsterdam* (nicht zu verwechseln mit der älteren und größeren allgemeinen *Universität von Amsterdam)* fand ihren direkten Anlaß in dem Wunsch der strengen Calvinisten, die Ausbildung ihrer Pfarrer und Theologen selbst in die Hand zu nehmen, sie nicht länger den gemäßigten protestantischen Professoren an den theologischen Fakultäten der allgemeinen Universitäten anvertrauen zu müssen. Es ging aber nicht nur um die Ausbildung der Theologen. Kuyper hatte geschrieben: »Wenn das Christentum ein Sauerteig in unserem Volke sein soll, dann muß nicht nur der Pfarrer, sondern auch der Richter und der Arzt, auch der Staatsmann, der Literarhistoriker und der Philosoph das Licht Christi auf seine Wissenschaft fallen lassen.«[24] Jeder, der an der calvinistischen Universität bis 1956 seinen Doktorhut erwarb, hatte eine Erklärung abzugeben, in der er sich verpflichtete, die Glaubensgrundsätze anzunehmen und sich bei der Ausübung seiner Berufspflichten nach ihnen zu richten. Die Universität wurde keine Stätte für die akademische Fortsetzung ideologischer Polemik; vielmehr erfüllte sie wie jede andere Universität ihre wissenschaftlichen Aufgaben. Aus ihren Reihen gingen zahlreiche bekannte Politiker, Wirtschaftsfachleute und Gelehrte hervor.

Als sich im zwanzigsten Jahrhundert der Akzent der Rivalität zwischen den weltanschaulichen Gruppen zunehmend auf die Einrichtung der weltlichen Ordnung verlagerte und die sozialen, kulturellen und wirtschaftlichen Organisationen auf weltanschaulicher Grundlage zahlreicher wurden, war neben Protestanten und Katholiken auch schon die dritte große ideologische Strömung hervorgetreten: der *Sozialismus*. Mit ihm, der unter der Bezeichnung »nichtkonfessionelle Strömung« von den kirchlichen Gruppen unterschieden wird, trat das »verweltlichte« politische und soziale Glaubensbekenntnis in den Gesichtskreis ideologischer Toleranz und *institutioneller* Entwicklung. Gesetzt, es wäre im Jahre 1969 in den Niederlanden zur Errichtung einer sozialistischen Universität gekommen (die Voraussetzungen waren keineswegs gegeben), hätte ein solches Ereignis keinen Präzedenzfall dargestellt. Indessen hat sich die 1947 gegründete sozialwissenschaftliche Fakultät der allgemeinen *Universität von Amsterdam* bei ihrem dreißigjährigen Jubiläum betont als eine kämpferische sozialistische Institution dargestellt, als eine Fakultät, »in der man gerade anders denken wollte als der rechte Teil der Niederlande«, wie der Dekan in seiner Einführung in das Programm der Jubiläumsveranstaltungen sagte. Die Fakultät war von prominenten Vertretern der politischen Linken und von verdienstvollen Widerstandskämpfern der Besatzungszeit aufgebaut worden. »Faschismus - gestern und heute« lautete das Thema des Jubiläumskongresses, an dem bekannte Neue Linke des In- und Auslandes Vorträge hielten. Ein südafrikanischer Streiter gegen Rassendiskriminierung erhielt ein Ehrendoktorat, und in der Eröffnungsansprache sagte der Dekan: »Seit 1968 wissen wir alle, daß die Wissenschaften von der Gesellschaft nicht ohne Engagement betrieben werden können.« Er schloß mit den Worten: »Betreiben wir die Wissenschaft mit Einsicht und mit antifaschistischer Streitbarkeit!«[25] Das Wort »Engagement« hatte um diese Zeit eine ähnliche Bedeutung angenommen wie einstmals das Wort »Berufung« *(roeping)* im Sendungsbewußtsein der kirchlichen Glaubensstreiter.

Ideologische Apartheid wird nicht nur toleriert, sie kann selbst ein Recht auf Unterstützung, auf staatliche Subventionierung geltend machen, wenn ihre Vertreter sich an die Regeln der Toleranz halten, wenn sie Verantwortung tragen wollen und können und ihre Ziele als glaubwürdiges Bekenntnis durchzusetzen wissen. Die Chance dazu sieht unter den Bedingungen des zwanzigsten Jahrhunderts allerdings anders aus. Bis ungefähr zum Ersten Weltkrieg kamen die konfessionellen Gruppen nämlich größtenteils selbst für sich auf. So wurde etwa mit Sparbüchsen, die in den Wohnstuben der streng reformierten Familien herumstanden, das Geld für die calvinistische Universität aufgebracht. Auch die kirchliche Kollekte und die Schenkungen und Legate reicher Familien spielten eine wichtige Rolle. Auf die Dauer jedoch funktionierte dieses Prinzip nicht mehr. Zunehmend wurde der Staat in Anspruch genommen. Unter Wahrung seiner »weltanschaulichen Neutralität« hatte er nun *Maßstäbe* zu finden, nach denen über Steuergelder die getrennten Institutionen der konfessionellen Volksteile *subventioniert* wurden, allen voran die Schulen, dann das wachsende Wohlfahrtswesen, das Gesundheitswesen, schließlich die Rundfunk- und Fernsehanstalten und weitere Organisationen.

Da das traditionelle Apartheidsstreben durch die Beseitigung politischer Unmündigkeit oder gesellschaftlicher Diskriminierung Legitimität erhält und als Streben nach *Emanzipation* bejaht wird, können die anerkannten Rechte und Ansprüche heute auch all diejenigen Gruppen geltend machen, die auf neue und andere Weise Diskriminierung erfahren: ethnische Minderheiten, farbige Mitbürger, Gastarbeiter, Frauen in Beruf und Gesellschaft oder Homosexuelle. Neue Sekten und sektenartige Gruppen haben sich gebildet, die ihre Eigenart bekennen, eine Identität beanspruchen und ihre Lebenswelt autonom gestalten wollen. Diese Bemühung berechtigt freilich nicht automatisch zu staatlicher Unterstützung, wie einmal die Argumentation der Staatssekretärin für Emanzipation zeigte, als sie ihre ablehnende Haltung zur Frage von Subventionen für eine Organisation lesbischer Frauen begründete.

Dieses Beispiel illustriert ein Problem: Wenn eine Gesellschaft gelernt hat, Überzeugungen und Unabhängigkeitsbestrebungen von Gruppen zu respektieren, wenn sie das Sektierertum begünstigt und es mit der Demokratie in Einklang zu bringen trachtet,[26] dann muß sie auch in der Lage sein, Sekten auf ihre Förderungswürdigkeit hin zu *beurteilen*. Damit ergibt sich - nicht nur im Zusammenhang mit Subventionen (deren Gewährung in den Niederlanden weitgehend nach Grundsätzen konfessioneller Apartheid geregelt wurde) - für alle Toleranz beanspruchenden neu aufkommenden Sekten die Notwendigkeit, ihre Glaubwürdigkeit unter Beweis zu stellen. Im allgemeinen wird in den Niederlanden nicht von Sekten, sondern von »Strömungen im Lande« gesprochen. Welche praktischen politischen und rechtlichen Probleme die Klärung dieses Begriffes aufwirft, zeigte sich jüngst im Rundfunk- und Fernsehwesen, in dem neuerdings nicht nur religiöse und politische Strömungen, sondern auch neuartige Gruppen mit andersartigen Bindungen Artikulationsmöglichkeiten beanspruchen. Wir kommen auf diese Erscheinungen noch zurück.

5.
Der Sozialismus als Glaubensbekenntnis und die Partei als Pseudokirche; der Tumult vom November 1918

Der Pionier der soziologischen Erforschung des niederländischen Konfessionalismus, J. P. Kruijt, hat die 1894 gegründete *Sozialdemokratische Arbeiterpartei* eine Pseudokirche genannt.[27] Kruijt war selbst Sozialist. Seine Aussage stellte keine private Meinung dar, sie war die Schlußfolgerung aus den Ergebnissen einer empirischen Analyse der tatsächlichen Funktionen der Partei, der Bedeutung der Mitgliedschaft in ihr und auch des Verhältnisses der Partei zu den Kirchen und deren Organisationen. Wie religiöse Lieder hört sich auch die sozialistische Lyrik an. Der niederländische Sozialismus wurde ein echtes Bekenntnis, ein aus der ganzen Konstellation von Bekenntnissen, die die politisch-gesellschaftliche Glaubenskultur bilden, nicht wegzudenkender Bestandteil. Daran ändert auch die Tatsache nichts, daß die Partei zeitweilig einen pragmatischen Kurs eingeschlagen hat. Gerade seit dem Zeitpunkt, als sie kein »weltanschauliches Zuhause« mehr sein wollte, hinterließ sie, wie der Sozialistenführer und langjährige Ministerpräsident Joop den Uyl im Jahre 1959 schrieb, »eine frustrierende Leere«. Diese wurde dann durch die Emanzipationsideologie der Neuen Linken wieder ausgefüllt. Das allgemeine Streben der Gesinnungsgenossen – das freilich so allgemein klingt, daß sich die Frage aufdrängt, wie denn nicht jeder ihm zustimmen könnte – gab Den Uyl damals wie folgt an: »Verteidigung der sozial Schwachen und Eintreten für die Unterdrückten und zuletzt Kommenden.«[28]

Fassen wir die Geschichte der Partei zusammen. Sie hatte als Vorläufer einen Bund, dessen Führer *Ferdinand Domela Nieuwenhuis* (1846–1919), ein aus der Kirche ausgetretener ehemaliger Pfarrer, war. 1887 geriet er ins Gefängnis, 1888 wurde er ins Parlament gewählt. Er wandte sich dem Anarchismus zu, blieb aber in seinem ganzen Wesen Geistlicher, »Apostel der Arbeiter«, wie man ihn allgemein nannte, der mit missionarischer Besessenheit die sozialistische Heilslehre verkündete. Die Lehre von Marx übernahm er dann mit all ihren Prophezeiungen, konnte aber seinen Glauben an die Verwirklichung sozialer Gerechtigkeit zusätzlich noch in gebetsartiger Hinwendung an den biblischen Gott bekunden. Als sein Bund sich öffentlich für einen gewaltsamen Umsturz erklärt hatte, wurde er verboten, und als ein neuer Name das Weiterleben möglich machen sollte, entartete der Bund zu einer unbedeutenden anarchistischen Strömung, die schließlich verebbte. Dennoch hat die Stimme des Arbeiterapostels mächtig gewirkt und in den Sozialisten den Glaubensstreiter mobilisiert. Der Historiker Jan Romein, der den Anarchisten in sein auflagenstarkes Werk über die großen Gestalten der vaterländischen Geschichte aus sechs Jahrhunderten aufgenommen hat, schreibt, daß das »Jesus-Ideal« zeitlebens der Leitstern blieb, der Domela Nieuwenhuis anzog wie der Pol die Kompaßnadel; sein Christuskopf habe alle von der Kirche entfremdeten Menschen anziehen müssen, und er wirke »noch immer anziehend, wie unklar und verweltlicht auch immer der religiöse Instinkt sein möge«[29]. Die politischen Ansprachen des Arbeiterapostels, der »aus Anständigkeit Atheist geworden« sei (Romein), waren voller Gleichnisse aus dem Testament. Wie ein Heiland trat er auf, und nach seinem Tod wurde er auch wie ein Heiland begraben. Er starb 1919, zwei

Jahre nach der russischen Oktoberrevolution, als mancher Sozialist noch an die Ideale einer klassenlosen Welt glaubte. Rot waren die Blumen und die Fahnen; die Orgel wurde gespielt und das *Agnus Dei* gesungen. Die Niederländer wahren auch das Andenken ihrer Anarchisten, soweit diese, ungeachtet ihrer Verirrungen, als mutige Vorkämpfer für soziale Gerechtigkeit gelten können.

Wie die Calvinisten in Kuyper, die Katholiken in Schaepman, die Liberalen in Thorbecke ihren großen Mann hatten, so fanden ihn die Sozialisten in *Pieter Jelles Troelstra* (1866–1930). Troelstra stammte aus der Provinz Friesland, und wer nun darauf aus wäre, für die sprichwörtliche Unbeugsamkeit der Friesen, ihr Nichtwanken- und Nichtweichenwollen, Beispiele zu bringen, der könnte in Troelstras Denken und Wirken manches finden. »Ich muß – es ist meine Berufung!«, diese an Luther anklingenden Worte, die der trotzige Jüngling zu seinem Vater gesprochen haben soll, bilden den Titel einer Biographie[30], die fünfzig Jahre nach Troelstras Tod erschien. In seinen Jugendjahren läßt er als friesischer Dichter aufhorchen, liest Heine, Büchner und Schiller und möchte am liebsten nach Paris. Bald folgen den romantischen Gedichten sozialistische Streitlieder. Seine Weltanschauung erkämpft er sich in der Auseinandersetzung mit seiner Umgebung.[31] Er wird Jurist und als Advokat bekannt durch die Verteidigung von Arbeitern bei Strafsachen. Vierunddreißig Jahre alt, ist er entscheidend an der Gründung der *Sozialdemokratischen Arbeiterpartei* beteiligt und bleibt drei Jahrzehnte lang deren beherrschende Gestalt. Zwei Broschüren mit den Titeln *Das Wahlrecht und die Sozialdemokratie* (1894) und *Die SdAP* (1896) liefern der sozialistischen Bewegung das Programm.

Troelstra wurde Marxist, vertrat jedoch die Ansicht, der Weg in die Revolution und durch diese in die sozialistische Gesellschaft führe über die »Zwischenphase des sozialdemokratischen Staates«. Zuerst aber galt es, das allgemeine Wahlrecht zu erkämpfen. Daß es 1917 auf Betreiben Troelstras zustande kam, war dessen Verdienst. Mit Hilfe des allgemeinen Wahlrechts sollte die Arbeiterklasse darangehen, das Parlament aus einem »Organ der Bourgeoisie« in ein »Organ des Proletariats« zu verwandeln. Die Eroberung des Parlaments bezeichnete Troelstra als notwendigen Teil des Kampfes um die proletarische Herrschaft über die Gesellschaft; er war jedoch überzeugt, diese Herrschaft sei »durch rein parlamentarische Siege nicht zu erobern«[32].

Wie alle doktrinären Marxisten wähnte auch Troelstra sich im

Besitz der absoluten Wahrheit über den Verlauf der Weltgeschichte, und daß dieser Glaube religionsartig war, wurde von Kennern des Sozialismus im Rückblick auf die damalige Zeit wiederholt behauptet. »Daß die Geschichte sich in Richtung des Sozialismus entwickle, war für jeden Sozialisten eine Gewißheit«, und »gemäß dieser Vision mußte die parlamentarische und außerparlamentarische Arbeit für die beschleunigte Verwirklichung des sozialistischen Endzieles angewendet werden«[33]. Troelstra irrte jedoch sehr, als er glaubte, im November 1918 hätte die große Stunde geschlagen. Daß dem nicht so war, hätte er eigentlich merken müssen, denn die Nation, die - wie er ebenfalls betont hatte - von den Sozialdemokraten »für das Proletariat gewonnen« werden sollte, stand damals keineswegs geschlossen auf dessen Seite.

Die Stimmung des dramatischen Kriegsendes, das in Deutschland mit Meutereien, Straßenkämpfen, Chaos und der Einsetzung von Arbeiter- und Soldatenräten einherging, wirkte auch in den Niederlanden ansteckend. Unruhen und Wirren traten auf, die genau neun Tage dauerten und dann ein für allemal zu Ende waren. Troelstra probierte damals eine Art proletarischer Machtergreifung. »Versäumt den Augenblick nicht«, rief er seinen Getreuen zu, »ergreift die Macht, die euch in den Schoß geworfen wird!«[34] Der Versuch scheiterte kläglich und fügte dem Ansehen der Sozialdemokratie schweren Schaden zu, von dem sie sich bis zum Zweiten Weltkrieg nicht mehr erholte.

Die Chronologie der Revolution, die keine war, ist kurz. Am 10. November 1918 meldete sich der deutsche Kaiser an der Grenze und bat um Asyl. Am folgenden Tag kapitulierte das Kaiserreich. An mehreren niederländischen Orten kam es zu Volksaufläufen und Versammlungen, in denen zum Umsturz aufgerufen wurde. Am 12. November sprach Troelstra im Parlament vom »vermoderten und verrosteten bürgerlichen System« und drohte mit »Gegengewalt«[35], falls die Regierung gegen den Aufstand der Arbeiterklasse einschreiten sollte. Vielleicht, so sagte er, sei diese noch eine Minderheit im Land, doch ihre Erhebung geschähe als der notwendige Prozeß der Weltgeschichte. Damit war der Weg der Demokratie verlassen. Utopische Geschichtsphilosophie hatte das Rechtsdenken abgelöst. Und damit hatte der Advokat Troelstra verspielt, ja er hatte schon verloren, ehe er zu reden anfing, denn seine Parteigenossen hatten vorher schon beschlossen, der demokratischen Ordnung keine Gewalt anzutun.

Nun gab die Regierung den Befehl, Truppen in Bereitschaft zu bringen. Namhafte Personen des Landes solidarisierten sich mit ihr. England sagte wirtschaftliche Unterstützung zu. Am 13. November proklamierte die Regierung im ganzen Land ihre Entschlossenheit, Recht und Ordnung zu wahren. Gleichzeitig wurden Reformen in Aussicht gestellt. In Rotterdam kam es noch zu Unruhen und Schießereien, wobei auch einige Tote zu beklagen waren. Dies bereitete dem Aufruhr ein rasches Ende; der sozialdemokratische Parteivorstand stellte sich gegen Troelstra. In parlamentarischen Rückzugsgefechten versicherte der stellvertretende Vorsitzende: »Ihr könnt mit uns reden, wir drohen nicht, wir werden unser Bestes tun - aber Ihr müßt es auch tun!«[36] Von der Königin wurde bekannt, daß sie engeren Kontakt mit dem Volk wünschte. Man huldigte ihr im ganzen Land. Jedermann verurteilte die Gewalt, schließlich auch Troelstra selbst - es blieb ihm nichts anderes übrig.

Interessant ist, wie er die Sache überstand. Er brauchte nicht zurückzutreten, man huldigte vielmehr auch ihm als dem Verlierer, der es gut gemeint und sich geirrt hatte, dem Mann, von dem - aufrecht, wie er war, zeitlebens der Anwalt des unterdrückten Volkes - wirkliches Unheil ja gar nicht erwartet werden konnte. Zu weit war er gegangen - das war sein Fehler, den er zugab. Der Irrtum war fatal, doch nicht böse gewesen. Falscher Glaube hatte den Geist nicht vergiftet, nicht Machtgier einen Menschen zum Schurken, zum Feind des Vaterlandes gemacht. Dem Glauben an das sozialistische Paradies, gar an eine revolutionäre Mission der Arbeiterklasse blieb der Respekt nicht versagt, wenn er aus »vollem Herzen« kam und sich *darum* als echtes Engagement zeigte. Irrtum konnte immer nur an der Theorie liegen, wie Torheit am Mangel an praktischer Fähigkeit, die Lage richtig zu beurteilen. So spricht man auch heute immer wieder nur von »Troelstras Irrtum«; wie aus Pietät und als wäre es gar nicht wichtig, läßt man es offen, was damit genau gemeint sein könnte: die Täuschung eines Politikers bei der sachlichen Beurteilung einer Lage und eines Handelns oder die Täuschung des Ideologen darüber, daß die weltgeschichtliche Stunde geschlagen habe.

Sowenig das, was sich im November 1918 in den Niederlanden abspielte, einer fehlgeschlagenen Revolution glich, sowenig auch glichen die Akteure jenen verwegenen Leuten, die als echte Volksanführer in anderen Ländern wirkliche Tyrannen stürzten und Volksräte einsetzten. Die pseudoreligiöse Lyrik der sozialistischen Dichter war auch alles andere als ein Kriegsgesang. Echte Aufständische, wirkliche Helden und Märtyrer haben die Niederlande erst in dem Augenblick spontan wieder hervorgebracht, als wirkliche Unterdrückung herrschte, das ganze Volk erneut tyrannisiert wurde in einer Schreckensherrschaft, weit grausamer noch als die des Herzogs Alba; mehr als 107.000 niederländische Bürger wurden von der deutschen Besatzungsmacht im Zweiten Weltkrieg deportiert, nur etwa 5.200 kehrten zurück. Wir übergehen dieses Kapitel, das auch in der ganzen niederländischen Geschichte das schlimmste war, verweisen auf die Dokumente[37] und halten nur diese Zahlen fest, die für sich selbst sprechen.

6. *Reformatorische Radikalität, der Zukunftsglaube der Sozialisten und die sozialen Ideen der Kirche*

Jean Améry hat nach dem Mißlingen der Pariser Mairevolte von 1968 geschrieben, die Frage »Wie hältst du's mit der Revolution?« sei noch immer die Gretchenfrage der Linken, bei der die Wege und Geister sich scheiden.[38] Noch immer gehe es um die Frage »Revolution oder Reformation?«, nur sei der Trennungsstrich nicht leicht zu ziehen, weil die Grenze nicht immer dort liege, wo ein gewaltsamer Umsturz zur Diskussion steht. Nicht bei der Gewaltanwendung, sondern bei der Frage, ob die Linke innerhalb der bestehenden Ordnung operieren oder diese *en bloc* verwerfen solle, trennten sich heute die Wege. Im ersten Falle verliere die Linke ihren Charakter, empfehle sich den Wählern als die bessere, vernünftigere Rechte, im zweiten bleibe sie ihrer Tradition treu, doch entstünden dabei Widersprüche.

Für Geister wie Améry blieb Frankreich das Land der klassischen Linken. Obwohl er in Belgien lebte, kam es diesem Theoretiker des Sozialismus nie in den Sinn, über die Grenze in die Niederlande zu blicken und sich mit deren sozialen Bewegungen zu befassen. Er hätte bei den dortigen Linken die Wirkung des *reformatorischen Erbes* entdecken können, das zu nicht weniger Radikalismus disponiert als die revolutionäre Tradition. Nur stellt sich jener Radikalismus völlig anders dar. Die Frage ist, was dies für den Sozialismus bedeutet, ob er so wesentlich durch die revolutionären Ideen bestimmt werden darf, daß der reformatorische Charakter als Denaturierung, als Verwässerung seiner Substanz erscheint. Bekanntlich hat Marx den Sozialismus nicht geschaffen, sondern ihm nur eine revolutionäre, autoritäre und atheistische Form gegeben, die auf der Annahme fußt, die sozialökonomischen Probleme könnten nicht friedlich gelöst werden. Seiner Konzeption des Sozialismus steht die nichtautoritäre und nicht auf Gewalt gegründete Auffassung von Pierre-Joseph Proudhon entgegen.

In den Niederlanden trafen die sozialen Ideen auf konfessionelle Dispositionen. Wir wiesen bereits auf den dreifachen Charakter der Arbeiter- und Gewerkschaftsbewegung hin, der es unmöglich macht, die soziale Bewegung mit der sozialistischen gleichzusetzen, es sei denn, man nähme dieser letzteren die spezifische, eingebürgerte Bedeutung. Worauf es in diesem Zusammenhang ankommt, ist die Erkenntnis, daß Aussagen über die »Echtheit« der christlich-sozialen Bewegung und des christlich-sozialen Denkens nicht von einer theoretischen Bestimmung des Begriffes »Sozialismus« abhängig gemacht werden können. Terminologische Gewohnheiten dürfen nicht davon abhalten, die Phänomene richtig zu erkennen. Nell-Breuning hat sicher recht mit seiner schon früher zitierten Bemerkung, daß der Versuch, die Bezeichnung »sozialistisch« für die katholische Kirche »zurückzugewinnen«, zu spät kam, »nur noch Verwirrung anrichten konnte« und darum aufgegeben werden mußte.[39] Auch die niederländischen Katholiken und Protestanten bezeichnen ihre sozialen Ideen nicht als »sozialistisch«. Doch dies kann kein Grund sein, ihre sozialen Ideen nicht als gleichwertig neben anderen zu sehen, sie nicht jener *mehrgestaltigen* Bewegung zuzuordnen, die als Reaktion auf die problematische Entwicklung der Industriegesellschaft aufkam. Jene, die sich ausdrücklich Sozialisten nennen, können keinen Exklusivitätsanspruch auf die Vertretung der sozialen Ideen erheben. Wie gut, wie sinnvoll oder wie erfolgreich diese Ideen von dieser oder jener Partei vertreten werden, bleibt Sache der Untersuchung, kann nicht allein schon aufgrund einer Prüfung ihres Gedankenguts gesagt werden.

Wir möchten darum - bevor wir uns dem Charakter des niederländischen Sozialismus näher zuwenden - zunächst noch kurz bei der christlich-sozialen Bewegung verweilen. Auf dem ersten »Christlich-Sozialen Kongreß«, den die Reformierten Abraham Kuypers im Jahre 1891 organisierten, ging es keineswegs nur um fromme Gedanken zur sozialen Frage oder um pastorale Ermahnungen, sich der notleidenden Arbeiter anzunehmen. »Wenn es für Euch eine soziale Frage gibt«, rief Kuyper seinen Getreuen zu, »denkt dann nicht, daß Ihr sie durch Liebesgaben oder eine frommere Lebensart lösen werdet«; wer so denke, der habe »eine religiöse oder philanthropische Frage im Auge, doch keine soziale«; er sehe nicht den »Mangel in der Grundverfassung unserer Gesellschaft«. Die »Unhaltbarkeit des gegenwärtigen Zustandes« gelte es zu erkennen und zu überwinden. Es ging Kuyper also um fundamentale Gesellschaftskritik, um »architektonische Kritik«[40] an der etablierten Ordnung, wie es damals schon hieß.

Ein Jahrzehnt, bevor Kuyper Ministerpräsident wurde und ihm die Radikalen seiner Partei alsbald vorwerfen sollten, er zeige sich weniger streitbar, rief er dazu auf, »keinen Frieden mit der bestehenden Ordnung« zu halten, sondern diese »zu bekämpfen und zu ändern« und »eine andere Einrichtung des Gebäudes der menschlichen Gesellschaft« zu erstreben. Die Neue Linke der Calvinisten holte diese Worte später wieder hervor, um abermals das radikale »Erbe der Väter« gegen die Gemäßigten in der Wohlstandsgesellschaft zu verteidigen. In den siebziger Jahren des vorigen Jahrhunderts hatte Kuyper gegen die Vormundschaft der Patrizier ganz wie ein Sozialist gewettert: »Die oligarchische Herrschaft der finanziellen und intellektuellen Privilegiertenklasse ist zu Ende... Das unterdrückte Volk verlangt von den Liberalen Rechenschaft!« So sprach, so predigte ein Pfarrer. »Kann man es kürzer und deutlicher sagen?«[41] bescheinigten dem Calvinisten später die Marxisten Jan und Annie Romein.

Schon bei Kuyper zeigt sich die Konvergenz zwischen der protesttantischen Ethik un dem Geist des Sozialismus. Man kann aber auch umgekehrt von einer Konvergenz zwischen dem Geist des Calvinismus und der sozialistischen Ethik sprechen - dies insbesondere in bezug auf Troelstra, den Führer der Sozialdemokratie. Wie immer man den geistigen und politischen Habitus niederländischer Glaubens- und Gesellschaftsreformer charakterisieren mag, unverkennbar ist dessen calvinistische Prägung: eine Disposition, soziale Ideen und sozialistische Lehren auf eine bestimmte Weise aufzunehmen. Der Sozialismus wurde hierdurch konfessionell, antiautoritär und bürgerlich, damit aber nicht notwendig gemäßigter. Daß er »mit Recht verbürgerlicht« und zu einer Institution der Gesellschaft geworden sei, schrieb Joop den Uyl in den fünfziger Jahren, doch gerade er sollte dann später als Partei- und Regierungschef auf neue Weise erfahren, wie sehr es sich ein solcher Sozialismus leisten kann, radikal zu sein. Positiv läßt sich die Verbürgerlichung des Sozialismus als Zivilisierung seiner Kampfmethoden verstehen, als Absage an die Gewalt. »Zivilität« verbietet, wie sich 1918 zeigte, daß Dämme durchstochen werden. Aber: Je sicherer die Dämme und Deiche, je besser sie den Wogen standhalten, desto mehr können diese dann auch toben, desto größer mag sogar noch der Spaß daran sein, auch wenn nicht jeder dafür empfänglich ist. Und um so leichter wird hinterher jenen verziehen, die es zu bunt getrieben haben und Schrekken einjagen wollten.

Die Revolution und ihre Helden wurden durch die erhobene Faust symbolisiert (die neuerdings im Emblem eine Rose hält), Reformatoren in manchen Abbildungen durch den erhobenen Zeigefinger, jene mahnende Geste, die ihrem Profil fromme Züge verleiht. Doch sollten diese Züge über die Streitsucht der Glaubenserneuerer nicht täuschen. Erasmus, der sich auch sehr gestritten hat, mochte es gar nicht, wie er in seiner Schrift *Ecclesiastes* (1535), einer Anweisung für Pfarrer, schrieb, wenn der Prediger bei der Erwähnung des Himmels »jedesmal nach oben« und bei der Erwähnung der Erde »jedesmal nach unten« zeigte. Es gibt eine missionarische Agitation, die sich in alles einmischt, alle Gleichgültigen zu provozieren trachtet und so jene geistige Militarisierung zuwege bringen will, die dem Calvinisten stets gepredigt wurde. Die Art und Weise, wie der Missionarismus im Sozialismus in Erscheinung trat, ist am besten an den Bekenntnissen der zur Partei gestoßenen Protestanten aufzuzeigen. Zunächst jedoch sei auf den Glaubenscharakter der sozialistischen Ideen und deren Wahrnehmung eingegangen.

Der Glaube der alten Sozialisten war der Glaube an eine idealisierte *Zukunft,* die Erwartung dieser Zukunft eine Heilserwartung. Die Verkündung der Zukunft als Heilsverkündung fand bei den niederländischen Sozialisten einen besonderen Widerhall. Nicht wenige Wiedertäufer konvertierten zum Sozialismus. In keinem anderen Volk hatte das Bild vom »glühenden Morgenrot« etwas so Verheißungsvolles, waren die Worte und Verse sozialistischer Lyrik empfunden worden wie Psalmen, gab es eine solch ausgeprägte psychologische Disposition zur Eschatologie, vor allem zum konsequenten Verhalten: man hatte *bereit* zu sein, »wenn es soweit war«, und durch diese Vorbereitung den großen Augenblick selbst mit herbeizuführen. Der Klassenkampf wurde zur verantwortungsvollen, heiligen Sache, der Mission näher als der Agitation. Von Troelstras Reden, so wurde gesagt, »ging eine Weihe aus«[42].

Es kam aber noch etwas anderes hinzu. In der Nachwirkung des niederländischen Humanismus blieb der Zukunftsglaube mit dem Glauben an die Wissenschaft und ihren Fortschritt verbunden. Und die Tatsache, daß die Wissenschaft nie mit dem Unglauben assoziiert wurde, Wissen und Glauben im Bewußtsein der Menschen somit keinen Gegensatz darstellten, die Wissenschaft in die Verehrungswürdigkeit alles Geistigen, allen »Strebens nach Höherem« einbezogen blieb, kam in den Niederlanden durchaus dem Anspruch der Sozialisten auf Wissenschaftlichkeit ihres Weltbildes entgegen. Die Wirkung von Darwin war oft viel größer als die von Marx, dessen Schriften ja erst relativ spät bekannt wurden. Der Entwicklungsgedanke, der das wissenschaftliche Denken des neunzehnten Jahrhunderts so sehr beherrscht, bekam in den Niederlanden für das Denken von Gläubigen Bedeutung. Der Begriff des Organischen sprach Troelstra genauso an wie Kuyper, nur war er bei diesem auf Gewordenes und zu Erhaltendes, auf das zu erneuernde Althergebrachte, bei jenem auf das sich entwickelnde, wachsende Neue, das *toto genere* andere bezogen.[43]

Der Atheismus des orthodoxen Sozialismus wurde nicht betont, vor allem nicht, wenn man darauf aus war, protestantische und katholische Arbeiter für die sozialistische Bewegung zu gewinnen. Die Kritik an der Bourgeoisie gab sich nicht als »Entlarvung« der bürgerlichen Religion und Moral; sie zielte auf die konkrete Macht der patrizischen Oberschicht, auf deren Anschauungen und deren Bildungsanspruch ab. Sowenig wie vorher schon den Freisinnig-Liberalen konnte es jetzt den Sozialisten in den Sinn kommen, die Geistlichen als »Pfaffen« lächerlich zu machen - ein Spottname, der im Niederländischen gar kein Äquivalent besitzt. Der Glaube blieb immer eine viel zu ernste Sache, etwas an sich Gültiges und Unangefochtenes, wie immer auch seine spezifischen Formen und Inhalte sein mochten, als daß die aus der Kirche Ausgetretenen die darin Verbliebenen hätten verletzen wollen. Marx hingegen nannte Domela Nieuwenhuis in einem Brief an Engels »das holländische Pfäfflein«[44]. Möglicherweise irritierte ihn der ungeduldige Holländer, der so sehr zu wissen begehrte, wann der große Tag, die neue Zeit, endlich anbrechen würde.

Marx schrieb Domela Nieuwenhuis jedoch im Jahr 1881 einen interessanten Brief, der in der Diskussion über die Marxsche Revolutionstheorie eine gewisse Bedeutung bekommen hat. Es heißt darin: »Was in einem bestimmten, gegebenen Zeitmoment der Zukunft zu tun ist, *unmittelbar* zu tun ist, hängt natürlich ganz und gar von den gegebenen historischen Umständen ab, worin zu handeln ist. Jene Frage aber stellt sich im *Nebelland,* stellt also in der Tat ein Phantomproblem, worauf die einzige Antwort - die

Kritik der Frage selbst sein muß ... Die doktrinäre und notwendig phantastische Antizipation des Aktionsprogramms einer Revolution der Zukunft leitet nur ab vom gegenwärtigen Kampf.«[45]

Die berühmte »Amsterdamer Rede« von Marx aus dem Jahre 1872, kurz nach dem Haager Spaltungskongreß der Ersten Internationale, sollte zu Spekulationen darüber führen, ob Marx seine Auffassung von der Unvermeidlichkeit einer gewaltsamen proletarischen Revolution zur Verwirklichung des sozialistischen Endzieles eingeschränkt haben könnte. Richard Löwenthal hat diese Frage erst kürzlich wieder bejaht.[46] Der Amsterdamer Historiker Frits de Jong hat zu diesem Fall eine aufschlußreiche Quellenstudie[47] veröffentlicht, in der er aufzeigen konnte, wie ungleichartig und lückenhaft die Wiedergaben von Marx' Rede in der internationalen Presse ausfiel, was übrigens damals auch schon bemerkt worden ist. Tatsächlich hat Marx wohl gesagt, »daß es Länder gibt, wie Amerika, England und, wenn ich Euere Einrichtungen besser kennte, würde ich vielleicht hinzufügen, Holland, wo die Arbeiter auf friedlichem Wege zu ihrem Ziel gelangen können«; so stand es damals in der von August Bebel und Karl Liebknecht herausgegebenen Zeitung *Volksstaat,* auf deren Bericht sich Jahrzehnte später, wie mit hoher Wahrscheinlichkeit anzunehmen ist, Karl Kautsky in seinem Streit mit Lenin bezog. Nach der Brüsseler Zeitung *Liberté* jedoch, die die Amsterdamer Rede ausführlicher wiedergab, hat Marx hinzugefügt, »daß in den meisten Ländern des Continents die Gewalt der Hebel der Revolution sein muß; an die Gewalt wird man seinerzeit appellieren müssen, um endlich die Herrschaft der Arbeiter zu etablieren«[48]. Die beiden Zeitungsberichte hinterlassen verschiedene Eindrükke. De Jong hält es nicht für ausgeschlossen, die deutsche Zeitung könnte im damaligen politischen Klima auf eine vorsichtigere Berichterstattung bedacht gewesen sein.

Die Studie De Jongs stützt also nicht die Vermutung, wonach Marx von seiner Auffassung der Gewalt abgerückt wäre; sie paßt vielmehr - als Analyse eines Vorkommnisses - zu den Ergebnissen der umfassenden Untersuchung von Klaus Hartmann, aus der hervorgeht, daß ein gewaltloser Weg von der Marxschen Lehre aus gar nicht denkbar sei, die Theorie vielmehr den Umschlag in die Gewalt verlange.[49] Die Kontroversen unter den Marxisten - auf die hier nicht eingegangen werden kann - haben sich bekanntlich auf die Art dieses gewaltsamen Umschlagens zugespitzt. Die Vertreter der Gewalt neigten dazu, den revolutionären Umsturz mit der wachsenden Schrecklichkeit des ihm vorangehenden Zersetzungsprozesses der Ordnung zu rechtfertigen, so daß die Revolution dann wie eine Erlösung erschien. Daß die Revolution mißlingen müsse, solange der Moment nicht da ist, und überflüssig sei, wenn er eingetreten ist: so hat Klaus Hartmann eine These von Shlomo Avineri zusammengefaßt.[50]

Es geht uns hier um den niederländischen Sozialismus und seine Vertreter, um deren Geisteshaltung und Verhaltensweisen, um den Charakter der Bewegung und ihrer Partei, um die Vorstellungen von der gesellschaftlichen Entwicklung und der Zukunft. Noch in seiner Abschiedsrede 1925 sprach der Mann, der als die herausragende Gestalt des niederländischen Sozialismus gilt, von dem »der Menschheit und der Arbeiterklasse von der Geschichte vorgeschriebenen Weg aus dunkler Tiefe hoch hinauf ins Licht«[51]. Das ist keine politische Theorie, sondern ein pathetisches Glaubensbekenntnis. Für Troelstra und die alten Sozialdemokraten war der Sozialismus eine Vision. Er lag in der Zukunft, war etwas Gewisses, aber nichts Bestimmtes. Die Gegenwart hingegen war die Realität des Unterwegsseins, die menschliche Berufung zu einem permanenten *radikalen* Wirken, in dem der alte missionarische Geist wieder auferstand. Der Klassenkampf wurde daher als Glaubenskampf empfunden und geführt. Politik blieb ein zutiefst ethisches Problem. Marx selbst hatte in dem Brief an Domela Nieuwenhuis den Akzent verschoben: von der spekulativen Frage, was zu tun sein werde, »wenn es soweit ist«, zur Frage, was *jetzt* getan werden müsse. Auch das mußte den alten Mitstreitern Gottes auf Erden wie aus der Seele gesprochen sein.

Auf die Frage, was *jetzt* zu tun sei, kannten die alten Glaubenskämpfer längst eine Antwort: die direkte, spontane Aktion, revolutionärem Verhalten schon recht ähnlich und dennoch nicht dasselbe. Troelstra wurde der Propagandist und Apologet der *außerparlamentarischen* Aktion. Dieses Wort war damals noch kein neuer politischer Begriff geworden, doch das, was gemeint ist, wurde damals schon bestimmt: Bürgerinitiativen – Troelstra verstand darunter Arbeiterinitiativen. Wer zu außerparlamentarischen Aktionen der Arbeiter aufrief, konnte stets als bekannt voraussetzen, daß die Bürger mit neuen Formen politischer Opposition schon vorangegangen waren und ein Beispiel gegeben hatten.

7.
Gottesmänner und Parteiideologie; Marx: verworfen, neu entdeckt ... und die niederländischen Verwandten

Nach 1918 begann für die sozialdemokratische Partei ein neuer Weg. Auf einem »Einheitskongreß« im Jahre 1919 schwor sie unter ihrem neuen Vorsitzenden H. Vliegen der Revolution ab. Nun wollte sie auf demokratisch-parlamentarischem Weg den Volkswillen gewinnen und so die Macht erobern. Die Partei blieb jedoch in der marxistischen Rhetorik des Klassenkampfdenkens befangen. Eine wirkliche ideologische Erneuerung kam erst in den dreißiger Jahren, und zwar viel weniger von Geistern wie dem Flamen Hendrik de Man - der 1933 geschrieben hatte, »daß das Wesen der Revolution nicht Zerstörung, sondern Aufbau ist, und daß ihre Kraft von der schöpferischen Idee abhängt, die sich in ihr verwirklicht«, daß es darauf ankomme, »diese Kraft zu entfalten und auf ein konstruktives Ziel zu richten...«[52] - als von sozialistisch denkenden Gottesmännern.

Protestantische Theologen waren es, die sich in der Partei heimisch fühlten, ohne deswegen ihrer Kirche untreu zu werden; im Gegenteil sollten Sozialismus und Christentum ideologisch und in wachsendem Maße auch institutionell vereinbar sein. Das Zustandebringen der Vereinbarkeit stellte sich in den dreißiger Jahren als Durchbrechung der zunehmenden *Versäulung* dar: als Überwindung des Systems von Organisationen auf der Basis ideologischer Apartheid, wie wir es sogleich ausführlich beschreiben werden. Der sozialdemokratischen Arbeiterpartei konnte es nur recht sein, wenn Theologen zu ihr stießen und die Vereinbarkeit der Parteimitgliedschaft mit dem Christentum (die die katholische Kirche noch lange bestritt und mit Sanktionen belegte) ihrerseits vertraten und persönlich vorlebten. Tatsächlich stellten sich solchen Mitgliedern spezifische ideologische Aufgaben in der Partei.

Zwei protestantische Prediger gewannen in der Folgezeit, die man manchmal die »Zeit der roten Pastoren« *(rode dominees)* genannt hat, großen Einfluß als ideologische Erneuerer. Der eine war der volkstümliche Pfarrer J. J. Buskes, der nach seinen eigenen Worten die Stimme Gottes in der Arbeiterbewegung vernahm und seine Gläubigen aufrief, sich ihr anzuschließen. Buskes gilt als der mitreißendste Prediger der niederländischen Protestanten zwischen 1925 und 1975. Während der Kriegsjahre hatte dieser mutige Mann gegen den Krieg und die Besatzungsmacht sein unerschütterliches Glaubensbekenntnis abgelegt und darin auch gesagt, woran er nicht glaubte: »Ich glaube nicht an ein heiliges Volk, nicht an eine heilige Rasse, nicht an eine heilige Kultur..., ich glaube nicht, daß Gott bei den stärksten Bataillonen steht...«[53]. Daraufhin kam er ins Gefängnis, überlebte die Kriegszeit und wurde nach ihr eine herausragende Gestalt der sozialdemokratischen Partei.

Buskes war Sozialist geworden, weil ihm die calvinistische Partei nicht mehr radikal genug und eben darum nicht mehr wirklich christlich war. Er erklärte das Phänomen des Atheismus aus der »Gottlosigkeit der Kirchen«, drehte also die Sache um. Er bezichtigte das offizielle Christentum, sich von Gott entfremdet zu haben, und verkündete, daß Gott bei den von der Kirche Abgefallenden wiederzufinden sei. Wörtlich sagte er in seiner sozialistischen Predigt: »Viele Sozialisten nennen sich Atheisten, weil sie durch das offizielle Christentum zu Gottesleugnern gemacht wurden... Sie haben eine falsche Vorstellung von Gott und vom Gottesdienst vermittelt bekommen... Im Sozialismus kommt der Ruf und die Stimme Gottes zur Kirche... Die Christenheit verstand das Wort nicht, das in Gestalt der rätselhaften Entfremdung des Proletariats von Gott und der Kirche an sie gerichtet wurde...«[54].

Der Überwindung der *Gesinnungsgegensätze* war mit solchen Gedanken freilich nicht gedient, zeigen sie doch vielmehr eine neue sektiererische Tendenz: die Evangelisation der sozialistischen Idee und die religiöse Verklärung des sozialistischen Protestes. Buskes ist ein Vorläufer der vielgestaltigen Neuen Linken, die sich durch die Parole »Progressive aller Bekenntnisse, vereinigt Euch!« hätte charakterisieren können. Die zitierten Worte wurden schon im Jahre 1928 den Gläubigen verkündet. 1969 bezog Buskes die neomarxistische Gesellschaftskritik in die Evangelisation ein: »Die Sünde legt sich fest in bestimmten politischen und sozialen Strukturen, macht diese zu ihrer Operationsbasis. Darum müssen die Strukturen radikal verändert werden, heute auf internationaler Ebene.«[55] Lag der Akzent vorher auf dem Glaubensprotest, so jetzt auf dem Gesellschaftsprotest. Die Sünde ist nicht länger nur ein individuelles menschliches Vergehen, sie ist ein Strukturmerkmal der Gesellschaft geworden, hat sich in deren Lebensformen vergegenständlicht und ist in ihnen wirksam. Deutlicher kann man es – mitten im Klima der Pariser Mairevolte – nicht sagen. Laut erklingt beim Besuch von Martin

Luther King in Amsterdam das Lied *»We shall overcome«* - Buskes ist zutiefst beeindruckt.

Wie Buskes Christus als Heilbringer der Ausgebeuteten und Unterdrückten für die sozialistische Bewegung entdeckt hat, so entdeckte Willem Banning, der zweite prominente Pfarrer in der Partei, Marx als Denker der Mühseligen und Beladenen für die Kirche. Daß der Neomarxismus über die Theologie in die Niederlande gelangte, haben Marxisten selber konstatiert. Pastor Banning schrieb 1960: »Während sich die sozialistische Arbeiterbewegung ... bewußt stets weiter vom Marxismus entfernt hat..., sieht man ein neues Interesse in Kreisen der katholischen und protestantischen Theologie entstehen... Die besten Marx-Kenner befinden sich im theologischen Milieu.«[56] Nach der Wiederentdeckung der bis dahin unveröffentlichten »Frühschriften« von Marx (1932), mit denen die Neuinterpretation seiner Lehre begann, sorgte Banning dafür, daß sie auch in den Niederlanden bekannt wurden. Er veröffentlichte viel, war von Neomarxisten wie Henri Lefèbvre, Paul Baran und C. Wright Mills beeinflußt, und wurde der erste Pfarrer, der der sozialdemokratischen Partei beitrat, nachdem diese sich vom historischen Materialismus abgewandt hatte.

In dem Maße, wie der Akzent sich von den ökonomischen zu den menschlichen Fragen verschob, der Atheismus aufgegeben, der proletarische Mythos verworfen und der Klassenkampfbegriff vom Entfremdungsbegriff aus dem Zentrum der Lehre verdrängt wurde, schien sich vieles mit den kirchlichen Lehren vertragen zu können. »Es zeigte sich«, schreibt Klaus Hartmann, »daß Marx philosophisch tiefer war, als es schien, solange man ihn, unter dem Motto des ›dialektischen Materialismus‹, mit einer an der Natur orientierten Metaphysik im Stil von Engels und Lenin, oder, unter dem Motto des ›historischen Materialismus‹, mit einer Geschichtsmetaphysik und einem ökonomischen Determinismus identifizierte.«[57] In den Niederlanden blieb die philosophische Aufwertung Marx' aus, wohl aber kam es zur theologischen Rezeption der im Ausland erfolgten Aufwertung und zur frühen Popularisierung der neuen Gedanken. Die Technokratie als politisches Phänomen, als Höhepunkt der organisatorisch integrierten Industriegesellschaft in der zweiten Hälfte des zwanzigsten Jahrhunderts: stand sie nicht unheilschwanger da als die ausgemachte *civitas diaboli?*

Politisch wirksam wurde der wiederentdeckte und aufgewertete Marx bekanntlich erst in dem Moment, da die Nachkriegszeit zu Ende ging, die »Grenzen des Wachstums« sichtbar wurden und eine neue, kritische Generation herangewachsen war. In den Jahren hingegen, da der Wiederaufbau wie ein Wunder erschien, die Wirtschaft so eindrucksvoll funktionierte, sich durch Leistungen auswies und keiner ideologischen Rechtfertigung bedurfte, da die fortdauernde Wohlstandszunahme als praktischer Beweis für die Überlegenheit des Kapitalismus über den Kommunismus galt, Ökonomen, Politiker, die herrschenden Klassen und das arbeitende Volk an die Vermeidbarkeit von Krisen glaubten, getragen von einer vertrauensvollen, optimistischen Stimmung und durch die Erwartung weiterer materieller Existenzverbesserung zu jenem dynamischen Verhalten stimuliert, das der entscheidende »menschliche Faktor« der damaligen Wirtschaft war, – zu dieser Zeit hielt man auch in den Niederlanden das Ende der Ideologie für gekommen.

Soziologie wirkte anziehender als der Sozialismus, auch in der Partei; der Theologe Banning führte die neue Modewissenschaft in seinen Kreis ein. Der alte Zukunftsglaube schien von der Futurologie verdrängt, die »glühende Morgenröte« dem Glamour der Konsumkultur gewichen zu sein. Die Weltgeschichte präsentierte sich als Aufbruch aller Völker ins Wirtschaftswachstum, als *take-off into self-sustained growth,* wie der zündende, das Bild von Startbahnen und Jets suggerierende Ausdruck von W. W. Rostow lautete – das Buch trug den Untertitel *A Non-Communist Manifesto*[58]. In jener Zeit registrierten Niederländer nicht ohne Stolz, daß in ihrem Land die drei damals größten Industrie- und Handelskonzerne außerhalb der Vereinigten Staaten Hauptquartiere hatten: Shell, Unilever und Philips. Wie in Schlußtabellen von Olympiaden, mit Bestzeiten und Platzziffern, wurden die wirtschaftlichen Leistungen der Staaten mit den Zuwachsraten des Bruttosozialprodukts als neuem Maßstab nationaler Bedeutung aufgeführt. Die Abkürzung »GNP« erschien wie ein magisches Symbol.

In den Niederlanden waren die Sozialisten während der Nachkriegsjahre an der Regierung. Ihre Fähigkeit zu konstruktiver Zusammenarbeit stellte die niederländische Partei mit tüchtigen und begabten Ministern in mehreren Koalitionskabinetten unter Beweis. Kein Angehöriger einer christlichen Partei, sondern ein nüchterner, praktisch denkender Sozialist aus dem Volk ist es, dessen Name mit der langjährigen Führung der Regierungsgeschäfte verbunden ist: Willem Drees sen. Die Partei steuerte damals einen pragmatischen Kurs, den Banning wesentlich mitbestimmte. Er gelangte in jener Zeit in die Führungsspitze der Partei, wurde Vorsitzender der Kommission, die das neue Grundsatzprogramm von 1959 entwarf, und gilt als dessen geistiger Vater. Er blieb Parteiideologe im Hintergrund und nach außen Theologe – nie versäumte man, ihn mit seinem geistlichen Titel *Dominee* anzusprechen –, und obschon er der Autor des pragmatischen Programms wurde, nahm er sich seinerseits fest vor, die Flamme der sozialistischen Idee nicht ausgehen zu lassen.

Diesem Ziele sollte auch eine von Banning verfaßte Marx-Biographie dienen, die noch immer die beste ist, die es in der niederländischen Literatur gibt. Sie schließt mit nicht zu überbietendem Pathos: »Im Denken von Marx flammt ein Wille zur Befreiung des Menschseins aus gesellschaftlicher Sklaverei, ein feuriger Wille nach Gerechtigkeit und ein unerschütterlicher Realismus. Möge das Denken und Handeln heutiger und künftiger Generationen nicht aufhören, sich nach dieser dreifachen Flamme zu richten.«[59] Banning gehört zu all jenen, die in Marx einen großen Humanisten erblicken möchten, dabei jedoch dessen Unversöhnlichkeit, sein Verhältnis zur Gewalt und den autoritären Charakter seiner Lehre völlig übersehen.

Dennoch wurde die Marxsche Philosophie in den Niederlanden so gut wie nicht rezipiert. Die Bekanntheit mit ihrem wesentlichen Inhalt kann man in Intellektuellenkreisen nicht voraussetzen; Banning, der das schon konstatierte, konnte kaum etwas daran ändern. Die wenigen Gelehrten, die sich mit Marx befaßten, blieben Ausnahmen; die Marxisten bildeten eine Sekte, und auch deren Kenntnisse des Werkes waren sehr mangelhaft. Die Ökonomen ignorierten Marx meist völlig oder taten Bruchstücke seiner ökonomischen Theorie als durch die Entwicklung überholt ab. Nicht die Theorie, immer nur die popularisierte sozialistische Glaubensbotschaft war es, von der Wirkung ausging, und dann oft gar nicht mehr in Verbindung mit dem Namen ihres Autors.

Man könnte sagen, daß diese Situation auf Gegenseitigkeit beruhte: Auch Marx interessierte sich ja für die niederländische Gesellschaft recht wenig, obwohl er sich doch recht oft in den Niederlanden aufhielt, schon als Kind in Zaltbommel, einem Städtchen in der Provinz Gelderland, in dem seine niederländischen Verwandten wohnten. Die Mutter von Karl Marx, Henriette Presburg, stammte aus Nimwegen; sie hat die deutsche Sprache nicht fehlerlos gesprochen. Marx selbst verstand Niederländisch recht gut und sprach es auch. Da diese Tatsachen auffallend wenig bekannt sind und inzwischen noch aus einem völlig ande-

Stammquartier der Philips Glühlampenfabriken in Zaltbommel

ren Grund das Interesse der Historiker gefunden haben, seien sie zum Abschluß dieses Teiles erwähnt.

Tatsächlich sind Marx' mütterliche Verwandte weniger durch die Lebensgeschichte ihres inzwischen weltberühmt gewordenen deutschen Angehörigen von Interesse als durch die Entstehungsgeschichte eines der größten kapitalistischen Industriekonzerne: der Philips Glühlampenfabriken in Eindhoven. Der Gründer dieser Firma war ein Vetter von Marx, und in den Annalen dieser heute weltweiten multinationalen Firma fehlt denn auch nicht ein Abschnitt, der den Beziehungen zwischen Marx und der alten Familie Philips in Zaltbommel gewidmet ist. Die gründliche historische Untersuchung, deren Ergebnisse schon vor Erscheinen des Gedenkbuches der Firma Philips veröffentlicht worden sind, verdanken wir W. Blumenberg[60]. Da es sich hier in der Tat um ein weitgehend unbekanntes Kapitel aus dem Privatleben von Marx handelt, sei auf diese nicht uninteressanten Zusammenhänge und einige Begebenheiten hingewiesen.

Die herausragende Figur unter den niederländischen Verwandten des »roten Preußen« ist sein gastfreundlicher Onkel Lion Philips, der wohlhabende Vater des Firmengründers. Er war mit einer Schwester von Marx' Mutter verheiratet und nach dem Tod der Eltern von Marx deren Nachlaßverwalter. Er war ein gebildeter, weltoffener und großzügig denkender Mann, der mit dem philosophischen Neffen oft und gern diskutierte. Er unterstützte den Neffen, als dieser in London im Elend lebte, half ihm aus Geldsorgen, als der elterliche Nachlaß verbraucht war, bot ihm Zuflucht, als ihm die Reise in andere Länder verweigert wurde, und legte ihm bei der schrecklichen Furunkulose, unter der Marx jahrelang litt, eigenhändig »Pflaster und Kataplasmen« auf. Die gescheite Cousine Nanette Philips war eine Zeitlang für die Erste Internationale tätig; Marx nannte sie sogar einmal »our Dutch secretary«. Später hat sie den Pastor von Zaltbommel geheiratet. Eng war auch Marx' Kontakt mit den Vettern August und Jacques, beide Advokaten. August Philips gab ihm später nur einmal deutlich zu verstehen - es ging dabei um einen Zuschuß für die französische Ausgabe des Werkes *Das Kapital* -: »Wenn es Noth tut, bin ich bereit, Dir, dem Freund und Verwandten, auch mit Geld zu helfen; doch für Deine politischen oder revolutionären Zwecke thue ich das nicht.« Den Onkel nannte Marx einen vortrefflichen Mann, dessen Familie die beste, die er kannte. Nach Lions Tod schrieb er an Engels: »Er starb schön, rasch, umgeben von allen seinen Kindern, mit vollem Bewußtsein und den Pfaffen mit feiner, Voltairescher Ironie begießend.«[61]

Der Chronist des Konzerns nimmt an, daß in den Gesprächen zwischen Lion Philips und Marx auch der naturwissenschaftliche Fortschritt intensiv erörtert wurde, und zwar nicht nur auf allgemeine Weise und im Rahmen philosophischen Interesses, sondern auch im Hinblick auf die praktische Anwendung. Damals bahnte sich die Entwicklung der Dynamomaschine als Produktionsmittel an. In einem der Briefe, die Marx aus London an den Onkel schrieb, machte er ihn ausführlich auf Untersuchungen des englischen Forschers William Grove aufmerksam, der sich zu jener Zeit mit Erscheinungen des Lichtes, des Magnetismus und der galvanischen Elektrizität befaßte. Hätte der Revolutionär dazu beigetragen, unternehmerisches Denken anzuregen? Wir wissen es nicht. Doch nicht ohne einen gewissen Stolz hat ihm der Konzern neben dem Onkel einen Platz in den Annalen der Firma eingeräumt, das gute Einvernehmen der beiden so verschiedenen Geister festgehalten und sich die Gelegenheit nicht entgehen lassen, neben dem kapitalistischen Unternehmertum die Bedeutung der sozialistischen Bewegung für die Existenzverbesserung der Arbeiterklasse zu betonen.

8.
»Versäulung«: das gesellschaftliche und politische System ideologischer Apartheid im zwanzigsten Jahrhundert

In den Niederlanden entstanden auf konfessioneller Grundlage nicht nur Bildungsstätten, Wohlfahrtseinrichtungen, Krankenhäuser, politische Parteien, Massenmedien und Vereine aller Art, sondern auch Wirtschaftsorganisationen wie Gewerkschaften, Arbeitgeberverbände, Handelsgenossenschaften und Sparkassen, die für einen Uneingeweihten kaum mit Religion zu verbinden sein dürften. Alle diese Organisationen meinen die Niederländer, wenn sie von den *Säulen* ihrer Gesellschaft reden, die zusammen, wie ursprünglich gedacht, »eine christliche Kuppel« tragen sollten. Diese Säulen sind nicht identisch mit den Konfessionen selbst und nicht notwendig Bestandteile von Kirchen. Der Begriff *»Versäulung«* – Stichwort für das soziologische Thema der Niederlande schlechthin – bezieht sich auf die Organisationsformen des politischen, wirtschaftlichen, sozialen und kulturellen Lebens, wie sie sich im zwanzigsten Jahrhundert entwickelt haben.

In den fünfziger Jahren waren geschlossene weltanschauliche Gruppen, die ihr Alltagsleben ganz nach der eigenen Gesinnung führen wollten, zahlreicher denn je. Seit der zweiten Hälfte der sechziger Jahre wurde ein zunehmender »Entsäulungsprozeß« beobachtet, doch was hierunter genau zu verstehen ist, ist keineswegs klar, weil die Erscheinungen außerordentlich ungleichartig und zum Teil widerspruchsvoll sind. Das entstandene System kann gar nicht so schnell von einem Tag auf den anderen verschwinden, weil die Formen der öffentlichen Verwaltung, das staatliche Subventionswesen, die Politik, das Rechtswesen, das Bildungswesen, der Wohlfahrtsstaat, kurz: der gesamte institutionelle Bau der Gesellschaft auf ihm beruhen.

Schon vor der Reformation gab es in den Niederlanden religiöse Strömungen, die sich deutlich voneinander abgrenzten und Bedeutung für die strukturelle und kulturelle Entwicklung der Gesellschaft erhielten. Die *Versäulung,* wie sie sich in neuerer Zeit entwickelte, wurde als Antwort der Religionsgemeinschaften auf die Herausforderungen des Industriezeitalters bezeichnet und untersucht. Die neuen Klassengegensätze wurden als eine Gefährdung der inneren Einheit und Solidarität in den konfessionellen Gruppen empfunden. Diese waren darum bestrebt, mit der sozialen Frage in ihrer eigenen, geschlossenen Lebenswelt fertig zu werden. Von diesem Bemühen zeugte die Entstehung einer protestantischen und einer katholischen Gewerkschaft neben der sozialistischen. Zugleich war man bemüht, die Gründung konfessioneller Schulen und Wohlfahrtseinrichtungen zu betreiben. Doch auch dabei blieb es nicht. Bei allen Religionsgemeinschaften kam ein starkes Bedürfnis nach gesellschaftlicher Absonderung auf, das in der getrennten Organisation möglichst aller privaten und öffentlichen Lebensverhältnisse seine Befriedigung suchte. So entstanden eigene Verbände und Vereine nicht nur auf jenen Gebieten, die eng mit der Religion verbunden sind, wie etwa Erziehung und Bildung, sondern auch dort, wo der Zusammenhang weniger oder gar nicht hervortrat, zum Beispiel in der Wirtschaft.

Weiter manifestierte sich bei allen Religionsgemeinschaften das Verlangen nach einem »eigenen Gesicht«, nach einer *Gruppenidentität* in kollektiver Selbstdarstellung, und zwar besonders stark bei den Katholiken, die mit ihrem Streben nach Beseitigung der gesellschaftlichen Diskriminierung zugleich verhindern wollten, daß die dominierenden Protestanten der Entwicklung der modernen Gesellschaft zu sehr ihren Stempel aufdrückten. Dieses Bedürfnis nach Selbstdarstellung, nach Hervorkehrung der Eigenart, förderte die Bildung religiöser Subkulturen, deren Merkmale ein Ausländer an den alltäglichen Lebens- und Verhaltensweisen nur schwer ablesen kann. Die Merkmale zeigen sich auch an Konsumgewohnheiten, sogar an Sprachgewohnheiten, sind dabei aber nicht immer deutlich von regionalen Eigenheiten zu unterscheiden.

Als man daranging, die Entwicklung zu untersuchen, lag es nahe, sich hauptsächlich den Katholiken zuzuwenden, denn sie hatten die Versäulung aufs stärkste vorangetrieben. Tatsächlich kann man sagen, daß sich ihr Emanzipationsstreben im Versäulungsprozeß realisiert hat. Manche Autoren meinten, die Entwicklung sei ausschließlich auf die Katholiken zurückzuführen. Es ist aber freilich nie eine soziale Gruppe, Schicht oder Klasse als solche, vielmehr immer die gesamte Gesellschaft, aus der ein charakteristischer Entwicklungsprozeß verstanden werden muß. Um 1870 waren die Katholiken »ein noch ungeformter Block« zwischen den beiden großen, gefestigten Bekenntnisgruppen, den Protestanten und den humanistischen Liberalen.[62] Katholiken fühlten sich als Bürger zweiter Klasse und waren es auch wirklich. Ihre Zurücksetzung und Benachteiligung zeigte sich in der

Wirtschafts- und Sozialstruktur, in den Berufen und Gewerbearten, in den Zugangschancen zu öffentlichen Ämtern und höherer Bildung. Der niedrigere *soziale Status* verbitterte sie.

Bezeichnenderweise zielte nun das Emanzipationsstreben nicht auf Eingliederung, sondern auf Apartheid, oder richtiger: auf eine Form der Integration durch die Bekräftigung der Apartheid. »Die Art, wie die anderen - Protestanten, Sozialisten, Liberale - über uns urteilten, förderte nur die innere Stärkung der Gruppe und des Apartheidsbewußtseins... Da war es doch besser, ›drinnen‹ zu bleiben, in den eigenen starken Organisationen: bei der eigenen Partei, der eigenen Gewerkschaft, der eigenen Presse, dem eigenen Rundfunk, dem eigenen Frauenbund und den eigenen Fußballklubs... Die Abhängigkeit von den Priestern des Kirchensprengels war sehr groß, besonders, wenn diese zusammen mit lokalen Regenten, Gewerbetreibenden und Arbeitgebern auftraten.«[63] Die Wiederherstellung aller Rechte der katholischen Kirche war längst ein Faktum, doch in dem weiterhin geringeren gesellschaftlichen Ansehen der Katholiken zeigte sich die »Nachwirkung« (W. Goddijn) des historischen Konflikts. Mit dem Aufbau starker eigener Organisationen suchten und provozierten die Katholiken die »Vollendung der Emanzipation«, wie die Bischöfe diesen Prozeß ausdrücklich nannten.

Erst spät ist die niederländische Soziologie darangegangen, sich mit dieser vielschichtigen Problematik eingehend zu befassen. Was soziologische Theorie betrifft, stammt die wissenschaftlich brauchbarste Studie von dem deutschen Soziologen Rudolf Steininger[64] (1975), der vor allem klarstellte, wie man die Erscheinungen nicht erklären kann. Tatsächlich wirkten viele niederländische Erklärungen der Versäulung bereits selbst versäult. Die spät begonnene soziologische Erforschung mag verwunderlich erscheinen, drängt sich die Problematik doch als der ureigenste Forschungsgegenstand niederländischer Soziologie auf, als das Thema *par excellence*. Es handelt sich hier jedoch um keine Vernachlässigung. Die späte Erforschung erklärt sich aus der schon beschriebenen allgemeinen Verspätung der Sozialwissenschaften in den Niederlanden. Als die erste gründliche, inzwischen auch in deutscher Sprache herausgegebene, empirische Studie 1962 erschien, hatte der Versäulungsprozeß seinen Höhepunkt bereits überschritten. »Entsäulungserscheinungen« hat Walter Goddijn damals schon vorhergesagt. Er folgerte nämlich, daß in dem Maße, wie die Emanzipation der religiösen Minderheiten vollendet sein werde, ihr Bedürfnis nach eigenen Organisationen abnehmen müßte.[65]

Tatsächlich ist dieser Prozeß eingetreten. Er charakterisiert die niederländische Gesellschaftskrise in den sechziger Jahren, hat mit dem scheinbar deutlichen Begriff »Entsäulung« aber keineswegs eine glückliche soziologische Bezeichnung gefunden. Wir kommen später darauf zurück, übernehmen hier aber das Bild: Einige große Säulen begannen, vor allem in der Parteienlandschaft, zu wanken; indes ist der von vielen erwartete totale Einsturz des Baues keineswegs erfolgt. Manche konfessionelle Säule ist renoviert worden, steht fester da, attraktiver auch - wie man gescherzt hat - durch Übertünchung der alten schwarzen Farbe mit der populäreren roten. Weiter zeigt sich die nach wie vor wirksame Tendenz zur Apartheid und Sektenbildung in neuen weltlichen Bünden und Gruppierungen, in der Selbstdarstellung etwa der Feministinnen, Pazifisten, Homosexuellen und ethnischen Randgruppen. In Universitäten, Akademien, politischen Parteien und Kirchen besitzen einige dieser Gruppen ihre meist »Sektionen« genannten Enklaven; sie sind so in eine größere tolerante Organisation aufgenommen und können sich aus dieser Position im Fernsehen artikulieren, das sie in Gesprächsrunden, Showprogramme und andere Sendungen einbezieht.

Charakteristisch für alle modernen Gesellschaften sind die auf allen Lebensgebieten sich ausbreitenden Organisationen und die zunehmende Abhängigkeit der Menschen von diesen alten und neuen Gebilden. Die Versäulung der niederländischen Gesellschaft, wie sie sich schon im vorigen Jahrhundert abzuzeichnen begann, erfaßte die Menschen als Kirchenangehörige, Schulbesucher, Parteigenossen, Gewerkschaftsmitglieder, Zeitungsabonnenten, Krankenhauspatienten und Vereinsmitglieder aller Art. Kruijt nannte in seiner bahnbrechenden Analyse diejenigen Organisationen versäult, die »bewußt und gemeinschaftlich auf weltanschaulicher Grundlage errichtet«[66] worden sind. Er hatte zunächst die religiösen Bekenntnisse im Auge. Von diesen unterschied er »allgemeine Organisationen«, eine Bezeichnung, die wir jedoch in Anführungsstriche setzen müssen, weil die in diese Kategorie fallenden sozialistischen und freisinnig-liberalen Organisationen eben auch bekenntnishafte Orientierungen darstellen. Hierdurch wird die Unterscheidung zwischen »versäulten« und »allgemeinen« Organisationen problematisch und letztlich unhaltbar. Kruijt hat dies selber deutlich erkannt und ausdrücklich hervorgehoben, dennoch statistisch mit der Unterscheidung gearbeitet, weil die Klassifizierung andernfalls noch komplizierter geworden wäre, als sie ohnehin schon war.

Die Katholiken entwickelten sich zur größten Säulengruppe, weil die Protestanten, die zwar in ihrer Gesamtheit dominierten und über viel mehr Organisationen verfügten, untereinander keine Einheit bildeten. Die Katholiken zeigten den stärksten Zusammenhalt. Katholische Kinder, die das schulpflichtige Alter erreicht hatten, wurden 1957 in neunzig Prozent aller Fälle auf eine katholische Volksschule geschickt; wer studieren wollte, konnte eine der beiden katholischen Universitäten besuchen, die nach dem Ersten Weltkrieg - in Nimwegen 1923 und in Tilburg 1927 - gegründet worden waren. Katholiken, die eine Tageszeitung lasen, wählten 1955 zu fast achtzig Prozent eine katholische. Vierundachtzig Prozent aller stimmberechtigten Katholiken gaben 1959 der katholischen Volkspartei ihre Stimme. Zahlreiche katholische Firmen, die vor dem Zweiten Weltkrieg ausschließlich katholisches Personal beschäftigten, stellten danach noch immer vorzugsweise Katholiken ein. Und natürlich gehörte es sich, daß Katholiken einen katholischen Arzt hatten und Protestanten einen protestantischen. Bei der Erteilung der Konzession für eine Praxis wurde hierauf genau geachtet. Dagegen hielten sich die Katholiken im sonstigen privaten Leben oft weniger streng an Prinzipien als die Protestanten. Reformierte Niederländer zum Beispiel, die sich Bücher besorgten, waren sehr viel eher als die Katholiken geneigt, nur in Buchläden oder Bibliotheken der eigenen Religion zu gehen. Und viel weniger als die Protestanten widersetzten sich die Katholiken den als potentiell schädlich empfundenen Tendenzen des Kulturwandels. Als das Fernsehen aufkam, waren die Katholiken viel schneller als die Protestanten bereit, einen Apparat anzuschaffen. Solche Beispiele gibt es viele.

Bei den Protestanten gestalteten sich die Verhältnisse nicht so eindeutig wie bei den Katholiken. Die strengen Calvinisten haben die stärksten Organisationen aufgebaut. Die drei bedeutendsten nannten wir schon: die orthodoxe *Reformierte Kirche* im Bereich der Religion, die *Antirevolutionäre Partei* in der Politik und als Säule für Wissenschaft und höhere Bildung die *Freie Universität Amsterdam.* In den Schulen der streng Reformierten waren aber auch Kinder aus Familien anderer protestantischer Gruppierungen zu finden. Hier zeigt sich eine weitere Eigentümlichkeit des Systems: die Mitgliedschaft bei einer Säule sagte an sich noch nichts über die Identifikation mit deren weltanschaulichen Grundsätzen aus. Die Dienste mancher sozialen Organisation konnten auch nicht ausschließlich den Mitgliedern der Glaubensgemeinschaft vorbehalten bleiben, die sie gegründet hatte; so wurden in konfessionellen Krankenhäusern auch Andersgläubige gepflegt. Rundfunk- und Fernsehanstalten gingen sogar daran, intensiv unter Andersgläubigen Mitglieder zu werben. Und katholischen Warenhäusern (hier spricht man freilich nicht mehr von Säulen) konnte es nur recht sein, wenn Andersgläubige als Kunden kamen.

Eine andere wichtige protestantische Gruppe bildeten die *Freisinnigen Protestanten,* die keiner Kirche angehören wollten. Sie gründeten keine politische Partei, keine eigene Gewerkschaft und haben auch keine eigenen Schulen. Sie gaben meist einer der kirchengebundenen protestantischen Parteien ihre Stimme, traten, wenn es sich ergab, als Arbeitnehmer der protestantischen Gewerkschaft bei und schickten ihre Kinder meist auf die Schulen der Reformierten. Dagegen bildeten sie auf bestimmten Kulturgebieten eine eigene Säule. Im Jahre 1926 errichteten sie eine freisinnig-protestantische Rundfunkanstalt, die sich unter einem sehr rührigen Prädikanten beachtlich entwickelte. In den siebziger Jahren - als die »Kulturrevolution« schon in vollem Gange war - gab sie sich als Vorkämpferin der *permissive society* etwas allzu freisinnig und geriet nach mißlungenen Experimenten mit Mitarbeiter- und Mitglieder-Mitbestimmung an den Rand des Ruins. Sie überlebte aber, erholte sich wieder und illustriert die Merkwürdigkeiten der audiovisuellen Medienlandschaft, die wir im nächsten Abschnitt skizzieren werden.

Schließlich entwickelten sich auch interkirchliche und die erwähnten »allgemeinen« oder »neutralen« Organisationen, wobei sich der Sozialismus zu profilieren suchte. Die sogenannten *allgemeinen* Organisationen sollten grundsätzlich allen Bürgern, gleich welcher Konfession, zugänglich sein. Praktisch kam es jedoch anders, denn die Tatsache, daß Katholiken und kirchengebundene Protestanten bereits ihre eigene Säule besaßen, so daß die »allgemeine Organisation« größtenteils freisinnige Protestanten, sogenannte Unkirchliche, oder Juden als Mitglieder hatte, machte diese Organisation eben zwangsläufig zu einer Säule eigener Art. »Ein sogenannter ›neutraler‹ Sportverein, der keine oder nur wenige orthodoxe Protestanten zu Mitgliedern hat und am Sonntag Wettkämpfe austrägt, ist damit schon wieder nicht wirklich ›weltanschaulich neutral‹.«[67]

Wie stark die reorganisierte sozialistische Partei nach dem Zweiten Weltkrieg in das System der weltanschaulichen Versäulung verstrickt blieb, zeigte sich gerade bei ihrem vergeblichen Versuch, es zu durchbrechen. Dieser »Durchbruch« *(doorbraak)* wurde das wesentlichste gesellschaftspolitische Ziel der Partei und das Wort zur Parole. Ausdrücklich hieß es damals, es sei der Partei gleichgültig, ob die Mitglieder ihre Kinder auf staatliche oder konfessionelle Schulen schickten, ob sie sich konfessionellen oder neutralen Sportvereinen, Rundfunkanstalten oder Berufsgenossenschaften anschlössen. Der »weltanschauliche Pluralismus« wurde zum Grundsatz erklärt und als solcher auch praktiziert. Wann immer sich bei einer wichtigen Frage Konflikte zwischen verschiedenen Gesinnungen abzeichneten, verzichtete man darauf, im voraus eine bestimmte Parteilinie festzulegen. Aus Vertretern der einzelnen weltanschaulichen Strömungen sollten Arbeitsgruppen gebildet werden, um den angemessenen Standpunkt zu erkunden. Religiöse Bedürfnisse wurden respektiert. Sonntags gab es keine Versammlungen, um die calvinistischen Parteimitglieder nicht zu kränken.

Es ist wichtig, in solchen Erscheinungen nicht nur interessante Episoden zu erblicken, sondern ihre Bedeutung für die Herausbildung politischer Gepflogenheiten zu erkennen, und zwar bei der Bewältigung aller Konflikte in der Gesellschaft. Der niederländische Parteienstreit hat, auch dort, wo er schonungslos und ohne jede Kompromißbereitschaft geführt wird, immer noch ein auffallendes Maß von *gentleness*. Die Rücksichtnahme auf Andersgläubige war aber nie nur eine reine Höflichkeit; sie stellte im konfessionellen Streit ein bewußtes Zugeständnis dar und hat sich im Laufe der Zeit auch in der Öffentlichkeit in typischen Gesten und Ritualen niedergeschlagen. Die einen bestanden darauf, die anderen bequemten sich dazu. In der sozialistischen Partei hatte die Rücksichtnahme auf die »weltanschaulichen Minderheiten« zudem eine bedeutsame Konsequenz für die *Konzeption* des Sozialismus. Denn wenn die konfessionelle Toleranz zu einem Prinzip der Partei werden sollte, konnten jene alten Dogmen, die sich mit christlichen Lehren nicht vertrugen, auch keine offizielle Ideologie mehr bleiben. Die Abkehr vom historischen Materialismus, von der Lehre Marx', war unausweichlich, doch schloß dies wiederum nicht aus, daß der Marxismus von jenen Mitgliedern, die ihm zugetan waren, weiterhin vertreten werden konnte. Im Gegenteil: Die orthodoxen Marxisten hatten genausosehr ein Recht auf dieses Bekenntnis wie die religiösen Gruppen, die auf ihrer christlichen Auffassung des Sozialismus bestanden. Angenommen wurde damals, der Sozialismus sei etwas Allgemeines »über allen Weltanschauungen«, die Partei eine Art Föderation von Sozialisten aller Strömungen.

Der Begriff »Sozialismus« wurde dadurch freilich nicht klarer. Viele fanden ihn auch gar nicht mehr zweckmäßig, war er doch wohl immer noch belastet durch Troelstras Auftreten im Jahre 1918. So wurde schließlich bei der Reorganisation der Partei das Wort aus ihrem Namen entfernt. Sie heißt heute *Partei der Arbeit.* Und dennoch strömten ihr damals nicht plötzlich Scharen neuer Mitglieder aus dem christlichen Lager zu. Der vielbegehrte Durchbruch glückte nicht, im Gegenteil. Viel Aufsehen im Lande erregte im Jahre 1954 ein heute berüchtigter Hirtenbrief der Bischöfe, der den Katholiken unter Androhung der Verweigerung der Sakramente verbot, der sozialistischen Partei oder einer ihrer Organisationen beizutreten. Derselbe Hirtenbrief verbot auch das Abhören des Senders der sozialistischen Rundfunkanstalt.

Ein Jahr zuvor schon hatte der Kardinal die Teilnahme an den katholischen Organisationen als die notwendige *Fortsetzung des Emanzipationsstrebens* gefordert. Von den niederländischen Katholiken wurde also nicht nur erwartet, daß sie am Sonntag in die Messe gingen und nach den Lehren des katholischen Glaubens lebten; sie mußten auch an den für sie bestehenden Organisationen des weltlichen Lebens teilnehmen. Das bischöfliche *»Mandement«* von 1954 stellt symbolisch den Gipfel der *Versäulung* dar, der also noch gar nicht so weit zurückliegt. Man kann die niederländische Politik und Gesellschaft der siebziger und achtziger Jahre nicht verstehen, wenn man nicht weiß, wie die Verhältnisse vor rund anderthalb Jahrzehnten noch beschaffen waren. Erschüttert, ja gesprengt wurde das alte Säulensystem erst mit dem Auftreten einer neuen Generation, und das Ergebnis sah völlig anders aus, als manch einer es sich vorgestellt hatte, der in den fünfziger Jahren den Durchbruch zu einer offenen Gesellschaft herbeisehnte.

9.
Gesinnungskonkurrenz: Die Entwicklung des Rundfunk- und Fernsehwesens als Ausdruck der Apartheid

Will man die Versäulung der niederländischen Gesellschaft mit einem charakteristischen Beispiel illustrieren und dazu eine Institution wählen, die für die moderne Kultur eine ungeahnte Bedeutung bekommen hat, dann bietet sich das Rundfunk- und Fernsehwesen an. In vergleichenden internationalen Betrachtungen über angemessene Regelungen des heutigen Medienwesens erscheinen die Niederlande stets als ein auffallender, mitunter kurioser Sonderfall. Ein deutscher Medienexperte sprach von der »interessantesten Rundfunkorganisation der Welt«, und der Belgier Herman van Pelt, von dem eine vorzügliche Analyse der Entwicklung bis etwa 1973 stammt (eine vergleichende Studie über die Niederlande und Belgien), verstand seine Darstellung als »notwendige Einführung in eine spannende Phase der niederländischen Kulturgeschichte«[68]. So empfiehlt es sich aus mehreren Gründen, hierauf einzugehen.

Die fünf Rundfunkgesellschaften, die schon in den zwanziger Jahren entstanden, sind (mit den gebräuchlichen Abkürzungen): die protestantische *(NCRV),* die katholische *(KRO),* die sozialistische *(VARA),* die freisinnig-protestantische *(VPRO)* und die bürgerlich-liberale *(AVRO).* Zu diesen alten »Säulen im Äther« gesellten sich sehr viel später drei weitere Anstalten: eine ideologisch neutrale *(TROS),* eine neokonservativ-evangelische *(EO)* und die aus einem Piratensender hervorgegangene Anstalt »Veronica« *(VOO),* die das Image einer flotten, etwas lärmenden Jugendstation hat, weil sie den Äther vorwiegend mit Popmusik erfüllt – ihr Fernsehslogan lautete: »Du bist jung, und Du willst was!« Schließlich ist als neunte Anstalt mit einem Sonderstatus die Dachorganisation *NOS* zu nennen (siehe die Übersicht auf Seite 167). Alle diese Organisationen sind sowohl für den Rundfunk als auch für das Fernsehen da; das niederländische Wort *»omroep«* umfaßt Hör- und Bildfunk.

Wer dieses System verstehen will, muß zunächst seine Entstehung kennen. »Die Niederländer haben ihr Rundfunksystem selbst gemacht«[69], heißt es in einer Einführungsbroschüre der Dachorganisation. Nicht staatliche oder kommerzielle Instanzen, sondern Amateure entdeckten schon in den zwanziger Jahren das Radio für religiöse und politische Sendungen. »Einander ignorierend oder verketzernd« (Van Pelt) zogen die Sendboten der Kirchen, Sekten und Parteien durchs Land, um für ihre Radioanstalten die Werbetrommel zu rühren. Nicht gering war die Zahl der Gottesmänner, die sich dabei hervortaten. Noch 1980 wurde ein protestantischer Theologe Direktor der sozialistischen Radio- und Fernsehgesellschaft VARA, deren voller Name »Vereinigung der Arbeiterradioamateure« lautet. »Mehr noch als die Wirtschaft«, so sagte 1966 der spätere Minister für Kultur, H. W. van

Doorn, »lebt die Kultur von den Formen der Konkurrenz und der privaten Initiativen«[70].

DAS NIEDERLÄNDISCHE RUNDFUNK- UND FERNSEHWESEN (1984)

I. *DIE »GROSSEN ANSTALTEN«*

A-Status ab 450.000, B-Status ab 300.000, C-Status ab 150.000 Mitgliedern

Name der Anstalt	Abk.	Gegr.	Status	Orientierung
Niederl. Christl. Rundfunkges.	NCRV	1924	A	protest.-christl.
Ver. Arbeiterrundfunkamateure	VARA	1925	A	sozialdemokrat.
Katholische Rundfunkges.	KRO	1926	A	röm.-katholisch
Freis.-protest. Rundfunkges.	VPRO	1926	B	freis.-progressiv
Allg. Vereinig. Rundfunkwesen	AVRO	1928	A	bürgerl.-liberal
Television-Rundfunk-Stiftung	TROS	1967	A	ideolog. neutral
Evangelische Rundfunkges.	EO	1972	C	neokonserv.-prot.
Rundfunkgesellschaft »Veronica«	VOO	1978	B	neutr. unterhaltend
Niederl. Rundfunkstiftung	NOS	Sonderstatus, siehe unter III		

II. *DIE »KLEINEN SENDEBERECHTIGTEN«* (12 Beispiele von mehr als 20)

Name der Organisation	Letzte Regelung	Senderechte
Interkirchl. Rundfunk (IKON)	1976	
Israelitische Kirchengemeinde	1974	aufgrund
Röm.-kathol. Kirchengemeinde (RKK)	1976	weltanschaulicher
Adventisten des Siebenten Tages	1971	Bedürfnisse
Humanistischer Bund	1966	
Niederl. Freimaurerorden	1967	
Stiftung Volksuniversität	1931	
Hilfsorganisation SOCUTERA	1964	aufgrund
Stiftung für Binnenschiffahrt	1968	anderer
Stiftung »Ätherreklame« (STER)	1967	Bedürfnisse
Politische Parteien des Landes	n.g.	
Niederl. Regierung (gelegentlich)	1968	

III. *DIE DACHORGANISATION FÜR DEN GESAMTBETRIEB*

Niederl. Rundfunkstiftung (NOS), 1969 durch Fusion zweier bis dahin separater Organe für Radio und Fernsehen entstanden. Aufgaben:
(1) Koordinierung und Beaufsichtigung des gesamten Rundfunkwesens,
(2) Bereitstellung und Unterhalt des techn.-admin. Apparates,
(3) Durchführung »gemeinsamer Programme« (Nachrichtendienst, Sportereignisse, Eurovision, Auslandsverbindungen usw.). Der Vorstand zählt 33 Mitglieder, davon: die Hälfte Vertreter der 8 großen Anstalten, ein Viertel Vertreter sozialer und kultureller Verbände, ein Viertel (dazu der Vorsitzende) vom Staat bestimmte und königlich ernannte Mitglieder. Radiohörer und Fernsehzuschauer können nicht Mitglied dieser Dachorganisation werden.

Anmerkung: Die Anstalt TROS erhielt 1971 B-Status, 1974 A-Status; die aus einem Piratensender hervorgegangene Anstalt VERONICA erhielt B-Status 1981; die bei der Stiftung Volksuniversität genannte Jahreszahl betrifft die Rundfunkprogramme. – Die »kleinen Sendeberechtigten«, hier nicht vollständig aufgezählt, können ihre Rechte auch wieder verlieren, wie z. B. die »Gesellschaft für sexuelle Reform«, die von 1967 bis 1971 zu dieser Gruppe gehörte.

Als in den fünfziger Jahren das Fernsehen aufkam, entfaltete es sich innerhalb des organisatorischen Rahmens, der schon für das Radio gezimmert worden war und an dem nun weiter herumgebastelt wurde. Dabei ergaben sich nicht geringe Kontroversen. Das neue Medium wurde ein kirchen- und parteipolitischer Zankapfel wie im neunzehnten Jahrhundert die Schulen. Als eine parlamentarische Debatte über die Regelungen im Jahre 1965 eine Regierungskrise und den Sturz des Kabinetts Marijnen verursachte, schrieb ein Kommentator mit Recht, diese Tatsache zeige nicht etwa, wie eine Regierung bei der Behandlung einer weniger wichtigen Frage zu Fall kommen kann, sondern wie wichtig gerade die Fernsehfrage ist. 1969 trat ein neues Rahmengesetz in Kraft, das das Verhältnis zwischen den *großen Anstalten,* den sogenannten *kleinen Sendeberechtigten* und einer notwendigen *Dachorganisation* regelt. Die Kategorie der »kleinen Sendeberechtigten« besteht aus über zwanzig sehr verschiedenen Gruppen, die nicht darauf aus sind, eine eigene Anstalt zu bekommen, aber dennoch ihre Stimme hören und ihr Bild sehen lassen wollen.

Durch das Abonnement der Programmzeitschrift einer der Anstalten wird man automatisch deren Mitglied; man kann jedoch auch ohne dieses Abonnement Mitglied werden. Die Mitgliederzahl bestimmt den Status der betreffenden Anstalt und die Menge der staatlich zugeteilten Sendezeit. Bei 450.000 Mitgliedern ist der A-Status, bei 300.000 der B-Status, bei 150.000 der C-Status erreicht. Unterhalb dieser Grenze hat eine neu sich bildende und für den Wettbewerb zugelassene Anstalt den Status einer sogenannten Bewerber-Rundfunk- und Fernsehanstalt. Alle Anstalten sind gesetzlich verpflichtet, ein »vollständiges Programm« anzubieten, nicht nur zum Beispiel Kirchendienste oder Unterhaltungssendungen. Kriterien sind festgesetzt, deren Einhaltung kontrolliert wird, doch immer wieder ergeben sich dabei strittige Punkte. Eine wesentliche Bedingung für die Zulassung einer neuen Anstalt ist - wie das Gesetz formuliert -, daß sie repräsentativ ist für eine »gesellschaftliche, kulturelle, religiöse beziehungsweise geistige Strömung im Volk«.

Die Anstalt muß *nachweisen* können, daß sie über eine *Anhängerschaft* verfügt, die die Zielsetzung unterstützt und in den Programmen - wie der gebräuchliche Ausdruck lautet - die eigenen Einstellungen und Überzeugungen »wiedererkennt«. Erwartet wird, daß die Mitglieder die Anstalt aktiv fördern, sich engagiert zeigen, wie dies die Kirchen für alle ihre Organisationen seit jeher betonten. Die protestantische Rundfunkanstalt NCRV organisiert sogar Reisen und Ausflüge und erklärte, dies sei keine »Nebenaktivität«, vielmehr ein Teil der Förderung des Zusammengehörigkeitsgefühls. Der aufstrebenden Anstalt TROS wurde 1970 der B-Status verweigert, nachdem Wirtschaftsprüfer festgestellt hatten, daß zwanzig Prozent der Mitglieder ihren Beitrag nicht bezahlt hatten; dies galt als Zeichen ungenügender Unterstützung der Anstalt.

Gewichtiger wurde zu jener Zeit jedoch die Diskussion darüber, was ein »vollständiges Programm« sei und wie die Anhängerschaft auszusehen habe. Der erstaunliche Erfolg der populären, ideologisch neutralen Anstalt TROS (heute hat sie den A-Status), die primär dem starken Bedürfnis nach guter Unterhaltung und Programmen auf hohem kulturellem Niveau zu entsprechen suchte, war ein Zeichen für den Überdruß eines zunehmenden Teiles des Publikums an aufdringlichen und tendenziösen Sendungen, von welcher Seite auch immer sie kamen. Kulturkritiker sprachen von einer »Vertrossung« und meinten damit den wachsenden Hang zur Unterhaltung. Der Aufstieg der Jugendstation »Veronica« (B-Status seit 1981) brachte die Gesetzesausleger in noch größere Verlegenheit. Das Prinzip, wonach eine Anstalt eine »gesellschaftliche, kulturelle, religiöse bzw. geistige Strömung« vertreten müsse, ließ sich immer weniger vertreten. Der Kultusminister, der auf diesem Grundsatz noch 1983 beharrt hatte, mußte kurz darauf nachgeben. In gewundenen Erklärungen hieß es jetzt, die Anhängerschaft habe eine Anzahl gemeinsamer Merkmale aufzuweisen, die es möglich mache, Programme zu gestalten und Bedürfnissen der Anhänger entgegenzukommen. Neben den traditionellen Strömungen wie Protestantismus, Katholizismus, Sozialismus und Liberalismus gebe es auch solche, bei denen das bindende Element von einer »anderen kulturellen Art« sei, wie die von »Veronica« repräsentierte Jugend zeige.

Nicht aber nur kulturelle Veränderungen, auch die beschleunigte technische Entwicklung mit ihren Neuerungen wie Satellitenübertragungen, Kabelprogrammen, Teletext-Datenbanken, Video-Geräten und wirtschaftliche Konsequenzen, zum Beispiel für Presseverlage, machten das bestehende System problematisch. Ein Mediengutachten des »Wissenschaftlichen Rates für die Regierungspolitik« von 1982 hat dazu alles Notwendige gesagt. Es hat Richtungen der Anpassung gezeigt, zugleich aber deutlich betont, daß die »Pluriformität« des Rundfunk- und Fernsehwesens und das Recht aller Minderheiten auf freie Meinungsäußerung durch alle gesellschaftlichen und technologischen Wandlungen hindurch erhalten bleiben und vom Staat garantiert werden sollen.

Kommerzielle Werbung ist den Anstalten untersagt. Indessen ist eine besondere Reklamestiftung der Privatwirtschaft als eine der zahlreichen »kleinen Sendeberechtigten« zugelassen; ihr sind zu bestimmten Zeiten reine Reklamesendungen gestattet. Im übrigen wirbt jede Anstalt, vor allem in ihrem Programmheft, für sich. So abweisend man sich gegenüber der kommerziellen Konkurrenz verhält, so zustimmend verhält man sich gegenüber der Gesinnungskonkurrenz, und seltsamerweise wird gerade diese mit Ausdrücken des Marketing-Jargons wie *»desired brand image«* oder *»unique selling points«* charakterisiert.[71] Deutlich zeigt sich bei allen Anstalten, daß sie ohne eine »Identität«, ein *»corporate image«*, ihre Mitglieder nicht an sich binden können. Die Trends in den psychologischen Dispositionen der Mitglieder und die Mitgliederwerbung sind von Anstalt zu Anstalt verschieden. Ihre Beobachtung ist auch für einen Fachmann auf dem Gebiet des Marketings, insbesondere des politischen, aufschlußreich.

Schon zu der Zeit, da die alten Stationen noch souverän den Ton angaben und das Bild noch fehlte, wurde die Abonnenten- und Mitgliederwerbung spöttisch »Seelenwerbung« genannt. Der Begriff war nicht neu. In dem der vaterländischen Geschichte gewidmeten Saal des *Rijksmuseums* hängt die satirische Allegorie »Seelenfischerei« des Malers Adriaen van de Venne von 1614. Was die Gegenwart betrifft, wurde einmal vorgeschlagen, bei übermäßiger Werbung für die eigene Säule eine Geldstrafe einzuführen, deren Höhe den Tarifen für kommerzielle Werbung entsprechen sollte. Interessant wurde Anfang der achtziger Jahre der Wettbewerb zwischen der alten protestantischen Säule NCRV und der neuen, neokonservativen evangelischen EO, die dem Sittenverfall entgegenzuwirken sucht und vermutlich bald vom C-Status zum B-Status avancieren wird. *Beide* beanspruchen nämlich, den protestantischen Volksteil zu repräsentieren. Die Anstalt EO versteht sich als »Aktion« und war beim Streben nach einem höheren Status darauf aus, jedes einzelne Mitglied einer ihr wohlwollenden gut protestantischen Familie auch als Mitglied der neuen evangelischen Rundfunkanstalt zu gewinnen.

Die allgemeine Erwartung, daß die Programme den Wünschen der Anstaltsmitglieder entsprechen, impliziert, daß ein Hörer oder Zuschauer sich nicht beschweren kann, wenn eine Anstalt, der er nicht angehört, Sendungen bringt, die er mißbilligt. Nun schaltet aber nicht ein jeder nur seine eigene Station ein. Die Zahl der Menschen, die ausschließlich Programme ihres weltanschaulichen Zuschnittes wählen, ist außerordentlich gering. So muß manches, was als irritierend und aufdringlich empfunden wird, hingenommen werden. Das alte Prinzip, Andersdenkende nicht zu verletzen, ist mit dem beanspruchten Recht, seine Meinung sagen und seine Darstellung liefern zu können, nicht immer vereinbar. Es gilt indes auch aufzupassen, daß die eigenen Mitglieder nicht verletzt werden. Als die sozialistische Anstalt am Krönungstag der Königin Beatrix eine berüchtigte »alternative Reportage« ausgestrahlt hatte und danach ein Entrüstungssturm ausgebrochen war, gab es massenhaft Austritte, so daß die Anstalt Gefahr lief, in den B-Status zurückzufallen. Die freisinnig-protestantische VPRO manövrierte sich mit allzu freisinnigen Programmen, unter anderem mit Nacktszenen und einer sogenannten Sabotage-Reportage aus einem Heeresquartier (1972), in Schwierigkeiten; sie zog sich »ministeriellen Tadel« zu, bekam dann auch im eigenen Haus Streit, konnte sich jedoch erholen. Die Anstalt »Veronica« warb im heißen Sommer des Jahres 1983 Mitglieder auf den Stränden von Scheveningen, um den A-Status zu gewinnen, rief jedoch andererseits Proteste hervor, nachdem sie den Sexfilm »Emanuelle« ausgestrahlt hatte.

Der Jahresbericht der Dachorganisation NOS gibt einen Eindruck von der Art der Aufgaben, die bei der erzwungenen Zusammenarbeit der großen und kleinen Sendeberechtigten im Rahmen dieses überbrückenden Organs und seiner Kommissionen gelöst werden müssen. Die Koordinierung der vielen getrennten Aktivitäten, die Überwindung interessenpolitischer Gegensätze und die Einigung von Fall zu Fall erfordern von allen Beteiligten nicht wenig Zeit und Energie.

10.
Alter Sendungseifer, neue Sendungsmedien und der neue Sozialmissionarismus; Gewissen und Interessen

Der Grundsatz, repräsentativen Volksgruppen, die etwas zu sagen und zu senden haben, hierzu auch die Möglichkeit zu geben, hat in den Niederlanden nicht nur dem Staat und den kommerziellen Gruppen keine Chance gelassen, auf die inhaltliche Gestaltung von Sendungen Einfluß zu nehmen. Er hat zugleich die Möglichkeiten jener Personen begrenzt, die als professionelle Sachverständige des Medienwesens und als Experten für Politik, Wirtschaft, Kultur oder Unterhaltung Kompetenzen beanspruchen können. Schon beim Radio der dreißiger Jahre betätigten sich kirchliche und weltliche Parteigänger als Regisseure, Textschreiber, Dramaturgen, Reporter, Organisatoren, Propagandisten und Mitgliederwerber. Wie früher schon Geistliche und Sozialisten erbauliche Reime und Lieder gemacht, ja große Vorkämpfer der Säulen – Schaepman, Kuyper, Troelstra – sich selbst auch hierin versucht hatten, so machten ihre Nachkömmlinge jetzt Radio- und Fernsehprogramme. Das gilt als demokratisch. Ansprüche einer professionellen Kulturelite könnten Erinnerungen an den Anspruch der Patrizier auf ein Bildungsmonopol erwecken.

Das niederländische Rundfunk- und Fernsehwesen trägt durch und durch den Stempel des Amateurhaften. Seine Reporter, Kommentatoren und Darsteller machen manchmal den Eindruck, als wären sie eben erst aus der Zuschauermenge herausgeholt worden, um die Sache einmal zu probieren. Das Publikum stört sich nicht daran. Es zieht das gelungene Improvisieren der standardisierten Perfektion vor und nimmt es hin, wenn die Improvisation einmal nicht gelingt. Das makellose, stereotype Aufsagen einstudierter, auswendig gelernter Begrüßungs-, Einführungs- und Überleitungstexte, wie man sie sich von den adretten Sprecherinnen deutscher Fernsehstationen gefallen läßt, würden im niederländischen Fernsehen als gekünstelt empfunden. Die Kehrseite der Medaille ist freilich das oftmalige Fehlen von Qualität dort, wo das Amateurhafte professionelles Können und Sachverstand nun einmal nicht ersetzen kann und zum Dilettantismus wird. Es soll sicher nicht verschwinden und braucht dort, wo es am Platze ist, nicht an den Maßstäben des Professionalismus gemessen zu werden (sowenig wie das Amateurtheater an denen des professionellen Theaters), doch fragt es sich, bei welcher Art von Sendungen es zu seinem Recht kommen soll.

In einem kleinen Land und bei einem puritanischen Volk wie den Niederländern nimmt das Fernsehen unwillkürlich Provinzcharakter an. Die Tagesschau wirkt oft wie die audiovisuelle Entsprechung zu einer Kleinstadtzeitung. Den Haag ist nicht Bonn noch London oder Paris. Wo ein Parlament stundenlang über Fernsehgebühren, Kolleggelder oder die steuerliche Absetzbarkeit der Kosten für den Neuanstrich von Häusern debattiert, wo Abgeordnete der Regierung Fragen stellen über Vorkommnisse in einem Altersheim oder über die Zulässigkeit eines Konsumartikels, nimmt sich die parlamentarische und politische Berichterstattung oft wie ein buntes Gemisch von Lokalreportagen aus. Es gibt in den Niederlanden auch keine Elitepresse, keine den großen Zeitungen anderer Länder vergleichbare »führende« nationale Tageszeitung, an der sich das Zeitungswesen orientieren könnte, von der eine gewisse Leitfunktion für die Gestaltung des gesamten Pressewesens ausginge. Auch existieren keine Boulevardblätter. In der meistgelesenen Tageszeitung, dem *Telegraaf,* findet man alles zusammen: Sensationsberichte, Geschichten, wie sie im Ausland die »Regenbogenpresse« bringt, und gescheite Kommentare namhafter Experten zur ökonomischen und politischen Lage.

Gerade dadurch aber ist die Politik dem Bürger auch wieder näher als in den großen Ländern. Es gibt in der niederländischen Öffentlichkeit keine eigentliche Prominenz, keine wirklichen Stars, in der Politik sowenig wie im Fernsehen. Die internationale Rolle macht einen Joseph Luns im Ausland zum Prominenten, wie ein Rudi Carell auch nur im Ausland ein Fernsehstar werden konnte. Daheim fehlen die Bühne, das Dekor für große Auftritte und auch ein entsprechendes Publikum. Macht ist weniger eine Show, und die Show strahlt weniger Macht aus. Politiker sprechen, als säßen sie mit den Zuschauern in der Wohnstube. Interviewer, prätentiös zwar mit herausfordernden Fragen, sind selten Partner für Gespräche über Sachfragen, die intellektuelle Ansprüche stellen. Doch kann freilich auch eine solche Szene Informationswert haben, den Politiker und den Menschen gerade in dieser Situation als klug oder unklug, sympathisch oder unsympathisch zeigen. Der Kommunikationsprozeß ist bekanntlich kompliziert; er besteht nicht nur aus verbalen Botschaften.

Die gewollte Vielfalt der Meinungsäußerung, die Institutionalisierung der Gesinnungskonkurrenz und die für alle Anstalten geltenden staatlichen Richtlinien der emanzipatorischen Medienpolitik schufen alten und neuen Diskriminierten und »sozial Schwachen« Artikulationsmöglichkeiten wie in keinem zweiten Land. Die Anstalten sind gesetzlich verpflichtet, auch Sendungen für die ethnisch-kulturellen Minderheiten zu bringen. Sie mußten dies untereinander regeln, dazu Kontakte mit »repräsentativen Organisationen« der betreffenden Gruppen aufnehmen, um deren Bedürfnisse zu erkunden. Gastarbeiter, Surinamer, Molukker und andere wurden ermutigt, ja dazu gedrängt, die Gelegenheit zu ergreifen. Sie erhielten Vorzugsbehandlung. In welchem westlichen Staat wäre es wohl denkbar, daß ein marokkanischer Arbeiter kurz vor den Abendnachrichten seine Landsleute über eine bevorstehende Streikaktion der Gewerkschaften des Gastlandes informiert und sie auffordert, daran teilzunehmen? Fernsehpolitik und ethnische Minderheitenpolitik der Regierung sind eng aufeinander abgestimmt und verdienen das Interesse aller, die sich heute mit dem Gastarbeiterproblem befassen.[72]

Die progressiven Anstalten, die beim Einsatz für die Benachteiligten aller Kategorien miteinander wetteiferten, brachten Mentoren und freiwillige Interessenvertreter auch für jene so heterogenen Menschengruppen hervor, die sich nicht organisieren können oder es nicht wollen, darunter vereinsamte alte Menschen, Wohnwagen- und Wohnbootbewohner, ehemalige Gefängnisinsassen, Drogensüchtige, sogar Pädophile. Das Feld sozialmissionarischen Wirkens war unbegrenzt. Für Frauenrechte einzutreten schien im eigenen Interesse der weiblichen Angestellten der Anstalten zu liegen. Zeremoniell überreichte die Staatssekretärin für Emanzipation der Direktion der Dachorganisation 1982 das erste Exemplar eines Regierungsgutachtens »Frauen und Rundfunk: Programmgestalterinnen in einer Männerwelt«. Eine gute Übersicht über die Ereignisse des Jahres und einen Eindruck von den Tätigkeiten vermittelt der illustrierte Jahresbericht der Dachorganisation NOS[73].

Der Anthropologe André J. F. Köbben, der sich als Vorsitzender einer Regierungskommission für die Regelung des Molukker-Problems verdient gemacht hat, widmete seine Antrittsvorlesung an der Erasmus-Universität Rotterdam 1983 einer kritischen Betrachtung jener Menschen, »die als Interessenvertreter gesellschaftlicher Gruppen auftreten, ohne zu diesen zu gehören und ohne von diesen zu einer solchen Aufgabe gewählt und bestimmt zu sein«[74]. Die Zahl dieser Menschen, sagte Köbben, hat seit dem Zweiten Weltkrieg außerordentlich zugenommen. Daß der Vortrag von einer bekannten Wochenzeitschrift als Einführungsartikel in großer Aufmachung abgedruckt worden ist, darf als Zeichen für ein wachsendes Unbehagen an dieser Erscheinung gelten. Mehr als jede andere Institution legt das Fernsehen davon Zeugnis ab, wie sehr die Vertretung der Interessen anderer zum eigenen Interesse der Vertreter geworden ist.

Soziale Probleme erfahren fast immer eine tendenziöse, kaum eine nur deskriptive Behandlung, und nicht selten wird übersehen, daß Objektivität der Darstellung nicht notwendig Neutralität gegenüber der Sache impliziert. Manch einer vergißt, daß das Ausmaß des Engagements an sich noch kein Garant für die Qualität eines Programms und für die Erkenntnis einer Problematik ist. Mancher »weltanschaulich neutrale« Dokumentarfilm einer deutschen oder belgischen Fernsehstation über Gastarbeiter, Frauenberufe, Länder der Dritten Welt und andere ernste Zeitfragen ist informativer und dem Problembewußtsein förderlicher als die tendenziöse Präsentation einer niederländischen Säule, die zu dem Thema der Sendung oft von vornherein schon einen Standpunkt bestimmt *(»gekozen«)* hat.

Daß ethische Bedürfnisse auch in die Unterhaltungsprogramme hineinreichen, zeigen zwei charakteristische Sendungen, die zu den populärsten und anspruchsvollsten des sozialistischen Fernsehens gehören. Die eine ist eine Art *Hearing,* geführt von Marcel van Dam, einem ehemaligen Staatssekretär, der einst zu den führenden Köpfen der Neuen Linken gehörte.[75] Zur Zeit (1984) ist er Abgeordneter und ein beredsamer und populärer Fernsehkommentator. Er gilt als ein aussichtsreicher Kandidat für den Vorsitz der sozialistischen Partei und könnte, je nach dem Wahlausgang, ein künftiger niederländischer Ministerpräsident werden. In der hier erwähnten Sendung empfängt er Spitzenpolitiker, Konzerndirektoren, Bankpräsidenten, Bürgermeister, Chefärzte oder Richter und stellt Gewissensfragen wie: Darf man Bankgeheimnisse preisgeben? Hat man ein Recht, einen Menschen unter allen Umständen am Selbstmord zu hindern? Was tun Sie, wenn ein fremder Staat in Ihrer dortigen Niederlassung die Entlassung eines homosexuellen Angestellten verlangt? Wie begegnen Sie im Handel mit arabischen Staaten den Boykottbestimmungen gegenüber Israel? Welchen von zwei Patienten, die mit gleich schweren Verletzungen in Ihr Krankenhaus eingeliefert werden, behandeln Sie zuerst, wenn Sie zunächst nur einem helfen können? Es geht bei diesen Fragen nicht um die Klärung von Sachverhalten, sondern darum, die Befragten aus ihrem »Zelt« zu locken, sie aufs Glatteis zu führen, ihnen Aussagen zu entlocken, die sie in einer normalen Gesprächssituation nicht machen würden. Dabei soll »zu den wirklichen Beweggründen menschlichen Handelns durchgedrungen werden«[76]. Versteckte oder evidente Voraussetzungen nehmen viele Antworten schon vorweg oder können - wie schon einmal in einem anderen Zusammenhang gezeigt worden ist -[77] auch die Verweigerung der Antwort provozieren, die Reaktion, so lasse sich die Frage nicht beantworten, womit der Eindruck entsteht, der Befragte verdränge das moralische Problem. Man kann die Sendung durchaus eine Quizsendung nennen *(»to quiz«* bedeutet ursprünglich ein herausforderndes, fixierendes Ansehen, in Herrengesellschaften früherer Zeit oft durch das Monokel), nur erfährt man bei dieser Art von Quizfragen zum Schluß nicht, wie die richtige Antwort lautet.

Die zweite Sendung ist anderer Art, hat jedoch gleichfalls eine gesellschaftskritische Tendenz und lebt großenteils von der sozialen *Chronique scandaleuse.* Eine Frau ist es hier, die sich engagiert gibt und als selbstbewußte Hostess zu einer *Talkshow* empfängt.[78] Personen oder von diesen vertretene Organisationen, die durch ein besonderes Ereignis ins Gespräch oder aber - und das ist öfter der Fall - durch eine Affäre ins Gerede gekommen sind, sollen sich äußern, sich rechtfertigen, und zwar konfrontiert mit Kritikern und umringt von einem gemischten Publikum, das lacht, Beifall klatscht oder auch Mißfallen kundtut. Die Sache geht meistens unentschieden aus. Zwischen den einzelnen Nummern sind musikalische und andere Darbietungen eingestreut, und auch zu dieser Sendung, die einen manchmal an journalistisches *muckraking* erinnert, erscheinen bekannteste Persönlichkeiten des Landes.

Die Nachteile ihres Fernsehens kennen die Niederländer selbst viel zu gut, als daß sie darauf aufmerksam gemacht werden müßten. Geklagt wird darüber, daß Minderheiten von Aktivisten und Wichtigtuern zu sehr den Ton angeben und der nichtpartizipierenden Mehrheit unerwünschte Sendungen aufdrängen. »Hier zeigt sich der Niederländer«, schreibt der Belgier Van Pelt, »als wahrer Sohn des einmischungssüchtigsten Volkes der Erde, der in allerlei Tonarten Lob und Tadel austeilt. Manch einer gewinnt dadurch sein Prestige und seine Existenz.«[79] An Kritik der Sendungen und an Polemik fehlt es nicht. Die Tageszeitung *Telegraaf* hat einen Kolumnisten, der die tendenziösen Sendungen regelmäßig lächerlich macht; seine bissigen Kommentare gehören zu den meistgelesenen Artikeln der Morgenpresse. Allgemein geklagt wird über die mangelhafte Qualität der Sendungen, wenn auch oft mit dem Gefühl, sich damit abfinden zu müssen.

Obwohl es in den Niederlanden hervorragende Schauspieler gibt, kann sich die eigene Filmproduktion mit der des Auslandes nun einmal nicht messen. Manchmal allerdings gelingt ihr plötzlich wieder ein origineller Film, wie ihn kein anderes Land zustande bringen könnte. So kommen die meisten Spielfilme, Theateraufführungen und Fernsehfilme aus dem Ausland. Sie sind mit Untertiteln versehen, die übrigens der Synchronisation auch dann vorgezogen werden, wenn man die fremde Sprache nur mangelhaft versteht - undenkbar, daß die Cowboys in einem Western oder die Gestalten einer deutschen Krimiserie niederländisch sprechen würden. Das Ausland hat somit einen hohen Anteil an der Gesamtheit aller Sendungen. Indes besitzen die Niederländer auffallend viele kabarettistische Talente, Komiker und Spaßvögel; hier gedeihen Kleinkünstler von Klasse - die Welt kennt sie nur nicht. Wenig bekannt im Ausland ist auch das blühende niederländische Musikleben. Vor allem neue, zeitgenössische Musik wird vermutlich in keinem Lande so sehr gepflegt und gefördert wie in den Niederlanden.[80]

Stellt man sich die Frage, ob das niederländische Fernsehwesen im Gegensatz zu einem zur Eintönigkeit und Ängstlichkeit neigenden Medium ein Modell für erwünschte Vielfalt und Offenheit sein kann,[81] wird man stets die besonderen gesellschaftlichen und kulturellen Rahmenbedingungen bedenken müssen. Die niederländische Regelung ist nicht von oben gekommen. Sie hat sich historisch von unten entwickelt, ist ein Aspekt der niederländischen Kultur- und Sozialgeschichte. Sicher wird es nicht so bleiben, wie es zur Zeit ist, doch auch künftige Veränderungen werden die Eigentümlichkeiten des Landes und seiner Bewohner widerspiegeln.

IV.
Die ausgehenden sechziger und die siebziger Jahre; die protestantische Ethik und der Geist des Sozialismus

Wenn es für Euch eine soziale Frage gibt, ist es notwendig, daß Ihr die Unhaltbarkeit des gegenwärtigen Zustandes einseht, diesen nicht aus nebensächlichen Ursachen erklärt, sondern aus einem Mangel in der Grundverfassung unserer Gesellschaft. Wer denkt, daß das Böse durch Züchtung frommerer Lebensart, mehr Menschenfreundlichkeit oder durch Liebesgaben beschworen werden kann, der hat eine religiöse oder philanthropische Frage, doch keine soziale im Auge. Diese existiert für Euch erst dann, wenn Ihr architektonische Kritik an der menschlichen Gesellschaft übt und eine andere Einrichtung ihres Gebäudes erstrebt.

Abraham Kuyper, *Führer der Calvinisten und niederländischer Ministerpräsident (1901-1905), auf dem Christlich-Sozialen Kongreß 1891*

1. *Das Vielparteiensystem – Merkmale und Bedeutung; Regierung und Opposition; Stil der Politik und Polemik*

Zwischen einem Zwei- oder Dreiparteiensystem und einem Vielparteiensystem besteht nicht nur ein quantitativer Unterschied. Wo, wie in den Niederlanden, ein Dutzend Parteien im Parlament vertreten ist, sieht die Politik auch qualitativ anders aus als dort, wo große Blöcke sich gegenüberstehen, sei es mit oder ohne eine dritte Partei, die als Zünglein an der Waage fungieren kann. Die größere Streuung der Macht hat ihren Reflex in Form und Stil der Politik und Polemik. Das gilt nicht nur für das Parlament, sondern auch für die Öffentlichkeit, die Medien und alle Interessengruppen als Teilnehmer und Mitspieler im politischen Geschehen. In den Niederlanden ist die Teilnahme an der Politik sehr hoch.

Vor- und Nachteile dieses oder jenes politischen Systems zu erörtern ist hier nicht der Ort. Wir möchten lediglich die charakteristischen Merkmale des niederländischen Systems darlegen und ihren Zusammenhang mit den Eigentümlichkeiten der Gesellschaft und Kultur sichtbar machen.[1] Es gibt große und kleine Parteien, Linksparteien, Rechtsparteien und Parteien der Mitte, und quer zu dieser Einteilung läuft noch die ebenfalls gebräuchliche, jedoch problematische Unterscheidung zwischen konfessionellen und nichtkonfessionellen Parteien. Auch Kleinstparteien sind im Parlament vertreten; sie müssen nur mindestens 0,66 Prozent der Wählerstimmen auf sich vereinigen, um wenigstens einen der 150 Parlamentssitze erwerben zu können.

Keine Partei kann die absolute Mehrheit gewinnen. Jede große Partei weiß von vornherein, daß sie immer nur mit anderen Parteien zusammen regieren kann. Die Koalitionsregierungen sind nicht selten Mehrparteienbündnisse, Drei-, Vier- oder sogar Fünfparteienkabinette. Das Phänomen der Opposition bleibt dann auch innerhalb solcher Regierungen bestehen. Die Beaufsichtigung der Minister durch ihre Partei ist ausgeprägt. Ein eigensinniger, dominierender Minister riskiert, die Rückendeckung seiner Partei zu verlieren. Die Unterstützung der Regierungspolitik durch die Regierungsparteien ist keineswegs automatisch gegeben. Kritik der Regierung durch die Fraktionssprecher der Regierungsparteien im Parlament ist an der Tagesordnung, ohne daß darum die Regierung notwendig zu wanken begänne. Eben dadurch, daß die Regierung so oft aus mehreren Parteien gebildet ist und Kompromisse finden muß, haben die Fraktionen der Regierungsparteien weniger das Gefühl, die Regierung sei die »ihrige«. Die Beispiele dafür, daß ein Kabinettsbeschluß auf den Widerstand von Mitgliedern der einen oder anderen Regierungspartei stößt, sind Legion. Die Macht des Parlaments ist daher verhältnismäßig groß. In der Opposition zu sein wird nicht als Zurücksetzung erfahren. Ministerämter gelten im übrigen als unvereinbar mit dem Amt eines Parteivorsitzenden.

Die alternativen Bündnismöglichkeiten, von denen jede theoretisch in Frage kommende geprüft werden muß, machen nach Parlamentswahlen die Koalitionsverhandlungen über den »Regierungsakkord« jedesmal schwierig. Oft ziehen sie sich monatelang hin, mehrmals scheiternd oder festfahrend, ohne daß darin etwas Ungewöhnliches gesehen wird; die demissionierte Regierung setzt die Arbeit in solch einem Fall fort. Eine Kunst bei den Verhandlungen besteht darin, jenen Punkt zu finden, an dem man einer starken potentiellen Regierungspartei keine weiteren Konzessionen mehr zumuten kann, ohne zu riskieren, daß sie die Verhandlung abbricht und sich einen anderen Koalitionspartner sucht. Diese Kunst hat 1977 die sozialistische Partei in ihren Verhandlungen mit dem christlichen Block nicht verstanden, so daß dieser sich schließlich mit der liberalen Partei verband.

In der Vergangenheit war es stets üblich, daß die Königin nach den Wahlen einen *»Formateur«* ernannte, in der Regel aus derjenigen Partei, die aus den Wahlen als die stärkste hervorgegangen war. Keineswegs war er damit auch schon zum Ministerpräsidenten bestimmt. Aber diese Möglichkeit zu untersuchen gehörte zu seiner Aufgabe. In den letzten Jahren ist es gebräuchlich geworden, zuerst einen *»Informateur«* zu ernennen. Im Mai 1981 waren es gleich drei auf einmal und kurz darauf, nach dem mißglückten Start der neuen Regierung, noch einmal zwei, um die in die Brüche gegangene Koalition zu »leimen«, wie der längst offiziell gewordene Begriff lautet. Informateure sollen Koalitionsmöglichkeiten erkunden, die Koalition selbst aber noch nicht zuwege bringen.

Vor der Ernennung eines Informateurs beziehungsweise Formateurs pflegt die Königin die Fraktionsvorsitzenden *aller* Parteien des Parlaments einzeln zu empfangen, um deren Standpunkte anzuhören. Die Tradition gebietet es, daß die dann zu bestellende Person alle theoretisch möglichen Bündnisalternativen selbst dann untersucht, wenn es praktisch schon deutlich ist, welche Parteien die neue Regierung am besten bilden könnten oder bilden sollten. Nicht selten jedoch läßt der Wahlausgang mehrere Bündnismöglichkeiten zu. Da keine Partei vor den Wahlen genau weiß, welche Situationen sich nach den Wahlen ergeben können, ist Vorsicht bei der Zusammenstellung von Parteiprogrammen und Wahlversprechen geboten. 1981 hatten die damals sehr eigensinnigen Linksdemokraten erklärt, unter keinen Umständen mit den Liberalen zusammen regieren zu wollen; nach einem für sie sehr günstigen Wahlausgang mußten sie sich an diese Erklärung halten, obgleich ihre politischen Ideen mit denen der Liberalen eher vereinbar schienen als mit denen der Sozialisten.

Das niederländische Parlament ist nicht besser und nicht schlechter als die Parlamente der übrigen westlichen Demokratien, doch ist es anders. Es wird in ihm noch spontan diskutiert, wenn auch nicht immer auf hohem Niveau und mit fruchtbaren Ergebnissen. Der einzelne Abgeordnete, der etwas Besonderes zu bedenken geben will, kommt zu Wort, auch der Neuling, der noch unbekannte, strebsame junge Mann oder die selbstbewußte junge Frau, die sich bemerkbar machen will. Die Stimmen der kleinsten Parteien werden genauso gehört wie die der großen, ob es sich nun um orthodoxe religiöse Gruppen oder um Kommunisten handelt. Es dominieren nicht die großen, vorbereiteten und abgelesenen Reden; hochtrabende Rhetorik, großer Beifall und Imponiergehabe sind verpönt. Es gibt in dieser Szene keine Prominenz. Regierungsmitglieder, Parteivorsitzende und Fraktionschefs sind keine Stars, keine autoritären Herren, die bis ins Pensionsalter ihre Position nicht aufgeben wollen.

In den Parteispitzen ist der Wechsel der Vorsitzenden und der Vorstandsmitglieder die Regel. Meist kommen auf den Parteitagen andere an die Reihe. Auch ein Regierungswechsel vollzieht sich als ein normales Geschehen, er wird nicht theatralisch als Machtwechsel dramatisiert. Hohe Ämter werden leicht wieder abgegeben. Die Mobilität in der Besetzung politischer Spitzenpositionen ist auffallend hoch. Rechtstitel von Positionen sind viel weniger prestigeträchtig als in anderen Ländern, sind kein Ausdruck autoritärer, hierarchischer Macht, und so sorgt man sich auch weniger um sie.[2]

Der Parlamentsvorsitzende, der von den Rednern jedesmal zeremoniell angesprochen wird, spielt keineswegs nur eine Statistenrolle. Er greift oft ein und kann Rügen erteilen, wenn die Effizienz der parlamentarischen Arbeit zu wünschen übrigläßt. Das kollegiale Verhalten der Abgeordneten zueinander ist sehr ausgeprägt. Die Rituale und Gepflogenheiten spiegeln die oligarchischen Traditionen wider und lassen erkennen, daß die Gleichrangigkeit nicht nur formell ist. Selten trat dies deutlicher zutage als beim Jubiläum und Abschied des dienstältesten Mitglieds des niederländischen Parlaments, das zufällig der kommunistische Fraktionsführer war. Kein Abgeordneter der neueren Zeit hatte seinen Sitz so lange innegehabt wie er. Sein Mitspielen auf der demokratischen Bühne hatte ihm im Laufe der Zeit eine Popularität eingebracht, die in keinem Verhältnis zum Anhang seiner Partei stand, die 1982 nur 1,8 Prozent der Wählerstimmen erhielt und damit nur drei Parlamentssitze. Auch die Geschichte dieser Partei läßt sich nur im ganzen Zusammenhang der politischen und sozialen Geschichte des Landes angemessen verstehen.[3]

In der Zurückhaltung der Regierung bei der Behandlung von Grundsatzfragen, die als Glaubens- und Gewissensfragen gelten, kommt die ideologische Neutralität eines Staates zum Ausdruck, der die Parteien als Instanzen ideologischer Standortbestimmung und ihren ursprünglichen Charakter als politische Organisationen von Kirchen und Sekten stillschweigend anerkennt. Ihre Vertreter stehen für die »Strömungen im Lande« - ein stets wieder suggeriertes Bild, das aus dem Bereich des geistigen und geistlichen Lebens in den des politischen übertragen wurde. Mandate erschienen den Strenggläubigen wie Missionsaufträge. Die Erkundung neuer Strömungen und Strömungsverläufe gilt als Pflicht der Politiker. Eine interessante Neuheit stellt in diesem Zusammenhang die sogenannte breite gesellschaftliche Diskussion dar, zu deren offizieller Organisation das Thema Atomenergie den Anlaß gab. Die Regierung stellte dazu dreißig Millionen Gulden zur Verfügung und beauftragte einen ehemaligen Minister mit der Leitung der Aktion.

Ein beredtes Zeugnis für den tiefen Ernst, mit dem eine schwerwiegende Frage vor den Augen einer kritischen Öffentlichkeit behandelt wird, boten die beiden großen Parlamentsdebatten über die Stationierung von Atomraketen auf niederländischem Gebiet: jene nach der Brüsseler NATO-Konferenz vom Dezember 1979 und die jüngste vom Juni 1984. Auf die Argumentation eines jeden Redners der so zahlreichen Fraktionen, auch des Sprechers einer Dissidentengruppe, wird bei solchen Debatten sehr genau hingehört; er darf unterbrochen werden, wenn er sich nicht deutlich ausdrückt oder etwas sagt, was eine sofortige Reaktion rechtfertigt. Der Ministerpräsident muß dann allen auf alle Punkte antworten - Ruud Lubbers benötigte in der erwähnten jüngsten Debatte fast drei Stunden -, und wenn er dies getan hat, haben alle noch ein Schlußwort. Bedeutungsvoll sind dabei die Kontroversen zwischen der Regierung und deren eigenen Parteien. Der Standpunkt des Kabinetts ist niemals automatisch schon der Standpunkt der Regierungsparteien. Da man nie sklavisch einer Parteilinie folgt, bleibt der Ausgang solcher oft bis tief in die Nacht hinein dauernder Debatten - das Ergebnis der Abstimmungen über die Anträge - manchmal bis zum Schluß ungewiß.

Die Niederländer wollen, daß sich ihre Politiker besorgt zeigen. Die oft gehörte, schon standardisierte Reaktion: »Darüber mache ich mir große Sorgen!« als Antwort auf eine Interviewfrage kommt immer an. Es schadet dem Image eines Ministers auch nicht notwendig, wenn er einmal eingesteht, daß er noch nicht weiß, wie er einem Problem zu Leibe rücken soll. Zur Schau getragene Selbstsicherheit ist unerwünscht, wenn die Problematik offensichtlich viel zu kompliziert ist, als daß einer so leicht mit ihr fertig werden könnte. Dries van Agt, der in den zurückliegenden Jahren mehrfach Minister und Premier war, sagte wiederholt von sich selbst, daß er für die Politik nicht tauge, ihrer überdrüssig sei, und er bewies gerade dadurch sein politisches Geschick. Niemand konnte ihm unterstellen, er meinte nicht, was er sagte. Er hatte es nicht nötig, die Politik ein bedenkliches Geschäft zu nennen, um so seiner Untauglichkeit dafür noch den Glanz der Tugend zu verleihen. Er konnte mit dem geheimen Einverständnis all derer rechnen, die sich sagten, man müsse froh sein, wenn heute ein fähiger und selbstlos denkender Mann noch politische Verantwortung übernehmen will.

Tatsächlich überließ Van Agt kurze Zeit später, und noch dazu nach einem glänzenden Wahlsieg, überraschend einen anderen das Ruder. Man hätte ihm noch eine große politische Zukunft zugetraut, doch gerade jetzt sprach er von der Familie und vom Privatleben, die Vorrang haben sollten. Auch dies war glaubhaft und in Übereinstimmung mit den neuen Werten der Lebensqualität, der »Wohlseinsgesellschaft«, wie die Niederländer sagen. Karikaturisten haben die jugendliche, gepflegte Gestalt des katholischen Rechtsprofessors als Chorknaben dargestellt, auch als jungen Kaplan. Wenn er durch die Straßen geht - so porträtierte ihn der Korrespondent einer bekannten Schweizer Zeitung -, »dann wirkt er trotz seinem eleganten blauen Anzug wie ein Wanderprediger, wie ein frommer Bruder, der durch das Land zieht und Buße predigt«. Die Popmusik der Wahlveranstaltung könnte auch ein himmlischer Posaunenchor sein. Ganz anders fällt das Bild des

Sozialistenführers Joop den Uyl aus, des großen Gegenspielers Van Agts, doch paßt es genauso in die holländische Landschaft. Sein Auftritt - wir zitieren noch einmal den Schweizer Beobachter - »hat nichts von der Allüre eines Staatsmannes. Hier kommt ein Delegierter nach Hause, um bei Bier und Kaffee von seiner Arbeit zu berichten. Mit seinem runden Schädel, der ohne Hals auf dem Rumpf sitzt, mit den verschmitzten Augen und den lachenden Falten um den Mund gleicht er den Bauern auf den Bildern der holländischen Meister, wie sie auf einer Hochzeit tanzen oder am Wirtshaustisch eine Sau verkaufen. Es sind die solide Bodenständigkeit, der gesunde Menschenverstand, die Fähigkeit zum Geben und Nehmen, die die Zuhörer ansprechen.«[4]

Nicht wenige niederländische Minister und Staatssekretäre sind eher Amateure als Berufspolitiker. Manch einer taucht ganz plötzlich als ein völlig Unbekannter auf, ohne je zuvor Abgeordneter gewesen zu sein, in seinen frühen Dreißigerjahren, und verschwindet dann oft ebenso plötzlich wieder von der Bildfläche, wenn das Kabinett zurücktritt. Für viele ist die Politik kein Ziel der Karriere, sondern eine Station in ihr, ein Sprungbrett für eine feste, dauerhafte Position in den mittleren, reifen Jahren. In der Wirtschaft, der öffentlichen Verwaltung und im Bildungswesen der Niederlande sind führende Leute, die in ihren Dreißiger- und Vierzigerjahren einmal politische Spitzenpositionen innehatten, keine Seltenheit. Berufspolitiker wie Den Uyl oder der im Ausland weit mehr als im eigenen Land bewunderte Joseph Luns bilden die Ausnahme, nicht die Regel. Inzwischen sind in den großen internationalen Organisationen auch Stürmer und Dränger der sechziger und siebziger Jahre gelandet, nachdem ihre Chancen in neuen politischen Konstellationen vielfach dahin waren. Der eine oder andere schien Stilelemente der niederländischen Politik als »frischen Wind« auch in den internationalen Organisationen einführen zu wollen, wenn bei dortigen Verhandlungen kein Fortschritt erzielt wurde, die Dinge festgefahren waren.

Für den Stilwandel in Politik und Polemik war das Einrücken jener Leute in öffentliche Ämter von Bedeutung, die die stürmische Wende von den sechziger zu den siebziger Jahren als Studenten, wissenschaftliche Assistenten oder junge Journalisten, zum Teil als aktive Teilnehmer an der Demokratisierungsbewegung, miterlebt hatten. Sie kamen in der niederländischen Politik früh zum Zuge und wurden nicht als Junioren betrachtet, denen im Kreise älterer Herren Zurückhaltung ziemt. Der deutsche Staatssekretär Jürgen Möllemann wurde bei einer deutschen Fernsehdebatte einmal mit Nachdruck als »Vertreter der jüngeren Generation« begrüßt; in den Niederlanden wäre etwas Derartiges unvorstellbar. Da fiele es eher auf, wenn ein schon lange pensionsreifer Politiker noch immer dabei wäre. Eine Studienkommission des *Christlich-Demokratischen Appell* (CDA) schlug 1983 in einem Bericht an die Parteiführung eine weitere Verjüngung der Parlamentsfraktion und die Aufnahme von mehr Frauen vor.

2.
Neue Linke und nette Linke: politisches Draufgängertum engagierter Jungsozialisten und Linksliberaler

Nach dem Zweiten Weltkrieg gab es im niederländischen Parteienwesen bis zum Jahre 1980 fünf große Parteien, die in mehreren Kabinetten die niederländische Politik wesentlich mitbestimmt haben: die Katholiken, die strengen und die gemäßigten Protestanten, die Sozialisten und die Liberalen. Die drei Erstgenannten schlossen sich im Oktober 1980 formell im *Christlich-Demokratischen Appell* zusammen, nachdem sie bereits 1977 mit einer gemeinsamen Liste in die Parlamentswahlen gezogen waren. Sie galten bis dahin als die drei großen *konfessionellen* Parteien. Im Gegensatz zu ihnen figurierten die Sozialisten und die Liberalen als die beiden großen *nichtkonfessionellen* Parteien. Durch den Zusammenschluß der großen christlichen Parteien waren aus den »Großen Fünf« die »Großen Drei« geworden. Im Namen der neuen christlichen Partei wurde das Wort »Union« vermieden. Die Abkürzung wäre sonst dieselbe gewesen wie die der deutschen Schwesterpartei, nämlich CDU. Dies war unerwünscht, ging nicht, denn die deutsche Schwesterpartei ist für viele niederländische Christen keine Zentrumspartei, sondern eine Rechtspartei, und das Image einer solchen Partei fürchten sie wie der Teufel das Weihwasser.

Wie wir schon früher andeuteten, ist die Unterscheidung zwischen konfessionellen und nichtkonfessionellen Parteien irreführend, weil auch die Sozialisten, Pazifisten, Kommunisten, Liberalen und Linksdemokraten das durch und durch *bekenntnishafte* System der niederländischen Parteipolitik auf ihre Weise mitbilden. Auch eine nichtkirchliche Partei – wir werden noch öfter hierauf zurückkommen – kann einen konfessionellen Charakter tragen. »Sind die Niederlande keine christliche Nation mehr, so stellt man neugierig die Frage, wohin die religiöse Energie als solche geflossen sein dürfte«, heißt es in einem Untersuchungsbericht; die Analyse des Engagements für den Frieden, die Menschenrechte und die dritte Welt läßt den Schluß zu, »daß es sich hier um die alte calvinistische Prophetie in einem neuen, säkularen Gewand handelt«[5].

Bekenntnisse heißen heute, wie wir ebenfalls schon sagten, »Gesellschaftsbilder«. Für ein Gesellschaftsbild *entscheidet* man sich. Das wurde auch in den nichtkirchlichen Parteien schon immer so empfunden. *Alle* großen Parteien, kirchliche und weltliche, waren stets bestrebt, Standpunkte zu wichtigen gesellschaftlichen Themen bekenntnishaft festzulegen. Sie haben dazu Stiftungen, die meist nach einem Vorkämpfer der betreffenden Strömung benannt sind. Ökonomen und andere Wissenschaftler, die für diese Stiftungen arbeiten, geben damit zugleich ihre eigene Entscheidung zu erkennen, was meist auch erwartet wird, wenn man sich zu umstrittenen Fragen äußert. Nichtkirchliche Gruppen, denen es nicht recht wäre, wenn man auch ihre Überzeugungen in einem Atemzug mit denen der Religionsgemeinschaften einen »Glauben« nennen würde, gäben damit eine überholte Geringschätzung des Glaubens zu erkennen. Sie können für ihr Gesellschaftsbild ja keinen höheren Gültigkeitswert beanspruchen als für die tolerierten Überzeugungen der Andersgesinnten. Die Zeit, da man meinte, sich auf einen »wissenschaftlichen Sozialismus« berufen zu können, ist vorbei. Den Uyl schrieb, daß das sozialistische Gesellschaftsbild »aufgrund neuer Analysen revidierbar ist«[6], nur dürfte er 1958, als er diese Worte schrieb, nicht geahnt haben, mit welchen neuen Doktrinen er in den siebziger Jahren als Premierminister noch konfrontiert werden würde.

In der zweiten Hälfte der sechziger Jahre kam es in mehreren großen Parteien zu Orientierungskrisen und Richtungskämpfen. Abspaltungen und Neugründungen waren die Folge. Zu den alten kleinen Parteien gesellten sich neue. Der Zusammenschluß der drei großen christlichen Parteien, der sich in den siebziger Jahren anbahnte, schuf eine Situation, die wenige Jahre vorher noch völlig undenkbar gewesen wäre. Analysen der Wahlergebnisse zeigten damals die abnehmende Identifikation der Wähler mit »ihrer« Partei, also eine Schrumpfung der Stammwähler. Die gewohnte Stabilität der Konstellation verschwand. Bei den großen christlichen Parteien ging der Anteil der jüngeren Wähler rapide zurück, von rund sechzig Prozent 1961 auf achtzehn Prozent 1972.

Das niederländische Parteiensystem
Übersicht über die 16 Parteien, die 1982 an den Parlamentswahlen teilnahmen. *12 von ihnen eroberten Sitze.* Die prozentuale Verteilung der Wählerstimmen und der Anteil der Parteien an den insgesamt 150 Sitzen des Parlaments sind unter dem Parteinamen neben dessen Abkürzung angegeben. Die Bauernpartei und die Rechtssozialisten sind heute von der Bildfläche verschwunden; die erste hatte in den 60er Jahren eine gewisse Bedeutung, die zweite war 1971–1973 Regierungspartei.

	Kleine Links-Parteien	*Große Parteien* Links-partei	*Große Parteien* Zentrum	*Große Parteien* Rechts-partei	*Kleine* Rechts-Parteien
An Kirchen gebundene (sog. konfessionelle) Parteien	*EVANGELISCHE LINKE* EVP, 0,7 %, 1 Sitz		*KATHOLIKEN* ehem.: KVP *STRENG REFORMIERTE* ehem.: ARP *GEMÄSSIGTE PROTESTANTEN* ehem.: CHU *CHRISTLICH-DEMOKRATISCHER APPELL* (1980 gegründet) (CDA, 29,3 %, 45 Sitze)		*ORTHODOXE KATHOLIKEN* RKPN, 0,2 %, 0 Sitze *ORTHODOXE PROTESTANTEN* GPV, 0,8 %, 1 Sitz *THEOKRATISCHE CALVINISTEN* SGP, 1,9 %, 3 Sitze *KONSERVATIVE EVANGELISCHE* RPF, 1,5 %, 2 Sitze
weltliche (sog. nichtkonfessionelle) Parteien	*UMWELT-PARTEI* PPR, 1,6 %, 2 Sitze *LINKS-LIBERALE* D '66, 4,3 %, 6 Sitze *KOMMUNISTEN* CPN, 1,8 %, 3 Sitze *PAZIFISTEN* PSP, 2,3 %, 3 Sitze *DOKTRINÄRE SOZIALISTEN* SP, 0,5 %, 0 Sitze	*SOZIALISTEN* PvdA, *30,4 %, 47 Sitze*		*LIBERALE* VVD, 23,1 %, 36 Sitze	*ULTRARECHTE PARTEI* CP, 0,8 %, 1 Sitz *BAUERNPARTEI* RVP, 0,3 %, 0 Sitze *RECHTS-SOZIALISTEN* DS '70, 0,4 %, 0 Sitze

Bedeutung der Abkürzungen

ARP	Antirevolutionaire Partij	PPR	Politieke Partij Radikalen
CDA	Christendemokratisch Appel	PSP	Pacifistische Socialistische Partij
CHU	Christelijk Histor. Unie	PvdA	Partij van de Arbeid
CP	Centrumpartij	RKPN	Rooms-Katholieke Partij Nederland
CPN	Communistische Partij Nederland	RPF	Reformatisch Politieke Federatie
D'66	Democraten 1966	RVP	Rechtse Volkspartij
DS '70	Democratische Socialisten 1970	SGP	Staatkundig Gereformeerde Partij
EVP	Evangelische Volkspartij	SP	Socialistische Partij
GPV	Gereformeerd Politiek Verbond	VVD	Volkspartij voor Vrijheid en Democratie
KVP	Katholieke Volkspartij		

Wer um diese Zeit von einem Verfall der großen christlichen Parteien sprach, meinte den Verlust ihrer festen Position im Zentrum. Bisher konnten zwar Katholiken und Protestanten immer ohne Liberale und Sozialisten, doch Liberale und Sozialisten nie ohne Katholiken und Protestanten regieren. Liberale und Sozialisten waren, wie Hans Daalder damals sagte, stets »Bettler um

Unterstützung«[7]. Sollte sich diese Situation nun ändern? Viele Beobachter glaubten es damals. Heute wissen wir, daß es größtenteils die Unsicherheit über den Kurs der großen christlichen Parteien war, der ihnen die Wählerverluste einbrachte. Nicht aus einer »Dekonfessionalisierung«, einem Nachlassen des Glaubens oder der religiösen Disposition, sondern aus der Orientierungskrise und den inneren Zwiespältigkeiten der christlichen Parteien angesichts *neuer Glaubensbedürfnisse* erklärt sich der Wählerabfall. Profitiert haben von dieser Entwicklung damals weniger die Sozialisten als die neuen kleinen Linksparteien, die ein klareres Bild zeigten.

In den Niederlanden gibt es mehr linke Parteien als in irgendeiner anderen Demokratie. Bei der »Neuen Linken« beziehungsweise den »neuen Linken« handelt es sich um ein diffuses, vielgestaltiges Phänomen. Zwar wurde das Wort von den Jungsozialisten der *Partei der Arbeit* monopolisiert, doch dies störte die anderen nicht, weil sich als gemeinsamer Nenner für die Gesellschaftskritiker *aller* Parteien der Ausdruck *»Progressive«* einbürgerte. Die gemeinsame geistige Basis aller - die Demokratisierungs- und Emanzipationsidee - fand als Ethik Eingang. Dazu wurden die Vorgänge außerhalb der Politik bedeutungsvoll, vor allem im Medienbereich und im Bildungswesen. Die parteipolitische Entwicklung war nur ein Teil der breiteren gesellschaftlichen Bewegung, für die der wiederholt gebrauchte Ausdruck »Kulturrevolution« kaum übertrieben erscheint. Verbände, Stiftungen und andere Organisationen legten sich spontan auf einen neuen Kurs fest, sei es durch Statutenänderungen, Grundsatzerklärungen, Reorganisationen der Führung oder einfach durch neue Programme. Indem die Entwicklung als Demokratisierung aufgefaßt wurde und im Prinzip staatlich sanktioniert war, wurde ihre Infragestellung weitgehend tabuisiert. Der Gang der Dinge wurde weniger durch Auseinandersetzungen zwischen progressiven und konservativen Gruppen bestimmt als durch die konkurrierenden Bestrebungen der Progressiven untereinander.

Die spektakulären Ereignisse des Wirbelsturmes, der damals durch die niederländische Gesellschaft ging, sollen nun zusammengefaßt werden: erstens die Revolten und Neubildungen in der Parteienlandschaft, insbesondere der geglückte Aufstand der Jungsozialisten in der *Partei der Arbeit* sowie das Auftreten der Linksdemokraten *D'66* und der radikalen Sammlungspartei *PPR* als Regierungsparteien; zweitens die Erneuerungsbewegung in der katholischen Kirche, die zu einem Konflikt mit dem Vatikan führte; drittens die weniger auffällige, doch von gleichem Elan getragene Radikalisierungsbewegung bei den Protestanten mit der Revision ihres Verhältnisses zum kapitalistischen Wirtschafts- und Gesellschaftssystem und viertens die Universitätsrevolte, die den Niederlanden das revolutionärste Hochschulgesetz brachte, das je ein westlicher Staat eingeführt hat. Wir beginnen mit dem Parteienwesen.

Handstreichartig rissen die sozialistischen Rebellen 1966 die Führung der Partei an sich. Sieben Jahre später saßen sie in der Regierung und stellten die Hälfte der sozialistischen Parlamentsfraktion. Mit zwei Ministern und drei Staatssekretären (fünf von dreizehn Regierungsmitgliedern) waren sie am Kabinett Den Uyl (1973–1977) beteiligt. Sie waren aber keineswegs die einzigen Radikalen in diesem Kabinett. Rechnet man die Regierungsmitglieder der Linksdemokraten und der *PPR* (der niederländischen »Grünen«) hinzu, dann bestanden zwei Drittel der Regierung aus Radikalen. Von den verbleibenden christlichen Regierungsmitgliedern gehörten einige dem linken Flügel ihrer konfessionellen Partei an. Wir bleiben jedoch noch bei der Gruppe *Nieuw Links* der *Partei der Arbeit*, die nach 1966 so viel von sich reden machte.[8]

Das Programm der Gruppe konnte kaum radikaler sein. Nur die wichtigsten Punkte seien genannt: Abschaffung der Monarchie nach dem Rücktritt von Königin Juliana; bedingungslose Anerkennung der DDR und des Vietcong; Austritt aus der NATO für den Fall der Aufnahme Spaniens und Portugals; Entwicklungshilfe in Höhe von zwei Prozent des Volkseinkommens; Arbeitnehmermitbestimmung in Wirtschaftsunternehmen und Mitgliedermitbestimmung in Parteien und Verbänden; Zentralisierung der Lohn- und Gehaltsfestsetzung in der Regierung unter Kontrolle durch das Parlament. Außen-, Entwicklungs-, Bildungs- und Einkommenspolitik galten als zentrale Gebiete für die Verwirklichung des Programms, doch wurde der Einkommenspolitik eine Schlüsselfunktion für die »fundamentale Demokratisierung der Gesellschaft« zuerkannt. Die Erbschaftssteuer sollte bei Erbschaften über 100.000 Gulden drastisch erhöht werden, »zum Beispiel bis zu 99 %«[9].

Nur wenig von diesem kühnen Programm wurde während der vierjährigen Dauer des Kabinetts Den Uyl verwirklicht. In der Außenpolitik fiel das Erteilen moralischer Zensuren an fremde Regierungen auf. Die Entwicklungspolitik unterstützte Befreiungsbewegungen, auch ohne genau zu prüfen, ob sie wirklich Freiheit brachten. Die Einkommens- und Sozialpolitik jedoch, die durch wichtige Regierungsdokumente[10] als gesellschaftliche Strukturveränderungspolitik begründet und präzisiert wurde, bekam für den Strukturwandel der Wirtschaft während der siebziger Jahre große Bedeutung. Wir werden hierauf bei der Darstellung der ökonomischen Entwicklung zurückkommen.[11]

Ende 1977 saßen die Sozialisten wieder auf den Oppositionsbänken. Sie hatten dies weniger dem Wahlausgang als ihrem ungeschickten und anmaßenden Verhalten bei den Koalitionsverhandlungen zuzuschreiben. Ihre *Neue Linke*, nun schon nicht mehr so neu, schien den Schwung von einst verloren zu haben. Die Anhänger waren enttäuscht, die Gemäßigten in der Partei waren am Gegenzug. Euphorie war der Ernüchterung gewichen. An die Macht gelangt, waren die Draufgänger mit den harten Tatsachen der Regierungsaufgaben konfrontiert worden. Sie hatten parlamentarischen Widerstand kennengelernt, den mühsamen Gang der Gesetzgebung, die Sachzwänge der Verwaltung. Sie waren jetzt auch schon untereinander zerstritten. Manch einer war zu Amt und Würden gekommen und von den Strapazen der Verantwortung für das bestehende System voll in Anspruch genommen. Einer wurde Bürgermeister von Rotterdam, ein anderer Landdrost des Ysselmeerpolders. Ihr geistiger Führer, der Universitätsprofessor geworden war, scherzte grimmig, die berühmte Passage aus dem Kommunistischen Manifest paraphrasierend: »1966 hatten die Neuen Linken nichts zu verlieren als ihre Ketten; 1976 haben sie nichts zu verlieren als ihre Amtsketten.«[12]

Als Folge der Revolte in der *Partei der Arbeit* hatte sich 1970 der rechte Flügel abgespalten und eine sozialistische Rechtspartei, *Demokratische Sozialisten 1970 (DS'70)*, gegründet, die noch *vor* den Neuen Linken in dem kurzlebigen christlich-liberalen Kabinett Biesheuvel (1971–73) mit zwei wichtigen Ministerposten zum Zuge kam. Heute ist diese Partei wieder verschwunden. Sie verlor die Funktion, die sie damals hatte und auch erfüllte. Sie war es nämlich - nicht die liberale oder eine konservative konfessionelle Partei -, die gegen die Polarisierung, die ideologische Aufpeitschung und vor allem gegen die wachsenden Ausgaben für den Wohlfahrtsstaat die Sturmglocke läutete. Sie drängte zur Eindämmung der Staatsausgaben, zur Inflationsbekämpfung, und es war wohl kein Zufall, daß sich gerade in ihren Reihen Finanzexperten und Ökonomen hervortaten. Ironischerweise wurde diese Partei dann gezwungen, sich weniger gegen die *Partei der Arbeit* als gegen ihre christlichen und liberalen Koalitionspartner zu stellen, die an der Entwicklung der Sozialausgaben mit allen Folgen für die betrieblichen Arbeitskosten und die niederländische Wirtschaft keineswegs weniger stark mitwirkten als nachher die Sozialisten. Die Bemühungen dieser zur Mäßigung drängenden sozialistischen Splitterpartei hatten keinen Erfolg, doch waren sie immerhin eine bemerkenswerte Erscheinung.

Anders als den Rechtssozialisten erging es den linksliberalen *Demokraten 1966 (D'66),* wie sie sich nannten. Hatten sich jene selbständig gemacht, weil ihnen die sozialistische Partei zu sehr nach links geraten war, so hatten diese sich von der liberalen Partei abgewandt, weil letztere ihnen zu sehr rechts stand. Die Linksliberalen fuhren im »Kabinett der progressiven Kräfte«, wie die Fünfparteienregierung Den Uyl genannt wurde, den von den sozialistischen *Neuen Linken* gesteuerten Kurs mit. Sie hatten die Erneuerung der Demokratie auf ihre Fahne geschrieben. Man sprach von einem bürgerlichen Radikalismus mit pragmatischem Einschlag. Die Bürger sollten nicht bequem und behäbig werden, nicht nur an ihren eigenen, privaten Wohlstand denken, sondern sich um die Verbesserung der öffentlichen Angelegenheiten kümmern. Die Mitglieder der Partei, so sagte einer ihrer Vorsitzenden einmal, seien Leute, »die gut genug situiert sind, um sich weniger Sorgen um ihre Zukunft machen zu müssen, und sich gerade deshalb Sorgen um die Welt ihrer Kinder machen können«[13].

Von den Vorkämpfern und Wortführern der *Demokraten 1966* hieß es, sie wirkten gepflegter als die anderen Linken, seien besser gekleidet und frisiert und träten manierlicher auf als die bärbeißigen sozialistischen Rebellen. So könnte man sie auch die »netten Linken« nennen. Populäre Gestalt als Fraktionschef und Parteiführer, zugleich politisches Jugendidol mit viel Flair, wurde ein junger Naturwissenschaftler und Kinderbuchautor, der später jedoch als Wirtschaftsminister arg überfordert war und sich schließlich ganz aus der Politik zurückzog. Ihren Anhang fand die Partei bei mittleren und leitenden Angestellten der Wirtschaft, später auch bei Beamten und Selbständigen und vor allem bei modern denkenden, berufstätigen Frauen. Wem die Liberalen zu konservativ, die Christen zu kirchlich, die Sozialisten zu radikal waren, dem boten sich die bürgerlich-demokratischen Radikalen als richtige Alternative an.

Das Beispiel dieser interessanten politischen Gruppierung zeigt die Komplexität des Phänomens der *Neuen Linken* und zugleich die Problematik einer neuen, jungen Partei, die es mit den großen, etablierten Parteien aufnehmen will. Auch die »netten Linken« versprachen viel, traten mit großer Selbstsicherheit auf den Plan, konnten sich aber nach 1973 im Kabinett nicht profilieren. Sie zogen sich den Ruf eines Trittbrettfahrers der sozialistischen Radikalen zu, von denen sie völlig beherrscht wurden, ja sie mußten sich den Vorwurf gefallen lassen, noch nicht erwachsen zu sein. Als es ernst wurde, fehlte ihrer Partei alles, was eine Regierungspartei braucht: Organisation, ausgearbeitete Pläne und erfahrene Politiker. Bei den Parlamentswahlen von 1977 erlitt die Partei einen großen Rückschlag. Die neue Regierung wurde wieder eine christlich-liberale: das Kabinett Van Agt (1977–1981).

Dennoch hatten die *Demokraten 1966* nach weiteren vier Jahren ein erstaunliches Comeback. Bei den Wahlen von 1981 wurden sie mit der doppelten Zahl der Parlamentssitze der eigentliche Sieger. Dann aber wiederholte sich ihr Schicksal: Wieder waren sie an der Regierung und abermals enttäuschten sie, diesmal mit dem schon erwähnten, nach 1977 als Fraktionschef aufgeblühten, attraktiven Führer als Wirtschaftsminister. Jetzt, um die Mitte der achtziger Jahre, scheint ihre Zeit endgültig vorbei zu sein. Die großen Parteien sind wieder gefestigt, und die alte liberale Partei verstand es nun, mit einem jungen Mann, der wie ein Popsänger aussieht, die Herzen und Stimmen vieler hoffnungsvoller Bürger zu gewinnen. Klar und entschieden debütierte er bei den Koalitionsverhandlungen von 1982, zog es aber vor, selbst noch keinen Posten als Minister und Vizepremier zu übernehmen, weil er, wie er ausdrücklich sagte, erst noch mehr Erfahrung sammeln wollte. Er wurde der Führer der liberalen Parlamentsfraktion.

Noch eine kleine radikale Splitterpartei gilt es zu erwähnen, die 1968 entstand und fünf Jahre später mit Jungsozialisten, Linksliberalen und reformbewußten Christen zusammen den progressiven Kurs des Kabinetts Den Uyl einschlug: die *Politische Partei Radikaler* (PPR). Diese des öfteren mit den deutschen »Grünen« verglichene Gruppierung war von abtrünnigen Katholiken gegründet worden und setzte sich zum Ziel, alle Radikalen zu sammeln, wo auch immer ihre Radikalität herkommen mochte, »aus christlicher Inspiration, aus humanistischem Verantwortungsgefühl, aus den Ideen von Marx oder aus einem allgemeinen menschlichen Gefühl«[14], wie es in der Parteibroschüre heißt. Tatsächlich entwickelte sich diese Partei zu einer der radikalsten. Auf einem ihrer Kongresse beschloß sie den Austritt aus der NATO, weiterhin trat sie als militanter Kernkraftgegner auf.

In der Regierung fielen dieser Partei damals zwei wichtige Ministerien zu: das ideologisch tonangebende *Ministerium für Kultur*, welches die Politik aller anderen Ministerien nach der allgemeinen gesellschaftsreformerischen Zielsetzung koordinieren sollte, und das Forschungsministerium, das unter anderem für die Untersuchung der Kernkraftprojekte zuständig war. Schließlich erhielt auch ein Mitglied dieser Partei den wichtigen Posten des Leiters der Dachorganisation der niederländischen Rundfunk- und Fernsehanstalten, die unter anderem den gemeinsamen Nachrichtendienst besorgt.

Bei vergleichenden Studien politischer Systeme gilt es zu erkennen, wie sehr die vielgestaltige niederländische Parteienlandschaft mit der Medienlandschaft verwachsen ist und wie wesentlich beide als ein Aspekt des herkömmlichen Gefüges versäulter Institutionen entstanden sind. Das staatsrechtliche System politischer Parteien im engeren Sinn entwickelte sich als politischer Niederschlag der Dynamik des gesellschaftlichen Mittelfeldes zwischen den Bürgern und dem Staat, als Ausdruck der in Kirchen-, Sekten- und andere Glaubensgemeinschaften gegliederten Nation. Die Änderung dieses ganzen Systems, der »Funktionsverlust der traditionellen Solidaritätsverbände« (A. Zijderveld) und die Auswirkung dieses Vorganges auf das Parteienwesen bilden heute den sozialkulturellen Hintergrund des politischen Strukturwandels.

3.
Die Rebellion der Katholiken, der Konflikt mit Rom und der Affekt gegen die puritanischen Sitten

Der Aufstand in der sozialistischen Partei fiel mit der Rebellion in der katholischen Kirche zusammen. 1966 war auch hier die Reformbewegung in vollem Gange, zehn Jahre später kam das vom Papst verkündigte und erzwungene Halt. Inzwischen hatten die Vorgänge in der ganzen Welt Aufsehen erregt. Verständlich werden sie aber nur, wenn man sie aus der historischen Entwicklung des niederländischen Katholizismus und im Zusammenhang *aller* anderen Ereignisse der sechziger Jahre zu erkennen sucht.

Die Aktionen der niederländischen Katholiken gegen ihre kirchliche Hierarchie waren nämlich erst in dem Moment möglich, als die kulturelle, gesellschaftliche und politische Unabhängigkeit der Katholiken vom protestantischen Volksteil nicht mehr bedroht war. Als man unter der Parole *»Mündigkeit der Laien«* für die Demokratisierung der ältesten aller internationalen Organisationen eintrat, ging es nicht mehr, wie in den vergangenen zweihundert Jahren, um die Emanzipation der Katholiken von der Vorherrschaft der Protestanten, sondern um die Emanzipation der katholischen Priester und Laien von der Herrschaft Roms und seines Episkopats mit allem, was dies für den Gottesdienst, die Liturgie und das organisierte Leben der Katholiken bedeutete.

Tatsächlich ist die katholische Erneuerungsbewegung aufs engste mit dem Aufgeben der einst gewählten Isolierung verknüpft, die für alle niederländischen Glaubensgemeinschaften charakteristisch war. Das Aufbrechen der geschlossenen Gesellschaft, die »Entsäulung«, die jetzt von fortschrittlich denkenden Katholiken begrüßt wurde, obgleich sie der katholischen Partei und den katholischen Organisationen jene von den Bischöfen als drohende »Entkirchlichung« ausgelegten Mitgliederverluste eingetragen hatte, stellte sich auf einmal ganz anders dar. In dem Maße, wie das Ziel der ursprünglichen Emanzipationsbewegung erreicht wurde, nahm die Notwendigkeit der katholischen Volksgruppe, ein Leben in gesellschaftlicher Apartheid zu führen, ab. Die repressive Reaktion des Episkopats auf die wahrgenommenen Tendenzen - der Hirtenbrief von 1954, der letzte autoritäre Versuch der Bischöfe, die Reihen zu schließen -[15] hatte eine ganz andere Wirkung als erwartet: Sie trug nur dazu bei, das Selbstbewußtsein der anspruchsvollen, sich »mündig« fühlenden katholischen Laien zu stärken und die um diese Zeit schon keimende Reformbewegung zu fördern. Zur Entfaltung kam sie dann in den sechziger Jahren.

Katholische Sozialtheoretiker trugen damals dazu bei, auch in der Kirche jenen Gedanken zu propagieren, der die zu seiner Aufnahme disponierten Gläubigen rasch ergriff und dann auch bald banal wirkte: die Idee, wonach einer Konfliktaustragung nicht aus dem Wege gegangen werden soll, wenn sie fruchtbar ist und wünschenswerte Erneuerung verspricht.[16] Das Wort »Konfliktmodell« wurde der gängige Begriff, in dem sich bei der neuen, jetzt an den Hochschulen aktiven Laiengeneration aller Bekenntnisse die theoretische Konzeption des verweltlichten Glaubensstreites auszudrücken schien; umgekehrt konnte das Wort »Harmoniemodell« eine unbewußte Assoziation an die von den Radikalen früherer Zeiten angeprangerte »Nachgiebigkeit« nahelegen. Nachgiebige, »Reckbare«, wurden ja im vorigen Jahrhundert schon die gemäßigten Protestanten genannt. Die calvinistischen Progressiven der sechziger Jahre (wir kommen auf sie noch zurück) haben das Konfliktmodell ausgesprochen evangelisiert, die Stiftung moralischer *Beunruhigung* über den Lauf der Welt und konsequentes, radikales Verhalten als geboten dargestellt.

Der Anstoß zur Erneuerungsbewegung in der katholischen Kirche kam bekanntlich vom höchsten Würdenträger selbst, von Papst Johannes XXIII., der die Katholiken in aller Welt 1959 zum *Aggiornamento* aufrief und sie auf dem Zweiten Vatikanischen Konzil 1962 aufforderte, den Dialog mit den anderen christlichen Gläubigen zu suchen. Ausdrücklich spornte nun das Oberhaupt der Kirche dazu an, die Traditionen der Kirche im Licht der Gegenwart kritisch zu betrachten und neu zu gestalten. Damit war für die Niederländer nicht nur die Kirchenreform, sondern auch der begehrte Ausbruch aus der von den Bischöfen bewachten geschlossenen Lebensform - die »Entsäulung« also - *legitimiert.* In keinem Land der Welt war die Bereitschaft der Katholiken so groß, dem Aufruf des Papstes »mit dem Einsatz aller Kräfte« zu folgen; »endlich durfte man«[17], schreibt Walter Goddijn, der Organisator der Bewegung, in seinem Rückblick. Wir halten uns bei der chronologischen Zusammenfassung der Ereignisse am besten an seine Darstellung, nicht nur, weil er selber eine prominente Rolle spielte, sondern weil er später auch Distanz suchte und daranging, eine gründliche und überaus aufschlußreiche soziologische Analyse zu liefern.

Der niederländische Kardinal Willebrands wurde der präsidierende Kardinal der ökumenischen Sektion der römischen Kurie, der Utrechter Kardinal Alfrink, in dem viele schon das internationale Symbol der Erneuerungsbewegung sahen, Mitglied der Vorbereitungskommission des Konzils und Präsidiumsmitglied der ersten Plenarversammlung. Die Spitzen des niederländischen Katholizismus spielten eine wichtige Rolle in Rom, was im eigenen Land nicht ohne Stolz vermerkt wurde. Es trug dazu bei, Priester und Laien zu weiteren Initiativen zu ermutigen, sie zu seelsorgerischen Experimenten anzuspornen, die konsequent, mit dem auch für ihr Verhalten längst charakteristischen Reformgeist calvinistischer Prägung, in Angriff genommen wurden.

Die Herrschaftsstrukturen der Kirche und die Glaubenskatechese wurden die wichtigsten Diskussionsthemen. Im Jahre 1966 erschien der neue *Niederländische Katechismus*, in dem die alten, volkstümlichen Darstellungen der biblischen Geschichte nicht mehr vorkamen. Der Religionsunterricht sollte nun eine neue, zeitgemäße Form erhalten. Bald darauf folgten zehn Übersetzungen und die Ankündigung weiterer. In Italien waren zwei Monate nach Erscheinen der italienischen Ausgabe 60.000 Exemplare verkauft, in den Vereinigten Staaten sprach man vom »Buch des Jahres«[18]. Damit begann der niederländische Katholizismus in der Weltpresse Schlagzeilen zu machen. Sensationsblätter und Fernsehsendungen brachten auch verkehrte Darstellungen, die Angriffe, Verteidigungen und Polemiken nach sich zogen. Die Reaktion auf den Erneuerungseifer konnte nicht ausbleiben. Sie kam im Gefolge eines Führungswechsels in Rom. Paul VI., der Nachfolger des 1963 verstorbenen Johannes XXIII., unterließ es, die niederländischen Reformatoren noch weiter zu ermutigen. Er war im Gegenteil bestrebt, ihren Eifer zu bremsen, doch gelang dies nicht so leicht und nicht ohne Konflikte. Priester und Laien, die die Theologie nicht länger als Monopol des Klerus betrachteten, waren schon dabei, ein revolutionäres Experiment vorzubereiten: das *Nationale Pastorale Konzil* der Niederländischen Katholiken (1965-1970). Etwas Derartiges hatte es in der katholischen Kirche noch nicht gegeben.

Der Papst schrieb an das Konzil einen Brief, drückte sich vorsichtig aus, nannte es »eine der anspruchsvollsten und delikatesten Unternehmungen«. Er gab sich väterlich, wohlwollend, sprach die Hoffnung aus, daß die Beratungen zu einem klaren Glaubensbekenntnis führen und falsche Vorstellungen zurückdrängen würden, die »in der letzten Zeit die Reinheit des Glaubens in einigen Punkten, wie bekannt, getrübt und die Standhaftigkeit und Ausgeglichenheit vieler Gläubigen gestört haben«. In scharfem Kontrast zu dieser in mildem Ton gehaltenen Botschaft stand ein Brief der niederländischen Bischöfe an das Konzil. Darin wurde die Erneuerung der Kirche als notwendig, unausweichlich und schwierig bezeichnet. Goddijn betont, daß beide Briefe unabhängig voneinander geschrieben wurden und zwei unvereinbare Grundhaltungen zum Ausdruck brachten, die doch »beide gleich legitim«[19] seien.

Die Vorschläge des Konzils waren revolutionär. Empfohlen wurden die Beseitigung des Zölibats, die Aufhebung des Verbots empfängnisverhütender Mittel und die Zulassung eines gemeinsamen Abendmahls mit den Protestanten, das in den Niederlanden schon praktiziert wurde. Die Beziehungen zwischen dem Vatikan und dem niederländischen Episkopat waren gespannt. Noch schlechter wurden sie, als der Vatikan, ohne die Häupter der niederländischen Kirche zu konsultieren, zwei neue Bischöfe ernannte. Für solches Vorgehen wurde man um diese Zeit immer empfindlicher, war doch in anderen Lebensbereichen bei wichtigen Entscheidungen die Konsultation maßgeblich Beteiligter längst zu einer selbstverständlichen Erwartung geworden.

Im Jahre 1976 verlangte der Vatikan die Entlassung der verheirateten Geistlichen, die an den katholischen Hochschulen und in den Stiftungen Lehrämter für die Priesterausbildung innehatten. Die Bischöfe gingen auf diese Forderung nicht ein, gaben dies in einer Erklärung bekannt, woraufhin einer der neuernannten Bischöfe in einer Gegenerklärung die Forderung des Vatikans ausdrücklich guthieß. Die Folge waren Aktionen gegen ihn, schließlich ein offener Konflikt. Erneut geriet die Kirche ins Rampenlicht der Medien. Da indes weder die progressive noch die konservative Gruppe ein Interesse daran haben konnte, die Dinge auf die Spitze zu treiben, wurde dann auf eine Versöhnung hingewirkt, womit die Gegensätze freilich nicht aus der Welt geschafft wurden. Goddijn schrieb: »Die Führung der Kirche ist in ernster Weise entzweit, ihre Häupter werden einander untreu, und genau dies steht im Gegensatz zur früheren Blockbildung und ›Versäulung‹.«[20]

Nach der Restaurationswelle, die Papst Johannes Paul II. brachte, trat eine spürbare Resignation ein. Vier umstrittene Neuerungen waren es, die der polnische Papst mit großer Entschiedenheit abwehrte: Erstens die Aufgabe der individuellen Beichte und die kollektive Erteilung der Absolution, zweitens das gemeinsame Abendmahl mit den Protestanten in einem gemeinsamen eucharistischen Gottesdienst, drittens die Veränderung der traditionellen Form des Priesteramtes durch Aufhebung des Zölibates - dies implizierte die Entfernung der verheirateten Priester aus Lehrämtern - und viertens die Antastung der kirchlichen Hierarchie durch Mitspracherechte von Laien und Priestern sowie die Festlegung solcher Rechte in nationalen Konzilen oder Synoden. Die globale Aktivität, die der polnische Papst entfaltete, die Ereignisse in seinem Heimatland und das wachsende Interesse für den Katholizismus in den außereuropäischen Ländern führten in letzter Zeit dazu, daß es um die Entwicklung der Kirche in den Niederlanden wieder stiller wurde.

In diesem Zusammenhang gilt es noch, einen wichtigen Aspekt des Kulturwandels ins Auge zu fassen, nämlich die Abkehr von den puritanischen Sitten, insbesondere von den strengen sexuellen Geboten. Diese Abkehr lief mit der Reformbewegung in der katholischen Kirche parallel. Sie betraf die ganze Gesellschaft, den katholischen Volksteil jedoch in akuter Form, und ging nicht geräuschlos vor sich. Sie nahm die Merkmale einer Befreiungsbewegung an, und zwar einer, die sich exhibitionistisch gab. Personen und Vereine, die sich ursprünglich mit Fragen der sexuellen Aufklärung in Schulen und Familien sowie mit Eheproblemen befaßt hatten, entwickelten sich mit einem Schlag zu Vorkämpfern der *permissive society,* die nun auch die Verwerfung des alten Sittenkodex emanzipatorisch interpretierten.

Unbemerkt, nur von Apothekern und Ärzten registriert, blieb der Übergang zur Geburtenkontrolle durch empfängnisverhütende Mittel. Ihr Gebrauch galt noch immer als Sünde, war von der katholischen Kirche streng verboten und darum auch stets vermieden worden. Auf normalem Weg waren die Mittel nicht erhältlich, ihr Verkauf in Geschäften vieler katholischer Orte war verboten. Der »Durchbruch« kam 1963, von außen gleichsam, mit einer Erfindung: Das Jahr gilt als »Jahr der Pille«, die von diesem Zeitpunkt an von den Ärzten verschrieben wurde und in Apotheken erhältlich war. Das Jahr 1965 bildet die erste von zwei bedeutsamen Zäsuren in der demographischen Entwicklung der Bevölkerung; in diesem Jahr trat ein unerwartet starker Rückgang der Zahl der Zweit- und Drittgeburten auf, ein Vorgang, der bei näherer Untersuchung den Einfluß der »explosiven Verbreitung der Pille während der Jahre 1964 und 1965 in allen Bevölkerungsschichten und allen Landesgegenden«[21] erkennen ließ. Das Jahr 1970 brachte dann eine zweite Zäsur; diesmal folgte ein plötzlicher Rückgang der Zahl erstgeborener Kinder, und hier zeigte die Analyse eine deutliche Korrelation mit der Zunahme der Schwangerschaftsunterbrechungen, deren Praxis sich eingebürgert hatte und kaum noch verfolgt wurde. Bei der Diskussion über die gesetzliche Regelung konnte stets betont werden, diese sei nur die notwendige Anpassung des Gesetzes an eine faktische Situation.

Ein Zusammenhang zwischen dieser Entwicklung und den Vorgängen in der katholischen Kirche darf angenommen werden; wir haben es hier sicher nicht nur mit einem zeitlichen Zusammentreffen zu tun. Solange die Kirche nämlich ihre Zustimmung zum Gebrauch empfängnisverhütender Mittel und zur Schwangerschaftsunterbrechung verweigerte, blieb für konsequente, an die Befolgung kirchlicher Gebote gewohnte Katholiken ein Gewissenskonflikt bestehen. Die Erneuerungsbewegung in der Kirche dürfte ihre Stoßkraft nicht zuletzt aus dem Drang nach Beseitigung gerade dieses Konfliktes empfangen haben.

Die Führung der Kirche wurde dabei mit einer komplexen Frage konfrontiert, die nicht nur moralischer Art war. Ehe und Familie waren von der niederländischen katholischen Kirche seit jeher auch als eine Sache der Bevölkerungspolitik im Dienste des Emanzipationsstrebens propagiert worden. Nicht selten pflegten Geistliche bei ihren Hausbesuchen in Limburg und Brabant nach der Ursache zu fragen, wenn ein Ehepaar nach einer gewissen Zeit noch kein Kind hatte. Der katholische Volksteil sollte wachsen – auch das war als Ziel der Emanzipationsbewegung kräftig propagiert worden; tatsächlich wurde er der kinderreichste in einem Land, in dem die Protestanten so lange und so sehr dominiert hatten. Bis in die sechziger Jahre fielen die Niederlande den Demographen als das europäische Land mit der weitaus größten Geburtenhäufigkeit und dem stärksten Bevölkerungswachstum auf. Sieben und mehr Kinder waren in katholischen Familien keine Seltenheit.

Als die Katholiken das Wohlfahrtsministerium innehatten und die staatliche Wohlfahrtspolitik tatkräftig mitgestalten konnten, förderten sie durch großzügige Kindergeldregelungen und andere Maßnahmen für kinderreiche Familien vor allem das Wachstum ihrer eigenen Volksgruppe. Sicher besteht zwischen der von den Bischöfen propagierten »Vollendung« der Emanzipation und dem erstaunlichen Bevölkerungswachstum der Niederlande nach dem Zweiten Weltkrieg ein Zusammenhang, auch wenn dieses Wachstum nicht allein hieraus zu erklären ist. Die Niederlande fielen auch durch die niedrigste Rate unehelicher Kinder auf; vorehelich gezeugte Kinder hatten fast immer erzwungene Heiraten zur Folge. Und nicht zuletzt fand die strenge Familien- und Ehemoral in der Ehescheidungsrate ihren Niederschlag. Diese war stets niedriger als in anderen europäischen Ländern; erst von 1971 an nahmen die Ehescheidungen auch in den Niederlanden rapide zu.[22]

Sozusagen über Nacht zerbrach die bürgerliche Sexualmoral. Kirchenzucht und die Lehre, wonach die Ehe für die Kinder da ist, konnten sie nicht länger aufrechterhalten. Die Auflehnung war heftig. Obschon in der ganzen westlichen Gesellschaft ein Symptom des allgemeinen, tieferen Kulturwandels: ein Zeichen der Abkehr von Autorität, Ausdruck gestiegener Ansprüche, gesteigerter Mobilität, wachsenden Selbstbewußtseins und früher wirtschaftlicher Unabhängigkeit jugendlicher Menschen, schlug sie in den Niederlanden höhere Wogen, weil dort die bürgerliche Moral peinlicher als anderswo befolgt und die Befol-

J. Th. Toorop: Die drei Bräute (1893)

gung so streng beachtet worden war. Die Auflehnung geschah bewußter und fiel prononcierter aus; sie hatte mehr zu überwinden, bedurfte der Rechtfertigung, nahm Protestcharakter an und wurde zum Feldzug gegen die Repression. Gerade die früher so rigorose soziale Kontrolle der Einhaltung der puritanischen Sitten bewirkte schließlich das Umschlagen in die nun bekennerisch betonte Permissivität, die auch sogleich wieder in einer quasiweltanschaulichen Widerstands- und Befreiungsbewegung organisiert wurde.

Die *Niederländische Gesellschaft für Sexualreform* (NSVH), der größte Privatverein des Landes neben dem Automobilklub und eine Zeitlang unter den »kleinen Sendeberechtigten« des Rundfunk- und Fernsehwesens, wurde eine »Untergrundbewegung gegen die herrschenden Sitten«[23] genannt. Der Verein, dem mehrheitlich Katholiken angehörten, leistete viel mehr als nur Aufklärung; er war aktivistisch, provozierte und verwischte mit seinem Vereinsblatt *Sextant* bewußt die Grenze zwischen Aufklärungsliteratur und Pornographie. Die Bemerkung von Günter Vieten: »Der Aufstand gegen das Establishment entzündete sich nicht zuletzt in der Genitalzone der Nation«[24] trifft insofern das

Richtige, als die Abkehr von der alten Sexualmoral tatsächlich als ein Aufstand propagiert und gerechtfertigt wurde und der politischen Emanzipations- und Demokratisierungsbewegung zeitlich vorausging.

So wurde also auch die sogenannte Sexwelle ideologisch als ein zu begrüßendes Ereignis des universalen »Wellenschlages der Emanzipation«[25] hingestellt, den ein bekannter Gelehrter damals wie einen Herzschlag in der ganzen Weltgeschichte zu verspüren glaubte. Die feministische Staatssekretärin für Emanzipation sprach in einem Interview für ein Studentenblatt freimütig über ihr Liebesleben als Studentin.[26] Sexuelle Freiheit erschien als Recht *par excellence* der Jugend, als Zeichen ihrer Mündigkeit, und eine Frage mag es bleiben, inwieweit bei denen, die sie priesen, eine neue Befangenheit da war. Eine merkwürdige Beobachtung ließ sich machen: Gerade in die Aufklärungsschriften fand Ideologie Eingang; sie informierten nicht nur, sie lieferten zugleich Rechtfertigungen, und nicht wenige fielen durch ihre vulgäre Art auf. Manche Autoren schienen das Platte rehabilitieren, es aufwerten zu wollen im Glauben, so die Emanzipation der Literatur von der Elitekultur bewerkstelligen zu können. Was Vieten schrieb: »Im Laufe der Jahre war die Schwelle der Anstößigkeit nahezu völlig beseitigt worden ... Die rückhaltlose Wortwahl galt als Beweis des neuen Freiheitssinns ... Das Gesundheitswesen führte den platten Ausdruck in die Volksaufklärung ein«[27], läßt sich leicht belegen. Der gute Geschmack als solcher schien bisweilen nur für ein Attribut der »guten Gesellschaft« gehalten zu werden. Tatsächlich trat im damaligen Libidokult literarischer Exhibitionisten die alte puritanische Gesellschaft mit umgekehrten Vorzeichen hervor. Der Kampf gegen Prüderie und Tabus stellte sich selber als Purifikation dar, wobei nur zu oft die verstandesmäßige Bewältigung des Trieblebens mit der sozialen Bewältigung des Kulturwandels verwechselt wurde.

4.
Protestantische Ethik wider den Ungeist des Kapitalismus; neopuritanische Verdikte und Systemkritik

Für Niederländer hat das Wort »Erneuerung«, angewandt auf die Gesellschaft, einen latent religiösen Akzent behalten. Es erweckt die Vorstellung einer sittlichen Läuterung, eines Bemühens um Wiederherstellung einer Welt, die der Stachel des Bösen und des Egoismus ständig zu verderben sucht. Schon im neunzehnten Jahrhundert haben die Calvinisten in den Begriff der Arbeit - die Gottesdienst sein sollte - ausdrücklich die *politische* Arbeit in der reformierten Partei einbezogen. In der Folge wurde der Begriff noch weiter gefaßt, so daß er die vielen neuen Sozialaufgaben einschließen konnte. Kritische Arbeit an der Gesellschaft, gesellschaftspolitische Reformarbeit allgemein, erhielt geradezu eine höhere Weihe. Der Ausdruck *»maatschappelijk werk«*, der dem Namen des Kulturministeriums hinzugefügt wurde, legt Assoziationen an die Missionsarbeit der Kirchen nahe (»Missionsarbeit« sagten die Katholiken, »Sendungsarbeit« die Protestanten). Die am Anfang dieses Kapitels zitierten Worte Kuypers von 1891 lassen an Deutlichkeit nichts zu wünschen übrig. Nicht Philanthropie und fromme Lebensart können soziale Fragen lösen: »Architektonische Kritik« an der Gesellschaft muß geübt, »eine andere Einrichtung ihres Gebäudes erstrebt« werden. Es kann keinen Frieden mit der herrschenden Ordnung geben - so hieß es schon im vorigen Jahrhundert.

Die neue kritische Generation der Calvinisten, die in den sechziger Jahren des zwanzigsten Jahrhunderts den Geist Kuypers erneut beschwor, verstand - wenn wir uns an einen ihrer Wortführer, H. J. van Zuthem, halten dürfen - unter der Radikalisierung des christlich-sozialen Denkens viererlei: die »Dekonformierung« dieses Denkens, die Verbreitung von Beunruhigung, die Kritik an »Verschleierungsmechanismen« der heutigen Herrschaftsordnung und die »fundamentale Neuorientierung«[28]. Bei der Neubestimmung der protestantischen Herrschaftslehre wurde aus Erkenntnissen moderner Organisationssoziologie und neuen Auslegungen der »biblischen Botschaft für gesellschaftliche Fragenkomplexe« eine politische und soziale Ethik gebaut, die den Studenten der Sozialwissenschaften als Lehrstoff auf calvinistischer Grundlage angeboten wurde. Die Revision der alten Herrschaftslehre lief auf die Infragestellung der Legitimität der auf freiem Unternehmertum basierenden Marktwirtschaftsordnung hinaus. Die protestantische Ethik, einst so sehr in Übereinstimmung mit dem Geist des Kapitalismus, richtete sich nun ausdrücklich gegen ihn, genauer: gegen seine Institutionen, die nicht nur als undemokratisch galten, sondern zugleich als unvereinbar mit dem Geist des Evangeliums; das bezog sich insbesondere auf die Eigentumsordnung und die Betriebsverfassung.

Die bisher geltende Herrschaftslehre hatte die Stellung des Direktors gerechtfertigt, indem sie erklärte, er habe seine Macht von Gott empfangen und erfülle als Gottes Eigentums- und Gutsverwalter eine Aufgabe, die ihm niemand abnehmen könne. Unter Berufung auf diese Lehre konnte man sich der Arbeitnehmer-Mitbestimmung widersetzen. Jetzt war dies nicht mehr möglich, denn die reformierende Kraft des Evangeliums, so hieß es, eröffne die Einsicht, daß die bestehende Rechtsordnung nicht länger hingenommen werden dürfe, weil die zunehmende Mündigkeit des einfachen Menschen diesen für die zu lösenden Aufgaben mitverantwortlich mache.[29] Glaubensreform und Gesellschaftsreform sind hier nicht mehr voneinander zu trennen, sie verschmelzen. Ausdrücklich wird die »reformierende Kraft« dem Evangelium selber zugeschrieben; aus ihm, so wird behauptet, gingen die neuen Standpunkte zu Fragen wie der Eigentumsordnung, der Marktordnung, der Betriebsverfassung und der Einkommensverteilung hervor.

Van Zuthems Buch ist überaus interessant, nicht als ein religionssoziologisches Werk, sondern als ein eigenartiger Bestandteil der zu untersuchenden religionssoziologischen Problematik der Niederlande. Um mit Kolakowski zu sprechen: »Das christliche Weltbild ist und bleibt eine scharfsinnige Einsicht in das menschliche Schicksal. Die ›wissenschaftliche Theologie‹ aber ist ein Aberglaube ... Wir haben die Evangelien, um die Solidarität mit den Armen, mit den Unterdrückten, mit den Unglücklichen, mit den Wehrlosen zu bezeugen – wir haben kein Evangelium, um die Verheißung einer Erde ohne das Böse, ohne Elend, ohne Konflikte zu verkünden ..., um die soziale Gleichheit oder Ungleichheit zu predigen, um ein Rezept für ein vollkommenes Sozialsystem vorzuschreiben«; wir können nicht annehmen, »daß Gott zu unseren Diensten steht, um irgendeine Sache, Doktrin, Ideologie oder politische Partei zu schützen ...«[30]. Das gilt auch für die Mitbestimmung und die Betriebsverfassung.

Dennoch blieb die Wirtschaft der Niederlande in jener Zeit das Bollwerk der Unternehmer. Diese reagierten auf die unerwartete religiöse und moralische Infragestellung ihrer Position nicht gereizt. Sie luden ihre kirchlichen Kritiker - nicht nur die protestantischen, auch die katholischen - regelmäßig zu ihren Kongressen und Tagungen ein. Sie ließen sich nicht auf ideologische Debatten ein, die zu führen sie auch gar nicht in der Lage gewesen wären, sondern zeigten sich tolerant. Als Van Zuthem auf einem dieser Kongresse, flankiert vom Führer der niederländischen Gewerkschaftsföderation und vom Präsidenten der Dachorganisation der Arbeitgeberverbände, die Legitimität der freien Marktwirtschaft bestritt, da hörte man bereitwillig zu.[31] Man läßt bei solchen Begegnungen die ideologischen Positionen gelten und stellt den Standpunkten der Kritiker einfach die eigenen entgegen, für die ebenfalls Toleranz beansprucht wird. Nicht auf den Inhalt der Kontroversen, sondern auf deren Austragung kommt es an. Die Diskussion spitzt sich dann oft überraschend schnell auf praktische Themen zu, bei deren Behandlung Kenntnisse und Erfahrung mitsprechen. So kommen die Unternehmer wieder zum Zuge, wenn sie demonstrieren können, wie häufig die wirklichen Verhältnisse mit ihrer Undurchsichtigkeit und Unberechenbarkeit so manchem kategorischen Urteil spotten.

Höhere Wogen als die Kritik der protestantischen Radikalen an der bestehenden Betriebsverfassung schlug ihre Kritik an der Einkommensverteilung, diesem brisantesten und pikantesten aller gesellschaftspolitischen Themen in einem calvinistischen Klima wie dem der Niederlande. Der Nobelpreisträger Jan Tinbergen, der öffentlich dafür eintrat, die Regelung der Löhne und Gehälter dem Parlament zu übertragen, schrieb das Vorwort zu einem wirkungsvollen moraltheologischen Werk, dessen Autor sich mit viel Pathos zu einer kommunistischen Gesellschaftsordnung bekannte, die er der auf Eigennutz gegründeten liberalen entgegensetzte. Freilich hatte dieser Autor dabei nicht die Sowjetunion, sondern ein Idealbild nach christlichen Normen vor Augen. Die kommunistische Ethik sei positiv, denn ihr Grundsatz laute: Laßt jeden einzelnen allen Menschen dienen, so wird auch die Gemeinschaft ihm zu Diensten stehen. Die liberale Ethik sei negativ, denn sie fuße auf dem Grundsatz: Niemand sei anderen eine Last, damit auch die Gemeinschaft niemandem zur Last falle.[32]

Gerade zu der Zeit, da die Gewerkschaften sich zu einer großen einkommenspolitischen Diskussion rüsteten und die Vermögensverteilung in der Gesellschaft zur Diskussion stellten, aber auch die Regierung ihrerseits in der Einkommenspolitik das wesentlichste Instrument zum Gesellschaftsumbau erblickte, erklärte P. J. Roscam-Abbing, Professor für biblische Theologie, praktische Theologie und die dazu erforderlichen Übungen christlicher Sittenlehre, wie sein Lehrauftrag lautete, alle bestehenden Einkommensunterschiede für ungerecht. Drei Ausnahmen wurden gemacht: Wenn einer sich mehr anstrengt, wenn seine Arbeit schwerer ist oder wenn er »mehr Bedürfnisse« hat als ein anderer, dann soll er mehr verdienen dürfen. Wie diese Merkmale festzustellen seien, darüber sucht man freilich vergebens nach Klarheit. Der Wert einer Arbeit für die Unternehmung, der Marktwert, das Ausmaß der zu tragenden Verantwortung und das Talent des Arbeitenden werden als Belohnungskriterien abgewiesen. Nicht zu rechtfertigen seien auch Unternehmergewinne, Mieten, Pachten und Zinsen, es sei denn, einer spare unter großen Opfern; in diesem Falle dürfe Geld gegen Zinsen ausgeliehen werden.

Das Interessante an dem hier erwähnten Buch war, daß es im ganzen Land als ethisches Standardwerk Anerkennung fand. Keine einzige ökonomische Fachzeitschrift trat, wie eine Untersuchung der Rezensionen ergab, der moralischen Verurteilung der Marktwirtschaft entgegen. Im Gegenteil. Das maßgebende Blatt des Niederländischen Instituts für Wirtschaftswissenschaften machte aus der Rezension einen anpreisenden redaktionellen Beitrag und schrieb: »Die westliche Wirtschaftsordnung ist gescheit analysiert«[33]. Ein bekannter Arbeitswissenschaftler und späterer Sozialminister schrieb, er sei von dem Buch »wie von einem guten Roman gefesselt«[34] worden. Hier wird notwendiger Kritik aus dem Wege gegangen, der fachwissenschaftliche Widerspruch gescheut, vielleicht weil er leicht als Intoleranz gegenüber einer Glaubens- und Sittenlehre mißverstanden werden könnte. Wie mögen sich solche Erscheinungen erklären?

Zunächst wäre wieder daran zu erinnern, daß die Prädikanten seit ältesten Zeiten als Zensoren des Handelsgeistes auftraten. Die Kaufleute widersetzten sich dem nicht, waren sie doch bestrebt, gute Zensuren zu erhalten. Der Handelsgeist war immer verdächtig; im zwanzigsten Jahrhundert wurde seine institutionelle Gestalt, das kapitalistische System, suspekt. Eine drastische Verurteilung stammt schon von P. S. Gerbrandy, dem Ministerpräsidenten der niederländischen Exilregierung in London, der als junger, fanatischer Protestant den Kapitalismus »mammonistisch, kainistisch und diktatorisch«[35] nannte. In biblischen Worten ausgesprochene Verdikte können bei vielen Menschen noch immer härter ankommen als begriffliche Kritik. Daß die Moralpredigt, von der Huizinga sagte, sie sei einst in die Ratsversammlungen der Regenten gedrungen, heute noch in den Vorstandszimmern der großen Firmen gehört wird, bewies ein bekannter Konzernpräsident, als er in einem Vortrag vor christlichen Unternehmern darauf reagierte, daß in der Predigt gesagt worden war, die Habsucht sei die Triebfeder der Industrie und die Konzerne leisteten der Ungerechtigkeit Vorschub.[36]

Die stillschweigende Anerkennung der Zuständigkeit professioneller Moralisten und Kulturkritiker für soziale Bewertungen der Wirtschaftsordnung zeigt sich noch an anderen Erscheinungen, die nur in den Niederlanden denkbar sind. In der Wochenzeitschrift *Intermediair*, dem wichtigsten Blatt für Stellengesuche und -angebote, kommen Gesellschaftskritiker genauso prononciert bei allen sozialwissenschaftlichen Themen zu Wort wie die Vertreter des Wirtschaftslebens bei Fragen der Betriebsorganisation, der Automatisierung, des Rechnungswesens oder des Marketings. Im selben Blatt kann man das eine Mal den Leitartikel eines typischen Establishment-Vertreters, das andere Mal den eines Kritikers der herrschenden Ordnung antreffen.

Die niederländischen Unternehmer sind für theoretische Auseinandersetzungen über die Wirtschaftsordnung nicht nur schlecht gerüstet und darum oft intellektuell überfordert, sie fühlen sich für solche Auseinandersetzungen auch gar nicht zuständig. So war es jedenfalls bisher. Über Märkte und die Börse, den Import und Export, über Konjunktur, Steuern und Sozialabgaben sprach man selbstverständlich mit. Sobald jedoch fundamentalere Themen der Wirtschafts- und Gesellschaftsverfassung zur Diskussion standen, geriet man auf das Gebiet der Weltanschauung. Und dieses war die respektierte Domäne der Kirchen oder der weltlichen Stömungen. Da die Unternehmer als solche keine »Strömung« bildeten, kam es ihnen auch nicht zu, sich in die gebräuchlichen Prozesse ideologischer Auseinandersetzung und Standpunktbestimmung einzumischen. Sie hatten nur die Wahl, sich einer der kirchlichen oder weltlichen Strömungen anzuschließen und in deren Rahmen ihre Interessen zu verfolgen. Kein anderes Unternehmertum der westlichen Welt fällt durch so wenig Sinn für Wirtschaftsphilosophie, durch so wenig Neigung zu intellektuellen Reflexionen über die Problematik der Wirtschaft auf wie das niederländische.

So kam es den Unternehmern zum Beispiel in den sechziger Jahren kaum in den Sinn, den neugewonnenen Wohlstand, an dessen Herbeiführung sie doch immerhin einigen Anteil hatten, gegen die pauschale Verurteilung durch jene puritanischen Kultur- und Konsumkritiker in Schutz zu nehmen, die in ihm die Ursache allen Übels sahen. Wohlstand wurde in den Niederlanden ohnehin nicht mit jener Unbekümmertheit genossen und zur Schau getragen, die bei den Glücksrittern anderer Länder ins Auge stach; das gehörte sich nicht. Die Kirchen betrachteten den wirtschaftlichen Aufschwung von Anfang an mit Skepsis und Mißtrauen. Der Ökumenische Rat der niederländischen Kirchen sprach, wie bereits erwähnt, schon früh mit unbestrittener Kompetenz für sittliche Urteile vom »verderblichen Sog einer eudämonistischen Wohlstandsideologie«.

Etwas grundsätzlich Neues bedeutete diese Stimme nicht, doch wenige Jahre später sollte sie zunehmend eine neue politische Wirkung bekommen. Erkennbar wurde damals der bemerkenswerte Wandel in der Einstellung der Calvinisten zum Wohlstand. Die alten Protestanten hatten bekanntlich nicht den Reichtum an sich, sondern nur dessen unbefangenen Genuß verworfen. Sie nahmen zum Wohlstand - genau wie die alte Linke - ein positives Verhältnis ein, sahen materiellen Besitz als Basis einer unabhängigen Existenz an, als Voraussetzung bürgerlicher Freiheit und individueller Lebensgestaltung. Das Problem des Wohlstands ist doch immer nur: was man mit ihm anfangen soll.

Sucht man für die wissenschaftliche Kritik des einkommenspolitischen Denkens in den Niederlanden einen interessanten ökonomischen Anknüpfungspunkt, so findet man ihn bei Tinbergen. J. R. M. van den Brink, ein ehemaliger Wirtschaftsminister und Bankfachmann, hat kürzlich (1984) gesagt, Tinbergen lege das Gerechtigkeitsideal, mit dem die christliche Gesellschafts- und Sittenlehre seit Thomas von Aquin ringt, auf den Seziertisch, um nach Art scholastischer Theologen subtile mathematische Unterscheidungen zu treffen, mit der Absicht, das sozialistische Gleichheitsideal ökonomisch zu bestimmen. Das politische Leitbild ist die vollkommene Gleichheit des totalen »Glückseffekts« aller Einkommen bei gleichem Einsatz[37]. Dazu soll unter anderem eine »Talentbesteuerung« die »natürlichen« Ungleichheiten neutralisieren. Mit Recht nennt van den Brink Tinbergens Bemühen utopistisch und intellektualistisch. Dennoch hat der angesehene und gefeierte Ökonom die egalitaristischen Vorstellungen niederländischer Politiker nachhaltig beeinflußt, wie sich mit nicht wenig Zitaten jener, die sich auf ihn beriefen, belegen läßt. Wir kommen hierauf noch einmal zurück.

5.
Exkurs über öffentliche Sitten und Unsitten oder: über Pfarrer, Polizisten, Lausbuben und Politiker

Wenn in Gesellschaft plötzlich alle Leute schweigen, sagt man im Niederländischen nicht wie in anderen Sprachen: »Ein Engel fliegt durchs Zimmer«, sondern: »Ein Pfarrer geht vorbei« - und damit ist der protestantische gemeint. Die Redewendung hat ihren Ursprung in der Zurückhaltung, die man sich in Gegenwart von Prädikanten aus Furcht vor geistlichem Tadel wegen einer eventuell nicht eben fromm klingenden oder gar sündigen Rede auferlegte. Die Geistlichkeit verkörperte die soziale Kontrolle, bei den Katholiken nicht anders als bei den Protestanten. Es fiel auf, wenn man nicht regelmäßig die Kirche besuchte oder nicht am christlichen Leben der Gemeinde teilnahm, wie es sich gehörte. Das beständige Beobachtetwerden in der Glaubensgemeinschaft wurde in der Regel nicht als Zwang empfunden, weil sich darin ja gerade die *gewollte Solidarität* im Verhalten gegenüber Andersgläubigen ausdrückte.

In scharfem Gegensatz zu dieser von *geistlichen* Organen ausgeübten sozialen Kontrolle stand das lockere, ungezwungene und selbstsichere Verhalten gegenüber der *weltlichen* Obrigkeit. Gerade dadurch, daß eine besondere Ehrerbietung für die Wahrer der geistlichen Ordnung reserviert blieb, wurden die Hüter der weltlichen stillschweigend an die Schranken erinnert, die ihrem Einfluß und ihrer Macht gesetzt sind. Militärische Dienstgrade und zivile Ränge dominierten nicht in der Wertschätzung der Öffentlichkeit. Polizisten galten weder als verlängerter Arm der Staatsgewalt, noch wurden sie als Kinderschreck gebraucht. Hingegen spielten Lausbuben gern den Polizistenschreck. Polizisten necken*(agentjes pesten)*: ihnen etwas Dreistes zuzurufen und dann wegzulaufen, ist in der Tat ein Lausbubenspiel, das mancher Polizist in seiner Kindheit vielleicht selbst einmal gespielt hat, und als die Polizisten im November 1983 an einem Beamtenstreik teilnahmen, vollführten sie selbst Lausbübereien. Holländische Gassenjungen wurden in der Literatur beschrieben, etwa in den humoristischen Prosaskizzen Johannes Hasebroeks, der übrigens auch ein reformierter Geistlicher war. Auf alten Stichen und Kacheln findet man Lausbuben abgebildet. Sie gehören zur Welt, die Brueghel, Jan Steen und andere gemalt haben. Sie können auf entwaffnende Weise frech sein. Es gibt bestimmte Unarten, die von der Umwelt sanktioniert sind, was freilich nicht ausschließt, daß sie seit eh und je gerügt werden.

Das Standbild eines Lausbuben, ein Sinnbild der Jugend, ist zu einem Wahrzeichen von Amsterdam geworden, um das sich während der sechziger Jahre die *Provobewegung* gruppierte. Damals hieß es manchmal, in jedem Amsterdamer sei ein Provo verborgen. Das »Lieverdje« (ein nettes Früchtchen), wie das Standbild heißt, steht im Herzen der Stadt gegenüber der Lutherkirche, die als Aula der Universität dient und schon für manche Protestdemonstration wider die Magistratsherrschaft ein Forum bot. Die Aufgeschlossenheit der Amsterdamer gegenüber der Jugend ist groß. Als im Frühjahr 1972 im Gemeinderat die Frage zur Abstimmung kam, ob man den Zehntausenden von Jugendlichen aus aller Welt, die im Sommer wieder zu erwarten wären, verbieten sollte, im Stadtpark zu schlafen – denn dies hatte im zu Ende gegangenen Jahr beträchtliche Probleme gegeben –, da wurde ein diesbezüglicher Vorschlag mit deutlicher Mehrheit verworfen. Zugleich aber wurde darauf hingewiesen, daß sich die »Parkschläfer« an Regeln zu halten hätten und daß sie auf alte Leute und andere Parkbenutzer Rücksicht nehmen müßten. Dafür sollte durch Aufklärung Sorge getragen und an das Verantwortungsgefühl der Jugend appelliert werden.

Die *Provobewegung* erscheint wie ein skurriles Vorspiel zu den Entwicklungen, die nach ihr kamen. Sie war ein kurzlebiges, gutartiges Happening, hatte jedoch eine große Bedeutung im Prozeß des Kulturwandels. Ihre Possen und Posen wirkten wie die linke Entsprechung zu den früheren Eskapaden der Studentenverbindungen, enthielten aber im Gegensatz zu diesen eine Botschaft. So wurde der Straßenverkehr gestört – Kulturkritikern immer schon symbolischer Ausdruck seelenlosen Getriebes eines irrationalen Räderwerks. Die Idee war, nur etwas zu stören, das selber schon als zerstörerisch empfunden wurde. Die weibliche Entsprechung zur Provobewegung wurden die »Dollen Minnas«, die Vorläufer der alsbald immer besser organisierten Feminismusbewegung. Sie forderten vor allem die Freiheit der Abtreibung.

Mit beiden Bewegungen wurden die sechziger Jahre unruhig. »Aufgewühlte Jahre« pflegen die Niederländer sie im Rückblick zu nennen, und wer dächte dabei nicht gleich wieder an die See? Auf einmal, wie ein Naturereignis, war das Generationenproblem da, mit ihm der Kummer der Erziehung. Nicht mehr in den Fabriken begegnete die Bourgeoisie dem Klassenfeind, sondern am Frühstückstisch in den eigenen Kindern, wie Theodore Roszak[38] gesagt hat. Die Arbeiter wollten keine Revolution mehr anführen, auch keiner mehr folgen. Sie wünschten Sicherheit. Die Jugend dagegen konnte sich Proteste leisten, ohne fürchten zu müssen, auf die Straße gesetzt zu werden. Sie erschien selber als neuer Typ auf der Straße, unkonventionell gekleidet, mit langen Haaren und schmalen Hosenbeinen, fasziniert von der Wirkung ihrer Erscheinung. Das Bild, das sie sich von der Gesellschaft machte, entstand zu einem großen Teil aus deren Reaktion auf ihr Verhalten.

Gegen Ende der siebziger Jahre gab es eine Fernsehsendung, in der ehemalige Provos schilderten, wie sie damals die Reaktionen der Öffentlichkeit, das Auftreten der Polizei, der Journalisten und des Publikums empfanden und wie die Berichte der Medien auf sie wirkten. Der Gründer der linksdemokratischen Partei, der inzwischen einmal niederländischer Verteidigungsminister war, erzählte in der Sendung, wie er damals in einen Auflauf geriet, versehentlich von der Polizei festgenommen wurde und darüber empört war. Im allgemeinen reagierte die niederländische Öffentlichkeit nicht mit Gereiztheit. Unkonventionelles Verhalten wurde der Jugend zugute gehalten. Die Ereignisse wurden »ludiek« genannt, ein damals aufgekommenes, auf Huizinga und sein Buch *Homo ludens* zurückgehendes Modewort, das jetzt soviel wie »drollig« und »possierlich« bedeutet. Ausschreitungen, von denen sich die Führer der Bewegung allerdings sogleich distanzierten, gab es am Hochzeitstag der Kronprinzessin 1966. Diese Vorkommnisse markierten bereits den Wendepunkt und das Ende.

Eine ähnliche Bewegung, die jedoch schon eine politische Form annahm, war bald danach in Amsterdam die im Gemeinderat vertretene »Partei der Kobolde« *(Kabouterpartij)*, eine Stadtpartei von Hippies, deren Anführer der Bürgermeister einmal höchstpersönlich zu Hause besuchte, um mit ihm Schach zu spielen. Inzwischen ist auch diese politische Rarität wieder verschwunden. In der Erinnerung lebt sie als eine der seltsamen Episoden fort, an denen die lokale Geschichte so reich ist. Schon in ferner Zeit hatten die Amsterdamer einmal aus Unzufriedenheit mit den Stadtvätern einen stadtbekannten Vagabunden in den Gemeinderat gewählt. Den einzigen Vorteil dieses Wahlergebnisses hatte der Mann selber: er bekam auf Gemeindekosten ordentliche Kleidung und eine Vergütung, und im übrigen wurde ihm eingeschärft, daß er sich in den Sitzungen zu betragen habe, wie es sich gehört.

Die Szene des bürgerlichen Ungehorsams ist voller Eulenspiegeleien. In der Tat, der einfallsreiche Schalk aus dem niederdeutschen Volksbuch, der schon im vierzehnten Jahrhundert die Städter verachtete und ihnen mit erheuchelter Einfalt Streiche spielte, scheint noch immer wie ein Spuk sein Unwesen zu treiben. Und will man auch für diese Erscheinung des sonst so puritanischen niederländischen Lebens einen zu ihr passenden Künstler suchen, einen Maler, bei dem die Grenze zwischen Ernst und Lächerlichkeit verwischt ist, der in der Erwachsenenwelt das Kindliche, ja Kindische aufspürt, der die Welt des Spielens, der Puppen, Masken und Affen malt und, wenn es sich ergibt, den Finger als Pinsel benutzt, dann findet man ihn in Karel Apel. Vor diesem hat es aber auch schon Jan Steen gegeben, ja man kann, wenn man will, sich auf die größte Gestalt der niederländischen Kulturgeschichte berufen, um die Verwurzelung der Schalkhaftigkeit in klassischer Tradition aufzuzeigen: auf Erasmus und sein »Lob der Torheit«, das übrigens in einer ausgezeichneten, gar nicht altmodisch wirkenden Übersetzung existiert, mit dem lateinischen Text auf der linken und dem niederländischen auf der rechten Buchseite und mit den schönen Illustrationen von Hans Holbein dem Jüngeren aus der Basler Ausgabe vom Jahre 1515.[39]

Für öffentliche Proteste haben sich bezeichnende Spielarten entwickelt, die in ihrer Gekonntheit manchmal den zwar gerügten, doch insgeheim »verstandenen« Fouls im Fußball vergleichbar sind, wenn der Pokal auf dem Spiel steht. Das Spiel ist rauher geworden, doch es bleibt ein Spiel. Und da eben mancher ehemalige Provo und manch einer, der bei der Universitätsrevolte aktiv oder als Zuschauer dabei war, längst in der Politik oder einem anderen Bereich Karriere gemacht hat, weiß das neue Establishment besser als das alte, wie es sich zu verhalten hat. Mancher Arrivierte erkennt in neuen Rebellen sich selbst wieder, sagt es sogar manchmal, und mancher Rebell erkennt in einem Arrivierten einen Geistesverwandten. Herausforderndes Auftreten gilt am Anfang einer Karriere nicht unbedingt als negativ. Die Jungen verhalten sich, wie schon einmal betont, nicht zurückhaltend, ersterben nicht in Ehrfurcht, wenn die alten Herren das Wort führen, doch wenn sie diesen widersprechen, ihnen energisch ihre eigene Meinung sagen, tun sie es nicht ohne Manieren.

Den »ludieken« Stil außerparlamentarischer Opposition praktizieren heute alle, die meinen, gegen irgendetwas protestieren zu müssen. Bürgerlicher Ungehorsam, in den sechziger Jahren etwas Neues: das lausbübische Verhalten der Provos, in den siebziger Jahren zum sozialmoralischen Engagement der Gesellschaftsreformer stilisiert, wurde in den achtziger Jahren zu einem gewohnten Verhaltensmerkmal aller »relativ Deprivierten« im Verteilungsstreit. Während des Streiks der öffentlichen Dienste im November 1983 spritzten Feuerwehrleute meterhoch Schaum aus Löschgeräten auf den Platz vor dem Haager Parlamentsgebäude, so daß den Abgeordneten der Zugang unmöglich wurde. Eine Polizeikolonne fuhr auf Motorrädern mit ohrenbetäubendem Hupen durch die Stadt. Künstler besetzten Museen und lagerten unter Rembrandts *»Nachtwache«*. Katholiken störten die Inauguration des von ihnen unerwünschten neuen Utrechter Erzbischofs, der beim offiziellen Akt seinerseits humorvoll reagierte.

Politiker müssen oft Protestszenen über sich ergehen lassen wie früher Studenten ihre »Entgrünung« *(ontgroening)* oder Pfadfinder ihre »Fuchstaufe«. Bisweilen organisiert das Fernsehen solche Szenen, bei denen oft ein Minister zeigen muß, daß er sich nicht so leicht hochnehmen läßt. Wenn er seine Schlagfertigkeit unter Beweis stellt und dabei etwas Wesentliches sagt, kann er durchaus Beifall ernten. Die meisten niederländischen Minister bestehen diese Probe gut, und nicht selten wird ihnen dann mit einem freundlichen Händedruck zeremoniell irgendeine Attrappe überreicht, die einen unbefriedigenden sozialen Zustand symbolisieren soll.

Niederländische Politiker sind daran gewöhnt, von unbequemen Journalisten aufs Glatteis geführt zu werden. Auch wissen sie, daß sie ungeschulten Leuten antworten müssen, die ihrem berechtigten oder unberechtigten Mißmut Luft machen wollen und dazu nicht immer den richtigen Ton finden. Daß die Politiker einer Massendemokratie nicht allein nach dem intellektuellen Niveau ihrer Argumentationen beurteilt werden, sondern auch danach, wie sie erhitzte Gemüter beschwichtigen können oder auf schlecht gestellte Fragen reagieren (deren Beantwortung oft schwerer fällt als die Antwort auf eine kluge Frage), muß nicht eigens betont werden. Die Meinung, Unkenntnis und Bosheit, die in einer wissenschaftlichen Diskussion ignoriert werden können, brauchten auch in der Politik nicht ernst genommen zu werden, ist ein schwerer Irrtum. Und daß eine Kontroverse über ein Thema, das jeden angeht, ausschließlich auf hohem intellektuellem Niveau ausgetragen werden müsse, ist zudem ein elitäres Vorurteil, dem die Niederländer weniger erliegen.

Wenn wir in diesem Zusammenhang auf eine Fernsehsendung zurückkommen, die unter dem Titel »Bürger fragen – Politiker antworten« im Frühjahr 1979 eine mißlungene Begegnung zwischen dem damaligen deutschen Oppositionsführer Helmut Kohl und einem niederländischen Publikum in Den Haag ausstrahlte, so geschieht es nur deshalb, weil dieser Vorfall wie kein zweiter unsere Ausführungen illustrieren kann. Die deutschen Reaktionen zeugten damals von ernsten Mißverständnissen, die aus Unkenntnis der niederländischen Verhältnisse und der Übertragung deutscher Vorstellungen auf die niederländische Szene erwuchsen.

Was war geschehen? Kohl sollte mit niederländischen Bürgern diskutieren. Die Auswahl der Gesprächspartner stellte keinen repräsentativen Querschnitt der Bevölkerung dar. Zu Worte kamen wenig geschulte, voreingenommene Leute, die sich ereiferten, Kohl ins Kreuzfeuer nahmen und den Sendeleiter verulkten, so daß die Sendung ein Fiasko wurde. Die deutsche Presse sprach von einem Skandal. In den Niederlanden jedoch wurde die Affäre kaum beachtet und eigentlich erst dann berichtet und kommentiert, als die deutsche Entrüstung losgebrochen war. Diese war ebenso interessant wie der Vorfall selbst. Eine bekannte deutsche Zeitung schrieb unter dem Titel »Eine geballte Ladung linker Intoleranz«, daß die Fragen der Niederländer »in höchster Erregung und mit verzerrten Gesichtszügen hervorgestoßen« worden wären; Wut und Verbissenheit hätten sich gezeigt, es sei zu Haßausbrüchen gekommen und aufgestaute Emotionen hätten sich entladen.[40]

Das Gegenstück zur »landesweiten Sympathiewelle für Kohl« in der Bundesrepublik war in den Niederlanden der Ärger über die miserable Vorbereitung der Sendung; zugleich jedoch herrschte Unverständnis über die deutschen Reaktionen. Denn nachdem das Treffen so, wie man es organisiert hatte, nun einmal zustande gekommen war, lag das Problem doch im Meistern einer Situation, die eben nicht so war, wie sie hätte sein sollen. Es kam nun darauf an, Vorurteilen und Voreingenommenheiten entgegenzutreten, die als solche immerhin auch ernst zu nehmen sind. Ein niederländischer Politiker hätte sofort gewußt, was er in einer derartigen Situation zu erwarten hat. Es könnte ihm sogar Spaß bereiten, sich ihr zu stellen und sie zu bestehen. Wer hier eine unwillkommene Erörterung fortsetzt, statt gelassen und humorvoll, unnachgiebig freilich in der Sache, die Zumutungen seiner Disputpartner auszuhalten und deren Unbelehrbarkeit gerade dadurch zu entlarven, riskiert in den Niederlanden, dann erst recht aufs Korn genommen zu werden. Und das verstehen die Leute, ihrerseits nicht ohne Humor.

Als der deutsche Sendeleiter verunsichert einräumte, »daß man Herrn Doktor Kohl auch eine brisante Frage stellen könnte«, merkte er nicht, daß er den Niederländern etwas völlig Überflüssiges sagte und für sie nur die deutsche Vorstellungswelt charakterisierte. Die so ausgelöste Heiterkeit wurde dann wieder von ihm falsch gedeutet. Die Sendung war natürlich nicht »darauf angelegt, den deutschen Besucher fertigzumachen«, wie ein deutscher Kommentator glaubte. Doch angenommen, dies wäre so gewesen, hätte es sich dann nicht darum gehandelt, sich eben nicht fertigmachen zu lassen? Hätte es nicht an ihm gelegen, zu verhindern, daß die Sendung »in antideutsche Fragerei umfunktioniert« wurde, wie eine andere große Zeitung ihren Eindruck von dem Geschehen wiedergab?

Die deutsche Presse bescheinigte ihrem Politiker, er hätte »gekämpft«, »geschwitzt«, »sich tapfer geschlagen«, was selbst diejenigen Holländer, die sich über die Sendung geärgert hatten, nicht ohne Heiterkeit lesen konnten. Ein niederländischer Politiker würde in einer solchen Lage weder kämpfen noch schwitzen. Am besten hatte die Niederländer jener deutsche Zuschauer verstanden, der seiner Zeitung schrieb, er hätte vom Vorsitzenden einer christlichen Partei bei der Diskussion über Abtreibung kein juristisches Seminar, sondern ein leidenschaftliches Bekenntnis zu ethischen Grundwerten erwartet.[41] Dann wäre man nämlich auf dem den Holländern vertrauten Gebiet der Glaubensfragen gewesen.

6.
Einmischung in deutsche Innenpolitik, missionarische Außenpolitik und politisierte Entwicklungshilfe

Eine angemessene Beurteilung des geschilderten Vorfalls vom Februar 1979 in Den Haag ist nur dann möglich, wenn man ihn im ganzen Zusammenhang der Entwicklung des deutsch-niederländischen Verhältnisses seit 1945 begreift. Eine kurze Skizzierung dieser Entwicklung empfiehlt sich jedoch nicht nur zu diesem Zweck. Sie illustriert zugleich das Eindringen säkularisierten missionarischen Geistes in die niederländische Außenpolitik. Diese Außenpolitik, die, wie die Niederländer selber wissen, durch ihre Einmischungssucht *(bemoeizucht)* Erstaunen erregt, ist weniger eine Reaktion auf die politischen Vorgänge im Ausland als die Folge der politischen und soziokulturellen Wandlungen in der *eigenen* Gesellschaft.

Bei den nun folgenden Zusammenfassungen sind wir in der glücklichen Lage, uns auf Quellenstudien und Analysen stützen zu können, die H. J. G. Beunders und H. H. Selier im Auftrag des Wissenschaftlichen Rates der niederländischen Regierung durchgeführt haben. Eine der Studien gilt dem Verhältnis zwischen der niederländischen *Partei der Arbeit* und ihrer deutschen Schwesterpartei. Die Studie trägt den Titel *»De PvdA de horzel van de SPD«. »Horzel«* ist das niederländische Wort für eine Hornisse, jene große Wespe, die nicht nur durch ihr Surren lästig ist, sondern auch empfindlich sticht. Die Überschrift spricht für sich selbst, und treffend ist auch der Titel des Buches der beiden Historiker: *»Argwaan en profijt«*[42] (Argwohn und Profit).

Die Beziehungen zwischen den beiden sozialistischen Parteien waren schon seit 1945 problematisch. »Irritation und Meinungsverschiedenheiten waren die Regel, Harmonie und Gesinnungsgleichheit die Ausnahme.«[43] Die Verschiedenheit der Meinungen und Gesinnungen läßt sich auf eine Formel bringen: nationale gegenüber internationaler Orientierung. Die niederländischen Sozialisten, in den späten vierziger und fünfziger Jahren Regierungspartei, waren zunächst wie die ganze niederländische Öffentlichkeit darauf aus, eine Wiederbewaffnung Deutschlands für alle Zeit zu verhindern und Wiedergutmachungszahlungen aufrechtzuerhalten. (Bei der Ermittlung von deren Summe ergab sich, daß die Niederlande nach der Sowjetunion und Polen der am schwersten geschädigte Staat Europas waren, nicht zuletzt durch die Unterwassersetzung eines Wohngebietes von rund 85.000 Hektar, wodurch über 100.000 Menschen evakuiert werden mußten). Die niederländische »Deutschlandpolitik« war nicht die gleiche wie die deutsche, die auf Wiedervereinigung gerichtet war. Das primäre Ziel der Niederländer war, und das galt auch für ihre internationalistisch denkenden Sozialisten, die Bundesrepublik in die westliche Gemeinschaft zu integrieren. Dies bezog sich sehr wesentlich auf die bundesdeutsche Wirtschaft; deren Wiederaufbau sollte nicht nur der Bundesrepublik Deutschland, sondern vor allem dem durch Deutschland geschädigten Europa - und damit den Niederlanden - Vorteile bringen.

Das Bewußtsein, daß man von der Wirtschaft des besiegten Landes abhängig blieb (wir kommen auf diese Abhängigkeit zurück) und daß man gezwungen war, sich mit der neuen Bundesrepublik zu arrangieren, einfach weil dieser Staat durch seine Größe und sein industrielles Potential auf Dauer gesehen immer am längeren Hebel sitzen würde, schuf Frustrationsgefühle. In dieser Zeit kamen die niederländischen Sozialisten mit dem europäisch denkenden Konrad Adenauer besser aus als mit Kurt Schumacher, dem Führer der deutschen Sozialdemokratie. Schumacher dachte national und glaubte, seiner Partei käme eine Führungsrolle auf dem Weg zur deutschen Demokratie zu. Dem Verhältnis zwischen der deutschen Nation und der deutschen Sozialdemokratie hatte Schumacher schon seine Dissertation gewidmet; auch nachher hatte das Thema nicht aufgehört, ihn zu beschäftigen. Durch seine Zeit im Konzentrationslager und seinen Widerstand gegen das verbrecherische Regime fühlte er sich moralisch legitimiert, der »Fremdbestimmung« Deutschlands entgegenzutreten. Er gab auch den Alliierten Mitschuld am Krieg und verwahrte sich gegen die »Umerziehung« des deutschen Volkes, zu der nun gerade wieder die missionarisch denkenden Niederländer - nicht zuletzt viele ihrer Sozialisten - einen starken Drang verspürten.

Als dann in den folgenden Jahren im Zeichen der neuen Bedrohung aus dem Osten die Europäische Gemeinschaft zustande kam und die Bundesrepublik darin einen Platz als gleichwertiger Partner erhielt, schien bei den Niederländern »das ›Trauma Deutschland‹ vom ›Trauma Kommunismus‹ überschattet«[44]. Der Kalte Krieg war gekommen. Er war es, der ihren Widerstand gegen die deutsche Wiederbewaffnung zum Erlahmen brachte und zur Normalisierung der Beziehungen wesentlich beitrug. Ungeklärte Probleme, darunter auch Gebietsansprüche, wurden jetzt rasch geregelt. Kein Zufall ist es wohl, daß für die Bezeichnung dieser Regelung das deutsche Wort »Generalbereinigung« übernommen wurde; das, wozu man sich unter dem Zwang der Umstände bequemen mußte, konnte besser mit einem fremden als mit einem Wort der eigenen Sprache benannt werden. Eine Versöhnung war die Generalbereinigung noch nicht.

Latente Empfindlichkeiten konnten nun einmal nicht so schnell verschwinden. Plötzlich zeigten sie sich wieder mit aller Vehemenz, etwa bei der umstrittenen Ernennung eines deutschen Generals zum NATO-Oberbefehlshaber oder bei Initiativen zur Haftentlassung von Kriegsverbrechern. Ein besonderes Ereignis auf dem Weg zur Versöhnung war im November 1969 der erste Besuch eines deutschen Bundespräsidenten in den Niederlanden, dessen Wirkung allein der Persönlichkeit Gustav

Heinemanns zuzuschreiben war. Die Bevölkerung beachtete den Besuch nicht weiter, die Presse berichtete am Rande darüber, doch als der Präsident knieend der über 100.000 deportierten und ermordeten jüdischen Niederländer gedachte, war dies eine eindrucksvolle und bedeutende Geste. Rabbiner Soetendorp nannte Heinemann den Repräsentanten »des neuen, eines jüngeren und eines anderen Deutschlands«[45].

Wenige Jahre nach Kriegsende standen die Niederlande mit der neuen Bundesrepublik in einem Bündnissystem, das gegen den Osten gerichtet war. Die sozialistische Regierung Drees hatte sogar schon 1957 als erste Regierung eines NATO-Staates das amerikanische Angebot akzeptiert, gegebenenfalls Atombomben in den Niederlanden zu stationieren. Zu der Zeit, da Joseph Luns Außenminister war, wurde nicht im entferntesten daran gedacht, mit dem Ostblock Kontakte aufzunehmen. Hier ging die Bundesrepublik voran - bekanntlich noch unter Adenauer. Die Umstellung auf die »Entspannungspolitik« erfolgte in den Niederlanden spät, erst nachdem sie in anderen Ländern schon in Gang gekommen war. Doch dann begann man sogleich um so entschiedener, auf Entspannung zu drängen. Auch die Entspannungspolitik wurde von dem stürmischen Geist der Glaubens- und Gesellschaftsreformer ergriffen; in Gestalt der Entspannungs- und der Entwicklungspolitik dehnte sich deren Bewegung auf die niederländische Außenpolitik aus. Die neue Linke forderte in den zu Ende gehenden sechziger Jahren aus der Opposition heraus eine konsequente, unbeirrte und international vorbildliche Entspannungspolitik. Sie ergriff auch Initiativen und warf der Regierung vor, daß sie zu langsam und zu lasch den neuen Weg einschlage.

Als die deutschen Sozialdemokraten ihr Ziel erreicht hatten und an der Regierung waren, bildeten die niederländischen Sozialisten die Opposition (1959 bis 1973). Und als die deutsche SPD konservativer zu werden schien, sich den Wählern als »die bessere Rechte« (Améry) empfahl, entbrannte in der niederländischen Partei mit aller Heftigkeit der Generationskonflikt, in dem sich die jüngere Generation durchsetzte und namhafte Arrivierte, wie Joop den Uyl und Sicco Mansholt, als Mentoren und Moderatoren gewann. Die einsetzende Radikalisierung stellte sich psychologisch, ideologisch und politisch völlig anders dar als das, was die bundesrepublikanische Rechte mit dem Wort »Radikalisierung« zu assoziieren geneigt war, insbesondere im Hinblick auf den Terrorismus (der ja hauptsächlich in den ehemals faschistischen Ländern auftrat). Vor allem jagte die Radikalität der niederländischen Linken dem niederländischen Bürgertum keinen Schrecken ein.

Dagegen reizte wiederum engagierte niederländische Progressive das bisweilen als hochtrabend oder wichtigtuend empfundene Auftreten der deutschen sozialdemokratischen Prominenz, die, wie man las, beweisen zu wollen schien, daß auch ihre Partei »regierungsfähig« sei. 1973 waren auch die niederländischen Sozialisten wieder an der Regierung, diesmal mit Ministern und Staatssekretären aus der Gruppe ihrer »Jusos« (die übrigens nie daran dachten, sich mit einem solchen Wort als »Altersgruppe« zu organisieren und gerade dadurch die Parteiführung als Sache der Senioren anzuerkennen). Der neue Geist zeigte sich nicht zuletzt an der Kleider- und Haarmode - eine Staatssekretärin erschien bei einem offiziellen Anlaß im Bermudadreß.

So war der Habitus der Genossen diesseits und jenseits der Grenze sehr verschieden. »Die 70er Jahre standen im Zeichen des Mißtrauens der PvdA gegenüber der SPD, ein ähnlich geartetes Mißtrauen wie das der Neuen Linken gegenüber allem, was nach *Establishment* und Autorität riecht. Das schlechte Verhältnis ist teilweise auch mit der unterschiedlichen Art zu erklären, wie die Studentenrevolte von 1968 bewältigt wurde: hier fand sie Verständnis, dort kam es zur Polarisierung.«[46] Studentenführer und Vorsitzende der Jusos wurden in die Niederlande eingeladen und kamen auch mit bekannten Personen in Kontakt, die ihre politischen Ansichten keineswegs teilten. Rudi Dutschke erlebte einen triumphalen Empfang - hier konnten die deutsch-niederländischen Beziehungen herzlicher nicht sein -; als wir mit ihm in der Amsterdamer Universität diskutierten, ergaben sich jedoch oft Verständigungsprobleme, weil der ideologische Fachjargon des deutschen Besuchers die niederländischen Progressiven sehr überforderte.

Radikalenerlaß und Berufsverbote wurden die typischen Themen, die den Aktivismus der niederländischen Sozialisten und der anderen Progressiven gegen die Bundesrepublik mobilisierten. Nun folgten die »Wespenstiche«: die Einmischungen in die deutsche Innenpolitik. Sie sind die außenpolitische Fortsetzung der sozialmissionarischen Aktivität im eigenen Land: die auf Menschenrechte und Frieden gerichtete außenpolitische Mobilisierung des neuen Reformationsgeistes. 1974 schrieb die Führung der PvdA an die SPD einen Brief, in dem sie der Besorgnis der niederländischen Sozialisten über die geplante Änderung des deutschen Strafgesetzes im Zusammenhang mit der Terrorismusbekämpfung Ausdruck gab. Willy Brandt antwortete gelassen. 1975 folgte der provozierende Besuch einer PvdA-Delegation in der DDR mit aufsehenerregenden Erklärungen, von denen sich angesehene niederländische Sozialisten sogleich distanzierten (die DDR war übrigens im Januar 1973 noch von einer christlich-liberalen Regierung anerkannt worden, kurz nach Ratifizierung der deutschen Ostverträge in der Bundesrepublik).

Im Jahre 1976 schrieb die niederländische Parteiführung einen neuen Brief an Willy Brandt - und diesmal auch einen an die Regierung Schmidt -, worin die niederländische Beunruhigung über die Berufsverbote ausgesprochen wurde. Diesmal wies Brandt die Behauptungen mit Entschiedenheit zurück und warnte zugleich vor einer fortschreitenden Entfremdung zwischen den beiden Parteien. Daraufhin wurde ihm berichtet, daß die niederländische Parteiführung ein »Komitee Berufsverbote« einrichten würde mit dem Zweck, die Entwicklung in der Bundesrepublik permanent zu untersuchen und die Opfer des Berufsverbots zu unterstützen. Viel war inzwischen schon über dieses Komitee diskutiert worden. Die Parteivorsitzende ließ sich mit einigen Deutschen, die vom Verbot betroffen waren, photographieren. Sie sprach auch auf der Tagung einer regionalen deutschen SPD-Gruppe, die gegen die Berufsverbote protestierte. Die linke niederländische Presse warf sich in jener Zeit zum »Inquisitor der Bundesrepublik« (Beunders) auf. Ein deutscher Jusovorsitzender, der von seiner Partei suspendiert worden war, wurde prompt in die Niederlande eingeladen.

In der Bundesrepublik konnte man sich die niederländischen Einmischungen nicht nur nicht erklären; Fehldeutungen waren unvermeidlich. Kein Zweifel jedoch kann darüber bestehen, daß diese Einmischungen *nicht* mit antideutschen Affekten einhergingen, sondern, wenn überhaupt von Affekten die Rede sein konnte, mit *antiautoritären*. Eher konservativ denkende Gruppen der älteren Generation waren es, die dazu neigten, reaktionären Geist in der Bundesrepublik als »wiedererwachten alten Geist« zu empfinden. Doch sie waren für die hier geschilderten Ereignisse nicht repräsentativ. Man kann das nicht oft genug wiederholen.

Daß diese Ereignisse nicht einfach als ein Symptom des deutsch-niederländischen Verhältnisses zu erklären sind, zeigt sich auch darin, daß sich der Einmischungsdrang ja gar nicht auf die Bundesrepublik beschränkte. Zwischen 1963 und 1972 kam es zur Politisierung de Entwicklungshilfe, wobei »Vietnam der große Katalysator« war; die Hilfskomitees für Angola, Cuba, Palästina, Surinam und andere Länder und Gegenden der Welt schossen wie Pilze aus der Erde.[47] Die Befreiungstheologie aller Strömungen blühte auf, und die Befreiungsbewegungen aller Länder wurden aktiv unterstützt. Diktatorisch regierte Länder erhielten keine Hilfe mehr, allen voran Chile. Jan Pronk, der junge Vertreter der Neuen Linken, machte als neuer Entwicklungsminister international Furore. Er hatte mehr Erfolg als sein deutscher Kollege Eppler, der in seinem Land wenig Beifall fand. Die Sensibilisierung der niederländischen Bevölkerung für die Entwicklungsproblematik war aber schon während der Zeit christlich-liberaler Kabinette zustande gekommen. Daß Prinz Claus, der Gemahl der Königin, gebeten wurde, in einer nach ihm benannten Kommission die Entwicklungsarbeit mitzugestalten, beweist, daß diese Arbeit als eine *nationale*, überparteiliche Aufgabe angesehen wurde. »Tinbergens Kernbegriffe wie Neue Internationale Ordnung, *selfreliance*, Strategie der Grundbedürfnisbefriedigung, wurden neue Schlüsselworte.«[48] Die Niederlande sollten in der Entwicklungsarbeit Bahnbrecher werden, das Land der *voortrekkers*, nach dem uralten Wort, das einst auf jene glaubensstarken und gottesfürchtigen Leute gemünzt war, die sich 1836 aus der englischen Kapkolonie ins menschenleere Transvaal aufmachten. Heute gehört Transvaal zu den Staaten, die sich über die Menschenrechte aufs krasseste hinwegsetzen.

Das Jahr 1977 stellt den Tiefpunkt in den damaligen Beziehungen zwischen der niederländischen *Partei der Arbeit* und der *Sozialdemokratischen Partei Deutschland* dar. Nach dieser Zeit besserte sich das Verhältnis, vor allem nach persönlichen Begegnungen - Einladungsbriefe hatte die niederländische Führung meist auf Anträge des Parteirates schreiben müssen. Beim heutigen Rückblick auf die Ereignisse und bei deren Analyse läßt sich deutlich zeigen, daß sie vor allem aus den damaligen Verhältnissen in der niederländischen Partei zu erklären sind und *nicht* - wie man im Ausland meinen könnte - aus Ressentiments der Niederländer gegenüber Deutschen und den Entwicklungen in deren Land. Beunders konstatierte »einen erschreckenden Mangel an Einigkeit und an Konsistenz der Parteilinie«, einen Zickzackkurs und vor allem das Ausbleiben einer profunden Diskussion über das Thema der Berufsverbote.[49] Dies illustriert zugleich unsere früheren Ausführungen über die oftmalige Vernachlässigung der unerläßlichen theoretischen Klärung gewichtiger Fragen, was für die niederländische Politik ganz allgemein charakteristisch ist. Auf deutscher Seite fiel damals auf, daß die niederländischen Gesprächspartner meist für sich selbst sprachen, ihre eigene Meinung kundtaten, aber keinen Parteistandpunkt vertraten. Die niederländische Parteiführung war von einem geringeren intellektuellen Kaliber als die deutsche; ihre Vertreter waren keine ebenbürtigen Gesprächspartner für Brandt und die Seinen, denn »es waren solche Dilettanten«[50].

Die sozialistische Partei war indes nicht die einzige Organisation, die in jener Zeit der niederländischen Außenpolitik eine neue Gestalt zu geben suchte, bestrebt, den missionarischen Einsatz für Menschenrechte, Entspannung und Frieden von der eigenen Gesellschaft auf andere Gesellschaften und Länder auszudehnen und dazu auch die Entwicklungspolitik in die Hand zu bekommen. Der *Interkirchliche Friedensrat (IKV)*, eine aus neun Kirchengemeinschaften, darunter der römisch-katholischen, bestehende ökumenische Gruppierung, wurde die militanteste Organisation; sie wurde zur Schöpferin und Trägerin der Friedensbewegung, die in den Niederlanden begann und sich von dort, jedenfalls als politische Erscheinung, über die ganze Welt ausbreitete. Als dieser Friedensrat in den sechziger Jahren unter anderem auf starkes Drängen der betulichen katholischen Sozialministerin Klompé gebildet worden war, hatte man zunächst nur geistliches Wirken im Auge, die Veranstaltung von Friedenswochen und Aktionen, die in die herkömmliche Arbeit der Kirchen paßten. 1977 veränderte sich der Rat unter einem streitbaren Führer zu einer effektiven politischen *Pressuregroup,*[51] die gegen das verdammenswerte Wettrüsten wirksame Kampagnen führte.

Die Empfehlungen des Rates in bezug auf wichtige Regierungsentscheidungen stellen keine offiziellen Standpunkte der vereinten Kirchengemeinschaften dar; sie werden in eigener Verantwortung des *IKV* vorgebracht. Sie erwecken indes bei vielen Niederländern den Eindruck, als handle es sich hierbei um religiöse Gebote, denen eine staatsrechtliche Bedeutung zukomme, so daß christliche Politiker gehalten sein könnten, sie anzunehmen. Mehrere Staatsrechtler haben darauf hingewiesen, daß dem nicht so ist. Dennoch ergibt sich dieser Eindruck immer wieder, vor allem, wenn sich Politiker, Abgeordnete oder ganze Fraktionen die Standpunkte des *IKV* zu eigen machen, so daß sich dann die Regierung tatsächlich darauf einstellen muß. So wurde die von den Niederlanden ausgegangene Friedensbewegung mehr als eine soziale Bewegung; sie wurde zur außerparlamentarischen Organisation friedenspolitischer Aktionen, die für die offiziell geführte Außen- und Entwicklungspolitik von größter Bedeutung ist.

Abgesehen von der Diskussion über ihre Ziele und ihre Legitimität ist die bloße Tatsache, daß die Bewegung existiert und eine stabile Organisation darstellt, für die Wissenschaft der Politik interessant, zeigt sie doch einerseits Besonderheiten der niederländischen Politik und andererseits wichtige allgemeine Wandlungstendenzen der Politik, der Formen der Opposition und damit der Demokratie. Beim Beschluß der niederländischen Regierung vom 1. Juni 1984, die amerikanischen Raketen nicht zu stationieren, jedenfalls vorläufig nicht, fielen die Aktionen der Friedensbewegung natürlich ins Gewicht. Die außerparlamentarische Opposition wirkt längst auf die parlamentarische ein und bildet zusammen mit dieser ein breiteres, differenzierteres politisches System.

7. *Das neue Universitätsgesetz: Experiment einer Revolution von oben als Antwort auf den Aktivismus von unten*

Das Jahr 1968, in der akademischen Geschichte als »Jahr des Pariser Maiaufstandes« in Erinnerung, verlief an den niederländischen Universitäten noch ruhig. Dann überstürzten sich die Ereignisse. Die niederländische Hochschulrevolte kam 1969 und hatte Erfolg. In spontan einberufenen Massenversammlungen wurden Beschlüsse gefaßt und Aktionskomitees gebildet, die die Autoritäten aufforderten, die Beschlüsse anzuerkennen. Das hieß Mitbestimmung der Studenten auf allen Gebieten. Bis zur Einführung eines neuen Gesetzes, über dessen Inhalt bereits heftig diskutiert wurde, sollte mit den Komitees zusammengearbeitet werden. Im Bewußtsein, daß ein Auflösungsprozeß im Gange und eine neue Ordnung in Vorbereitung war, gingen viele Lehrstuhlinhaber auf die Forderungen ein. Die neuen Strukturen, die in Antizipation des Gesetzes vielerorts eingeführt wurden, gingen noch weiter als dieses, verschwanden nach seinem Inkrafttreten jedoch nicht und blieben über Jahre hinaus eine Quelle von Konflikten.

Die Revolte begann an den katholischen Universitäten, griff von dort auf die anderen über und erreichte einen Höhepunkt mit der Besetzung des Verwaltungsgebäudes der Universität von Amsterdam, das mitten in der Stadt liegt. Auffallend war der relativ ordentliche Verlauf des Ereignisses und die schon erwähnte Sympathie, die Presse und Öffentlichkeit den Studenten entgegenbrachten. Nachdem ein Fernsehteam nach einigen Tagen in den besetzten Räumen zugelassen und der Film am Abend gesendet worden war, verbreitete sich zwar die Meinung, daß es nun zu bunt herginge, doch das allgemeine Gefühl, daß die Studenten für eine gerechte Sache stritten, wurde nicht erschüttert. Noch 1981 würdigte die Dachorganisation des niederländischen Fernsehens die Besetzung in einem Dokumentarfilm offiziell als Keim und Symbol des Aufstandes gegen die herrschende Ordnung. Mancher erklärt heute mit Stolz, damals dabeigewesen zu sein. Am zehnten Jahrestag fand im selben Gebäude eine von der neuen Verwaltung geförderte Gedenkausstellung statt, nun ein Stück politischer Folklore. Im Auftrag der Universität erschien anläßlich ihres 350jährigen Bestehens ein von dem Historiker Frits de Jong verfaßtes umfangreiches Gedenkbuch. Übersetzt lautet der Titel: »Macht und Einspruch - der Kampf um die Demokratisierung der Universität von Amsterdam.« Das Werk ist dem Andenken des von uns wiederholt genannten Geschichtsschreibers Jan Romein gewidmet, und in der Widmung heißt es: »dem Historiker seiner Zeit, dem humanistischen Gelehrten, dem heterodoxen Marxisten«[52].

Mit einer Schnelligkeit, die niemand erwartet hatte, wurde die Behandlung des Hochschulkonfliktes aus dem akademischen Bereich in den der offiziellen Politik getragen. Über die Köpfe der Rektoren und Senate hinweg begann der junge katholische Erziehungsminister eines christlich-liberalen Kabinetts mit den Studentenführern Gespräche zu führen, die ihr Selbstbewußtsein und ihre Erwartungen steigerten. Die Hochschulreform war zur nationalen Frage geworden. Entwicklungen traten ein, die alsbald nicht mehr rückgängig gemacht werden konnten. Machtverschiebungen wurden vollendete Tatsachen. Und genauso tatkräftig wie von den Studenten wurde der Prozeß von den Assistenten im Mittelbau vorangetrieben. Zu lange mußten sie unter sehr unbefriedigenden Bedingungen arbeiten, oft als persönliche Sekretäre der Ordinarien nebensächliche Dinge verrichten, ohne Möglichkeiten zu einer angemessenen wissenschaftlichen Laufbahn. Als die Universität zum Massenbetrieb wurde, die Verdopplung der Studentenzahl in weniger als einem Jahrzehnt organisatorische, administrative und didaktische Probleme brachte, denen die bestehende Ordnung nicht gewachsen war, wurde den Assistenten mehr als allen anderen Gruppen die Last aufgebürdet. Jetzt verlangten sie die Gleichstellung mit den Professoren, und sie erhielten sie.[53]

Das neue Gesetz wurde panikartig ins Parlament gebracht und mit großer Eile behandelt. Es ist zum drastischsten gesellschaftspolitischen Eingriff geworden, den je ein demokratischer Staat der westlichen Welt nach dem Zweiten Weltkrieg vorgenommen hat. Fassen wir die wichtigsten Bestimmungen zusammen. Das Gesetz kennt drei *Personalkategorien* (das wissenschaftliche Personal, die Studenten und das Verwaltungspersonal), drei *Aufgabengebiete* (Lehre, Forschung und Verwaltung) und drei *Führungsebenen* (Universitätsleitung, Fakultäten und Fachbereiche). Die Organisationsstruktur bildet ein Rätesystem, dessen höchstes Organ der Universitätsrat ist. Fünf Sechstel seiner Mitglieder sind *gewählte* Personen, die der Universität angehören, ein Sechstel sind vom Erziehungsministerium *ernannte* Personen, die der Universität nicht angehören. Die Mitglieder aus der Universität rekrutieren sich zu je einem Drittel aus den drei Personalkategorien, und zwar so, daß eine jede ihre eigenen Vertreter wählt. Da die Professoren keine eigene Gruppe sind, sondern mit den Assistenten zusammen das wissenschaftliche Personal bilden, machen sie nur einen verschwindend kleinen Teil aller Mitglieder des höchsten beschlußfassenden Gremiums aus. Es ist auch möglich, daß nur Assistenten die wissenschaftliche Gruppe vertreten, je nachdem, wie die Wahllisten ausfallen.

Die Ausführung der Universitätsratsbeschlüsse und die Geschäftsführung obliegen einem Vorstand, dessen Mitglieder zum Teil vom Universitätsrat gewählt, zum Teil vom Ministerium ernannt werden. Ihm gehört auch der Rektor als Vorsitzender eines Kollegiums der Dekane an, das nur noch für Promotionen, Ehrungen und dergleichen zuständig ist. Es ist weder für die Geschäftsführung der Universität noch für Lehre und Forschung verantwortlich. Für die beiden Letztgenannten sind die Fakultäten und Fachschaften zuständig. Auch die Fakultäten werden durch einen Rat regiert. In diesen entsenden die drei Personalkategorien in direkten Fakultätsratswahlen ihre Vertreter, jedoch in einer anderen Verteilung als beim Universitätsrat. Die Hälfte der Fakultätsratsmitglieder müssen Angehörige des wissenschaftlichen Personals sein. Über die Zusammensetzung der anderen Hälfte kann die Fakultät selbst bestimmen (meist besteht sie vorwiegend aus Studenten und einem oder zwei Vertretern der Verwaltung). Zur Wahl des Universitätsrates bilden die Fakultäten Wahlkreise, die ihre Abgeordneten entsenden.

Wie funktionierte die neue Ordnung? Nach Inkrafttreten des Gesetzes bildeten sich in allen Personalkategorien Parteien, die nun vor jeder Wahl Programme entwerfen und Kampagnen durchführen. Es gibt progressive und gemäßigte Parteien, letztere sind in der Minderheit. Die progressive Partei des wissenschaftlichen Personals der Fakultät für Wirtschaftswissenschaften der Universität von Amsterdam nennt sich »Partei der Ökonomen«, deren Abkürzung *PvdE* an die der sozialistischen *Partei der Arbeit (PvdA)* anklingt. Zwischen den Progressiven aller drei Personalkategorien entstanden rasch Querverbindungen und Koalitionsformen. Im großen Rat der Universität von Amsterdam hat eine progressive »Mammutkoalition« schon lange die absolute Mehrheit. Diese Situation könnte sich auch nicht ändern, wenn bei einer künftigen Wahl mehr Professoren für die gemäßigte Partei ihrer Kategorie stimmen würden, denn als Fraktion können sie die geschlossene progressive Front der Studenten und des Verwaltungspersonals nie überstimmen. In den Fakultäten bestehen ähnliche Verhältnisse. Oft genügt dort die Stimme nur eines Vertreters des wissenschaftlichen Personals, um einen Vorschlag der Studenten zum Beschluß zu erheben. In den Fachbereichen schließlich, in denen die Autonomie der Lehre und Forschung doch eigentlich realisiert sein sollte, hat das Gesetz die Befugnisse nicht deutlich geregelt.

Die Konflikte, die durch unterschiedliche Gesetzesauslegungen, die Interpretation eines Artikels zur Durchführung von Experimenten, Parteienstreit und persönliche Reibereien entstanden, füllten in den siebziger Jahren die Spalten der akademischen Presse.[54] Sie machten permanente Schlichtungskommissionen und weitere Verordnungen notwendig. All dies beanspruchte einen wachsenden Teil der Zeit aller Beteiligten und führte nicht zuletzt zur Anstellung weiterer Verwaltungskräfte. So wurde die Geschichte der Demokratisierung zur Geschichte der Bürokratisierung. Die Beratungen in den neuen Räten wurden zunehmend Verhandlungen, in denen die schon zum voraus eingenommenen Fraktionsstandpunkte dominierten. Über alle wichtigen Fragen wurde abgestimmt. Der Marsch durch die Institutionen war kurz gewesen; lang wurden die Sitzungen in den neuen Ratsversammlungen.

Daß die Abgeordneten in den akademischen Gremien gerade nicht die Gruppe ihrer Personalkategorie, sondern eine politische Partei vertreten würden, war freilich nicht die Intention des Gesetzgebers gewesen. Indes leisteten die offizielle Desavouierung der alten und die ideologische Konzeption der neuen Ordnung der Politisierung der Verhältnisse Vorschub. Da die Hochschulreform als Entmachtung der Kuratoren und Lehrstuhlinhaber konzipiert wurde, da ferner die grundsätzliche Legitimität der Studentenrevolte als eines Aufstands gegen strukturelle Ungerechtigkeit außer Zweifel stand und da schließlich die Universität gemäß den akzeptierten Konflikttheorien als ein Gebilde von Interessengegensätzen gesehen wurde, die zur Austragung jetzt nur die demokratische Struktur bekommen sollte, wurde die Politisierung der Verhältnisse überhaupt erst richtig herbeigeführt. »Es ist klar«, hieß es im ministeriellen Kommentar zum Gesetzesentwurf, »daß das bisherige System, in dem die Gestaltung der Führung der Universität bei gewissen Gruppen, nämlich den Professoren und Kuratorenkollegien konzentriert ist, verlassen werden muß.«[55] Es wurde nicht gesagt, woraus dies klar geworden wäre. Die direkte Ursache der Probleme: die plötzliche Übervölkerung der Universitäten, auf die die Autoritäten sich nicht rechtzeitig eingestellt hatten und die auch Regierung und Volksvertretung nicht hatten herankommen sehen, wurde bei der ideologischen Konzeption der Strukturveränderung zu etwas Zweitrangigem, zu etwas, was als eine Folge der deklarierten Ungerechtigkeit verstanden wurde.

Erörterungen von Ordnungsmodellen für gesellschaftliche Organisationen sind sinnvoller und ergiebiger, wenn dabei schon die Ergebnisse ihrer praktischen Anwendung berücksichtigt werden können. Die niederländischen Universitäten drängen sich den Sozialwissenschaften geradezu auf: als eine vielseitige und lehrreiche Fallstudie zur selbstkritischen empirischen Erforschung der eigenen Institutionen. Es empfiehlt sich, die nun schon mehr als ein Dutzend Jahre lange Erfahrung mit dem 1970 eingeführten Hochschulgesetz in der internationalen Diskussion über eine angemessene und zeitgemäße Universitätsordnung zu beachten. Eine systematische Analyse aller Ereignisse und Erfahrungen steht noch aus. Indes werden von Zeit zu Zeit individuelle Versuche unternommen, ein Fazit zu ziehen.[56] Sicher ist, daß das Hochschulwesen der Niederländer ebenso aufschlußreich und einzigartig ist wie ihr Fernseh- und ihr Parteienwesen und letzten Endes auch wieder nur aus dem ganzen Zusammenhang der

Geschichte und Kultur des Landes heraus verstanden werden kann.

Wenn wir nun einige wichtige Ergebnisse festhalten, so sei von vornherein betont, daß die Folgen des Gesetzes von 1970 nicht aus reaktionärem Geist als »Fehlschlag der Demokratisierung« hingestellt werden sollen, wie es oft geschieht. Es zeigt sich doch nur, wie problematisch der Begriff »Demokratisierung« ist, und wie falsch und mißverständlich es war, mit diesem Begriff die hier zustande gekommene Strukturveränderung zu werten.[57] Studenten sollen grundsätzlich mitsprechen - wie Arbeiter in Betrieben und Mitglieder in Vereinen -, die Frage ist immer nur, *wie* und *wo*. Nur eine Minderheit macht von ihrem Mitbestimmungsrecht Gebrauch: die Wahlbeteiligung liegt nur bei etwa vierzig Prozent. Die meisten Studenten sind sich nicht einmal der Tatsache bewußt, daß sie von Gesetzes wegen mit der Immatrikulation automatisch die Mitverantwortung für die Führung der Universität und die Qualität des Bildungsangebotes übertragen bekommen.

Durch die zeitgebundenen Mandate der Studentenvertreter und deren mangelhafte oder fehlende Qualifikation für Verwaltungsaufgaben, durch das dominierende Fraktionsinteresse und die nicht abreißende Kette von Konflikten mit ihren Schlichtungsprozeduren ist aus der Mitbestimmung etwas ganz anderes geworden, als der Volksvertretung vorschwebte. Zwar ergaben sich nicht notwendig funktionsunfähige Organe, auch wurden nicht alle Fakultäten im gleichen Maße betroffen. An einigen Orten wird hervorragende Forschungsarbeit geleistet, wie ihre veröffentlichten Ergebnisse beweisen. An vielen anderen jedoch hat die Qualität der Ausbildung und der wissenschaftlichen Arbeit ernsthaft Schaden erlitten. Das ist vor allem dort der Fall, wo die zahlreichen, ohne Befähigungsnachweis eingestellten Assistenten in Dozentenstellen und in die Führung von Fachbereichen aufrückten, ohne daß sie sich wissenschaftlich und didaktisch entwickelt hätten. Heute stellen die Universitäten kein Studentenproblem mehr dar, sondern ein *Dozentenproblem*; von den Studenten jedoch muß gesagt werden, daß sie nichts tun, um dieses Problem lösen zu helfen.

Dadurch, daß so viele mittelmäßige oder unqualifizierte Kräfte Anstellungen auf Lebenszeit erhielten, wurden die Stellen und beruflichen Laufbahnen für eine ganze Generation junger, begabter Menschen blockiert. Zudem blieben begabte Studenten ohne inspirierende Führung durch qualifizierte, erfahrene Wissenschaftler. Die Zahl der akademischen Lehrkräfte, die bei konsequenter Beurteilung durch anerkannte Wissenschaftler nach üblichen akademischen Normen als unfähig entlassen werden müßte, wird auf viele Tausende geschätzt,[58] auf sehr viel höher als 2.500 bis 3.000 Personen, die laut Bericht einer ministeriellen Reorganisationskommission im Zuge von Sparmaßnahmen ausscheiden sollen. Die Personaleinsparung, die ohne »Diskriminierung« der Mittelmäßigen, ohne »Privilegierung« der wissenschaftlichen »Elite« und der Fachbereiche von hoher Produktivität und hohem Ansehen erfolgen soll, trägt somit nur weiter zur Niveausenkung bei. Der zur Herrschaft gelangte »Laienintellektualismus« (Weber) desavouiert die Begabten; er sucht in der Mediokrität die Demokratie.

Im Jahre 1982 sprach man in Regierung und Parlament von der Notwendigkeit einer drastischen Revision des Hochschulgesetzes. Schon seit Jahren kann man immer wieder von dieser oder jener umstrittenen Korrektur lesen. Auffallend ist jedoch das Fehlen einer wirklichen und offenen Diskussion darüber, wie es zu der heutigen Situation kommen konnte. Ein Ausländer, der in Amsterdam lehrende Amerikaner Derek L. Phillips, lieferte die fundierte Kritik des erwähnten ministeriellen Berichtes, in dem die Fragen der Leistungsbewertung und Qualitätskontrolle wissenschaftlicher Arbeit ignoriert werden. Die Vorschläge derer, die sich von Amts wegen oder in Studienkommissionen mit Hochschulproblemen befassen, sind ein Aspekt der ganzen Krise; sie gehören selbst zu der Problematik, die sie zum Gegenstand haben, und zeichnen sich nicht durch hohe Qualität aus.

Mittelmäßige und unterdurchschnittliche Leistungen in der Arbeit schließen Fleiß, Tüchtigkeit und Ehrgeiz nicht notwendig aus, im Gegenteil: diese können zum kompensatorischen Bedürfnis werden. Offiziell als kompetent legitimiert, hat eine nicht geringe Zahl anspruchsvoller Personen, die die Voraussetzungen für hohe wissenschaftliche Leistungen nicht erfüllen, Werke publiziert, die ein angesehener deutsch-, englisch- oder französischsprachiger Verlag kaum annehmen würde; in den an Publikationen armen Niederlanden gewinnen sie als Fachliteratur Bedeutung und können zur akademischen Pflichtlektüre werden. Huizinga klagte schon über die schwer erkennbare Grenze zwischen Wissenschaft und Quasiwissenschaft; heute ist diese Grenze völlig verwischt, doch wird diese Situation zum Teil dadurch wieder ausgeglichen, daß der Anteil der fremdsprachigen Literatur an der gesamten gelesenen und benützten Literatur sehr viel höher ist als in den großen Nachbarnationen. Führende Wissenschaftler der Niederlande schreiben meist auch in anderen Sprachen; Dissertationen, vor allem in den Naturwissenschaften, werden sehr oft in englischer Sprache verfaßt.

Oft schwer zu erkennen und verwischt ist in den Niederlanden auch die Grenze zwischen Wissenschaft und »Heilswissen«. Nachdem sich der neue Laienintellektualismus an den Universitäten den professionellen Status gegeben hat und die emanzipatorische Gestaltung von Lehrprogrammen ministeriell sanktioniert ist, kann man im »Heilswissen« ein anerkanntes wissenschaftliches Diplom erwerben. Mancher sozialwissenschaftliche Fachbereich sah in den siebziger Jahren seine Aufgabe in der Heranbildung des Personals für den neuen staatlichen »Wohlseinssektor« *(welzijnssector)*, dem eine zentrale Bedeutung für die »Gesellschaftsreformation« zuerkannt wurde; wir kommen auf diesen Sektor, der damals zum beschäftigungspolitischen Wachstumssektor wurde, bei der Behandlung der Wirtschaftsentwicklung zurück.

Die Privatwirtschaft verhält sich gegenüber den Absolventen solcher Fachbereiche zurückhaltend, wenn nicht abweisend, was auf Gegenseitigkeit beruht: Vom Studium der Sozialpädagogik und Erwachsenenbildung, in den Niederlanden »Andragologie« genannt, heißt es in der Informationszeitschrift der Universität von Amsterdam, deren Redaktionsrat der Rektor angehört: »Wer über die Andragologie später eine Laufbahn in der Industrie aufbauen will, sollte lieber nicht in Amsterdam studieren. Hier haben wir uns bewußt für die Problematik der unterdrückten Gruppen entschieden...«. An die Stelle von Diplomarbeiten ist die Mitarbeit an praktischen Projekten getreten. Als gerade laufende werden genannt: Wohnungsnot, Frauenmißhandlung und Geheimdienste. »Einige Studenten«, so heißt es weiter, »die für die Lebensqualität ihrer Wohngegend gekämpft haben, brachten ihre Aktion als Studienprojekt in die Universität ein.«[59] »Warum eigentlich nicht?«, mag man fragen, kommt es doch immer nur darauf an, was wissenschaftlich dabei herauskommt. Die Evaluation empirischer Forschung in den Niederlanden leidet jedoch unter dem Mangel respektierter Instanzen, die diese Aufgabe mit Akribie erfüllen und dabei die Spreu vom Weizen trennen können.

In der Polemik über die Bildungsreform wurde einmal gesagt, die Regierung wäre darauf aus gewesen, die Gesellschaft durch Erziehung zu verändern, statt in der Gesellschaft Voraussetzungen für eine gute Erziehung zu schaffen. Tatsächlich wurden alle zu Erziehenden mit so viel Eindringlichkeit zur Arbeit an einer besseren Welt aufgefordert, daß die Begeisterung, mit der viele dem Ruf Folge leisteten, nicht verwundern sollte. Während in manchen Universitätsstädten anderer Länder die Polizei gerufen wurde, als die Rebellion losbrach, bekamen die Studenten niederländischer Universitäten von der Volksvertretung die ungeheure Last der Mitverantwortung für die Bewältigung massiver Reformen aufgebürdet. Der Politologe Hans Daalder spricht vom »einzigartigen Experiment einer Revolution von oben als Antwort auf den Studentenaktivismus von unten«[60]. Heute sind Begeisterung und Aktivismus vergangen. Geblieben sind die Probleme der Universität, und zu deren Lösung ist die Motivation, ist die Mitarbeit der Studenten unentbehrlich.

Sicher kann die Uhr nicht zurückgedreht werden. Doch bleibt zu hoffen, daß eine neue Studentengeneration, die vor allem wieder studieren und dazu das wissenschaftlich und didaktisch beste Bildungsangebot haben will, die gesetzlichen Möglichkeiten noch einmal nützen wird, um eine zeitgemäße und leistungsfähige Universität schaffen - und das heißt: sie von unten ganz neu aufbauen - zu helfen. Nach dem zugestandenen Recht auf Mitbestimmung stellt sich die Frage, wie die *Pflicht* zur fruchtbaren Mitgestaltung verwirklicht werden kann.

Eine neue Diskussion über die Bildungsreform hat sich an dem Begriff *»excellence«* entzündet, der an die Stelle des verpönten Wortes »Elite« getreten ist. Das Wort »Talentbesteuerung« ruft nur noch ein spöttisches Lächeln hervor. Viel ist nun wieder von der Förderung der Talente die Rede. Fragen möge man sich dabei, welche Talente, welche latenten Begabungen, welche Persönlichkeitsmerkmale Förderung verdienen.

8.
»Entsäulung«, Säkularisierung und die Glaubensreform im Zeichen der Emanzipationslehre

Wenn in der niederländischen Öffentlichkeit der späten sechziger Jahre von »gesellschaftlicher Strukturveränderung« die Rede war, hatte man dabei keine allgemeine Problematik der soziologischen Theorie im Auge, sondern ein sehr konkretes Geschehen im eigenen Land: das Aufbrechen des Säulensystems, den Übergang vom bisherigen Gefüge geschlossener weltanschaulicher Subkulturen zu einer offenen Gesellschaft. Man sprach - und spricht noch immer - von »Entsäulung«. Hier zeigt sich, daß der Begriff nicht allzu glücklich ist, suggerieren Säulen doch Starrheit; sie können einstürzen, sich als Gebäude aber nicht auflösen wie ein Geflecht. Tatsächlich ist das Phänomen der sogenannten Versäulung alles andere als eine starre Erscheinung. Wir haben es mit sozialer Dynamik zu tun, und diese ist kompliziert. Da der Begriff »Entsäulung« jedoch eingebürgert ist, wollen wir ihn übernehmen, müssen jedoch sogleich betonen, daß er nur als ein allgemeiner Ausdruck für eine Vielfalt *ungleichartiger* Vorgänge Verwendung finden kann. Bei der Darstellung dieses Prozesses stützen wir uns größtenteils auf Untersuchungen von J. M. G. Thurlings[61]. Die wesentliche Frage betrifft die soziologischen Deutungen und Erklärungen der registrierten Erscheinungen; hierbei verfuhr man oft etwas voreilig und gab zu einfache Antworten.

Wie bereits erwähnt, manifestierte sich die Entwicklung während der sechziger Jahre am auffälligsten und politisch folgenreichsten im Parteienwesen, und zwar mit plötzlichen Wählerverlusten der christlichen Parteien. Diesen Wählerverlusten entsprachen die Mitgliederverluste christlicher Organisationen, vor allem solcher, deren Aktivitäten nichts oder wenig mit Religion zu tun haben. Am meisten spürten die Vorgänge die Katholiken. So wie das System der Versäulung in ganz wesentlichem Zusammenhang mit der Emanzipation der Katholiken entstanden war, war nun auch die Auflösung dieses Systems aufs engste mit der Veränderung der gesellschaftlichen Welt der Katholiken verbunden. Darum lag es nur nahe, daß gerade die Katholiken sich mit der Problematik befaßten. Die Untersuchung der Vorgänge wurde für sie ein Bestandteil der Neubesinnung. Nicht zufällig ist das führende soziologische Forschungszentrum der Niederlande heute an der Katholischen Universität Nimwegen zu finden.

Das Phänomen der Entsäulung wurde von den Katholiken als Auflösung ihrer eigenen Organisations- und Kommunikationsstruktur wahrgenommen. Wie sehr dieser Prozeß die Katholiken beschäftigte und als Verlust der einst so sehr begehrten Gruppenidentität empfunden wurde, illustrieren die ernsten und erregten Diskussionen in katholischen Kreisen und Organisationen während jener Zeit. Tatsächlich konstatierte man eine *Identitätskrise.* Einem rechten Katholiken konnte es nicht gleichgültig sein, was jetzt aus der Kirche, was aus ihren Organisationen wurde. Neue

Standpunkte zu finden, war einerseits ein tiefes Bedürfnis einzelner Katholiken, andererseits eine kollektive Notwendigkeit in den von Entsäulung bedrohten oder schon erfaßten Organisationen. Hierbei kam es nun zu sehr verschiedenen Entwicklungen.

Manche Organisationen lösten sich ausdrücklich aus ihrer Bindung an die katholische Religion, legten sich auf ein allgemeines, säkulares gesellschaftliches Ziel fest und konnten durch eine neue ideologische Ausrichtung einen Abfall der Mitglieder von der Kirche heraufbeschwören; andere wieder waren bestrebt, eine Gemeinschaft von Katholiken zu bleiben, die sich nur »öffnete« und durch die »Verbreiterung« der Zielsetzung (zum Beispiel in ökumenischem Sinn) anderen zugänglich werden konnte. Im Zuge solcher Bestrebungen kam es auch zu Fusionen. Ein interessantes Beispiel bildet die katholische Arbeiterjugend. Diese hatte sich 1960 zunächst in einem weiteren Sinne als »christlich-humanistische« Organisation neu bestimmt; nach 1965 jedoch gab sie auch die Festlegung auf spezifisch christliche Grundsätze auf und sah sich von nun an als eine »radikal-aktivistische, konfessionell nicht gebundene kritische Bewegung der arbeitenden Jugend«[62]. Das Beispiel zeigt, daß die Radikalisierung damals nicht nur von sozialistischer Seite kam. Ein noch deutlicheres Beispiel dafür bietet die politische Partei *PPR*, die um jene Zeit entstand und eine Sammlungspartei aller Radikalen sein wollte. Zu ihrer Gründung ergriffen, wie schon gesagt, Katholiken die Initiative; nachher stießen zu ihnen auch Protestanten.

Die Soziologen von Nimwegen untersuchten auch, wieweit der Struktur- und Kulturwandel der niederländischen Gesellschaft als Säkularisierung verstanden werden kann. Sie konzentrierten sich dabei auf die Intellektuellen und ihre Berufe. Im eigenen Arbeitsbereich zeigte sich, »daß aus dem Katholiken, der einmal Soziologe war, ein Soziologe wurde, der vielleicht Katholik ist, meistens aber etwas anderes«[63]. Der Wandel des katholischen Denkens und Bewußtseins wird bei den katholischen Intellektuellen anhand ihrer Einstellung zu vier Fragenkomplexen erforscht: erstens zum Verzicht der Kirche auf ihren universalistischen Anspruch als der allein selig machenden und zu ihrer geistigen Öffnung gegenüber Andersgläubigen, zweitens zur »Desakralisierung« und Instrumentalisierung der kirchlichen Autoritätsordnung und des kirchlichen Amtes, drittens zur »Entmoralisierung« der Ethik und zu psychologischen Analysen der Probleme »geistiger Volksgesundheit« und viertens zur Beseitigung der Versäulung.

Registrierte Veränderungen im System der Versäulung der niederländischen Gesellschaft

Bildung interkirchlicher Organisationen
Gründung ökumenischer Schulgemeinschaften für Katholiken und Protestanten und Zusammenschlüsse von katholischen und protestantischen Verbänden (bei Arbeitgebern, Staatsbeamten, Polizeifunktionären u.a.);

Bildung überkirchlicher Organisationen
Errichtung von Schulen, die nicht nur für Protestanten und Katholiken (in ökumenischem Sinn) bestimmt sind, sondern auch für die sogenannten Unkirchlichen und Mitglieder nichtchristlicher Religionen;

Unvollständige, einseitige Entsäulung
Zusammenschlüsse katholischer mit »neutralen« Organisationen bei Fortbestehen der protestantischen (in Gewerkschaften, Kleinunternehmen, Offiziersverbänden, Jugendverbänden, Pfadfindern, Kinderschutzvereinen u.a.);

Horizonterweiterung kirchlicher Organisationen
Erweiterung der Zielsetzung (»Öffnung«): so beschlossen z.B. ein katholisches Institut für Journalistik und ein katholisches Zentrum für geistige Volksgesundheit, sich der Journalistik bzw. Volksgesundheit »allgemein« zu widmen;

Verschwinden kirchengebundener Organisationen
Dies geschah entweder durch die Liquidation der betreffenden Organisation oder durch bewußtes Aufgeben des weltanschaulichen Charakters (zum Beispiel bei der ehemals katholischen Tageszeitung »Volkskrant«);

Neue Organisationen als »Wiederversäulung«
Gründung einer neuen reformierten Schule für Sozialarbeit als Reaktion auf Radikalisierung bestehender Anstalten und einer neuen reformierten Rundfunk- und Fernsehanstalt, hier auch als Reaktion auf Permissivität in anderen Anstalten;

Entsäulung und Wiederversäulung in der Politik
Zusammenschluß der großen christlichen Parteien in einer Union (CDA), Bildung weltlicher Linksparteien, einer evangelischen Linkspartei, einer neuen katholischen Rechtspartei sowie einer neuen orthodox-protestantischen Partei;

Tendenzen zu weltlicher Sektenbildung
Bildung und Selbstdarstellung neuer Bünde bei Randgruppen oder Diskriminierten: Marxisten, Pazifisten, Feministen, Homosexuellen, Bhagwan-Gruppen u.a., teilweise innerhalb großer Organisationen (Parteien, Universitäten u.a.).

Der Ungleichartigkeit der sogenannten Entsäulungsprozesse entspricht die Komplexität des mit ihnen verbundenen Kulturwandels, des Wandels von Werten, Leitideen, Lebensstilen und Verhaltensnormen. Beim Versuch, die ganze Entwicklung wissenschaftlich zu analysieren, sind die theoretischen, begrifflichen und methodologischen Probleme, die sich den Sozialforschern stellen, nicht gering. Wir deuteten schon an, daß man sich die Sache bisweilen etwas einfach gemacht hat. So darf man bekanntlich von statistischen und demographischen Trends nicht schon automatisch auf Veränderungen von Mentalitäten schließen – in diesem Falle zum Beispiel von Glaubensdispositionen. Dies taten jedoch jene, die die Entsäulungsvorgänge automatisch als sogenannte Dekonfessionalisierung interpretierten.

Die nähere Untersuchung der demographischen und soziographischen Trends zeigte zunächst nur das schwindende Bedürfnis der Menschen, sich in lauter Organisationen der eigenen Weltanschauung zusammenzuschließen. Die Abschirmung von Andersgläubigen stieß zudem auf Hindernisse und war allgemein weniger erwünscht. Der Zug zur Aufgeschlossenheit, der bei den Katholiken schon in den fünfziger Jahren spürbar wurde, konnte nicht an sich schon als ein Zeichen nachlassender Verbundenheit mit ihrem Glauben gewertet werden. Der bischöfliche Hirtenbrief von 1954 zeugte von einer falschen Beurteilung der Entwicklung. Oft wurde die Entsäulung durch wirtschaftliche Prozesse gefördert, zum Beispiel bei Arbeitgeberverbänden, Berufsgenossenschaften oder Zeitungen durch die allgemeine Konzentration von Unternehmen und Verbänden.

Die naive Gleichsetzung von Entsäulung und Dekonfessionalisierung, gegen die wir uns wiederholt gewandt haben, erwies sich als großer Irrtum, der nichtsdestoweniger in der niederländischen öffentlichen Meinung zu einer fixen Idee wurde. Der Politologe Arend Lijphart schrieb in einem vielbeachteten Buch: »Entsäulung bedeutet also Dekonfessionalisierung (die Schwächung der Konfession an sich und als Faktor in der Politik), Entideologisierung ...«[64]. Das Wort »Dekonfessionalisierung« bürgerte sich ein, wurde zum Stereotyp der Medien, womit eine fundamentale Verkennung der Realität einsetzte. Indem der Ausdruck schon als Erklärung angenommen wurde, kam der Gedanke, der Konfessionalismus könnte nicht im Verschwinden, sondern nur in einem Umwandlungsprozeß begriffen sein, gar nicht erst auf.

Eine Beurteilung des Wandels der Religion und ihrer jeweiligen Bedeutung in der niederländischen Kultur scheint von der Auffassung des Begriffes *»Säkularisierung«* und von der Art der Erscheinungen, die er bezeichnen soll, abzuhängen. So ist denn dieser schon alte, etwas strapazierte geisteswissenschaftliche Ausdruck angesichts neuer Gegebenheiten wieder ins Zentrum der Kulturbetrachter gerückt, insbesondere bei der empirischen Erforschung des Wandels der Werte und Wertprioritäten der jüngeren Generation.[65] Für die Niederländer wurde das Problem der Säkularisierung geradezu ein nationales Thema. Die Frage »Sind wir noch eine christliche Nation?« wurde am vierhundertsten Jahrestag der Entstehung der Utrechter Union (1579) mit besonderer Eindringlichkeit gestellt. Was sind wir, so hieß es, wenn wir keine christliche Nation mehr sind? In einem Volk, das sich so wesentlich durch die Religion zu bestimmen pflegte, gibt es viele Menschen und Gruppen, für die die Antworten auf eine solche Frage nicht nur Informationswert haben.

Die Erscheinungen der Säkularisierung und »Entkirchlichung« scheinen im Widerspruch zu anderen zu stehen, zum Beispiel zu den so zahlreichen, emsigen religiösen Basisgruppen, die neue Formen der Religiosität zu entdecken versuchen. Sie beklagen die »Entkirchlichung« nicht, gehen vielmehr davon aus, daß es am Anfang einer Religion die Institution der Kirche nie gegeben hat. Ein Beobachter charakterisierte diese Gruppen, indem er schrieb: »Diese Leute haben die Heimsuchung der Skepsis hinter sich. Sie glauben wieder - aber anders und anderes.«[66] Jedenfalls besteht kein Anlaß, den Kulturwandel global als Säkularisierung im Sinne eines Verlustes der religiösen Disposition zu deuten. Die Fragestellung verschiebt sich: von der Religion zur Religiosität, vom Besitz der Religion zur Suche nach ihr, zum *»être en quête d'une religion«* (Aron).

Raymond Aron, der sich mit dem Phänomen der säkularisierten Religion befaßt hat, schrieb, dieser Ausdruck sei banal geworden, desgleichen die Kontroverse, ob eine solche Religion wahr sei oder nicht. Worum es geht, ist nicht der Inhalt der Religion, sondern das latente oder offenkundige *Bedürfnis* nach ihr. Aron hatte seinerzeit die Intellektuellen und den Marxismus als »ihr Opium« im Auge, insbesondere in Frankreich, dem Vaterland der Linken. In den Niederlanden war es die herangewachsene Nachkriegsgeneration an den Hochschulen, die beim Streben nach Glaubenserneuerung die sozialen Deutungen des *malheur séculaire des hommes* in Form emanzipatorischer »Gesellschaftsbilder« aufnahm, und zwar gleichermaßen an katholischen, reformierten, sozialistisch ausgerichteten oder »neutralen« akademischen Orten. Und dabei konnte sie ihre durch christliche Erziehung und christliches Kulturerbe geprägten Dispositionen zum politischen und sozialen Engagement nicht verleugnen. Die allgemeine, in der gesamten westlichen Welt konstatierte Kulturveränderung nahm damit in den Niederlanden ein *spezifisches* Aussehen an.

Ebensoviel wie von der Gesellschaftsreform war in den stürmischen Jahren der progressiven Bewegung von der Glaubensreform die Rede. Die Vertreter der alten Bekenntniskirchen verkündeten ihren Gläubigen, es ginge darum, dem Glauben mit einer zeitgemäßen und inspirierenden Wirklichkeitsdeutung zu neuem Leben zu verhelfen. Dies war mit der Rede von der »Wiederentdeckung« und »Rückgewinnung« des Glaubens gemeint. Es wurde nicht angenommen, man könne so ohne weiteres »wieder gläubig werden«, wenn man es nicht mehr war, wohl aber, das Leben könne nur durch einen neuen Glauben Sinn erhalten. Das Bedürfnis nach Glaubenserneuerung war darum von dem nach Gesellschaftserneuerung nicht zu trennen, ob es sich um die Anhänger von Kirchen oder um »Unkirchliche« handelte. Die vielen Leute aus kirchlichem Milieu, die einer der nichtkirchlichen Linksparteien beitraten, deren Gesellschaftsbild annahmen und es bekenntnisartig vertraten, zeigen das Phänomen des *Konvertiten* in neuer, - wenn man so will - säkularisierter Gestalt. Nicht mit einer »Dekonfessionalisierung«, sondern eher mit einer Rekonfessionalisierung haben wir es zu tun, nicht mit einem Verschwinden, sondern mit einer *Transformation des Konfessionalismus.* Um den Vorgang aufzuhellen, gilt es all jene Merkmale empirisch zu erforschen, die die Religionssoziologie seit jeher interessieren: ideologische des Glaubens, rituelle der Praxis, intellektuelle des Wissens und ethische der Lebensführung.[67]

Der transformierte Konfessionalismus orientiert sich an einer neuen Befreiungsideologie. Stand die Gesellschaftsreform im Zeichen des Demokratisierungsbegriffes, so die Glaubensreform in dem der Emanzipationsidee. Bekanntlich hat das Wort »Emanzipation« einen Bedeutungswandel erfahren. Der deutsche Philosoph Robert Spaemann spricht von einem Begriffswandel, den er recht klar beschrieben hat. Ursprünglich ist das Wort ein Rechtsbegriff, der einen *Vorgang* bezeichnet, durch den das aus Vormundschaft entlassene Individuum die formalrechtliche Gleichstellung mit anderen Mündigen erwirbt, also das Recht, fortan seine Interessen selbst wahrnehmen zu können. In diesem Sinn wurde der Begriff auf die Befreiung unterdrückter Minderheiten (Juden, Katholiken, Neger) und Kolonialvölker angewandt, auf die Gewährung gleicher Rechte an bis dahin Unmündige und Diskriminierte, auf die Änderung ihres sozialen Status in einer gegebenen Gesellschaft. Jetzt jedoch meint Emanzipation mehr und mehr ein *Ideal* menschlicher und gesellschaftlicher Entwicklung.[68]

Gedacht ist nun weniger an die Befreiung unterdrückter Gruppen und Völker als an die Erlösung *aller* Menschen aus den Verstrickungen und Zwängen eines für inhuman gehaltenen Institutionensystems, das dem einzelnen seine wahre Bestimmung vorenthalte. Mündig zu werden heißt in diesem Zusammenhang nicht mehr erwachsen und reif zu werden für das eigene Leben in einer bürgerlichen Gesellschaftsordnung, die als freiheitlich gilt. Es heißt, sich gerade der Fragwürdigkeit dieser Ordnung, der in ihr existierenden Unfreiheit bewußt zu werden und daranzugehen, die Institutionen und Verhaltensweisen zu ändern, sich also gerade anders zu betragen, als es von erwachsenen Mitgliedern der Ordnung erwartet wird.[69] Bei der Auseinandersetzung mit diesen Gedanken geht es Spaemann um die theoretische Haltbarkeit der Thesen; seine Darstellung ist polemisch gegen den Anspruch der Vertreter der »emanzipatorischen« Lehren gerichtet. In den Niederlanden stellt sich dies alles anders dar.

Das neue emanzipatorische Weltbild wurde in den Niederlanden nicht nur die alle progressiven Gruppen verbindende Ideologie der Befreiung; es wurde auch zur staatlich anerkannten sozialethischen Grundlage für die zahlreichen ministeriellen Reformprogramme. Das Wort »Mündigkeit« hatte für weite Kreise des Bürgertums einen bekannten Inhalt. Da der Emanzipationsbegriff in seiner alten Bedeutung schon mit Unabhängigkeits- und Reformbewegungen verbunden war, war es nicht allzu schwer, die neue Bedeutung zu erfassen und sie mit der früheren zu verbinden.

Ausdrücklich hat man sich dagegen verwahrt, daß die Emanzipationsidee Eigentum der politischen Linken sei. Die Herausgeber eines Sammelbandes wandten sich gleich im Vorwort gegen die Meinung, wonach nur die Arbeiterbewegung, nicht auch »das gutsituierte Bürgertum« zur »Emanzipation des niederländischen Menschheitsteiles«[70] beigetragen hätte. In den Statuten der liberalen Stiftung *Erasmus-Liga* heißt es, sie nehme sich vor, »die notwendige, unvermeidliche Mentalitätsveränderung in allen Schichten der Bevölkerung zu begleiten, die regenerativen Kräfte zu verstärken, objektive Informationen zu liefern und einen Beitrag zur Besinnung auf den Kurs zu liefern, mit dem die Erneuerung unserer niederländischen Gesellschaft erstrebt werden muß«[71]. Der Monopolisierung des progressiven Strebens durch die Linke wurde entschieden entgegengetreten, und nur Verwunderung würde in diesen bürgerlichen Kreisen der Hinweis auf die neomarxistische Provenienz des neuen emanzipatorischen Denkens auslösen.

In einem Land, in dem die Beschäftigung mit Erkenntnistheorie nie ein Weg zu Selbsterkenntnis und existentieller Sicherheit war, in dem man aber sehr wohl danach strebte, das Geglaubte zu gedanklicher Klarheit zu bringen, spielt die Philosophie auch für den neuen Emanzipationsbegriff, wenn überhaupt, nur eine sekundäre Rolle. Wer die Lehren der »Frankfurter Schule« aufnahm – bei ihrer Einführung tat sich der Jesuitenpater H. Hoefnagels[72] hervor –, bekannte sich zu ihnen als einer »Strömung«, wie man sich früher zu dieser oder jener Glaubensgemeinschaft bekannt hatte. In Diskussionen beanspruchte man die Toleranz des Standpunktes und war nicht an fachlichen Problemen der soziologischen Theorie interessiert; schon deren Verständnis überforderte die meisten.

9.
Vorzug politischen Experimentierens vor politischer Theorie; Akkommodationspolitik und Wille zum Dialog

Das bekannte Werk »Dialektik der Aufklärung«, das Th.W. Adorno und M. Horkheimer in der Emigration geschrieben haben, wurde zuerst 1947 in Amsterdam veröffentlicht, bald nachdem der Krieg mit Atombomben auf Hiroshima und Nagasaki zu Ende gegangen war. Es beginnt mit dem Satz: »Seit je hat Aufklärung ... das Ziel verfolgt, von den Menschen die Furcht zu nehmen und sie als Herren einzusetzen. Aber die vollends aufgeklärte Erde strahlt im Zeichen triumphalen Unheils«; wenig später heißt es: »Die Menschen bezahlen die Vermehrung ihrer Macht mit der Entfremdung von dem, worüber sie die Macht ausüben.«[73] Solche Sätze lassen sich aus ihrem soziologischen Erklärungszusammenhang herausheben. Er ist für Niederländer nicht das Wesentliche, kann übergangen werden. So wie die Aussagen sich anhören, läßt man sie gelten, ist seit jeher gewohnt, sie von der Kanzel zu hören. Man nimmt sie nicht als wissenschaftliche Thesen und erwartet darum auch keine Kontroversen von Fachgelehrten darüber; auch erwartet man keine eleganten ästhetischen Betrachtungen (die man im Niederländischen »Bespiegelungen« nennt). Gesellschaftskritik wird nun einmal danach beurteilt, ob sie nachdenklich stimmt, Beunruhigung hervorruft, als Charakteristik der Zeit, »etwas Wahres« oder »viel Wahres« enthält.

Was deutsche Philosophen »kritische Theorie« nannten, dem entsprachen bei Niederländern kritische religiöse Haltungen, die sie aus der Tradition der »kritischen religiösen Gemeinde« kannten. Der Theologe G. H. ter Schegget würdigt die Lehre von Marx, weil sie »das Denken mit den Leidenden verbunden« habe; es gehe ihm nicht um die Gedanken, sondern um die Bewegung.[74] Dies findet Zustimmung, auch wenn man sich so von vornherein jeder theoretischen Auseinandersetzung entzieht. Die Parteinahme zugunsten der Leidenden und Unterdrückten dispensiert natürlich nicht von der notwendigen fachlichen Auseinandersetzung mit Lehrsätzen über Ursachen des Leides und der Unterdrückung.

Die Vernachlässigung der theoretischen Klärung fundamentaler gesellschaftlicher Sachverhalte ist ein vielbeklagtes Übel. Es fällt auf an der oft oberflächlichen Behandlung wichtiger, doch ihrer Natur nach komplizierter Themen in anspruchsvollen Schriften und Lehrbüchern, auch am oft mangelhaften Niveau von Berichten staatlicher Studienkommissionen. Die Tatsache, daß Veröffentlichungen über gesellschaftliche Fragen in niederländischer Sprache - im Gegensatz zu denen eines anderen kleinen Landes wie etwa der Schweiz - nur von den eigenen Landsleuten und einer kleinen Gruppe anderer (wie in diesem Fall den Flamen) gelesen werden können, macht es möglich, daß manche minderwertige Publikation zum Beispiel als akademisches Lehrbuch eine Bedeutung gewinnen kann, die in keinem Verhältnis zu ihrer Qualität steht.

Es fehlt die in den großen Sprachgebieten vorhandene Notwendigkeit, den Test strenger Kritik nach höchsten fachlichen Kriterien zu bestehen. Die Reputation eines Gelehrten gründet sich darum auch stark auf seine Veröffentlichungen in den großen Sprachen und auf sein internationales Ansehen. Hier rächt sich nun auch die lange Vernachlässigung der akademischen Pflege der eigenen Sprache. Huizinga sprach von unserer Abneigung gegen scharfe Formulierungen, A. Chorus vom Hang zum Mittelmaß und von der Neigung, brillante Sprache als Affektiertheit und Wichtigtuerei zu empfinden. Es kommt jedoch noch etwas hinzu.

Auch die beklagte Vernachlässigung der Theorie hing in der Vergangenheit mit der Versäulung zusammen. Oft war die Neigung spürbar, der gründlichen Aufhellung einer Problematik bewußt aus dem Wege zu gehen, wenn durch Infragestellung einer Prämisse eine weltanschauliche Position hätte getroffen und ein labiler Konsens zwischen Partnern der Politik hätte gefährdet werden können. So war man bemüht, alle überflüssigen oder vermeintlich überflüssigen Reflexionen zu vermeiden und komplizierte Dinge auf das, »worauf es ankommt«, zu reduzieren. Dies sollte dann möglichst auch ein jeder verstehen können.

Unter deutschen Philosophen gibt es eine Diskussion, deren Thema mit der Alternative »Herrschaftsfreie Gesellschaft oder gerechte Herrschaft?«[75] auf eine Formel gebracht wurde. Es geht dabei um die alte Frage, ob es möglich sei, humanes Leben und soziale Ordnung ohne Herrschaft zu verwirklichen, oder ob Herrschaft notwendig zu jeder Ordnung gehöre und als »gute Herrschaft« eine permanent zu verwirklichende Aufgabe darstelle. Während deutsche Systemkritiker von der Vorstellung einer herrschaftsfreien Gesellschaft fasziniert waren, eine solche theoretisch zu begründen suchten und dabei in die Utopie gerieten, missionierten niederländische Reformatoren auf ihre Weise für eine gerechte Ordnung. Das Wort »Herrschaft« verwenden niederländische Soziologen oft als deutsches Fremdwort, sicher im Zusammenhang mit Max Weber. Der niederländische Ausdruck *»heerschappij«*, der dem deutschen sprachlich entspricht, klingt zu stark, hat schon die Bedeutung von Zwangsherrschaft. Der genaue niederländische Fachausdruck lautet *»gezag«*. Er klingt sachlich, meint »das Sagen haben«, die öffentliche Ordnung und ihr notwendiges Sanktionensystem. Er wird weniger und oft gar nicht mit der Macht von Menschen über andere Menschen assoziiert.

Die Idee der gerechten Ordnung, die natürlich immer auch im Interesse der Herrschenden selbst lag, wenn sie als Apologeten der eigenen Macht die bestehenden Verhältnisse als gerecht hinzustellen suchten, wird von den niederländischen Kritikern des Bestehenden eher als Maßstab gehandhabt, als ethisches Leitbild dafür, wie Verhältnisse sein könnten oder sein sollten. Die Niederländer sind nicht geneigt, wichtige politische Fragen als philosophische Grundprobleme anzugehen und deren Lösung als Voraussetzung für die Inangriffnahme praktischer Aufgaben anzusehen. Sie gehen davon aus, daß jede Ordnung notwendig Gebote und Verbote enthält und daß humanes Leben Gesetze und Sanktionen nicht auszuschließen braucht.

Eine Aussage wie die von Jürgen Habermas, wonach eine in unser Institutionensystem »eingebaute strukturelle Gewalt« die partizipatorische Demokratie verhindere, klingt für niederländische Ohren grob und müßte, um einzuleuchten, schon sehr konkret aufgezeigt und erläutert werden. Umgekehrt würde vielen die Befürchtung Spaemanns, wonach sich an unseren Bildungsstätten eine neue Herrschaft von Emanzipatoren zu etablieren drohe, übertrieben erscheinen, ganz zu schweigen von Helmut Schelskys Furcht vor einer neuen Priesterherrschaft linker Intellektueller.[76] In den Niederlanden würde man so schnell weder das eine noch das andere Extrem dramatisieren. Die Vertreter der These von der »strukturellen Gewalt« können mit den »Emanzipatoren«, wenn es darauf ankommt, noch recht gut auskommen. Sie haben auffallend viele Bedürfnisse und Gewohnheiten gemeinsam. Alltagssitten und Konventionen bleiben noch ein bequemes Bindeglied, wenn politische Gegensätze trennen. Sie erhalten die Kommunikation, die so wesentlichen informellen Beziehungen aufrecht, und wäre es nur in einem so trivialen Brauch wie dem, zu bestimmten Zeiten gemeinsam Kaffee zu trinken.

Die niederländischen Experimente mit partizipatorischer Demokratie beruhen nicht auf vorher angestellten theoretischen Untersuchungen über deren Möglichkeit, sondern auf dem Entschluß, die Sache praktisch zu probieren. Wenn partizipatorische Demokratie heißen soll, daß wichtige Entscheidungen in Staat und Gesellschaft an die »diskursive Willensbildung der Bürger« (Habermas) rückgebunden werden sollen, wenn dieser Grundsatz als »Organisationsprinzip der Gesellschaft« gegen das »dezisionistische Prinzip«[77] durchgesetzt werden soll (ein Ausdruck für Entscheidungen aufgrund einer Kompetenz ohne Rechtfertigung), dann bedürfen die Niederländer ihrerseits keiner umschweifigen Erklärung dafür, was man damit im Auge haben kann oder schon wieder »bezweckt«.

Die Mißgriffe und Irrwege niederländischer Gesellschaftskritiker waren denn auch weniger ideologischer als praktischer Art. Doch die Fehlschläge wurden dann eben auch wieder praktische Tatsachen, die in den Auseinandersetzungen ein größeres Gewicht bekamen als theoretische Argumente. Manche emanzipatorische Sozialarbeit, mancher demokratisierte akademische Lehrbetrieb und mancher alternative Kulturbetrieb, für den es Subventionen gab, sagen schon lange viel mehr über die Anbieter als über die Bedürfnisse derer aus, für die alles gedacht war. Fehlschläge ergaben jedoch nicht immer und überall funktionsunfähige Verhältnisse. Sie wurden auch nicht notwendig zum Wasser auf die Mühlen reaktionärer Geister, eher zur Suppe, die die Erneuerer sich selber eingebrockt hatten und nun auslöffeln mußten. Daß die mit soviel Schwung und Ehrgeiz propagierte und in Angriff genommene Reformierung der Gesellschaft, ob als Kirchen-, Bildungs–, Wirtschaftsreform oder als Reform des parlamentarischen Systems, ein problematisches Geschäft bleibt; daß keine Partei hierfür eine Patentlösung besitzt und manch einer nicht ganz uneigennützig am Werke ist – all das wurde zur *Erfahrung,* und offenbar mußte diese Erfahrung gemacht werden.

Der Stil der durch Parteienvielfalt und konfessionelle Gegensätze bestimmten niederländischen Politik wurde früher stets als allseitiges Bemühen um Ausgleich und Verständigung beschrieben und begrüßt. In der politologischen Literatur bürgerte sich der Begriff *»Akkommodationspolitik«* ein. Mit der Verfassungsänderung vom Jahre 1917 wurde für die Regelung ideologischer Zwiste ein institutioneller Rahmen geschaffen, nachdem sich die Konflikte oft auf untragbare Weise zugespitzt hatten. In den dann folgenden Jahrzehnten bildete sich zwischen den Eliten der verschiedenen Gruppierungen ein permanent gepflegter Kontakt heraus, eine Form kultivierter Kooperation, die später als oligarchisches Führungskartell verworfen wurde. In den zwanziger Jahren jedoch wurde dieses »Harmoniemodell« als Fortschritt empfunden. An die Stelle des gegenseitigen Kampfes trat die routinemäßige Absicherung der Interessen. Zugleich kam eine wichtige Kompetenz- und Funktionsabgrenzung zwischen den Säulen und dem Staat zustande. Beide begrenzten und ergänzten sich in dem Sinne, daß die Säulen im gegenseitigen Einvernehmen prinzipielle Fragen entschieden, während dem Staat die Ausführung der Entscheidungen überlassen wurde. Mit Recht sprach man von einer Tendenz zur Neutralisierung des Staates und zur Versachlichung der staatlichen Funktionen.

Das Wort »Akkommodation« ist aber nicht nur zur Charakterisierung der traditionellen Partei- und Interessenpolitik geeignet, sondern auch zur Charakterisierung von Verhaltensweisen in der Kultur. Ein Beispiel möge dies verdeutlichen. Es gibt in den Niederlanden eine renommierte, aus der Versäulung geborene Stiftung *Het Nederlands Gesprekcentrum* (Das Niederländische Gesprächszentrum). Im Programm dieser Stiftung, deren Kuratorium ein halbes Hundert bekannter Persönlichkeiten des öffentlichen Lebens angehören, heißt es, daß das »Herz des anderen« zu ergründen sei, und das ist keineswegs erbaulich oder sentimental gemeint. Es handelt sich um den ernsthaften und praktischen Versuch, unter ausdrücklicher Respektierung verschiedener Gesinnungen einen Dialog zu finden. Die Stiftung will bei ihren Begegnungen keine Grundprobleme der Gesellschaft theoretisch entscheiden, nicht etwa, wie auf dem Hegel-Kongreß 1981 in Stuttgart, untersuchen, »wie Gesellschaft möglich« oder »Freiheit beweisbar« sei. Wohl aber will sie erfahren, wie in Gruppen mit verschiedenen Orientierungen über wichtige Lebensfragen gedacht wird. Jeder soll erfahren, wie der andere »über Ehe, Familie, Arbeit, Politik und andere Dinge denkt«[78]. Kein gemeinsamer Standpunkt soll gesucht werden, keine gemeinsame Willensbildung zustande kommen, wohl aber ist der Wille da, miteinander zu sprechen.

Ende der sechziger Jahre konnte man in den Niederlanden sagen hören, die Zeit der friedlichen Behandlung ideologischer und politischer Gegensätze gehe zu Ende. Nach Arend Lijphart hätte sie genau ein halbes Jahrhundert, nämlich von 1917 bis 1967, gedauert.[79] Wohl manchem erschien damals das Jahr 1968 als das Ende einer Ära. Die konflikthafte Zuspitzung der Gegensätze wurde für wünschenswert erklärt. Das Wort »Harmoniemodell« wurde zum Klischee derer, die das bestehende System als Elitenkartell verteufelten. Eine neue Erfahrung waren die Initiativen an der Basis der Säulen, die Mitbestimmungsforderungen ihrer Anhänger, die es nicht länger akzeptierten, daß sich die Führer der Säulen über die Köpfe der Mitglieder hinweg ins Einvernehmen setzten. So verstanden, erschien Akkommodation als die große Sünde wider den neuen Geist der Zeit. Mit derselben Entschlossenheit, mit der man einst für die Überwindung der gesellschaftlichen Gegensätze eingetreten war, forderte man jetzt deren Austragung. »Konfliktmodell« hieß das Klischee, mit dem die Demokratie als Höchstmaß individueller Bedürfnisartikulation und Selbstbestimmungsmöglichkeit verwirklicht werden sollte.[80]

Dennoch war es voreilig, aus diesen Tendenzen auf ein Verschwinden der grundsätzlichen Disposition zum Ausgleich zu schließen, die in den Niederlanden an so starke Traditionen gebunden ist. Es zeigte sich, auch der härteste Zusammenprall entgegengesetzter Standpunkte konnte verkraftet werden, ohne daß die Demokratie Schaden litt. Den Sozialisten wurde in der zweiten Hälfte der siebziger Jahre klar, daß sie sich nach wie vor auf eine Zusammenarbeit mit dem christlichen Block einstellen mußten, um wieder an die Regierung gelangen zu können. Mäßigung und kooperative Haltungen blieben geboten.

Die Bevölkerung wünscht, wie Meinungsumfragen bestätigen, keine Polarisierung. Streiks und Konfrontation sind nicht populär. Akkommodationspolitik wird weiterhin gewünscht. Daß wir alle »Sozialpartner« sind, die sich bei der Verfolgung ihrer Interessen, auch wenn sie nicht parallel laufen, gegenseitig brauchen, es also zur Kooperation keine Alternative gibt, bildet in der Öffentlichkeit eine starke Erwartung. Im übrigen wäre noch zu bemerken, daß das sogenannte Konfliktmodell während der »unruhigen Jahre« meist nur von den rebellischen Gruppen praktiziert wurde. Das Bestreben, Konfrontation zu vermeiden, führte gerade bei den Vertretern der alten Ordnung zu übereilten Konzessionen, zum raschen Nachgeben dort, wo man mit anderen Vorschlägen hätte entgegentreten sollen, eine undurchdachte Reformpolitik und falsch konzipierte Veränderungen von Institutionen, Gesetzen oder Statuten hätte verhindern müssen, um in geduldigem Überlegen sinnvolle Anpassungen zustande zu bringen. So hat damals das *Establishment* versagt, mit den akademischen Senaten als dem kläglichsten Beispiel, und dieses Versagen bestand sicher nicht darin, daß man der Erneuerungsbewegung »zu wenig Widerstand« entgegensetzte, sondern vielmehr in der Unfähigkeit, an ihr teilzunehmen.

V.
Die Wirtschaft als Ausdruck der Kultur; vom Handelsvolk zur Industrienation und die Herausforderungen der jetzigen Ära

Vielen Menschen wurde es immer deutlicher, daß die Wirtschaftskrise ... keine vorübergehende Erscheinung ist ... Man erkennt in ihr eine von der westlichen Welt großenteils selbst hervorgerufene Krise internationaler Strukturen und Mechanismen ... Einige Ökonomen warnen uns sogar mit der Vermutung, die gegenwärtig begonnene Erholung könnte kaum mehr sein als der kurze Aufschub eines noch viel größeren wirtschaftlichen Sturmes ... Die im Wohlstand lebende westliche Welt hat Angst bekommen, eine quälende Angst, die guten Zeiten könnten eines Tages vorbei sein ... Wenn sie der Angst Herr werden will, muß sie im eigenen, langfristigen Interesse darangehen, auf der Basis weltweiter Zusammenarbeit neue internationale Strukturen zu schaffen.

Jan Tinbergen *(Koordinator): Reshaping the International Order, Bericht an den Club of Rome (unter dem Patronat des Niederländischen Ministeriums für Entwicklung und Zusammenarbeit), 1976*

1.
Aufbau nach Kriegsende; das besondere Verhältnis zur Planung; vereinte Sozialpartner und Mitspracherechte

Der Aufbau der niederländischen Wirtschaft nach dem Zweiten Weltkrieg verlangte eine völlig neue Orientierung. Das alte Handelsvolk, bei dem die industrielle Revolution relativ spät begonnen hatte, war auch in der weiteren Entwicklung zurückgeblieben. Darum mußte schnell aufgeholt werden. Abhängig, wie die Niederlande vom Außenhandel seit jeher waren, mußten sie nach dem Verlust des Kolonialreiches als konkurrenzfähiger industrieller Handelspartner auf dem Weltmarkt in Erscheinung treten.

Von entscheidender Bedeutung wurden ihre Integration in die europäische Wirtschaft und ihre neue Hinwendung zu dem Land, dessen Besatzungsmacht so viel Leid und Schaden gebracht hatte und dessen westlicher Teil als Bundesrepublik Deutschland alsbald der größte und wichtigste Handelspartner werden sollte. »Die Niederlande können nicht leben, wenn es in Deutschland keine Wohlfahrt gibt«[1], erklärte Koos Vorrink, Widerstandskämpfer und Führer der niederländischen Sozialisten nach Kriegsende, schon 1946 in Berlin. Die starke wechselseitige ökonomische Abhängigkeit führte auffallend rasch zur Normalisierung des politischen Verhältnisses. Daß das Verhältnis zur Bundesrepublik das für die Niederlande bei weitem wichtigste aller außenpolitischen Verhältnisse ist, wurde immer wieder betont.[2]

Die Schwierigkeiten, die beim Wiederaufbau überwunden werden mußten, waren nicht allein wirtschaftlicher Art. Da die Niederlande nicht nur ein kleines Land, sondern mit 415 Einwohnern pro Quadratkilometer zugleich das am dichtesten besiedelte Land Europas sind, bekamen sie die Folgen einer rapide wachsenden Bevölkerung zu spüren, insbesondere in den beiden Provinzen Nord- und Südholland. Dieser Teil der Niederlande, dessen Name im Ausland für das ganze Land steht, ist heute eine große städtische, dem Ruhrgebiet vergleichbare Agglomeration. Man spricht auch schon offiziell von einer Stadt, der »Randstadt« (randstad Holland). In diesem Ballungsgebiet wohnen vierzig Prozent aller Einwohner der Niederlande, 1165 Menschen pro Quadratkilometer. Vor dem Zweiten Weltkrieg zählte die niederländische Bevölkerung noch acht Millionen, 1950 war sie auf zehn Millionen angewachsen, heute (1984) nähert sie sich den fünfzehn

Millionen, obschon die Wachstumsrate abgenommen hat. 1961 betrug die jährliche Zunahme noch 1,3 Prozent – ein damals in der ganzen entwickelten westlichen Welt einzigartiges Wachstumstempo. »Raumordnung« *(ruimtelijke ordening)* wurde für die Niederlande, so könnte man sagen, eine Fortsetzung der Eindeichung: Landgewinn ergänzt durch Landgestaltung.

Bevölkerungswachstum und -dichte in den Niederlanden

	Gesamtbevölkerung des Landes (in Millionen)	Durchschn. jährliche Zunahme (in Prozent)	Einwohner pro Quadratkilometer
1900	5,1		154
1950	10,0	1,27	309
1960	11,4	1,31	352
1970	13,0	1,27	384
1980	14,1	0,83	415

Quelle: Statistisch Zakboek 1981, Den Haag 1981.

Niemand unter den Politikern und Ökonomen glaubte 1945, der Wiederaufbau der Wirtschaft könnte einfach den spontanen Kräften des Marktes überlassen werden. Auch die Unternehmer glaubten dies nicht. Ministerpräsident Schermerhorn, der das erste Nachkriegskabinett führte, erklärte damals: »Nur auf der Grundlage eines allgemeinen sozialökonomischen und finanziellen Planes, der die Richtlinien der zu führenden Politik festlegt, wird der Wiederaufbau wirksam erfolgen können.«[3] Das war kein Plädoyer für staatlichen Dirigismus, vielmehr sollte der Weg für Privatinitiativen geebnet werden. Arbeitgeber, Gewerkschaften und Staat verbanden sich als gleichwertige Partner in einem dreiteiligen System. Ohne viel Aufhebens institutionalisierten sie ihre Zusammenarbeit in Organen für permanente Konsultation. »Konzertierte Aktion« war so selbstverständlich und ohne Alternative, daß es dieses Begriffes gar nicht bedurfte. In der Wirtschaftssteuerung, den weitreichenden Kompetenzen und Kontrollbefugnissen der Regierung, sah man weniger eine Staatsangelegenheit als eine dem Staat freiwillig übertragene gesellschaftliche Aufgabe, die die Volksvertretung in einem »außergewöhnlichen Erlaß« 1945 der Regierung zugestanden hatte.

Die Niederländer haben ein besonderes Verhältnis zur Planung. Planen, Regulieren und Steuern lernten sie, lange bevor sie hieraus eine eigene Wissenschaft, die »Planologie« machten. Planologen erfüllen überall im Land wichtige Funktionen. Da gibt es den »Reichsplanologischen Dienst« (RPD), eine koordinierende »Reichsplanologische Kommission« (RPC), sodann – als Teil des

Ministerrates - den »Rat für Raumordnung« (RRO), schließlich einen nationalen Mitspracherat (RARO) sowie Mitspracheräte in den Provinzen. Ein »Gesetz für die Raumordnung« von 1965 schuf unter der Zuständigkeit des »Ministeriums für Siedlungswesen und Raumordnung« neue rechtliche Grundlagen für den ganzen Planungsbereich.[4] Die berühmten Deltawerke, die Zuiderzeewerke, großflächige Einpolderungen und Flurbereinigungen, Stadterweiterungen, umfangreiche Industrieprojekte auf dem neugewonnenen Land und die Bildung von Infrastrukturen rufen das alte französische Bonmot in Erinnerung, Gott habe die Erde geschaffen mit Ausnahme von Holland, das hätten seine Bewohner selbst dem Meere abgerungen.

Als die ökonomische Wissenschaft und die Politik darangingen, die Idee der Planung als Theorie und Praxis der Global- und der »Fein«steuerung auf die Wirtschaft zu beziehen, fühlten sich die schon an großflächige Landschaftsgestaltung gewöhnten Niederländer sogleich angesprochen. Ihrem ausgeprägten Sinn für rationales Eingreifen in ihre Lebenswelt kam die Keynesianische Lehre mit ihren wirtschaftspolitischen Instrumenten so sehr entgegen, daß die Ökonomen nach dem Versagen dieser Instrumente manchmal auffallend desorientiert wirkten. Manch einer hatte an diese Lehre wie an das Evangelium geglaubt. In der heftigen Diskussion über das Thema »Ist Keynes tot?« richtete man sich oft mehr auf die Lehrsätze als auf die neuen Realitäten der Wirtschaft nach dem Ende der »Ära von Keynes« (ein übrigens nicht glücklicher Ausdruck, weil die Erscheinungen der besagten Zeit ja nicht alle mit den Ideen und Lehren des großen Engländers in Verbindung gebracht werden können).

Eine vergleichende soziologische Analyse der nationalen Planungsstile in der europäischen Wirtschaftsentwicklung nach dem Krieg ist lehrreich, denn die Idee der Planung ist in sehr verschiedene politische Traditionen eingebettet. In deren Zusammenhang erst wird die Entwicklung der institutionellen Organe und des Verhältnisses zwischen privater und staatlicher Macht, zwischen den Unternehmern mit ihren Arbeitgeberverbänden, den Gewerkschaften und dem Staat, verständlich. Die niederländische Form der Wirtschaftsplanung unterscheidet sich grundlegend von der französischen mit deren etatistischer Tradition, einer zwischen hohen Ministerialbeamten und Großindustriellen abgekarteten Planung; von dem effizienten deutschen System des »Erhardschen« privatwirtschaftlichen Typs mit Geschäftsstrategien selbstherrlicher Konzerne, wofür Siemens stets als Modell-

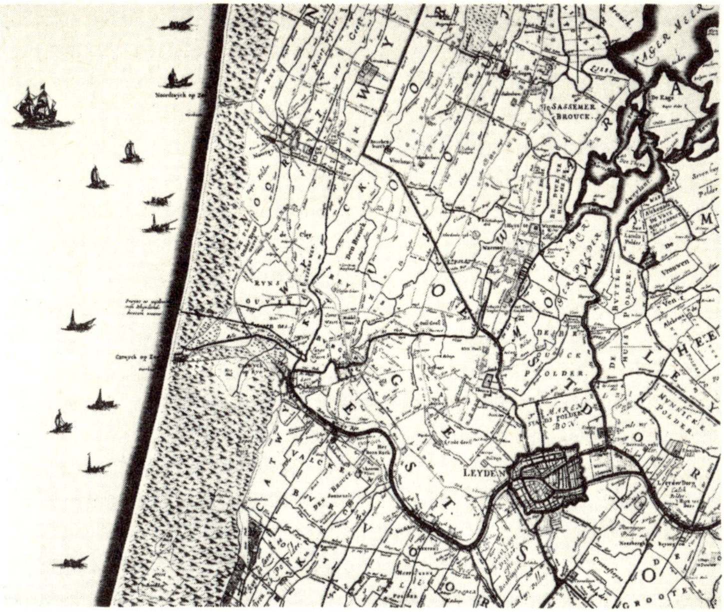

Kanalprojekt zur Entwässerung

beispiel galt; sie unterscheidet sich auch von der britischen Planung, die mit den Aufgaben des Staates in einer *mixed* oder *guided economy* aus den verschiedensten, hier nicht zu erörternden Gründen nicht zurechtkam.

Der Kampf gegen das Meer zwang die Niederländer, wie schon gesagt, zu rationalem und kooperativem Handeln; daß Disziplin nicht von oben auferlegt wurde, sondern durch Not geboten war, hat die Wahrnehmung gemeinsam zu erreichender Ziele und die Bewertung der dafür erforderlichen Anstrengungen geprägt. Wie einst die Landschaftsregulierung wurde die Wirtschaftsregulierung als eine besondere Gemeinschaftsaufgabe begriffen. Sie wurde zur Schicksalsaufgabe einer Nation, die mit ihren überseeischen Kolonialgebieten die entscheidende materielle Existenzgrundlage verloren hatte. Nach Bewältigung des Notstands versiegte die eindrucksvolle Kooperationsbereitschaft jedoch sehr rasch. Heute hat der neue besorgniserregende Zustand der Wirtschaft den Willen der Sozialpartner zur Zusammenarbeit wieder gestärkt. Als 1984 in der Bundesrepublik ein ernster Konflikt in der Metallindustrie mit Streiks und Aussperrungen ausgebrochen war, war das niederländische Arbeitsklima bemerkenswert harmonisch.

Das direkte Eingreifen staatlicher Amtsgewalt in Prozesse, die in der westlichen Welt im allgemeinen nicht als Staatsangelegenheiten gelten, ist in der Tat ein charakteristisches Merkmal der niederländischen Wirtschaftspolitik nach dem Krieg. Der britische Ökonom Andrew Shonfield[5] hat um die Mitte der sechziger Jahre einmal geschrieben, es müsse gewichtige Gründe geben, wenn gerade eine Nation wie die niederländische, deren demokratische Tradition so tief und fest verwurzelt ist, den Weg zu einer Planwirtschaft einschlug und sich einer strengen Lohn- und Preiskontrolle unterwarf – denn diese war das herausragende Merkmal. Alle Tarifverträge und Preiserhöhungen bedurften bis in die sechziger Jahre der staatlichen Genehmigung. Die Löhne wurden bewußt niedrig gehalten. Lange Zeit lagen sie unter dem westeuropäischen Durchschnitt. Von Zeit zu Zeit gab es globale Lohnrunden, wenn die Entwicklung sie zuließ. Statt mit Schutzzöllen die junge eigene Industrie gegenüber der ausländischen Konkurrenz zu protegieren, zog man es vor, die Löhne zu drosseln, um konkurrenzfähig zu bleiben und den Export zu fördern. Die Gewerkschaften spielten das Spiel mit, um angesichts der Übervölkerung Arbeitsplätze zu sichern; zur Beschleunigung des Aufbaus stimmten sie der Bildung von Unternehmerkapital zu. Die Priorität des Wachstumszieles war unangefochten.

Vier Institutionen profilierten sich als wichtigste Organe der Wirtschaftssteuerung:

Erstens: das *Zentrale Planungsbüro* (CPB), das 1945 gegründet und von Jan Tinbergen als erstem Direktor aufgebaut wurde. Es stellt Jahrespläne auf, entwickelte 1963 ein System mittelfristiger Prognosen und dient mit dieser »indikativen Planung« ohne Exekutivfunktion Regierungsstellen, Verbänden, Unternehmen und anderen Organisationen.

Zweitens: die *Stiftung der Arbeit,* eine privatrechtliche Vereinigung von Arbeitgebern und Gewerkschaften, die nach dem Krieg geschaffen wurde: Sie war ein Produkt der Illegalität, ging aus einer Untergrundorganisation hervor, aus dem Widerstand führender Unternehmer und Gewerkschaftler gegen den Versuch der Besatzungsmacht, ihnen eine sogenannte Arbeitsfront nach deutschem Muster aufzuzwingen. Noch während des Krieges wurden Richtlinien für die Gestaltung der Arbeitsverhältnisse nach seinem Ende aufgestellt.

Drittens: der *Sozialökonomische Rat* (SER), der zu je einem Drittel aus Vertretern der Arbeitgeber, der Gewerkschaften und der Öffentlichkeit zusammengesetzt ist (letztere werden auf Vorschlag der Regierung von der Königin ernannt). Diesem Rat obliegen die Beobachtung der sozialökonomischen Entwicklung und die Erarbeitung von Berichten und wirtschaftspolitischen Empfehlungen. Diese sind keine reinen Expertengutachten, sondern immer schon Verhandlungsergebnisse. Für Spezialfragen schafft der Rat selbst wieder Kommissionen.

Viertens: die *Niederländische Bank,* die sich dem ganzen institutionellen Rahmen mit ihren spezifischen Funktionen, Befugnissen und Verantwortungen einfügt. Ihre Rolle, vor allem nach dem Ende der Nachkriegsära, kann nicht hoch genug eingeschätzt werden. Über die Zeit nach 1973 schreibt ein Mitglied des SER: »Die Niederländische Bank wußte, was sie wollte, und ›trug‹ in Wirklichkeit, vor und hinter den Kulissen, die gesamte Wirtschaftspolitik.«[6]

Das System dieser wirtschaftspolitischen Organe funktionierte bis Anfang der sechziger Jahre wie erwartet. Die Arbeitsdisziplin war hoch, Streiks gab es nicht; Vollbeschäftigung wurde erreicht und eine konkurrenzfähige Industrie aufgebaut. Die Erwerbstätigkeit in Landwirtschaft und Fischerei, bei Kriegsende noch zwanzig Prozent, ging bis 1970 auf sieben Prozent zurück. Der Außenhandel begann zu florieren; der Anteil des Exports am Sozialprodukt betrug 1967 sechsundvierzig Prozent. Ungefähr siebzig Prozent des Exports fließen heute in die EG, rund dreißig Prozent in die Bundesrepublik. Der zwischen der Stadt und dem Meer liegende Europoort Rotterdam wurde nach dem Krieg – gemessen an Ausdehnung, Kapazität und Umsatz in Schiffstonnen – der größte Hafen der Welt, bedeutender noch als New York. Vor allem aber wurde er der für Europa wichtigste Hafen, Umschlagplatz für das Erdöl der europäischen Industrie, das im Raum Rotterdam auch seine Raffinerien hat.

Als der Wiederaufbau beendet war, hörte die selbstauferlegte Lohndisziplin mit einem Schlag auf. Anfang der sechziger Jahre lagen die Arbeits- und Lohnkosten noch unter dem Durchschnittsniveau der inzwischen zustande gekommenen Europäischen Wirtschaftsgemeinschaft. Bald darauf »explodierten« die Löhne: 1962 und 1963 stiegen sie um jeweils acht Prozent, 1964 – als jeder niederländische Beschäftigte in einer »nationalen Lohnoperation« eine zehnprozentige Aufbesserung erhielt – um fünfzehn Prozent. Nun wurde die »globale Lohnpolitik« aufgegeben, der Mechanismus der Kontrollen blieb jedoch intakt. Die Regierung reagierte mit einer verschärften Preiskontrolle, die noch immer ein mächtiges Instrument darstellte. Dennoch war die inflationäre Entwicklung nicht aufzuhalten: 1973 betrug die Inflationsrate zehn Prozent. Der dann folgende Weg in die Krise soll uns später beschäftigen. Zunächst sei noch auf einige Verhältnisse eingegangen, mit deren Charakterisierung die Strukturen und Verhaltensmuster in der niederländischen Wirtschaft im soziologischen Zusammenhang mit der Kultur erkennbar werden.

In der Zeit des Wiederaufbaus waren die Wirtschaftspartner genauso wie einst die Häupter der Kirchen und konfessionellen Volksgruppen bemüht, Gegensätze zu überbrücken und Konsens zu finden. Die Bereitschaft zu Kompromiß und Konsens war ein sozialmoralisches Postulat, kein politisches Problem, dessen Lösung von Grundsatzentscheidungen über wirtschaftspolitische Ordnungsfunktionen des Staates abhängig gemacht worden wäre. In dieser Hinsicht gilt für das Verhältnis zwischen Staat und Wirtschaft das gleiche, was wir schon vom Verhältnis zwischen Staat und Kirche sagten: die theoretische Bestimmung war nicht essentiell. Niemand verspürte ein Bedürfnis, den Staat als »Ordnungsmacht« zum Gegenstand abstrakter Analysen zu machen, um interventionistische Funktionen wissenschaftlich zu legitimieren. Eine »Staatszielbestimmung«, der tiefschürfende Versuch, »die sozialordnende Gestaltungsaufgabe des Staates« in der Theorie zu begründen oder als Lehre auszuarbeiten, wovon etwa das interessante Werk des ehemaligen Präsidenten des deutschen Bundesverfassungsgerichtes, Ernst Benda[7], zeugt, ist ja in der Tat auch keine notwendige Voraussetzung für die faktische Gestaltung der Wirtschaftsordnung. Für die Niederländer galt der Staat immer nur als eine Ordnungsinstanz neben anderen. Interessengruppen standen nie im Verdacht, staatliche Macht zu unterhöhlen. Die Kirchen – die traditionellen Interessengruppen – hatten sich viel zu sehr als legitime Bewacher des Staates verstanden, ihm so sehr in seine Angelegenheiten hineingeredet, daß es eher darum hätte gehen können, *ihre* sozialordnende Gestaltungsaufgabe zu bestimmen. Jedenfalls hat dies dazu geführt, daß im heutigen Dreiklang der Wirtschaft (Staat, Unternehmer, Gewerkschaften) der Staat nicht dominiert.

Spontane Konsultationen und gepflegte informelle Beziehungen, Merkmale des harmonischen Wirtschaftsklimas, wurzeln in den oligarchischen Traditionen der Regenten, der alten patrizischen Kaufleute und ihrer Handelsgesellschaften. Das Gefühl der Abhängigkeit von intakten, insbesondere außenwirtschaftlichen Rahmenbedingungen des Geschäftslebens dämpfte die Interessengegensätze und auch den Konkurrenzkampf. Obgleich so sehr vom Handelsgeist geprägt, sind die Niederländer keine Nation geworden, die dem unerbittlichen Konkurrenzkampf zuneigt. Sie dürften die schwächste Kartellgesetzgebung Europas besitzen. Sie haben ein Gesetz, das es ermöglicht, Preisabsprachen sowohl für unverbindlich als auch für verbindlich zu erklären, im letzteren Fall, um bei Überkapazität und hohen fixen Kosten »abwürgende Konkurrenz« zu verhindern. Hier »muß«, um Tinbergen zu zitieren, »die freie Wirtschaft gleichsam vor sich selbst beschützt werden«[8].

Bekanntlich kann der Begriff des Kartells nicht nur auf die Wirtschaft, sondern auf jegliches Parteienwesen angewendet werden; in seiner losesten Form als »Konditionenkartell« meint der Begriff ein gewisses Minimum an Übereinkünften in bezug auf konkurrierendes Verhalten. In den Niederlanden wurden solche Verabredungen bisweilen als eine Bedingung »fairen«, ja harmonischen Wettbewerbs verteidigt. Manchmal hört man auch noch das Wort »kongsi«, eine aus der Kolonialzeit stammende chinesische Bezeichnung für geheime Vereinbarungen. Fälle des Mißbrauchs von Wirtschaftsmacht, für die das Wirtschaftsministerium zuständig ist, werden effizient und informell behandelt, wobei man sich jedesmal einigt. Schließlich ist an die uralte Gepflogenheit zu erinnern, beim Bekanntwerden ernster Mißgriffe und schlechten Wirtschaftens, sei es in Unternehmungen oder in der öffentlichen Verwaltung, Kommissionen sogenannter weiser Männer mit der Untersuchung der Vorkommnisse und der Ausarbeitung von Empfehlungen zu beauftragen. In keinem anderen Land zeugen auch Schlichtungskommissionen in solchem Ausmaß von oligarchischen Kulturtraditionen wie in den Niederlanden; diese Traditionen bewähren sich noch bei der Konfliktbewältigung in heutigen Demokratisierungsvorgängen. Im übrigen ist erwähnenswert, daß der in den Niederlanden hochangesehene Berufsstand der Wirtschaftsprüfer eine Berufsethik mit einer oft ausgesprochen scholastisch anmutenden Kasuistik entwickelt hat (Th. Limperg), die als »Vertrauenslehre« die wissenschaftliche Grundlage des Rechnungswesens sein soll.

Auch unter niederländischen Arbeitgebern, etwa in deren Dachorganisation VNO, fällt das Solidaritätsgefühl auf. Ihr Vorsitzender hat, ebenso wie der Präsident der Gewerkschaftsföderation, keinen geringeren sozialen Status als der Wirtschaftsminister. Zwischen den Direktoren der großen Firmen ist das Verhältnis ausgesprochen kollegial, was sich schon in Formen der Anrede niederschlägt. Hier wirken sicher Gepflogenheiten der Regenten nach. Daß zahlreiche Vorstandsvorsitzende Aufsichtsratsposten in anderen Unternehmen haben, ist an und für sich nichts Ungewöhnliches; es fragt sich aber, wie dieses Faktum in einem kleinen Land mit einer begrenzten Zahl großer Firmen zu bewerten ist. Ein Ende der sechziger Jahre plötzlich aufgetretenes akademisches Interesse am Thema Oligarchie hat nicht zur Aufhellung der wirklichen Verhältnisse beigetragen. Die Rede von der »Herrschaft der Zweihundert« (bekanntlich geht sie auf Destutt de Tracy zurück und war von diesem auf die reichen Familien Frankreichs gemünzt) wurde von einem Gewerkschaftsführer wiederentdeckt. Der Ausdruck wurde populär, doch eine ernstzunehmende Kritik konnte er freilich nicht bilden. Politische Macht und Wirtschaftsmacht sind nichts Homogenes und Blockartiges in den Händen einer Gruppe von Machthabern mit gleichen Interessen. Und gesetzt, man könnte eine Gruppe von »Zweihundert Mächtigen« identifizieren, so zählten heute auch viele jener Personen zu ihr, die in den siebziger Jahren dem »Elitegeist« den Kampf angesagt hatten. Ausgeprägte informelle Kommunikations- und Verhaltensmuster sind für die Umgangsformen zwischen allen Interessengruppen charakteristisch.

Aus dem »Geist harmonischer Zusammenarbeit« ist 1950 das niederländische Betriebsverfassungsgesetz hervorgegangen, das einen völlig anderen Charakter hat als das deutsche. Es heißt auch anders, nämlich »Gesetz über die Unternehmensräte«; wir möchten jedoch von Belegschaftsräten sprechen, denn es handelt sich hier ausschließlich um die Mitsprache- und Einspruchsrechte eines Betriebsrates, den heute alle Firmen mit fünfzig oder mehr Arbeitnehmern haben müssen. Die Vorkämpfer und Anwälte des Gesetzes waren sich darin einig, daß es den Arbeitnehmern Mitsprache, doch keine Mitbestimmung ermöglichen sollte. »Der Belegschaftsrat darf nicht auf dem Stuhl der Direktion sitzen, sonst verfallen wir in eine Art modernen Syndikalismus«[9], heißt es in dem entscheidenden Gewerkschaftsgutachten. Die paritätische Mitbestimmung bei der Unternehmensführung – im Sinne von Mitverantwortung – lehnten die niederländischen »Richtungsgewerkschaften« ausdrücklich ab. Sie erstrebten die Mitbestimmung später in anderer Gestalt: nicht in der Direktion, sondern ihr gegenüber, in der Stärkung also von Einspruchsrechten und Kontrollfunktionen ihres eigenen Belegschaftsrates.

Eine wichtige Rolle bei der Konzeption des Gesetzes spielte der von uns schon früher genannte Pfarrer Willem Banning, der führende Ideologe der Partei der Arbeit und geistige Vater ihres Programms nach dem Krieg. Banning stand unter dem Einfluß der amerikanischen Human Relations-Bewegung und konzipierte das Gesetz als Ethiker, Theologe und »personalistischer Sozialist«, wie er sich bezeichnete. Durch Gewährung von Mitsprache im Betrieb sollten der Persönlichkeitswert des Arbeitnehmers anerkannt werden, der Mensch sich als Mitarbeiter verwirklichen können und die industrielle Arbeitswelt humaner werden. Eine »Systemveränderung« war nicht beabsichtigt - diese Forderung trat erst später auf, als man Banning und seinen Gesinnungsgenossen vorwarf, sie hätten keine wirkliche Betriebsdemokratie gewollt. Das »Harmoniemodell« der »Aufbauideologie« wurde dann disqualifiziert, weil dadurch die Demokratisierung der Arbeitsverhältnisse verhindert worden sei.

Die aufkommende Demokratisierungsbewegung führte in der Folgezeit zu Gesetzesänderungen, wodurch die Rechte der Belegschaftsräte beträchtlich erweitert wurden. Zu einer Arbeitnehmer-Selbstverwaltung ist es freilich nicht gekommen, trotz der Wallfahrten vieler Gewerkschaftler und Sozialisten nach Jugoslawien und der Anpreisung des dort praktizierten Modells. Die wichtigsten Bestimmungen des Gesetzes nach dessen Änderung im Jahre 1979 lassen sich wie folgt resümieren: Mindestens sechsmal pro Jahr muß die Direktion mit dem Rat zusammenkommen. Bei einigen wichtigen Entscheidungen muß die Geschäftsleitung vorher ein Gutachten des Rates einholen, und bei Entscheidungen personeller und sozialer Art ist die Zustimmung des Rates erforderlich. Weiter hat der Rat ein Vorschlagsrecht bei Aufsichtsratsernennungen sowie ein Einspruchsrecht gegen diese Ernennungen; in Konfliktfällen entscheidet der Schiedsspruch des Sozialökonomischen Rates.

Bekanntlich läßt sich die Unternehmung nicht nur formalrechtlich betrachten, nicht nur als körperschaftliches Rechtssubjekt, als selbständige juristische Person zum Gegenstand der Konzeption ihrer institutionellen Gestaltung machen. Soziologisch gesehen, stellt sie sich mehr und mehr als eine Koalition kooperativer oder kompetitiver Gruppen von Ressourcen-Anbietern dar, die von der vertraglichen Regelung ihrer spezifischen Rechte und ihrer gegenseitigen Beziehungen die Maximierung der Befriedigung ihrer Gruppeninteressen erhoffen und davon auch ihre Bereitschaft zur Kooperation abhängig machen. Dieses Bestreben gilt in der niederländischen politischen Diskussion grundsätzlich als legitim. Es ist ideologisch abgesichert; seine theoretische Infragestellung ist tabuisiert. Postuliert wird indes, der sozialen Gerechtigkeit und der Vernunft Rechnung zu tragen. Die Gestaltung der Beziehungen zwischen den betrieblichen Koalitionspartnern wird als sozialmoralisches und politisch-ethisches Problem angegangen, als Demokratisierung gedeutet und grundsätzlich gutgeheißen. Dementsprechend treten auch keine ideologischen »Gegner« der Mitbestimmung auf den Plan, allenfalls Personen, die »zu weit gehende« praktische Regelungen ablehnen - nicht weniger entschieden jedoch und nicht notwendig weniger effektiv.

Auch der niederländischen Wirtschaft ist es anzusehen, daß sich die niederländische Demokratie in ständischen Verhältnissen und unter ungleich situierten religiösen Volksgruppen gebildet hat. Das Drängen auf formale Festlegung gleicher Rechte unter Beharrung auf autonomen Sonderstellungen entstand vermutlich als *kompensatorisches* Bedürfnis aus der zählebigen Ständekultur mit ihrer deutlich empfundenen sozialen Ungleichheit. Doch konnte die in Gepflogenheiten und Normen des Alltagslebens verankerte kulturelle Ungleichheit - noch heute kann sie in Distanz betonenden Verhaltensmustern und Anredeformen zum Ausdruck kommen - nicht von einem Tag auf den anderen verschwinden. Das starke Bedürfnis nach einer eigenen »Gruppenidentität« und nach autonomen Gruppenrechten hängt sicher mit dem Stolz und Trotz der Unterprivilegierten zusammen. Für diese als »Emanzipation« gedeutete Entwicklung setzte man sich mehr ein als für das individuelle Fortkommen. Je geringer das Gefühl, sozial und kulturell gleichgestellt zu sein und als Gleicher zu gelten, desto größer ist offenbar das Bedürfnis nach kollektiver Mitbestimmung durch Vertreter der eigenen Interessen. An die Stelle der Motivation, auf eigene Faust seine individuelle soziale Position zu verbessern, tritt die »Arbeit an der Gemeinschaft«, das soziale Engagement, das an sich freilich nicht abgewertet werden soll.

Vergleiche zwischen der niederländischen Mitbestimmungsform und den Regelungen in der Wirtschaft anderer Länder und zwischen den von Land zu Land verschiedenen Auffassungen der Wirtschaftsdemokratie - von besonderem Interesse ist hierbei der amerikanische Begriff der *Industrial Democracy* - zeigen, wie sehr der Inhalt all dieser Begriffe von unterschiedlichen Wertvorstellungen, ideologischen Positionen oder, wie die Niederländer sagen, »Gesellschaftsbildern« abhängt. Um zu vermeiden, daß die spezifischen Verhältnisse eines bestimmten Landes die allgemeinen Fragestellungen bestimmen, müssen die Sozialwissenschaften die Problematik der industriellen Arbeitsverhältnisse in ihrer ganzen internationalen Komplexität analysieren.

2.
Weltweiter Unternehmungsgeist in Firmen und Missionsgeist, gerichtet auf eine neue internationale Ordnung

In den Niederlanden dominieren die großen Firmen stärker als in anderen europäischen Ländern, stärker insbesondere als in vergleichbaren Kleinstaaten wie Österreich oder der von genossenschaftlichen Traditionen des Verbändewesens geprägten Schweiz. Die niederländischen Großfirmen waren Schrittmacher beim Wiederaufbau nach dem Krieg und bei der weiteren wirtschaftlichen Expansion. Sie haben eine nicht zu unterschätzende Bedeutung für die Volkswirtschaft des Landes: für Beschäftigungslage, Zahlungsbilanz, Kapitalströme, Auslandsinvestitionen, für technologische Forschung, Produktentwicklung und

Gebäude der Royal Dutch Shell, Den Haag
Ansicht, etwa 1930

nicht zuletzt für die institutionellen Geldanleger. Dabei ist nicht nur an die ganz großen Unternehmen zu denken - Shell, Unilever, Philips und Akzo; die drei Erstgenannten rangieren unter den größten Konzernen der Welt -[10], sondern auch an eine stattliche Gruppe mittelgroßer Firmen, die ebenfalls zu den multinationalen Unternehmen zu rechnen sind. Industrielle Entwicklung ist in den Niederlanden schon beinahe gleichbedeutend mit Expansion im Ausland.

Mit ihren Auslandsinvestitionen liegen die Niederlande, gemessen an den jährlichen Nettokapitalabflüssen für Direktinvestitionen in Relation zu den Bruttoanlagevermögen, mit Abstand an erster Stelle aller Industrienationen. »Die relative Enge des Inlandsmarktes läßt nur eine begrenzte Expansion zu... Mit zunehmender Exportabhängigkeit steigt die extern-bedingte Störanfälligkeit der Wirtschaft... Dem versuchen sich die multinationalen Unternehmen unter anderem durch starke Auslandsinvestitionen zu entziehen.«[11] Siebenunddreißig multinationale Firmen mit Hauptsitz in den Niederlanden wiesen im Jahre 1974 einen weltweiten Umsatz von 200 Milliarden Gulden auf; das Bruttosozialvermögen betrug im gleichen Jahr 191 Milliarden Gulden. Nur siebenundzwanzig Prozent aller Beschäftigten dieser Firmen arbeiteten in den Niederlanden; sechsunddreißig Prozent arbeiteten im übrigen Europa und siebenunddreißig Prozent außerhalb Europas.

Wohl in keinem anderen europäischen Land war nach dem Zweiten Weltkrieg ein so großer Teil des Führungsnachwuchses in den Industrie- und Handelsfirmen für Auslandsposten vorgesehen, nicht zuletzt in den Schwester- oder Tochterfirmen niederländischer Unternehmen in der Bundesrepublik. Bewerber um kaufmännische oder technische Stellen wußten dies und wünschten oft, »ausgesandt« zu werden, wie der geläufige Ausdruck lautet; einst bezog er sich auf Niederländisch-Indien, jetzt erhielt er eine neue Bedeutung. Und wer in Indonesien aufgewachsen war und die malaiische Sprache beherrschte, war für Aufgaben in Ostasien besonders geeignet, wo die alte, inzwischen in einem multinationalen Bankenkonzern aufgegangene *Nederlandse Handelmaatschappij* noch ihre Verbindungen hatte. Zugang zu fremden Kulturen zu haben, war für die neuen Wirtschaftsbeziehungen von Vorteil. Günstige Voraussetzungen bestanden auch im umgekehrten Fall: So können sich zum Beispiel farbige Niederländer indonesischer oder westindischer Herkunft, die eine niederländische Erziehung genossen haben, leicht deutsche Sprachkenntnis-

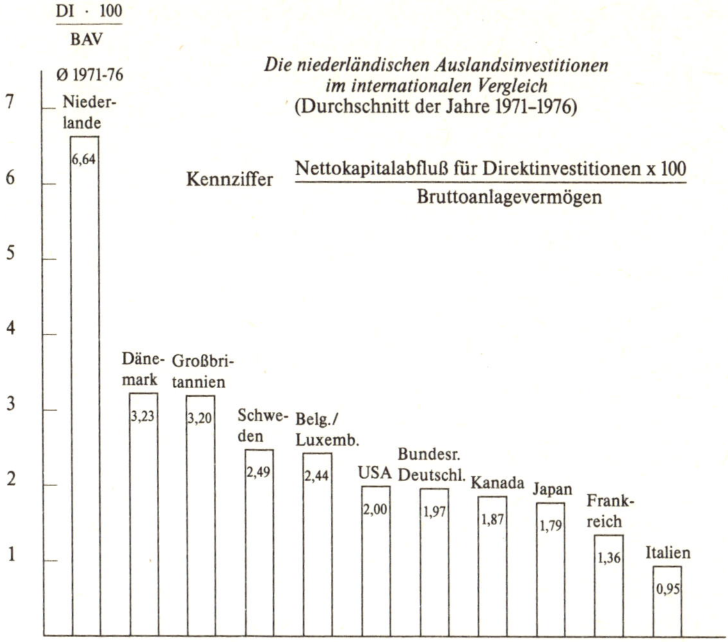

Quelle: H. Krägenau: Internationale Direktinvestitionen (Veröffentlichungen des HWWA-Instituts für Wirtschaftsforschung), Ergänzungsbd., Hamburg 1979, S. 82.

se erwerben und in deutschsprachigen Ländern Aufgaben erfüllen.

Man könnte die niederländischen multi- oder (wie sie neuerdings genannt werden) transnationalen Unternehmen auch transkulturelle Firmen nennen. In der Geschäftsorganisation der Großkonzerne wirken Arbeits- und Führungsstile verschiedener Kulturen aufeinander ein. Pieter Kuin hat schon einmal von »körperschaftlicher Akkulturation« *(corporate acculturation)*[12] gesprochen. Die niederländischen »Multis« sind eher »polyzentrisch« als »ethnozentrisch« orientiert.[13] Sie unterscheiden sich darin deutlich von japanischen und amerikanischen Firmen. Diese sträubten sich lange dagegen, die Kontrolle ihrer ausländischen Niederlassungen mit Einheimischen zu teilen; einige waren eher bereit, das Land zu verlassen, als einheimische Partner zu akzeptieren. Die Selbständigkeit der nationalen Geschäftsleitungen gegenüber der zentralen Führung hat schon in den fünfziger und sechziger Jahren zugenommen. Die Zahl der Personen aus dem »Mutterland«, die leitende Positionen in den »Gastländern« innehatten, ging zurück, bei Unilever zum Beispiel von fünfzig Prozent 1950 auf zehn Prozent 1970.[14] Solche Vorgänge sind bedeutsam, wenn man bedenkt, daß die transnationalen Unternehmen nicht nur als neue Erscheinungen der Weltwirtschaft, sondern als ein Aspekt der heute sich herausbildenden globalen Wirtschaftsstrukturen erkannt und erforscht werden.[15] Sie entwickeln sich im Zusammenhang mit der neuen internationalen Arbeitsteilung, dem Aufkommen neuer Industrieländer (der »NIC«-Staaten), der Transnationalisierung des Geldwesens und der Kapitalströme ohne Ausrichtung auf eine »Schlüsselwährung«, mit der globalen Abwanderung und Einwanderung von Arbeitskräften und der schwindenden Macht der Nationalstaaten, ihre Volkswirtschaften zu beherrschen und als nationale »Wirtschaftsmächte« der Weltwirtschaft ihren Stempel aufzudrücken. Es gibt keinen Grund, die neuen multinationalen Gebilde zu verherrlichen, doch ihre pauschale Verurteilung als neokoloniale Ausbeuter steht der angemessenen Erkenntnis der Wandlungsprozesse und damit auch den Versuchen, diese in den Griff zu bekommen, im Wege.

Schon früh wurden die niederländischen Konzerne dazu gebracht, sich systematisch für den Führungsnachwuchs und dessen Ausbildung (management development) zu interessieren, eine Aufgabe, die nicht den Personalabteilungen überlassen blieb, sondern ein zentrales Anliegen der Geschäftsleitung wurde. Aus den Vereinigten Staaten kamen die neuen Konzepte und Methoden, doch die Niederländer hatten manches zu bieten, was den Amerikanern abging: Einfühlungsvermögen in fremde Kulturen, Sprachkenntnisse, Improvisationstalent, historische und persönliche Erfahrung. Wir brachten uns dabei die Unterschiede zwischen unseren eigenen Arbeitsweisen und denen anderer zu Bewußtsein. Niederländer sind auch bei ihrer Arbeit eigenwillig, lieben Unabhängigkeit, Freizügigkeit und Improvisation, und sie erwarten an ihrer Arbeitsstätte Verhältnisse, die diesen Dispositionen entgegenkommen. Was die Betriebssoziologen in ihren Theorien »informelle Organisation« nennen, ist in den Niederlanden ein typisches Kulturmerkmal. Informelle Kommunikations-, Führungs- und Kontrollmuster spiegeln eine Kultur wider, deren Menschen nichtautoritäre, weniger an formalisierte und formalrechtliche Kompetenzen gebundene Verhältnisse – mit all ihren Vor- und Nachteilen – bevorzugen.

Illustrative Beispiele, die unsere Befunde bestätigen, führte der Vorstandsvorsitzende des ehemaligen, 1982 wieder entflochtenen niederländisch-deutschen Stahlkonzerns ESTEL (Hoogovens/Hoesch), J. D. Hooglandt, auf einer Konferenz über die niederländisch-deutschen Wirtschaftsbeziehungen an.[16] Er erwähnte, daß im Denken deutscher leitender Angestellter die legitimen, aus den körperschaftsrechtlichen Strukturen sich ergebenden eigenen Befugnisse eine ungleich wichtigere Rolle spielen und daß - obgleich an sich noch keine Grundlage für Einfluß und faktische Macht - vom Rechtstitel ihrer Position die »primäre Loyalität« in stärkerem Maße abhängt als bei niederländischen Angestellten. In der Bundesrepublik hat dies übrigens schon einmal der Soziologe Erwin Scheuch dargelegt; er nannte den Rechtstitel von Positionen zudem »eine wichtige Waffe im Machtkampf«[17]. Bei unseren eigenen Untersuchungen entdeckten wir, daß ein größeres Bedürfnis der Deutschen nach formalisierter Ordnung mit einem größeren Verlangen nach Sicherheit und mit einem stärkeren Wunsch, sich korrekt zu verhalten, verbunden ist. Die deutsche Redewendung »Ordnung muß sein« ist als geflügeltes Wort in die niederländische Sprache eingegangen. Wer es gebraucht, tut es nicht, um die Ordnung zu diskreditieren, sondern um ein allzu großes Bedürfnis nach Regelungen und damit jene Abhängigkeit von ihnen zu charakterisieren, die auf Kosten spontaner Reaktionsfähigkeit bei Unvorhergesehenem gehen kann.

Aufgaben, deren Inangriffnahme nicht oder wenig durch formelle Regelung von Verhaltensweisen und Befugnissen vorprogrammiert sind, sagen niederländischen Angestellten mehr zu als deutschen. In einer Matrix-Organisation mit zwei oder mehr Chefs zu arbeiten, sei - so Hooglandt - für deutsche Angestellte eine Zumutung, ja mitunter »eine halsbrecherische Tour«. Im Ausland arbeiten Deutsche im allgemeinen lieber unter der verläßlichen Leitung einer deutschen Niederlassung, während Niederländer den direkten Umgang mit autochthonen Instanzen bevorzugen. Während es Deutsche schätzen, als Organisation aufzutreten, gedeckt durch ihre Firma, die sie repräsentieren, lieben es Niederländer, sich als »Freibeuter« zu verhalten. Diese Neigung ist niederländischen Handelsfirmen nicht nur vertraut, sie erwarten sie oft ausdrücklich und nennen sie heute in neuen Aufgabenbereichen »Pioniergeist«.

Der spezifische Wert des deutschen Leistungsbeitrages in der internationalen Zusammenarbeit liegt nach Hooglandt in seinen technischen Qualitäten: er sei solide, von Dauer und zuverlässig. Demgegenüber komme der niederländische Beitrag mehr auf kommerziellem Gebiet zur Geltung; er wirke offener, spontaner und gehe mehr auf internationale Gegebenheiten ein. Daß mit dem kommerziellen Denken der Niederländer auch Nachteile verbunden seien, weil es meist kurzfristig sei, betonte kürzlich ein Vertreter der niederländischen Kleinbetriebe. Seiner Meinung nach zeigen die niederländischen Kaufleute durch ihre »Händlertradition« viel weniger Interesse für technologische Forschung und Produktentwicklung als die »Industrie«kaufleute der Länder mit einer längeren industriellen Tradition.

Was innerbetrieblichen Arbeitsstil betrifft, hob Hooglandt hervor, daß in Deutschland im allgemeinen die Abteilungsleiter als Zuteiler und Überwacher der Arbeit fungieren, und daß sie es sind, die die Abteilung nach außen vertreten. Diese zuverlässige und sanktionierte Methode kann jedoch auf Kosten der Flexibilität und Kreativität gehen. Niederländische Arbeitsmethoden erlauben allen Mitarbeitern einer Abteilung mehr Einflußnahmen und Initiativen, sofern die Betreffenden ihre Kenntnisse ausweisen und etwas zu bieten haben, was Erfolg bringt. Umgekehrt wiederum kann es geschehen, daß ein Chef einmal Arbeiten verrichtet, für die seine Untergebenen zuständig sind. Dies bedeutet, daß man manchmal zwar flexibler, doch andererseits bisweilen unordentlicher ist, weniger sorgfältig in der Kommunikation oder im Einhalten von Vereinbarungen. Die Meinung eines Direktors hat nach Hooglandt oft nicht mehr Gewicht als ein sinnvoller Diskussionsbeitrag; hat man ein Diskussionspapier eine Weile erörtert, dann trenne man sich lieber mit einem Konsens, den jeder auf seine Weise auslegen kann, als mit konkreten, schriftlich niedergelegten und verbindlichen Beschlüssen. Ein vielzitiertes Wort im Konzern sei – und dies sagte Hooglandt auf deutsch –: »Holländer lieben Grundsatzdiskussionen, Deutsche Grundsatzentscheidungen«.

Die Kritik an den multinationalen Unternehmungen begann bekanntlich nicht in Europa und auch nicht in den Vereinigten Staaten; sie kam nach dem Sturz des chilenischen Präsidenten Allende aus Südamerika und war ursprünglich von einem Anti-Yankee-Affekt getragen. Ende der sechziger Jahre weitete sie sich aus, ergriff auch die westeuropäischen Protestbewegungen und erreichte mit dem für die Firmen sehr kritisch ausgefallenen Bericht des Wirtschafts- und Sozialrates der Vereinten Nationen von 1974 einen Höhepunkt. Die niederländische Regierung unterstützte damals ganz offiziell die Bestrebungen der mit den Firmen hart ins Gericht gehenden radikalen Gesellschaftskritiker. In der internationalen Presse fielen die dogmatischen Züge der offiziellen Haltung auf,[18] um so mehr, als Shell während der Energiekrise 1973 durch schnelles Umdisponieren dem Land größeren Schaden erspart hatte. Das Unternehmen erntete kein Lob; man machte ihm im Gegenteil Vorwürfe wegen seiner Gewinne. Als der angriffslustige Führer der internationalen Aktionen gegen die Konzerne, Chef der internationalen Chemiearbeitergewerkschaft und Bestsellerautor Charles Levinson[19] sich zu einem Vortrag an der Hochschule in Delft aufhielt, nahm sich Ministerpräsident Den Uyl einen ganzen Tag frei, um der Veranstaltung beiwohnen zu können. Seine Anwesenheit und die Art seiner Teilnahme an der Diskussion wurden von vielen als Zeichen offizieller Parteinahme und Intervention in der Kontroverse bewertet.

Zur selben Zeit erfolgte die Politisierung der niederländischen Entwicklungshilfe, das heißt die Umstellung ihrer Konzeption und ihres Verteilungsschlüssels auf die Grundsätze des linksgerichteten Regierungsprogramms. Aus Entwicklungs»hilfe« - dieses Wort war wegen seiner Assoziation an karitative Verbände nun verpönt - wurde eine aktive Entwicklungs»politik«, die die Befreiungsbewegungen der Dritten Welt materiell und ideologisch unterstützte. Als Zusammenarbeit konzipiert und begrüßt, fand sie in weiten Kreisen der niederländischen Bevölkerung Widerhall. Die niederländische Öffentlichkeit war für die Dritte Welt in hohem Maße sensibilisiert. Eine nicht zu übersehende Zahl von Schriften, Fernsehsendungen, akademischen Studienprojekten und kirchlichen Initiativen dokumentiert, wie sehr die entwicklungspolitische Zusammenarbeit als sittliches Anliegen empfunden wurde. Hierbei tat sich der zuständige Minister Jan Pronk, Tinbergen-Schüler und strenger Kritiker der Konzerne, in den internationalen Organisationen hervor. 1980 wurde er stellvertretender Generalsekretär der UNCTAD in Genf, jener UNO-Organisation, die heute durch Blockbildung weitgehend paralysiert ist, weil manches Entwicklungsland leider vergißt, daß ein historischer Anspruch auf Hilfe nicht von der Rechtfertigung auch des eigenen Verhaltens entbindet.

Mehr als irgendeine andere Nation haben die Niederländer Gelegenheit, anhand der Entwicklung der eigenen Großfirmen die neue Problematik der internationalen Wirtschaft zu beobachten und zu studieren. Bedauerlicherweise litt die Aufhellung dieser Problematik an der Politisierung des Themas. Die Diskussion über das hochinteressante Aktionsprogramm der Vereinten Nationen mit dem Konzept des Weltmarktes als Rahmen für die Integration aller Länder nach spezifischen Möglichkeiten und komparativen Kostenvorteilen, insbesondere die Kontroverse zwischen »Integrationisten« und sogenannten »Abkopplern« (die für Strategien autonomer, alternativer Entwicklung der armen Länder plädieren, in der Meinung, nur so seien technologische Unabhängigkeit und Autarkie zu erreichen) wurde zum Glaubensstreit zwischen rechts und links. Der Standpunkt, der Weltmarkt spiegele nichts anderes als die Interessen der reichen Länder und der technologiebesitzenden Konzerne wider, seine Güter seien nur die der privilegierten Welt und ihrer Konsumgesellschaften, deren Lebensstil die korrupten Eliten der armen Länder fasziniere und alte Kulturen zerstöre, wurde meist dogmatisch vertreten, statt ihn zum Gegenstand empirischer Forschung zu machen.

Niederländische Beiträge zur Klärung der Problematik der multinationalen Firmen kamen weniger von Akademikern als von seiten der Praktiker, die die Firmen aus eigener Arbeit kannten und sich internationalen Organisationen oder Studienkommissionen zur Verfügung stellten. Als die internationale Handelskammer – übrigens schon 1972 – auf ausdrücklichen Wunsch Kanadas und Japans, die damals zunehmende nationalistische und chauvinistische Affekte gegen die amerikanischen Firmen befürchteten, einen Verhaltenskodex für Unternehmen und kapitalexportierende und -importierende Staaten erarbeitete, erwarb sich Pieter Kuin Verdienste. Addeke H. Boerma, der langjährige niederländische Direktor der Food and Agricultural Organization (FAO) der Vereinten Nationen plädierte in seinen Reden schon in den sechziger Jahren für »ein soziales Konzept des fairen Wettbewerbs im internationalen Handel«[20]. In dem auf niederländische Initiative unter der Leitung Jan Tinbergens zustande gekommenen »RIO«-Bericht[21] des *Club of Rome* kommt zum Ausdruck, daß die multinationalen Konzerne aus einer neuen Weltwirtschaftsordnung nicht mehr wegzudenken sind. Zur Diskussion aber stehen ihre zeitgemäße Funktionstüchtigkeit, ihre gesellschaftliche Legitimation in der Ausrichtung auf neue Wertsetzungen und Prioritäten und ihre Organisationsmodelle, die sich in turbulenten Zeiten bewähren. Die evidente Tatsache, daß die Weltwirtschaftsprozesse – die Bewegungen von Kapital, Gütern und Arbeitskräften – auf der Grundlage außerordentlich ungleicher Wachstumsraten und Entwicklungschancen vor sich gehen, die Völker an den Peripherien von den Ereignissen und Entscheidungen in den Zentren abhängig bleiben, ja diesen ausgeliefert sind, muß dazu führen, die Strategien der neuen Gebilde auf die Überwindung dieser Ungleichheit auszurichten.

Durch Tinbergen wurde die Problematik der neuen internationalen Wirtschaftsordnung zu einem Thema, das nicht nur Fachkreise, sondern auch die Öffentlichkeit bewegt. Ökonometriker und Ethiker in einem - er selbst bezeichnet sich als humanistischen Sozialisten -, wurde Tinbergen zum unermüdlichen Anwalt der armen Länder und zum Vorkämpfer für eine gerechte Weltordnung in den internationalen Organisationen. Er ist kein philosophischer Geist, kein ökonomischer Schriftsteller von der Art Gunnar Myrdals oder Kenneth Bouldings, vielmehr ein Planer und Mahner, wie ihn die Niederländer bevorzugen. In ihm wurde der Missionar zum Ökonomen, der Schüler und Jünger fand. Bei all seiner wissenschaftlichen Bedeutung geht von ihm eine moralische Wirkung aus. »Tinbergen ist der neue Marx«, schrieb der geistige Führer der Neuen Linken, Hans van den Doel, 1975 und nannte Tinbergens Werk über die Einkommensverteilung einen »Meilenstein in der Geschichte des wissenschaftlichen Sozialismus«[22]. So wurde Tinbergen für nicht wenige Progressive, die sich um das Fach bemühten, zur Personifikation des auf die ökonomischen Weltprobleme bezogenen sozialen Bewußtseins, einer Haltung, die sich in seiner Gestalt freilich anders präsentiert als bei so manchem politischen Draufgänger, der sich auf ihn berief.

Tinbergens Studie über die internationale Einkommensverteilung zeigt aber, daß er nicht nur aus moralischen Gefühlen für eine gerechte Weltordnung eintritt. Die globale Einkommensungleichheit, die Kluft zwischen Armen und Reichen, sieht er mit Recht als ein Strukturproblem der Weltwirtschaft, als eine Frage der politischen Stabilität und damit auch des Friedens. Einen luziden Vortrag über das Welternährungsproblem auf dem Kongreß der Internationalen Vereinigung der Lebensmittelindustrie beendete er mit der schlichten Frage an die Veranstalter, wie sie denn wohl mit ihrem Fachwissen die Regierungen der Welt beraten könnten, um die Versorgung der ärmsten Länder zu verbessern. Er entschuldigte sich für diese Frage, fügte indes hinzu, er empfände es als seine Aufgabe, seine Zuhörer herauszufordern, weil es doch in unser aller Interesse sei, über Fragen dieser Art nachzudenken. Eine Antwort bekam er freilich nicht. Das Kongreßthema hieß: »Unternehmensstrategie in stürmischer Wirtschaft«[23]; die Katastrophe in der armen Welt war nicht gemeint.

Für die juristischen Aspekte der internationalen Wirtschaftsordnung ist das Buch des niederländischen Rechtsgelehrten B. V. A. Röling[24], das in gewissem Sinn wie ein juristisches Pendant zum ökonomischen Werk Tinbergens anmutet, bemerkenswert. Hier wie dort tritt ein typisch niederländisches Wohlfahrts- und Planungsdenken hervor. Nach Röling soll die Weltgesellschaft durch eine Rechtsordnung eine globale Wohlfahrtsgesellschaft werden, wie der kapitalistische Staat ein Wohlfahrtsstaat geworden ist. Daß die Analogie problematisch ist, hat unter anderem Robert Tucker[25] dargelegt, der in seinem Buch über die Ungleichheit der Nationen auf das Werk Rölings einging. Die Ungleichheit der Nationen im internationalen System bedeutet etwas anderes als die Ungleichheit der Individuen innerhalb der Nationalstaaten. So notwendig die Beseitigung der Kluft zwischen reichen und armen Völkern ist - jener grausamen Ungleichheit, die nicht in formalen Rechten, sondern in den konkreten Lebens- und Überlebenschancen zum Ausdruck kommt -, mehr Frieden und Gerechtigkeit wird auch das politische Gleichheitsstreben der Nationen in einem neuen Weltsystem nicht notwendig bringen. Das Ergebnis dieses Strebens kann auch mehr Unordnung und ein größeres Konfliktpotential sein. Die zunehmende Interdependenz bewirkt, daß die Interessen eines jeden Mitglieds des Systems von den Handlungen der anderen Mitglieder auch zunehmend anfechtbar und verletzbar werden.

Den niederländischen Ökonomen, die in ihren Modellstudien zum isolierten, eingehegten Bereich »Wirtschaft« den Planologen des Landes gleichen, liegt die sozialwissenschaftliche Klärung gesellschaftlicher und politischer Machtverhältnisse weniger. Macht, in der Wirtschaftstheorie erst relativ spät als Markt- und Monopolmacht problematisiert, ist ein Thema, dessen theoretische und philosophische Bewältigung manchen überfordert. Daß der Handel - vor allem der See- und Welthandel - mit politischer Macht zu tun hat, gilt seit den Tagen der Vereinigten Ostindischen Kompanie als Gemeinplatz. Erkennenswert ist heute aber, wie die Machtverhältnisse sich ändern und verlagern. Gegenwärtig sind sie sehr labil. Den Zusammenhang zwischen stabilen politischen Verhältnissen und der internationalen Wirtschaft illustriert die Währungsordnung[26] mit ihren bekannten Phasen: der Zeit des Goldstandards bis 1914, mit Großbritannien als dominierender Handelsmacht und größtem kapitalexportierendem Land, dessen politische Rolle in der Sicherung der Ordnung lag; sodann der Zwischenkriegszeit mit dem Verfall des Goldstandards und der britischen Macht, mit vergeblichen Versuchen, beides aufzuhalten und der Destabilisierung Herr zu werden; ferner dem Bretton Woods-System nach dem Zweiten Weltkrieg mit den Vereinigten Staaten als führender Wirtschaftsmacht, tonangebend mit Marshall-Plan, Rüstungsindustrie und dem an den Goldpreis gebundenen Dollar; und schließlich der Phase der neuen Unordnung, die 1971 begann, als die Vereinigten Staaten nach langanhaltenden Zahlungsbilanzdefiziten die Bindung des Dollars an den Goldpreis aufgaben. Jetzt hatten sie die Hegemonie eingebüßt; Westeuropa und Japan waren wieder erstarkt, die Erdölstaaten wirtschaftlich mächtig geworden, neue Industrieländer aufgekommen - abermals war alles verändert. Eine so stark in die Weltwirtschaft verflochtene Volkswirtschaft wie die niederländische wird von der Währungsunordnung auf spezifische Weise betroffen. Nicht zufällig sind die Einleitungen zu den Jahresberichten der Notenbank jedesmal ausführliche Analysen der weltwirtschaftlichen Ereignisse. In deren Zusammenhang wird die Darstellung der eigenen Wirtschaft zum »Bericht über die Lage der Nation« als einer Handelsnation.

Eine supranationale Instanz mit Handlungsmacht, die eine neue Weltwirtschaftsordnung durchsetzen könnte, gibt es nicht. Fragt man sich angesichts dieser Tatsache, ob eine solche Ordnung dann mehr sein könne als ein frommer Wunsch, so tut man gut daran, zu bedenken, daß das Völkerrecht, dessen Vater der Niederländer Hugo Grotius war, aus dem sehr praktischen Interesse aller Handelsnationen an einer Regelung des Überseehandels entstand. Das Völkerrecht ist sowenig wie die Abschaffung der Sklaverei aus der Humanitätsidee oder dem moralischen Gewissen der Völker hervorgegangen, sondern in dem »wechselseitigen Eigennutz« der Völker begründet, über den schon Immanuel Kant in seiner Schrift *Zum ewigen Frieden*[27] (1795) geschrieben hat. Die Vereinigte Ostindische Kompanie war es, die Grotius mit der Verfassung des Traktats *De Jure Praedae* beauftragte, nachdem ein holländischer Admiral ein portugiesisches Schiff gekapert hatte. Diese Aktion sollte gerechtfertigt werden, weil Spanien und Portugal die Niederländer in ihrer Handelsfreiheit behinderten. So wurden internationale Regelungen notwendig. Freilich haben die Mächtigen stets versucht, sie in ihrem Sinne ausfallen zu lassen oder sich gegebenenfalls darüber hinwegzusetzen. Ungeachtet dessen dürften sich die Chancen für die Schaffung einer internationalen Ordnung erhöhen, wenn alle Nationen zunehmend unter den Folgen der Unordnung leiden. Ohne soziale Ordnung sind nun einmal soziale Beziehungen nicht denkbar. Mehr und mehr gilt dies für die heutigen Wirtschaftsbeziehungen zwischen den Nationen, wobei den Niederländern immer klarer wird, daß der Weg zu einer neuen internationalen Ordnung über die unerläßliche Durchsetzung einer europäischen Wirtschaftsordnung führt.

3.
Erdgas: das nationale Kapitalgut; konsumtive Verwendung der Erträge; Strukturwandlungen und Versäumnisse

Bei einer Betrachtung der ökonomischen Entwicklung der Niederlande während der vergangenen fünfzehn bis zwanzig Jahre wollen wir nicht auf die allgemeinen Ursachen und Wirkungen der vielbeklagten Krisen eingehen, die in allen westlichen Ländern aufgetreten sind: auf den Konjunkturrückgang, die Zunahme der Arbeitslosigkeit und der Staatsverschuldung und andere Erscheinungen. Erwähnt werden soll nur, was in den Niederlanden anders war und anders verlief.

Es ist manchmal möglich, ein komplexes Geschehen anhand eines einzigen Phänomens darzustellen, ohne es aus diesem kausal erklären zu wollen. So hat der niederländische Amerikanist A.N.J. den Hollander[28] die Entwicklung der amerikanischen Südstaaten am Beispiel der Wirkungen des Baumwollkäfers *(boll wevil)* beschrieben; er schilderte, wie dieses plötzlich auftauchende Insekt das ökologische und soziale Gleichgewicht bis zur nahezu vollständigen Desorganisation störte, bis man gelernt hatte, so zu reagieren, daß das Leben wieder normal wurde, dann aber nicht mehr so war wie zuvor. Anderer Art, doch nicht weniger folgenschwer war im Spanien des sechzehnten Jahrhunderts das Erscheinen der in Mexiko und Peru geraubten Goldschätze. Mit diesem klassischen Beispiel hat Keynes Zusammenhänge zwischen Geld, Inflation, Wirtschaftsentwicklung und imperialer Macht illustriert.

Der Weg der Niederlande aus der Prosperität in die Krise ließe sich in wieder völlig anderen Zusammenhängen anhand des Erdgases beschreiben, das zur rechten Zeit – während der Energiekrise – wie ein Segen aus der eigenen Erde strömte. Es machte uns im Energiebereich autark, zu einem Semi-OPEC-Land, wie oft gesagt worden ist. Das Erdgas bildete ein nationales Kapitalgut, ein »unsichtbares Gold«, und übte einen enormen Einfluß auf unsere Wirtschaft aus, die es wesentlich verändert hat. Und ähnlich wie die Spanier einst einen nicht geringen Teil des überseeischen Goldes für die reiche Ausstattung der römisch-katholischen Kathedralen ad majorem gloriam Dei verwendeten, so kam jetzt in den Niederlanden ein nicht unbeträchtlicher Teil der Einkünfte aus dem Erdgasgeschäft der Kathedrale des Wohlfahrtsstaates zugute.

Mit der Erschließung des Erdgases stellte sich das Problem, wie es auf die beste Weise genutzt werden sollte, und zwar sowohl in bezug auf das Ausmaß seiner Ausbeutung als auch auf die Verwendung der Erträge, sei es für konsumtive oder produktive Zwecke. Damit wurde das Erdgas zu einer Frage politischer Entscheidung und Prioritätenbestimmung. Das Erdgas gehört dem Staat, ist für ihn ein Einkommensfaktor. Für die niederländische Industrie und die niederländischen Privathaushalte ist es ein Kostenfaktor. Der Staat kann durch seine Preispolitik auf die Kostenstruktur der Industrie und damit auf deren Konkurrenzfähigkeit Einfluß nehmen, desgleichen auf die Ausgabenstruktur der Privathaushalte.

Das Einkommen des niederländischen Staates aus den Gewinnen des Erdgasgeschäfts

	in Millionen Gulden	in % des Nettovolkseinkommens	in % des gesamten Staatseinkommens
1964	24	0.04	0.16
1970	604	0.57	1.91
1975	5.187	2.74	8.99
1980	13.920	4.60	14.60
1982	19.700	5.97	19.41
1983	18.000	5.30	17.40

Quelle: Sociaal-Economische Raad: Ontwerp-Advies inzake het Aardgasbeleid, Nr. 1546, Den Haag 1983, S. 13.

Wir stützen uns bei den folgenden Darlegungen auf ein Gutachten des Sozialökonomischen Rates der Niederländischen Regierung[29] vom Oktober 1983, in dem ein Fazit gezogen und die Richtung einer neuen Politik aufgezeigt wurde.

Das Bruttosozialprodukt begann Anfang der siebziger Jahre um den Wert der Erdgasproduktion zuzunehmen. Von der Erdgasproduktion ging damals auch ein Impuls auf die übrige Industrie aus. Seit 1964 war die Ausbeutung der Vorräte intensiviert worden. Die Erdgasproduktion wuchs stärker als die Produktion in den übrigen Industriebereichen und wirkte sich beträchtlich auf das Wirtschaftswachstum der Niederlande aus. Hierzu trugen auch die Entwicklung des internationalen Marktes für petrochemische Erzeugnisse, die günstige Lage des Landes, die Bedeutung des Rotterdamer Hafens und die Strategie der Erdölkonzerne bei. Die Außenhandelsposition gestaltete sich außerordentlich befriedigend. Der steigende Energiepreis erhöhte die Bedeutung des Eigenverbrauchs als Importsubstitution und zugleich den Wert der Exporterträge. Der Gulden blieb hart, und die Wechselkurspolitik der Nationalbank wurde durch die Abstimmung mit der Deutschen Mark erleichtert. Durch Produktionszunahme, Preissteigerung und Erhöhung des staatlichen Gewinnanteils stieg das staatliche Einkommen aus dem Erdgasgeschäft von 600 Millionen Gulden 1970 auf 19 Milliarden Gulden 1982. Diese günstige Entwicklung hat sich jedoch nicht fortgesetzt. Indes wurde die niederländische Wirtschaft immer stärker von der Energiewirtschaft bestimmt.

Die Erträge aus dem Erdgasgeschäft kamen nur in beschränktem Maße der privaten Industrie zugute. Diese litt unter der Steigerung der Energiepreise ebensosehr wie die Industrie jener Länder, die über keine so bedeutenden Energievorräte verfügten. Ihr Anteil am Außenhandelsvolumen ging zurück, während der Anteil des Erdgases stieg. Mit Preiskonzessionen mußte die Privatindustrie versuchen, den Rückgang ihrer Anteile auf den internationalen Märkten aufzuhalten. Als Folge des dem Erdgas zu verdankenden Aktivsaldos der Handelsbilanz wies die Zahlungsbilanz zwar einen Überschuß auf, dies zog aber keine Belebung der Wirtschaft nach sich, sondern wirkte, in Verbindung mit hohem Kapitalexport und hohen Auslandsinvestitionen, eher hemmend auf die Erneuerung des Produktionsapparates ein. Die Exportentwicklung der Privatindustrie blieb trotz aktiver Handelsbilanz unbefriedigend. Was lief verkehrt?

In dem erwähnten Gutachten für die Regierung wurde eine vielsagende Parallele gezogen: Wie die Steigerung der Energiepreise international eine riesige Kaufkraftverschiebung zwischen den OPEC-Staaten und der übrigen Welt zur Folge hatte, so führte sie in den Niederlanden zu einer massiven Verschiebung der Kaufkraft zum Staat hin. »Diese Verschiebung – und die Weise, wie der Staat in der Folgezeit das größere Einkommen verwendete – hat auf die Wirtschaft einen bedeutenden Einfluß gehabt.« Die Erdgaserträge, heißt es weiter, wurden »mehr konsumtiv als produktiv verwendet, mit den hiermit verbundenen kurzfristigen Vorteilen«. Der Staat ging daran, den Sektor der öffentlichen Dienste immer weiter auszubauen, und dabei entstand »eine zunehmende Abhängigkeit von den Erdgaserträgen«[30]. In jener Zeit, da praktisch noch Vollbeschäftigung vorhanden war, führte die Entwicklung zu Spannungen auf dem Arbeitsmarkt und zu einem Lohnauftrieb.

Während der Staat mit den Erdgaserträgen in den siebziger Jahren den weiteren Ausbau des Sozialwesens finanzierte, unterblieb die notwendige Reorganisation und Innovation des privatwirtschaftlichen Produktionsapparates. Die privaten Industrieunternehmen hatten neben den steigenden Energiepreisen nun auch noch die steigenden Soziallasten zu tragen. Die Sozialleistungen kletterten in den siebziger Jahren ständig in die Höhe, während sie in den meisten anderen europäischen Ländern stabil blieben oder nur geringfügig zunahmen. Bei internationalen Vergleichen der Arbeitskosten und Trends in der Entwicklung der öffentlichen Ausgaben gerieten die Niederlande an die Spitze aller Industrienationen.[31]

Die Talfahrt der Privatunternehmen hatte begonnen. Die Einbußen des Schiffbaus und der Schwerindustrie auf den internationalen Märkten waren fatal und führten unter anderem zum Zusammenbruch des angesehenen Werften- und Maschinenbaukonzerns Rijn-Schelde-Verolme (RSV), bei dem über 17.000 Menschen beschäftigt waren. Mehrere namhafte Unternehmen gerieten an den Rand des Ruins. In der Textil-, Lederwaren-, Holz- und Möbelbranche verschwanden so viele Betriebe, daß von einem Zusammenbruch dieser ganzen Industrie gesprochen wurde. Die erlittenen Rückschläge waren schwerer als in anderen Ländern der Europäischen Gemeinschaft. Vierzig Prozent aller Privatunternehmen schrieben 1982 ihr Betriebsergebnis in roten Zahlen; der Anteil des Eigenkapitals am Gesamtkapital sank auf zwanzig Prozent. Der wissenschaftliche Beirat der Regierung nannte den Zustand der niederländischen Industrie sogar schlimmer als nach Kriegsende und meinte, allein der Staat könne wieder durch Exportförderung, Importdrosselung, Energieeinsparung und andere Einschränkungen Rettung bringen.

Die Verwendung der staatlichen Einkünfte aus dem Erdgasgeschäft für den Ausbau des Sozialwesens ging noch mit einer anderen Erscheinung einher: der zunehmenden Beschäftigung im öffentlichen Sektor. Während sich die Arbeitsplätze in der gewerblichen Wirtschaft verringerten, stieg die Zahl der Arbeitsplätze im »quartären Sektor« unverhältnismäßig stark an. Man sprach von einer Verdrängung der Arbeit, von der Absorption freiwerdender industrieller Arbeitskräfte durch den Staat und einer neuen Arbeitsmobilmachung im Staatsdienst als Spiegelbild der Demobilisierung der industriellen Arbeitsarmee.[32] Der

Öffentliche Ausgaben in einigen Industriestaaten
(Laufende Ausgaben in Prozent des Bruttosozialprodukts)

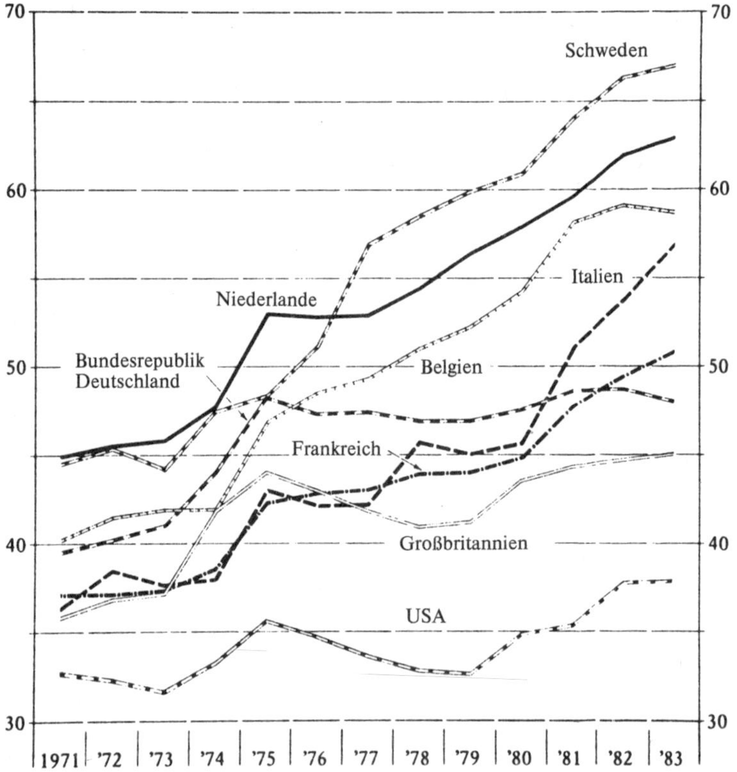

Erläuterung: Die Steigerung der Ausgaben nach 1978 wurde durch die Umwandlung steuerlicher Vergünstigungen für Kinder in Kindergeld und durch die Umwandlung verfrühter Abschreibungsmöglichkeiten bei Investitionen in Investitionspremien beeinflußt.
Quelle: Nederlandsche Bank,
Jaarverslag 1983, S. 49.

Personaletat des Staates machte 1979 schon ein Viertel des Arbeitseinkommens der gesamten Bevölkerung aus. Das Wachstum der Arbeitseinkommensquote, das einen indirekten Hinweis auf die abnehmende Gewinnquote in den Unternehmen gibt, war in den Niederlanden während der sechziger und siebziger Jahre um ein Vielfaches höher als in den anderen Ländern der Europäischen Gemeinschaft.[33]

So, wie durch die Erdgaseinkünfte die Kaufkraft sich zum Staat hin verschob, trat durch die Verwendung dieser Einkünfte eine entsprechende Verschiebung der Arbeitskraft auf. Beide Erscheinungen legen es nahe, von einer Tendenz zur Verstaatlichung der

Ausgaben für den öffentlichen Sektor
(in Prozent des Nettovolkseinkommens)

	Staatlicher Verbrauch	Transfer-zahlungen	Gesamt-ausgaben
1965	21.1	20.3	41.4
1975	23.8	36.1	59.9
1982	22.1	45.2	67.3

Quelle: Sociaal-Economische Raad: Ontwerp-Advies inzake het Aardgasbeleid, Nr. 1546, Den Haag 1983, S. 16.

Wirtschaft zu sprechen - dieser Ausdruck muß sich keineswegs nur auf die Nationalisierung von Unternehmen beziehen. Man erkennt nun das Versäumnis, mit den Erträgen der Erdgasindustrie die übrige Industrie wieder rentabel gemacht und nach neuen Zielsetzungen gestaltet zu haben. Fixiert auf die sozialethischen Ziele der Gesellschaftsreform, vernachlässigte man die Wirtschaftsreform, übersah, daß jene gerade in einer Reorganisation unseres Produktionswesen beschlossen liegt. Daß eine »saubere«, »qualitative« und »organische«, eine umweltschonende, humankapitalorientierte und auf die internationale Welt bezogene Wirtschaftsentwicklung nicht ohne die Industrie zu realisieren ist und ökologische Aufgaben weiteren technologischen Fortschritt - als »Umwelttechnologie« - voraussetzen, ist schon überzeugend dargelegt worden.[34] Der Inhalt solcher Begriffe wie »technologischer Fortschritt«, »Wirtschaftswachstum«, »Wohlfahrt« und »Unternehmertum« ist von unseren jeweiligen Wertsetzungen abhängig; die Erkenntnis, unser Produktionswesen sei noch auf eine inzwischen zu Ende gegangene Zeit zugeschnitten, kann doch nur der Anlaß zu seiner Reorganisation sein.

In den Niederlanden ist das herkömmliche Bild rauchender Fabriken, jene suggestive Darstellung florierenden Wirtschaftslebens, der man bisweilen in Eingangshallen oder Vorstandszimmern als allegorischer Wandmalerei oder Großaufnahme aus der Luft begegnet, sicher kein Leitbild mehr. Verzicht hierauf bedeutet aber nicht wirtschaftliche Abrüstung, sondern vielmehr Umrüstung: die Konzentration auf umweltfreundliche Produktionen und die Entwicklung entsprechender Exportgüterpakete. Eine Bemerkung zur Umweltproblematik ist hier angebracht. Unsere Flachlandschaft ist ökologisch besonders verwundbar. Die Verschmutzung der Binnen- und Küstengewässer, insbesondere die großenteils durch den Rhein importierte und zur außenpolitischen Frage gewordene Verschmutzung des Rheindeltas, verursacht durch sauerstoffbindende Stoffe, anorganische Elektrolyten oder andere Industrieabfälle, ist weit fortgeschritten. Giftige Abfälle der eigenen Industrie und tierische Abfälle mit pathogenen Mikroorganismen in Gewässern und im Boden alarmieren ebenfalls die Bevölkerung. Die Erhaltung der Grundwasserqualität ist für die Trinkwasserversorgung der Niederlande so wichtig, daß die Aufgabe nicht länger den Gemeinden und Provinzen überlassen werden kann. Auch die Intensivierung der Landwirtschaft und des Obst- und Gemüsebaus strapaziert den Boden und die Gewässer, von denen sie abhängig sind, und hat zum Aussterben vieler Insekten- und Pflanzensorten geführt. Die Tatsache, daß gerade der am dichtesten besiedelte Teil des Landes unter dem Meeresniveau liegt, macht die Lösung des Problems der Industrie- und Haushaltabfälle zur unmittelbaren Voraussetzung für die Sicherung des Lebens. Hinzu kommen die Luftverschmutzung durch die um Rotterdam konzentrierte petrochemische Industrie und den motorisierten Verkehr sowie Nebenwirkungen der Erdgasproduktion. Aus einer Erhaltungspolitik ist die Umwelthygiene zur Sanierungspolitik geworden. Das Ministerium für Volksgesundheit trägt das Wort »Umwelthygiene« als zweiten Namen und bringt hierin zum Ausdruck, daß die Gesundheit des Volkes und die Gesundheit der Landschaft ein unzertrennliches Ganzes bilden.

Die Arbeitslosigkeit war in den Niederlanden 1983 auf die internationale Rekordhöhe von 17,6 Prozent der erwerbsfähigen Bevölkerung angestiegen, während sie 1979 noch 4,5 Prozent betragen hatte. Die Erklärung des gewaltigen Ausmaßes dieser Zunahme liegt in demographischen Faktoren. In der ersten Hälfte der siebziger Jahre hatte die Arbeitsnachfrage abgenommen, bedingt durch die Einführung frühzeitiger Pensionierung, den sprunghaften Anstieg der Zahl der Arbeitsuntauglichen von 5,5 Prozent im Jahr 1968 auf dreizehn Prozent 1978, vor allem aber durch die erwähnte stürmische Ausdehnung des staatlichen Sektors, der zum beschäftigungspolitischen Wachstumssektor wurde (das gesamte Bildungs-, Gesundheits- und Sozialwesen im engeren Sinne gehört dazu). Als diese Entwicklung aufhörte, durch die der Staat, wie erwähnt, die freiwerdenden Arbeitskräfte der Industrie zum großen Teil absorbiert hatte, trat mit unerwarteter Plötzlichkeit eine neue Entwicklung ein, die in anderen Ländern schon früher eingesetzt hatte: die Eingliederung der Frauen in die berufliche Arbeitswelt. Die Erwerbsquote verheirateter Frauen zwischen zwanzig und vierundsechzig Jahren war lange Zeit nur etwa halb so hoch wie in der Bundesrepublik, in Frankreich und den Vereinigten Staaten.[35] Unter weiteren Faktoren, die eine größere oder geringere Rolle spielten, wäre zu erwähnen, daß die Niederländer nun einmal ihre ausländischen Arbeiter nicht nach Hause schickten wie manche anderen Länder.

Für die nächsten Jahre wird noch eine weitere Zunahme der Arbeitslosigkeit erwartet. Manche Beobachter befürchteten schon, über kurz oder lang könnte ein Fünftel der erwerbsfähigen Bevölkerung ohne Arbeit sein. Da an eine Beseitigung der Massenarbeitslosigkeit mit den gängigen wirtschaftspolitischen Belebungsstrategien kaum noch jemand glaubt, und selbst von einer kräftigen Wiederbelebung der Wirtschaft keine große Zahl neuer Arbeitsplätze zu erhoffen ist, da auch die vieldiskutierte Arbeitszeitverkürzung das Problem nicht lösen wird, müssen völlig neue Wege gesucht werden: etwa in Richtung auf eine Flexibilisierung der Arbeitszeit auf der Grundlage neuer sozialer Kontrakte nach dem Prinzip »weniger oder bessere Arbeit gegen weniger Güter« (nicht »harte Arbeit gegen harte Güter«), bei gleichzeitiger Reduktion der Rentenansprüche. Diese Möglichkeiten haben in der Bundesrepublik Burkhard Strümpel und Michael von Klipstein[36] untersucht. In den Niederlanden hat sich der ehemalige Sozialminister Wil Albeda[37] mit neuen Konzepten an die Öffentlichkeit gewandt. Die Niederlande sind der europäische Staat, der neue Lösungen am schnellsten finden muß. Umfrageergebnissen zufolge ist ein beachtlicher Teil der Bevölkerung zu neuen sozialen Kontrakten bereit. Die Arbeitszeitverkürzung, die in der Bundesrepublik zu einer so heftig umstrittenen politischen Frage wurde und Konflikte brachte, wurde in den Niederlanden ohne nennenswerte Schwierigkeiten in die Wege geleitet, und zwar mit Absprachen für alternative Möglichkeiten der Regelung, die großenteils den Unternehmen selbst überlassen wurde.

Nach den regelmäßig in Berichten des Sozialkulturellen Planungsbüros[38] zusammengefaßten Befunden der Demoskopie sind die Niederländer, ungeachtet aller Krisenerscheinungen, ein ausgesprochen zufriedenes Volk. 1980 waren nicht weniger als achtzig Prozent aller Befragten mit dem eigenen Einkommen einverstanden; etwas anderes ist die Unzufriedenheit mit der Verteilung der Einkommen, über die noch zu sprechen sein wird. Auch jetzt, um die Mitte der achtziger Jahre, lassen die Daten keine nennenswerte Zunahme von Sorgen und Ängsten erkennen, was angesichts der immensen Arbeitslosigkeit sehr beachtlich ist. Damit ist nicht gesagt, die Menschen fänden nicht manches an dieser Entwicklung bedenklich – die Zukunft der Wirtschaft wird trotz Zeichen der Belebung pessimistisch beurteilt; doch bemerkenswert ist, daß dieser Pessimismus nicht unzufrieden stimmt. Wesentlich für das Gefühl der Zufriedenheit sind seit eh und je Familie, Ehe, Gesundheit und Heim, nicht das Einkommen. Man gönnt allen Menschen mehr Freiheit, genießt die größere eigene Freiheit, bewertet jedoch die allgemeine Richtung, in der sich Verhaltensweisen entwickeln, negativ. Das wirtschaftliche Verhalten ist defensiv: Man will Erworbenes behalten, den erreichten Lebensstandard sichern. Selten wurde so viel gespart wie in den vergangenen Jahren. Auch vom Staat wird erwartet, daß er sparsam ist, funktioniert und Ordnung hält. Die restriktive Regierungspolitik wird gutgeheißen, was auch immer die Ökonomen dazu sagen.

Die Bereitschaft zu arbeiten hat nicht nachgelassen, wogegen die Ansprüche an die Beschaffenheit der Arbeit und des Arbeitsplatzes gestiegen sind. Noch sieht es nach dem Bericht des Planungsbüros nicht so aus, als gälte das Paulus-Wort »Wer nicht arbeiten will, soll auch nicht essen« nicht mehr. »Von einem wachsenden Verlangen nach mehr Freizeit ist (noch) keine Rede«, dagegen nimmt die Wertschätzung der im Laufe der Zeit gewonnenen Freizeit stark zu. Und wer aktiver, dynamischer bei seiner Arbeit ist, ist es auch in seiner Freizeit. Die allgemeine Einstellung zu den Dauerarbeitslosen und Arbeitsuntauglichen läßt – wie auch in anderen Ländern – die Neigung erkennen, den Betroffenen selbst ihre Lage zuzuschreiben und ihnen mehr zuzumuten; daß einer keine Arbeit hat, gilt noch immer als ungewöhnlich. Die Auffassung, »daß wir alle zu wenig arbeiten«, findet weitgehend Zustimmung.

4.
Der Wohlfahrtsstaat und die hohen Ziele seiner Befürworter – Begeisterung, Ernüchterung und Neubesinnung

Die Niederländer sind nie eine ausgesprochene Konsumgesellschaft geworden. Luxus und auffälliger Konsum sind von jeher verpönt. Die gleiche Zurückhaltung, die dem Kölner Nuntius Pallavicino schon im Jahre 1676 während einer Reise durch Holland auffiel, kann auch heute noch beobachtet werden. Der geistliche Herr notierte sich, »wie dieses Volk anderen Wohlstand bringt, ohne einen Teil für sich selbst zu nehmen«. Er lobte die Sitte,

B. Schaak: Vanitas-Stilleben (etwa Ende 17. Jahrhundert)

»weniger auszugeben, als man verdient«, weil »ein anderes Verhalten als schändliche Verschwendung, ja als ein zügelloses Leben gilt«[39]. Niederländer verkaufen in alle Welt hochwertigen Käse und feine Schokolade, während sie sich selbst mit zweitrangigen Qualitäten begnügen. Sie liefern ins Ausland köstliche Zigarren und rauchen selbst »Fehlfarben«. Sie essen Margarine und exportieren »Rahmbutter«, die mit dieser Bezeichnung von der bereits »Butter« genannten Margarine unterschieden wird. Importiert werden Textilien mit Webfehlern und Farbabweichungen, aus der Mode geratene italienische Schuhe und andere Artikel zweiter Wahl. Eingeführte deutsche »Gebrauchtwagen«

wurden einmal zu einem ernsten Problem der Verkehrssicherheit, weil sich so viele reparierte Unfallwagen darunter befanden.

Als wir in den sechziger Jahren eine Untersuchung[40] durchführten, um zu erfahren, wie die Menschen in verschiedenen Industrieländern auf die Verbesserung ihrer wirtschaftlichen Lebensverhältnisse reagierten, kamen bezeichnende Unterschiede ans Licht, wobei die Niederländer besonders auffielen. Die Chancen, die der steigende Lebensstandard bot - etwa durch den Erwerb arbeits- und zeitsparender Gebrauchsgüter neue Konsum-, Wohn- und Lebensgewohnheiten anzunehmen, neue Berufe zu ergreifen, sich weiterzubilden, seine soziale Position, auch als Frau, zu verbessern oder seinen Kindern eine bessere Schulbildung zuteil werden zu lassen –, wurden in Nordamerika viel mehr als in Westeuropa auch subjektiv erkannt und genutzt. Zwar wurde in Westeuropa nicht weniger tüchtig gearbeitet und konsumiert, doch orientierte man sich noch weitgehend an den Wertbegriffen und Verhaltensnormen der alten Ober-, Mittel- oder Unterschichten. Hierdurch nahm die Wohlstandsgesellschaft in Westeuropa ein konservatives und restauratives Aussehen an.

Als sich gut verdienende niederländische Facharbeiter schon manches moderne Wohlstandsprodukt leisten konnten, zögerten sie lange, wenn der Gegenstand als Luxus galt oder als Merkmal des Lebensstils eines höheren Standes. Für den Mittelstand gilt das gleiche. Alle Fabrikanten der damals aufkommenden Starprodukte des Zivilisationskomforts können Beispiele dafür anführen; diese spielten auch in der soziologischen Diskussion über den Wandel der Arbeiterklasse, in der Kontroverse über die sogenannte Verbürgerlichungsthese, eine nicht geringe Rolle. Konsumstile dokumentierten in den Niederlanden die Zählebigkeit ständischer und zugleich puritanischer Sitten. Eine Erscheinung wie der Konsumentenkredit stand in keinem Land in so schlechtem Ruf wie in den Niederlanden. Auch wollten niederländische Frauen von Berufsarbeit lange nichts wissen. Die meisten hielten sie, wie sich bei Befragungen ergab, für grundsätzlich unvereinbar mit ihren Pflichten in Heim und Familie.

Man hat das wirtschaftliche Verhalten der Nordamerikaner wiederholt mit den individualistischen Traditionen der Pionierzeit und dem Ideal des Selfmademan zu erklären versucht. Man ging jedoch selten der Frage nach, mit welchen kulturellen und politischen Traditionen das sozialökonomische Denken und Empfinden der Europäer zusammenhängen könnte: In den Niederlanden zum Beispiel sind ständische Sitten, die dem Calvinisten ziemende Zurückhaltung beim Genuß des Wohlstands, paternalistische Bilder der Arbeitswelt oder Einstellungen der Kirchen zur sozialen Frage anzuführen. Als wir bei der erwähnten Untersuchung repräsentative Gruppen von Westeuropäern nach den Ursachen der Verbesserung ihrer Existenz befragten, waren sie viel weniger als die Amerikaner geneigt, persönliche Leistungen und Qualifikationen zu nennen. Sie gaben meist Gründe an, die der eigenen Anstrengung oder Einflußnahme entzogen sind. So wiesen sie etwa auf die allgemeine Wirtschaftsentwicklung oder auf kollektive Maßnahmen, wie zum Beispiel Lohnrunden, hin. Schon die sprachliche Ausdrucksweise (»ich *kriege* mehr Lohn« beziehungsweise »I *make* more money«) war wohl nicht zufällig verschieden.

Nun ist bei der Beurteilung der Ergebnisse aller solcher Vergleiche immer auch zu bedenken, daß eine bestimmte Frage oder die Antwort hierauf nicht in allen Kulturen die gleiche Gefühls- und Wertqualität zu haben braucht. Niederländer gestatten es sich nicht so leicht, den eigenen Erfolg ausschließlich oder auch nur vorwiegend sich selbst zuzuschreiben, geschweige denn, sich damit zu brüsten. Erziehung gebietet ihnen, glückliche Umstände, ein gnädiges Schicksal und Privilegien, unter diesen auch die eigenen Talente, in Betracht zu ziehen. Die soziale Umgebung schätzt das Understatement. Mit dieser Haltung ist zugleich die Erwartung verbunden, Solidarität zu üben mit den vom Glück weniger Begünstigten, »sozial Schwachen«. In den Vereinigten Staaten, wo die Bereitschaft zur Unterstützung von Menschen, »die sich nicht selber helfen können oder wollen«, deutliche Grenzen hat, kann die entsprechende Einstellung auch leichter zugegeben werden als in den Niederlanden. Leistungsorientierte Entlohnungsprinzipien (Geschick, Fähigkeit, persönlicher Einsatz) werden in den Vereinigten Staaten, wie Strümpel[41] fand, weit häufiger bevorzugt als nichtleistungsbezogene (Familiengröße, Dienstalter und Bildungsstand).

In der niederländischen Kultur wird privater Wohlstand niedrig, das Wohl der Gemeinschaft dagegen hoch bewertet. Während Amerikanern Reichtum als Zeichen der Tüchtigkeit und des Lebenserfolges soziale Anerkennung bringt, der Staat zum Erwerb des Wohlstands gleiche Chancen bieten, diesen aber nicht selbst als egalitären Zustand herbeiführen soll, macht Reichtum in den Niederlanden keinen Eindruck; der Erwerbssinn ist eher suspekt. Der Wohlfahrtsstaat hingegen wurde nach dem Krieg zum Ideal christlicher wie sozialistischer Politik, auf dessen Verwirklichung man stolz war. Er steht nicht für individuellen Lebenserfolg, sondern für soziale Gerechtigkeit, heute auch für Lebensqualität und ist die christlich-soziale Kuppel geworden, die die »Säulen« überwölben sollte. Was spirituell gemeint war, hat sich materialisiert: zum säkularen System einer Risikogemeinschaft, der *»samenleving«* - ein Begriff, der einen ähnlich emphatischen Klang hat wie das schwedische Wort »Volksheim«.

Anders aber als in Schweden, wo das Sicheinfügen in ein kollektiv geregeltes Leben bäuerliche Traditionen hat, die sich bis ins Mittelalter zurückverfolgen lassen, wo die Priester schon zur Zeit König Gustavs I. Staatsbeamte waren und die Kirche im Staat aufging, ist das niederländische Gemeinschaftsgefühl durch die bürgerlichen Traditionen autonomer Kirchengemeinschaften geprägt. Die amerikanische Zeitschrift *Time*[42] verglich die europäischen Wohlfahrtsstaaten einmal mit gotischen Kathedralen: Jede neue Regierung, gleich welcher Couleur, habe dem Bau neue Kapellen, Emporen und Türme hinzugefügt. Dies wurde, nachdem der Bau brüchig, sein Unterhalt kostspielig geworden war und auch Konstruktionsfehler sichtbar wurden, nicht ohne spöttische Untertöne vermerkt. Fair wäre es hinzuzufügen, daß in Westeuropa immerhin jene beispiellosen Zeugnisse der Häßlichkeit und Entfremdung fehlen, die man inmitten des größten Wohlstands in den Vereinigten Staaten findet.

Interessant in diesem Zusammenhang ist auch der Vergleich der Niederlande mit einem anderen europäischen Kleinstaat, der ebenfalls eine alte, solide Demokratie ist und dennoch eine völlig andere politische und wirtschaftliche Kultur hervorgebracht hat: der Schweiz. Vollzogen sich staatsbürgerliche Erziehung und politische Willensbildung der Niederländer stets in der Apartheid ihrer weltanschaulichen Gruppen und deren Kirchen oder kirchenähnlichen Institutionen, so haben sie im Schweizer Bundesstaat in freien genossenschaftlichen Verbänden ihre spezifische Tradition. Der Bürgersinn der Niederländer ist konfessionell und missionarisch, der der Schweizer pragmatisch und undoktrinär. Während der Staat der Niederländer als »Volksheim« konzipiert wurde und als erhabenes, nun nicht mehr so festes Bollwerk gemeinschaftlicher Wohlfahrt das christliche wie das sozialistische Herz höher schlagen ließ, blieb er für die Schweizer immer nur der administrative Apparat ihres Bundes, den man durch finanzielle Beherrschung, die Zurückhaltung der Bürger und Parteien bei der Bewilligung von Steuern, in Schach zu halten wußte und an dem im übrigen auch niemand rütteln durfte. Die Niederländer mögen Puritaner sein - hinsichtlich ihres Wohlfahrtsstaates leisteten sie sich einen großen Luxus.

Die Expansion des öffentlichen Sektors in den Industrieländern wird von den Ökonomen im allgemeinen mit drei Erscheinungen erklärt: mit der größeren Nachfrage nach Dienstleistungen aufgrund höherer Einkommen und demographischer Faktoren (mehr junge Menschen brauchen ein besseres Bildungswesen, mehr ältere ein besseres Gesundheitswesen), mit der hohen Arbeitsintensität im Dienstleistungssektor und dessen geringer Produktivitätszunahme, und schließlich mit Bürokratisierungstendenzen. Bevor wir uns noch einer vierten Gruppe von Faktoren, kultursoziologischen und -psychologischen, zuwenden, seien zunächst einige grundsätzliche Bemerkungen zur heutigen Krise des Wohlfahrtsstaates und zur Kritik an ihm vorgebracht.

Mit der Skizzierung der Fehlentwicklungen und Verstiegenheiten niederländischer Wohlfahrtspolitik soll gewiß keinem »Abbau« des Wohlfahrtsstaates, keiner »sozialen Demontage« das Wort geredet werden, wie die heute gebräuchlichen Schlagworte der Tagespolitik im Streit der Parteien lauten. Und auch die unausweichliche Reform des Sozialwesens darf nicht in diesem Sinne mißverstanden werden. Kein anderer als Joop den Uyl hat eingestanden, daß »bei der Lenkung des Wohlfahrtsstaates große Fehler gemacht wurden«, daß »die Instrumente des Versorgungsstaates verkehrt angewandt« wurden und »daß die Linke den Produktionssektor und die Probleme der Unternehmung lange vernachlässigt«[43] habe. In einem Interview sagte er: »Wir haben nicht nur eine Krise des Kapitalismus, sondern auch eine solche des Wohlfahrtsstaates, und damit auch eine Krise der sozialdemokratischen Auffassungen darüber, wie man mit dem Wohlfahrtsstaat umgehen muß.«[44] Den Uyl hat recht: Nicht der Sozialstaat hat versagt; versagt hat die Politik derer, die ihn lenkten. Und zu diesen gehörten nicht nur Sozialisten.

Weiterhin gilt es, nur eben in richtiger Weise, sich für das Zustandekommen einer Wohlfahrtsgesellschaft einzusetzen. Wie dabei das Verhältnis zwischen staatlichen und privaten Funktionen, zwischen politischen Prozessen und Marktprozessen zu gestalten ist, kann hier nicht erörtert werden. Verwiesen sei auf die schon recht umfangreiche Fachliteratur[45], in der Konzepte und Strategien diskutiert werden. Bei der kritischen Überprüfung ihrer Denkgewohnheiten haben die Ökonomen erkannt, daß nicht mehr das Volumen, sondern die Zusammensetzung der

Produktion, nicht deren Quantität, sondern die Qualität das zu erklärende Problem bildet (Joan Robinson). Das sachkapitalorientierte Expansionsdenken hing mit dem Glauben zusammen, wonach der Fortschritt in der zunehmenden Macht über die Natur liege - eine Macht, die ungeheuer wurde, seit vor rund 200 Jahren die beschleunigte Ausbeutung der Erde begann. Mit dieser Macht wuchs *pari passu* die Abhängigkeit vom guten Funktionieren unserer Organisationen und unserer Infrastruktur. Auch wuchs die Abhängigkeit von unserer Bereitschaft, jene aufrechtzuerhalten oder zu verändern, wenn sie erneuert werden müssen. Institutionen müssen nicht nur funktionieren, wir müssen sie auch für legitim halten. Den Bedarf an Nahrung, Kleidung und Wohnung überwogen die neuen Bedürfnisse nach Bildung, Fürsorge und Gestaltung der natürlichen und gesellschaftlichen Umwelt. Zu deren Befriedigung bedarf es heute ebenso großer Anstrengungen wie zu Beginn des Industriezeitalters zur Linderung der Not. Nun geht es darum, wie diese Anstrengungen im Widerstreit der Interessen aufgebracht werden können, und ob dabei auch private Initiativen und unternehmerisches Handeln neue Aufgaben lösen können.

Das auffälligste ökonomische Merkmal der Entwicklung des niederländischen Wohlfahrtsstaates in den siebziger Jahren bildeten nicht seine steigenden Sozialleistungen, sondern die Expansion und Diversifikation seines Apparates. Wir sprachen schon von der Absorption der von der Industrie freigesetzten Arbeitskräfte durch den öffentlichen Sektor. Immer mehr junge Menschen begannen eine Tätigkeit in der gewerblichen Wirtschaft für weniger produktiv und wohlfahrtsfördernd zu halten als in dem zum beschäftigungspolitischen Wachstumssektor gewordenen Wohlfahrtssektor. Das unternehmerfeindliche Klima, die ideologische Desavouierung des industriellen Privateigentums, allerdings auch die spektakulären Pleiten namhafter Firmen ließen in der Öffentlichkeit den Eindruck entstehen, die Industrie könne dem Wohl des Landes und der Gesellschaft nicht mehr dienen. Wie die Industrie blieb auch der Markt in der gesellschaftspolitischen Diskussion immer nur ein Aspekt des Kapitalismus und der Unternehmerwirtschaft, statt daß er unabhängig von diesen als organisierendes und koordinierendes Prinzip verstanden worden wäre.[46]

Der staatliche Sektor bot sich nun jungen, engagierten Menschen als vielversprechendes Feld zeitgemäßer beruflicher Entwicklung dar mit neuen, für sinnvoll gehaltenen Tätigkeiten, die

Selbständigkeit und persönliche Entfaltung versprachen. Arbeiten im Bildungs- und Sozialwesen (in letzterem etwa für die Verbesserung der Existenzbedingungen von Gastarbeitern), in Kunstakademien, für bestimmte Fernsehprogramme und Projekte verschiedenster Art erhielten durch die staatlich sanktionierte Konzeption als Beitrag zur Gesellschaftsreform eine höhere Weihe; ihre Ergebnisse waren tatsächlich oft erfolgreich und fruchtbar. Zeitgenössische Formen der Musik, des Theaters, der Malerei und Bildhauerei wurden großzügig gefördert. Bedenklich wurde die Entwicklung jedoch, wenn in vielen Bereichen manch einer ohne Befähigungs- und Leistungsnachweise sogleich eine Anstellung auf Lebenszeit erhielt und in Basisorganisationen, Räten oder Kommissionen über die Art der Projekte und die Verwendung der Mittel mitentscheiden konnte. Ebensowenig war der Leistung der Organisation und dem Wohl der Gemeinschaft damit gedient, wenn zwischen Personen und Gruppen in den demokratisierten Institutionen Konflikte entstanden und die Rechte der Beteiligten für wesentlicher galten als die von der Öffentlichkeit erwarteten Leistungen und Pflichten.

Die scheinbar leichte Übersetzung des Wortes *»welzijn«* - das in der Öffentlichkeit zum Inbegriff des Reformzieles und zum propagierten Leitbild aller fortschrittlichen Parteien wurde - mit »Wohlsein« kann seinen ethisch-imperativen, latent religiösen Gehalt nicht wiedergeben. Der Begriff tauchte während der sechziger Jahre plötzlich auf und wurde, der Vorstellung von »Lebensqualität« in anderen Ländern vergleichbar, das spirituelle Pendant zum materialistisch verstandenen Wohlfahrtsbegriff (der in der Wirtschaftstheorie bekanntlich keineswegs so aufgefaßt wird). Der Staat, hieß es schon früh in christlich-liberalen Kabinetten, solle sich vom Wohlfahrtsstaat zum »Wohlseinsstaat« erweitern. Das Wort *»beleid«,* das im Laufe der Jahre die Bedeutung von »Politik« angenommen hat, stand ursprünglich für eine umsichtige, behutsame Verwaltung und Geschäftsführung. In der Verbindung mit dem Wort »Wohlsein« *(welzijnsbeleid)* ergab sich der Inbegriff einer ethischen Politik, wie er nur in den Niederlanden denkbar ist. Er projiziert das alte protestantische Arbeitsethos und das »fleißige Bemühen« in höherem Dienst in die säkulare Welt der Sozialpolitik und ihrer Probleme.

Bereits 1965 wurde die »systematische Förderung des Wohlseins« in einem Regierungsdokument zur spezifischen Aufgabe des Ministeriums für Kultur, Freizeit und Sozialarbeit erklärt. Während der Jahre 1969 und 1970 fanden im Ministerrat regelmäßig Beratungen über Wohlseinsfragen statt, 1971 erfolgte, wie eingangs erwähnt, die Installation des »Wohlseinsrates«, eines Beratungsorgans der Regierung mit dem Kulturminister als Vorsitzendem, und noch im selben Jahr wurde eine interministerielle Koordinationskommission ins Leben gerufen. Als die Sozialisten dann zusammen mit den neuen radikalen Splitterparteien an die Regierung gelangten, kam es 1973 zur Einrichtung des Sozialkulturellen Planungsbüros, der Entsprechung zum Ökonomischen Planungsbüro. Nun wurde die Wohlseinspolitik nach den emanzipatorischen Vorstellungen der Neuen Linken in Angriff genommen.

1974 sollte ein Grundsatzmemorandum, das damals in der Öffentlichkeit lebhaft diskutiert wurde, dem Begriff Substanz geben; zu der angekündigten »Wohlseinsgesetzgebung« ist es nie gekommen. Die Ursache lag nicht in der Opposition gegen die Sache selbst, sondern darin, daß so viele juristische, technische und bürokratische Probleme die einzelnen Regelungen komplizierten und beträchtliche Kompetenzstreitigkeiten auftraten. Drei Ministerien sollten das Vorhaben verwirklichen: das Unterrichts-, das Gesundheits- und das Kulturministerium; das letztgenannte, dem unter der Leitung eines Mannes der Splitterpartei *Politieke Partij Radikalen* eine koordinierende Funktion zugedacht war, neigte jedoch, wie gesagt wurde, zum »ministeriellen Imperialismus«. Im Gefolge dieser ganzen Entwicklung gelangte auch eine große Zahl engagierter und selbstbewußter Leute, die oft gerade erst ihr Studium beendet hatten, in das ministerielle Beamtenwesen und die vielen neuen Studienkommissionen.

In einer aufschlußreichen, einige Jahre später erfolgten Analyse der damaligen Vorgänge – sie bildete eine Vorstudie zu einem Regierungsgutachten, auf dessen Grundlage die gesamte Problematik neu überdacht werden sollte – heißt es, alles sei damals »auf einen zähen technischen Streit zwischen Beamten, Wohlseinspolitikern und Fachberatern hinausgelaufen, wobei man sich um jeden Quadratmeter stritt«[47]. Die schärfste Kritik kam aus den eigenen Reihen der Reformer, nachdem sich die Öffentlichkeit zunehmend gegen die neue »Bevormundung« durch die selbsternannten »Anliegenwahrnehmer« (zaakwaarnemer) gewandt hatte – um André Köbbens Formulierung zu übernehmen. Benachteiligte und Unterdrückte sollten ausfindig gemacht und bei ihrem Bewußtwerdungs- und Emanzipationsprozeß »begleitet« werden – auch dieses Wort wurde zum festen Begriff.

Wie in der Nachkriegszeit der Führungsnachwuchs der Industrie für seine Karriere »gecoached« wurde, so sollten nun die Zurückgesetzten der Leistungsgesellschaft »begleitet« und durch Projekte von vielerlei Art zu Mitgestaltern des eigenen Daseins und einer humaneren Welt herangebildet werden. Wie idealistisch auch immer alles mochte gedacht gewesen und in Angriff genommen worden sein, ein Erfolg ist nur zum Teil, etwa bei den Bemühungen um die ethnischen Minderheiten, eingetreten. In vielen Fällen bestand das Ergebnis in einer als unerträglich empfundenen »Einmischungssucht«. Wie sehr die Selbstkritik der Gesellschaftskritiker auf bereits in der Öffentlichkeit vorhandenes Unbehagen traf, beweist der große Publikumserfolg des Buches eines Sozialpädagogen[48], der jener Gruppe von Wissenschaftlern angehört, die in den Niederlanden »Andragologen« genannt werden. Daß ein Pädagoge *(paidagogos)* ursprünglich ein »Knabenführer«, bei den alten Athenern der Haussklave war, der den Söhnen reicher Bürger als Erzieher und Begleiter zugeteilt wurde, daran hatten die emanzipatorisch denkenden Niederländer schon lange Anstoß genommen. So hatte man keine Mühe, sich über die längst eingebürgerte Terminologie hinwegzusetzen. Unter der neuen Bezeichnung schuf sich die Reformbewegung an den Universitäten ihr akademisches Fach. Die Erneuerung der Gesellschaft konnte nun offiziell mit wissenschaftlicher Legitimation betrieben werden, wobei jedoch keineswegs alle Fachkollegen mitwirkten.

Inzwischen hat der Wissenschaftliche Beirat der Regierung unter dem Titel »Neubewertung der Wohlseinspolitik«[49] einen Bericht publiziert, der ein offiziöses Eingeständnis des Fiaskos ist und keineswegs von »neokonservativem« oder reaktionärem Geist zeugt, sondern von der Bereitschaft zu Neubesinnung und Erkenntnis begangener Fehler. Der Soziologe Jacques van Doorn nannte das ganze Geschehen ein einzigartiges niederländisches Phänomen und schrieb: »Es entsproß dem zufälligen Zusammentreffen einer ganzen Reihe von Erscheinungen: einem hohen Wohlstandsniveau, das die Mittel bot, sodann einer neuen politischen Generation, die sich im Wohlseinssektor gut auskannte und der Wohlseinspolitik politische Werbekraft zuschrieb, weiter einem großen wissenschaftlichen Interesse, welches zur Entwicklung einer einzigartigen niederländischen Wohlseinswissenschaft, der Andragologie, führte, und endlich einem aktiven Ministerium, das nach Jahren zäher Vorbereitung die Chance gekommen sah, sich politisch zu profilieren.«[50]

Die weitere Entwicklung, in deren Verlauf die Begeisterung der

Reformer der Ernüchterung wich, ist ein Teil des Weges in die Krise. Aus dem Eifer für eine bessere Welt wurde der Kampf für die eigenen Interessen. Auch dieser Verteilungskampf in einer stagnierenden Wirtschaft zeigt Merkmale der konfessionellen Kultur. Er mobilisierte den calvinistischen Gerechtigkeitssinn, der als »Zorn der Gerechten« an den geringsten Ungleichheiten in der Entwicklung von Löhnen, Gehältern, Renten oder Subventionen entbrennen kann. *»Relative deprivation«* und *»sense of equity«* lauten die Fachausdrücke der Sozialpsychologie. Sie stehen für das Krisenklima eines Wohlfahrtsstaates, in dem es weniger um die Linderung von Not als um den gerechten Anteil an den Früchten des Wohlstands geht, in dem sich der Akzent von der *paupertas* zur *cupiditas,* vom Entbehren zum Begehren verschoben hat. Wo es etwas zu gewinnen gibt, will niemand zuletzt kommen, doch wo es zu verzichten gilt, will niemand der Erste sein.

Zu dem früher erwähnten weitverbreiteten Gefühl der Zufriedenheit mit den eigenen, individuellen Lebensverhältnissen steht die politisierte, sich auf die gerechte Verteilung der Einkommen und Ressourcen beziehende soziale Unzufriedenheit nicht im Widerspruch. Bekanntlich führen Einkommenseinbußen nicht notwendig zur Unzufriedenheit mit den sozialökonomischen Verhältnissen, sondern nur dann, wenn sie als Unrecht, als etwas Illegitimes erfahren werden; Groll und Neid machen sie dann politisierbar. An die Stelle der individuellen Leistungsbereitschaft, die das psychologische Merkmal fortdauernder guter Zeiten gewesen ist, trat in schlechten die Neigung zu Protest: der Versuch, kollektiv geltend gemachte Ansprüche unter Berufung auf Recht und Gerechtigkeit in politischen Aktionen durchzusetzen.

Bei den Rechtfertigungen der Protestaktionen zeigte sich, daß nicht eine Notlage, sondern Unrecht die Geister empört. Man meint noch oft, Unzufriedenheit entstehe aus dem Mißverhältnis zwischen dem, was einer hat, und dem, was er braucht; aber das ist zu einfach gesehen. Soziale Unzufriedenheit erwächst aus der Diskrepanz zwischen dem, was einer beansprucht, wovon er also meint, es stehe ihm rechtens zu, und dem, wovon er glaubt, er könne es auch bekommen, ja erzwingen.[51] Und um so entschiedener werden heute Rechte begehrt, als deren Gewährung im Bereich des Möglichen liegt. Der Erwerbssinn richtet sich also nicht vorwiegend auf Güter und Geld, sondern auf Rechte und Ansprüche. Einkommen gilt als ein Recht, und dieses Recht –

nicht das Geld – war 1983 der Grund für die wochenlangen Streikaktionen der Beamten des öffentlichen Dienstes: es ging nur darum, ob die geringe Gehaltskürzung, die ihnen zugemutet wurde, im Vergleich mit derjenigen der Arbeitnehmer in der Industrie gerecht war. Die Frage, ob ein höheres Ziel es notwendig machen, ja ob es geboten sein könnte, unter Umständen auf Rechte zu verzichten, auch hierin eine »innerweltliche Askese« zu üben, steht nicht zur Diskussion, weil ausschließlich Rechte und Ansprüche den Maßstab der Gerechtigkeit bilden, nicht auch Leistungen und Erträge.

Mancher Vorkämpfer der einstigen Reformbewegung entpuppte sich als Hemmnis für jene prosaische Gesellschaftsreform, die in der Wirtschaftsreform, der Reorganisation des industriellen Produktionsapparates, der beruflichen Arbeitswelt und des mit beiden verbundenen Wohlfahrtswesens, besteht. Die Lohn- und Sozialgesetzgebung hat die Niederländer zu einer einzigen großen Risikogemeinschaft gemacht. Die Fixierung des sozialpolitischen Denkens auf den einkommens- und beschäftigungspolitischen Protektionismus, auf die Rationierung und Kontingentierung von Arbeitsplätzen und Einkommen nach schwer bestimmbaren Maßstäben sozialer Gerechtigkeit, läßt leicht die Erkenntnis vergessen, daß die entscheidenden Anstrengungen nicht der Verteilung, sondern der Schaffung von Wohlfahrt gelten müssen. Und zur Schaffung der Wohlfahrt bedarf es der Motivation; staatliche Politik und Planung kann diese nicht ersetzen. Mit Recht hat darum der Notenbankpräsident seinen Bericht über das Jahr 1983 mit der Feststellung beendet, daß der Staat nur auf makroökonomischer Ebene Hindernisse beseitigen und Initiativen fördern kann. Der Aufschwung selbst muß auf mikroökonomischer Ebene einsetzen, in den zahllosen beruflichen Arbeits- und Betriebsgemeinschaften, überall dort, wo etwas geleistet werden muß. »Basisarbeit« und »Basisbewegung«: Worte, von Systemkritikern mit politisch-sozialen Reformen verbunden, haben auch im Denken über einen neuen Wirtschaftsaufschwung ihren guten und einen progressiven Sinn.

Der Vergleich drängt sich wiederum auf: In der Anfangsphase der modernen Wirtschaftsgesellschaft, mit der Max Weber sich befaßte, war die Verbindung der protestantischen Ethik mit dem Geist des Kapitalismus dem ökonomischen Wachstum und der Wohlfahrt förderlich. Das heutige Gegenstück in den Niederlanden – die Verbindung dieser Ethik mit dem Geist des Sozialismus – diente der Reformierung dieser Gesellschaft nicht. Das ist kein

Argument gegen den Sozialismus oder für den Kapitalismus, wohl aber eine Aussage über eine stattgehabte soziale Bewegung, aus deren Ergebnissen man lernen kann. Daß die niederländischen Sozialisten zu lernen gewillt sind, zeigt eine große Zahl von Veröffentlichungen, in denen aus den Fehlschlägen der Reformbewegung kein Hehl gemacht, sondern auf der Grundlage dieses Eingeständnisses der »Neuen Rechten« entgegengetreten wird, genauer: jenen Geistern, die die neue Parole der »*no-nonsense*-Politik« so verstehen, als könnte man nach dem Wirtschaftsaufschwung einfach wieder so fortfahren wie früher.

Die Wochenzeitschrift *Haagse Post,* ehemals ein Sprachrohr der Neuen Linken, widmete im Frühjahr 1984 eine ganze Nummer der Evaluation der einstigen Reformbewegung. »Schlägt das Herz noch links?« könnte man den Titel der Nummer mit einer Essayüberschrift Jean Amérys wiedergeben. Bekannte Vorkämpfer von damals, die heute wichtige öffentliche Ämter bekleiden, sprechen darin mit großer Offenheit über begangene Fehler, auch wenn dies mit parteipolitischer Polemik einhergeht. Nachdem alles »nun einmal so gelaufen ist«, tritt nach der Selbstkritik das Bedürfnis nach Neubesinnung, aber auch nach dem neuen Bekenntnis zum alten politischen Glauben hervor. »Die Erneuerungsbewegung litt an Übertreibung, Fanatismus und Mangel an historischem Bewußtsein«, schreibt Den Uyl in seiner Schlußbetrachtung. Wer enttäuscht ist, darf es zugeben, wenn er nur dem Parteigeist treu bleibt. Den Verzagenden und der »Neuen Rechten« wird gesagt, man möge »die *midlife crisis* der Erneuerer von einst nicht mit einer Krise der Linken, der progressiven Ideen oder der Sozialdemokratie verwechseln«[52]; diese seien so aktuell wie vor zwanzig Jahren. Ähnlich, nur pathetischer, hatte vor sechzig Jahren Troelstra gesprochen. Zu hoffen bleibt – und das gilt für alle Parteien, die den Niederländern ein geistiges und sozialethisches Zuhause bieten wollen –, daß für die kommenden Jahre eine Orientierung gefunden wird, in der Engagement mit Realismus verbunden ist.

5.
Vom Kolonialreich zum Einwanderungsland – die farbigen Mitbürger; koloniales Gestern – kulturelles Heute

Gesetzt, die europäischen Nationen besäßen noch ihre Kolonien und müßten versuchen, sie unter heutigen Bedingungen zu verwalten und zu entwickeln und die Bevölkerung als gleichwertige »Reichsgenossen« anerkennen (so lautete der offizielle Status der Surinamer gemäß dem schon erwähnten »Königreichsstatut«, bevor ihr Land unabhängig wurde): die europäischen Nationen könnten dazu gar nicht die erforderlichen Mittel aufbringen. Schon bald nach dem Krieg wurde deutlich, was Parry später feststellte: Die Kosten eines Imperiums überwogen die Vorteile bei weitem, so daß die Liquidation nicht allzu schwer fiel und das Ende der Herrschaft »eher das Ergebnis eines Verzichts als der Revolution«[53] war.

Die Chancen für eine Neugestaltung des Verhältnisses zwischen den Niederlanden und Indonesien waren bei Kriegsende nicht ungünstig. Die nationalistische Bewegung sympathisierte während des Krieges mit den Niederländern im fernen Kampf gegen die Deutschen. Die Japaner wurden sicher nicht geliebt, obschon sie für die Entfernung der Europäer aus allen wichtigen Positionen sorgten. Die Stimmung wandelte sich jedoch, als nach Wiederherstellung der niederländischen Verwaltung zusehends das Unvermögen der niederländischen Politiker zutagetrat, sich auf die neuen Realitäten einzustellen. Bei dem Plan, eine Föderation indonesischer Gebiete, eine Art Vereinigte Staaten von Indonesien als Teil des Königreichs der Niederlande zustande zu bringen, irritierte das formaljuristische, diplomatische Lavieren der Niederländer, und die folgenden, vom niederländischen Parlament gebilligten »Polizeiaktionen« machten alle weiteren Hoffnungen auf ein Verbleiben eines autonomen Indonesiens im Königreichsverband zunichte. So sehen wir im letzten Kapitel der Kolonialgeschichte, in dem der sogenannten Dekolonisation, nur klägliche Rückzugsgefechte einer Kolonialmacht, die schon keine mehr war.[54] 1949 erfolgte dann die formelle Übertragung der Souveränität auf die Republik Indonesien.

Noch stand freilich der Konflikt um Neuguinea bevor. Jenes Gebiet auf der zweitgrößten Insel der Erde, von dem man einmal glaubte, es könnte – ähnlich dem »überseeischen England« Australien – ein »überseeisches Holland« werden, war die Heimat der Papua, die dort noch in nahezu völliger Unberührtheit von westlicher Zivilisation lebten. Der Anspruch, den die neuen Herren von Java und Sumatra auf das Gebiet erhoben, wurde bestritten. Seine Unabhängigkeit sollte auch für alle erhalten bleiben, die aus den von Indonesien besetzten Südmolukken vertrieben oder geflüchtet waren und zum Teil in Neuguinea Fuß gefaßt hatten. Der Glaube, hier sei um eine gerechte Sache gekämpft worden, lebte bis 1956 in allen Schichten der niederländischen Bevölkerung.

Die damals gängige Meinung, die Niederlande hätten noch immer, ja gerade jetzt eine Mission zu erfüllen und die ehemalige Kolonie wäre für die Unabhängigkeit eigentlich »noch nicht reif«, erschien vertretbar. Man meinte es ehrlich, und manch einer litt darunter, daß die Weltöffentlichkeit die niederländische Politik als Neokolonialismus verurteilte und nach der Annexion Neuguineas durch Indonesien von der Verfolgung der Papua und der Gegner der Einverleibung kaum Kenntnis nahm. Die Weltöffentlichkeit reagierte auch kaum auf die Verfolgung der Chinesen in der Republik, auf den Exodus dieser Minderheit und auf die blutigen Folgen des Staatsstreichs von 1965.

Gemessen an ihrer Einwohnerzahl und Bevölkerungsdichte haben die Niederlande in den Jahren nach dem Zweiten Weltkrieg eine ungewöhnlich große und überaus vielgestaltige Gruppe von Rückkehrern und Flüchtlingen aus den einstigen Kolonien aufgenommen: die »Vollblutniederländer«, in Indonesien »totoks« genannt, die zahlreichen Indoeuropäer, die die niederländische Nationalität besaßen und sich mit der niederländischen Nation identifizierten, des weiteren Indonesier, Chinesen und Südmolukker und schließlich Kreolen und Inder aus den ehemaligen westindischen Besitzungen. Die niederländische Gesellschaft zeigte dabei eine erstaunliche Bereitschaft zur Eingliederung der Einwanderer, ob diese sich nun assimilieren wollten oder entschlossen waren, ihre kulturelle Eigenart zu wahren.

Heute versteht sich die niederländische Gesellschaft – jedenfalls in staatlichen Erklärungen und Schulbüchern – als eine »pluriforme« Nation und Kultur. Die »Integration aller Volksgruppen unter Aufrechterhaltung ihrer Identität« gilt als allgemeines Ziel. Die Prinzipien dieser Politik gegenüber den neuen ethnischen Minderheiten ähneln denen, die in der Vergangenheit das Verhältnis zwischen den konfessionellen Minderheiten gestalten sollten. Man hat auch schon von einer »kulturellen Ökumene« gesprochen und diesen Begriff aus der Religion ganz bewußt auf den ganzen Bereich der Kultur übertragen, so daß er auch die nichtchristlichen Kulturen umfaßt. So kann also auch hier von einem Stück Kontinuität der niederländischen Glaubens- und Sozialgeschichte gesprochen werden.

Das einstige Verhältnis der Kolonialmächte zur einheimischen Bevölkerung ist für das Verhältnis der jetzigen Generation zu den Einwanderern aus den ehemaligen Kolonialgebieten nicht ohne Bedeutung geblieben. So ist es zum Beispiel aufschlußreich, im Zusammenhang mit der niederländischen Herrschaft in Indonesien, die wiederholt mit der britischen verglichen worden ist,[55] die heutige Situation der Inder und Pakistani in England mit der der Indonesier und Surinamer in den Niederlanden zu konfrontieren. Der Vergleich fiel sehr zugunsten der Niederländer aus. Christopher Bagley konnte in einer empirischen Untersuchung zeigen, daß die Niederländer das Bemühen der eingewanderten Fremden, sich einzugliedern und anzupassen, honorieren, die Engländer nicht.[56] Im Schlußkapitel seiner Studie, das die Überschrift »Lektionen für Großbritannien« trägt, wird ausgeführt, was ein modernes Land in Sachen Minderheitenpolitik von den Niederlanden lernen könne.

Tatsächlich wurde die Einwandererfrage in den Niederlanden niemals zu einer Streitfrage der Politik; eine winzige Rechtspartei, die 1982 aufkam, sich gegen »Überfremdung« wandte (ein Wort, das im Niederländischen kein Äquivalent besitzt) und einen Parlamentssitz gewann, hat nicht die geringste Bedeutung und wird allgemein als eine Schande empfunden. Nicht, daß es in den Niederlanden keine soziale Diskriminierung gäbe und diese Erscheinung nicht auch, wie in anderen Ländern, unter dem Einfluß der Wirtschaftskrise und der Arbeitslosigkeit zugenommen hätte. Das allgemeine Ausmaß und die sozialen Vorurteile dürften jedoch geringer sein als in vergleichbaren Ländern.

Wir fanden, daß sich die soziale Diskriminierung in den Niederlanden, etwa gegenüber Wohnungssuchenden, im Unterschied zu England weniger auf rassische als auf kulturelle Merkmale bezieht, also nicht so sehr auf Hautfarbe, Haarfarbe und Gesichtszüge, wie auf Bräuche, Lebensgewohnheiten und mangelnde Sprachbeherrschung. Die Bedeutung des Unterschieds liegt darin, daß im Gegensatz zur rassischen Diskrimination die kulturelle verschwinden kann, sobald die gesellschaftliche Integration beziehungsweise Assimilation vollzogen ist, zum Beispiel in der nächsten Generation. Diese Feststellung enthält natürlich nicht die Forderung, Eingliederung und Angleichung hätten auch tatsächlich zu erfolgen: Wer seine fremden Sitten und Bräuche bewahren will, soll es Rechtens tun. Auch sei damit die kulturelle Diskriminierung nicht als eine »weniger schlimme« verharmlost.

Die ganze Problematik ist in den Niederlanden zu sehr mit der Religionsgeschichte verbunden, als daß man die Niederländer über Rechte von Fremden aufklären müßte. Doch im allgemeinen überwiegt die Auffassung, ein Minimum an Anpassung der Fremden an das Land, in das sie gezogen sind, sei für sie selbst ebenso wünschenswert und vorteilhaft, wie die Anpassung an die Fremden den Einheimischen nütze. Man ist sehr bemüht, sozialen Vorurteilen entgegenzuwirken. Da bekanntlich die stärksten Vorurteile gegenüber Fremden bei Menschen angetroffen werden, die am wenigsten mit Fremden in Berührung kommen, Vorurteile auch meist mit einem großen Mangel an Information einhergehen, weiß man, daß durch Aufklärung, Erziehung und Zusammenkünfte mit Fremden soziale Lernprozesse in der Öffentlichkeit zu fördern sind.

Keinerlei Integrationsproblem bildeten die Indo-Niederländer, deren Status in Niederländisch-Indien ein anderer gewesen war als der der Anglo-Inder in Britisch-Indien und Burma. Die Anglo-Inder wurden von den Briten nicht als gleichwertig behandelt; sie galten als *natives,* durften nicht in der Armee dienen und bildeten eine marginale Gruppe, weil sie auch von der einheimischen Gesellschaft zurückgestoßen wurden. Dennoch identifizierte sich gerade diese Schicht stark mit den britischen Institutionen. In Niederländisch-Indien erhielten Mischlinge die niederländische Staatsangehörigkeit, so daß keine formale Statusungleichheit vorlag, deren Bedeutung auf das Wort »Mischling« hätte abfärben können. Die Niederländer haben sich immer schon mit Indonesiern verbunden; schon im siebzehnten Jahrhundert hat ein Gesetz zu Eheschließungen angeregt. Lebten Niederländer in Konkubinaten mit einheimischen Mädchen, dann stellten sie diese meist als Dienstpersonal ein und übernahmen Pflichten und Verantwortung. Kinder aus solchen Verbindungen wurden oft in Heimen erzogen oder adoptiert. Kinder aus Mischehen wurden in die Niederlande zur Ausbildung geschickt und nicht anders behandelt als niederländische Kinder. So entstand im Laufe der Zeit eine loyale Schicht von Mischlingen, die in der Kolonialverwaltung oder in Wirtschaftsunternehmen, als Haushalts- und Pflegepersonal tätig war. Die Männer dienten in der kolonialen Armee. Als der indonesische Nationalismus aufkam, bildeten die Indo-Niederländer eine Art Pufferschicht zwischen den Niederländern und der rein indonesischen Bevölkerung.

Daß die niederländischen Kolonialherren bei einem Vergleich mit den britischen besser abschneiden, jedenfalls in bezug auf die hier erwähnten Erscheinungen, ändert freilich nichts daran, daß ihre Politik ein Fehlschlag war. Damit meinen wir gerade diejenige Politik, die unter der ausdrücklichen Bezeichnung »ethische Politik« an der Jahrhundertwende begann und mit einer Rede der Königin 1901 offiziell proklamiert wurde, nachdem der Initiator dieser Politik, C. Th. Deventer, das Programm in dem berühmten, seither immer wieder zitierten Aufsatz »Eine Ehrenschuld« von 1899 niedergelegt hatte. Da die Konzeption dieser Politik und die Bemühungen ihrer Verfechter die schon geschilderte soziale und geistige Entwicklung im Mutterland widerspiegelt und in der heutigen Einstellung der niederländischen Bevölkerung zur Minderheitenfrage noch immer nachwirkt, sei ein letztes Mal zurückgeblickt, bevor wir uns den Einwanderergruppen zuwenden, ohne die das gegenwärtige Kulturbild der Niederlande unvollständig bliebe.

Natürlich war auch die sogenannte ethische Politik nur eine Fortsetzung des Kolonialismus mit anderen Mitteln. Die Verbesserung der sozialen Lage und die Wahrung der einheimischen Kultur Indonesiens lagen im eigenen Interesse der Niederländer, und sehr rasch zeigte sich, daß es dabei gar nicht primär um Sozialpolitik in der herkömmlichen Bedeutung ging. Mit den Worten des Herausgebers der Zeitschrift *De Indische Gids* aus dem Jahre 1900: »Bringen wir uns doch die Tatsache zu vollem Bewußtsein, daß die Bewässerungspolitik auf Java genauso wichtig ist wie die Sozialpolitik in den Niederlanden.«[57] Nach dem *Laisser-faire*-Kolonialismus der liberalen Periode stellte sich die ethische Politik als Verbesserung der Infrastruktur des Landes, des Transportwesens und insbesondere der Irrigationssysteme dar, denn dies erschien als Anfang und Voraussetzung für alles weitere.

Wie von selbst fielen die Planung und Durchführung der ethischen Politik Ingenieuren und anderen Fachleuten zu.[58] Da die Bürokraten der Kolonialverwaltung keine politische Führungselite bildeten, wurden die neuen Techniker zur tonangebenden Schicht. Und technische und organisatorische Projekte waren es auch, die später die Qualifikation »ethisch« erhielten. In den dreißiger Jahren waren nicht weniger als fünfunddreißig Prozent aller niederländischen Ingenieure in Niederländisch-Indien beschäftigt. Das Tropeninstitut in Amsterdam, die Hochschule für Landwirtschaft in Wageningen und die Technische Universität in Delft – denen heute eine neue, wichtige Bedeutung als Ausbildungsstätten für die Arbeit in Entwicklungsländern zukommt – wurden die Nachwuchslieferanten der technischen Elite, die mit großen Ambitionen, nur meist ohne ausreichende Kenntnis von Land und Leuten Indonesiens, ihre Position antrat.

In den zwanziger und dreißiger Jahren wurde die ethische Politik schon ebenso heftig kritisiert wie zuvor die liberale. Wer jetzt die Kolonialherrschaft noch immer mit einer Mission zu rechtfertigen suchte, erschien als Zyniker und irritierte die indonesische Mittelschicht, zu deren intellektueller Bildung gerade das Volkserziehungswesen der ethischen Politik beigetragen hatte. Nach W. F. Wertheim kam der westliche Einfluß, unter dem diese Schicht stand, viel mehr von den westlichen Ideen als von den tatsächlichen westlichen Verhaltensweisen.[59] Dennoch – oder vielleicht gerade deshalb – richteten sich der in dieser Schicht aufkommende indonesische Nationalismus und Radikalismus weniger gegen die Niederländer als gegen den alten javanischen Feudalismus, der als wesentlichstes Hindernis für den Fortschritt angesehen wurde. Die javanische Oberschicht kultivierte weiter den feudalen östlichen Lebensstil, nur war sie mehr darauf aus, an die Spitze der Kolonialherrschaft aufsteigen zu können, als diese in einer nationalrevolutionären Bewegung zu beseitigen.

Wertheim schilderte das Paradox, wonach die ethische Politik im Versuch, die alte Kultur zu erhalten, zu deren Veränderung beitrug. Dasselbe gilt für das kastenartig erscheinende soziale System, und in diesem Zusammenhang ist es notwendig, auch von den Chinesen zu sprechen. In der alten javanischen Gesellschaft unterdrückt und, ähnlich den Juden in Europa, zu einer Paria- und Gettoexistenz verurteilt, hatten sie sich auf die weniger angesehenen, doch unentbehrlichen Gewerbearten, den Berufshandel, verlegt, den die javanische Herrschaftsschicht verachtete. Als Geldleiher und Opiumhändler hatten sie sich einen Namen gemacht, nicht nur in Indonesien, auch in Malakka, Thailand und auf den Philippinen. Die ethische Politik sollte auch ihre Position verbessern.

Die Kolonialverwaltung übernahm oder regulierte nun viele Funktionen der Chinesen. Zugleich erhielten die Chinesen Zugang zu anderen Wirtschaftszweigen, zum Beispiel zum Zucker- und Holzgeschäft, in denen sie Konkurrenten der Niederländer werden konnten. Dadurch brachen die Gettos auf. Die Erziehung chinesischer Kinder fand nicht weniger Aufmerksamkeit als die der indonesischen und der europäischen. So entstand eine wohlhabende chinesische Mittelschicht, die den Niederländern gewogener war als den Javanern. Die Zahl der Chinesen, die vor dem Zweiten Weltkrieg die niederländische Staatsangehörigkeit besaßen, betrug mehr als eine Million (die Niederlande besaßen damals nur 8,8 Millionen Einwohner). Zur Entwicklung Indonesiens hätten die Chinesen viel beitragen können; ihre Vertreibung war nicht nur grausam, sondern hat dem Land und seiner Gesellschaft auch sehr geschadet. Die Niederlande haben einen Teil der Vertriebenen aufgenommen. Man begegnet ihnen gelegentlich als Ärzten, Technikern oder Kaufleuten, doch eine feste Position haben sie sich mit florierenden Restaurants geschaffen.

Nicht alle der zahlreichen Einwanderergruppen wurden Problemgruppen. Nur drei große Gruppen sind es eigentlich, mit denen sich die Minderheitenpolitik vor allem zu befassen hat: die Molukker aus der südmolukkischen Inselwelt, die Surinamer aus der einstigen Kolonie Guayana im Nordosten Südamerikas sowie die zahlenmäßig viel kleinere Gruppe der Antillaner aus der Karibik und schließlich die ausländischen Arbeiter, größtenteils Türken und Marokkaner, die nach denselben Auffassungen und Richtlinien wie die erstgenannten Minderheiten behandelt werden. Im folgenden sei nun auf diese drei Gruppen eingegangen, wobei wir Entstehungsgeschichte und Charakter der Problematik der Molukker und Surinamer besonders berücksichtigen wollen.

Die Molukker, bis 1971 offiziell noch »Ambonesen« genannt, stammen größtenteils von der »Gewürzinsel« Ambon, die dreieinhalb Jahrhunderte in niederländischem Besitz war und einst die Ausgangsbasis für die Eroberung des Archipels bildete. Ihre Bewohner wurden treue Untertanen und strenggläubige Calvinisten mit einer eigenen evangelischen Kirche. Sie stellten die meisten Berufssoldaten der Königlich-Niederländisch-Indischen Armee (KNIL) und mußten nach der Eroberung des Landes durch die Japaner im Zweiten Weltkrieg Zwangsarbeit leisten. Die Gruppe, die Anfang der fünfziger Jahre in die Niederlande kam, bestand ausschließlich aus demobilisierten Berufssoldaten und deren Familien.

Nachdem die niederländische Regierung 1949 der auf Java und Sumatra gebildeten Republik Indonesien die Souveränität zugestanden hatte, widersetzten sich die Bewohner der Südmolukken der Einverleibung. Als diese im April 1950 beschlossen wurde, riefen sie noch am selben Tag auf Ambon die unabhängige Republik Maluku Selatan (RMS) aus. Daraufhin griff die indonesische Regierung ein. Ambon wurde besetzt, der Aufstand niedergeschlagen, die Anführer hingerichtet. Viele Separatisten flüchteten auf andere Inseln. Nun war im Vertrag mit den Niederlanden eine Regelung für die Demobilisierung der Kolonialarmee vorgesehen: Die Soldaten konnten der indonesischen Armee beitreten oder ins Zivilleben zurückkehren, doch dazu hätten die geflüchteten Molukker zurückkehren, sich unterwerfen und möglicherweise mit Bestrafung rechnen müssen. So blieb keine andere Lösung als die »Repatriierung« in die Niederlande. Rund 12.000 Personen waren es, die 1951 im Rotterdamer Hafen eintrafen. In den Niederlanden erfolgte die Demobilisierung, die für viele ein Schock war und als Ausstoßung empfunden wurde. Ein neues Lagerleben begann, bei guter Versorgung, mit eigenen Ordnungskräften, doch isoliert und in völliger Ungewißheit über die Zukunft, denn die armen Menschen rechneten noch immer damit, eines Tages in den heimatlichen Archipel zurückkehren zu können. Sie sahen sich als Volk in der Verbannung. Unbeirrbar, mit Glaubensstärke, wozu ja auch sie vom eigenen, autochthonen Calvinismus erzogen worden waren, hielten sie an ihrem politischen Ideal, ihrer imaginären Republik fest. *Um Recht und Freiheit*[60] lautete der Titel des Buches ihres Präsidenten J. A. Manusama.

Die niederländische Regierung hat die Republik der Südmolukken natürlich nicht anerkannt. Doch sie respektierte die Überzeugungen der eingewanderten Molukker und unterstützte deren Streben nach Wahrung der eigenen Kultur. Erst 1956, als klar geworden war, daß von einer Rückkehr in die Stammheimat keine Rede mehr sein konnte, dämmerte es im Bewußtsein, daß hier ein ernstes soziales Problem entstanden war. Auf der Voraussetzung der möglichen Rückkehr hatte ja bis zu diesem Zeitpunkt das offizielle Verhalten der Regierung, die Regelung für den Aufenthalt der Molukker in den Niederlanden, beruht. Der niederländische Staat nahm alle Kosten der Versorgung auf sich; man brauchte keinen Arbeitsplatz zu suchen, durfte sich allerdings auch nicht politisch betätigen. Doch manche wichtige Frage blieb ungeklärt, zum Beispiel die der Pensionsrechte der ehemaligen Berufssoldaten und die der Entschädigung für die Jahre in japanischen Zwangsarbeitslagern. Erst in den sechziger Jahren wurden diese Fragen geregelt. Heute ist die Zahl der Molukker in den Niederlanden auf etwa 35.000 angestiegen. Die Kinder der einstigen Soldaten kennen ihr Herkunftsland nur aus den Erzählungen und Träumen ihrer Eltern, und da sie inmitten der niederländischen Wohlstandsgesellschaft heranwuchsen, dem Einfluß dieser Gesellschaft ausgesetzt waren, ohne in sie integriert zu sein, wurden sie zu einer marginalen Gruppe besonderer Art.

In den siebziger Jahren machten Gruppen junger Molukker mit Terrorakten Schlagzeilen. Sie überfielen 1970 die indonesische Botschaft in Den Haag, versuchten 1974 in Amsterdam, den Generalkonsul zu entführen und schmiedeten 1975 sogar einen Plan zur Entführung der Königin. In der Nähe der Stadt Assen kaperten sie 1977 einen Zug, während gleichzeitig das indonesische Generalkonsulat in Amsterdam gestürmt wurde. Ein zweiter Zugüberfall 1977 dauerte mehrere Tage; Passagiere wurden als Geiseln festgehalten, bis die niederländische Armee, unterstützt von Flugzeugen, dem Drama ein blutiges Ende bereitete. Auch die Besetzungen einer Schule und eines Gebäudes der Provinzialregierung in Assen 1978 fanden ein gewaltsames Ende. Seitdem haben sich solche Akte nicht mehr ereignet. Nachdem die Problematik der Molukker auf solche Weise zu einer innen- und sicherheitspolitischen Angelegenheit ersten Ranges geworden war, wurde das Steuer der Politik mit aller Kraft herumgeworfen. Viel Arbeit wurde jetzt geleistet, offiziell und inoffiziell, aus gegebenem Anlaß oder spontan, unter aktiver Beteiligung zahlreicher Organisationen. Auffallend war das besonnene Verhalten der niederländischen Öffentlichkeit. Von Affekten oder gar Ausschreitungen gegen die fremde Volksgruppe ist nichts bekannt geworden, im Gegenteil: Gerade jetzt wurde wieder von einer »Ehrenschuld« gesprochen.

Erkannt wurden nun die in den fünfziger Jahren begangenen Fehler und die Folgen von Versäumnissen. Dennoch kann die entstandene Problematik freilich nicht allein hieraus erklärt werden. Immerhin war die Isolierung der Molukker auch von ihnen selbst gewollt. Die in den Lagern fortlebenden alten Sitten und Bräuche: die strenge soziale Kontrolle, die autoritäre Familien- und Verwandtschaftsordnung mit der Verpflichtung zur Exogamie und manches Relikt archaischer Sozialstrukturen mitten in einem modernen europäischen Staat, dies alles trug zur Gespaltenheit der zweiten Generation bei, die gegen die Einflüsse der Konsumkultur und dann der Protestkultur ihrer niederländischen Altersgenossen nicht immun war. Der Generationenkonflikt trat bei den Molukkern schärfer hervor als bei anderen Gruppen und wirkte sich auf das Verhältnis zwischen ihnen und der niederländischen Gesellschaft aus. Die Radikalen der molukkischen Jugend identifizierten sich mit den Black Panthers und den Palästinensern.

Eine Politik der »Integration unter Aufrechterhaltung der Identität« soll nun den Prozeß der Eingliederung der Molukker in das niederländische Leben zustande bringen, und zwar in einem reziproken Sinn: als Anpassung der Molukker an die niederländische Gesellschaft und als Anpassung der Niederländer an den molukkischen Volksteil ihrer Nation.

Das gleiche gilt für die Surinamer, eine zweite, nicht so homogene, doch zahlenmäßig größere Einwanderergruppe. Für sie entstand am 25. November 1975, dem Tag, an dem ihr Land unabhängig wurde, eine neue Situation. Genau genommen begann die neue Situation schon, bevor dieses Datum festgesetzt war. Alle Surinamer und Antillaner waren bis dahin gemäß dem sogenannten Königreichsstatut von 1954 niederländische Staatsbürger; von dem genannten Tag an war nur derjenige noch Niederländer, der in den Niederlanden ansässig war und den Wunsch zu erkennen gab, Niederländer zu bleiben - was die meisten auch taten.

Doch noch etwas anderes geschah. Sobald die Unabhängigkeitsverhandlungen begonnen hatten, erlebte man einen nicht aufzuhaltenden Einwanderungsstrom in die Niederlande. Immer mehr Menschen zogen den Weg in den Wohlfahrtsstaat der einstigen Kolonialherren dem Verbleib im eigenen, souveränen Land, das mit großen wirtschaftlichen Schwierigkeiten zu kämpfen hatte, vor. In den beiden Jahren 1974 und 1975 kamen über 52.000 Surinamer in die Niederlande. Am Tag der Unabhängigkeit war die Zahl der hier Ansässigen auf über 133.000, mehr als ein Drittel der gesamten Bevölkerung von Surinam, angewachsen. Man sprach von »Ketten«: Die schon in den Niederlanden Eingetroffenen sorgten dafür, daß die Nachkommenden aufgefangen und untergebracht wurden. Sie finanzierten mit schon verdientem Geld die Immigration der anderen Landsleute. Die Kreolen (der negroide Teil) ließen sich hauptsächlich in und um Amsterdam und Rotterdam nieder, die Inder in Den Haag und dessen Umgebung; Den Haag hatte immer schon eine »indische« Gegend.

Die dritte Kategorie ethnischer Minderheiten, die uns in diesem Abschnitt interessiert, bilden mit rund einer Viertelmillion die ausländischen Arbeiter aus den sogenannten Anwerbungsländern, den mediterranen Ländern ohne die Mitgliedstaaten der EG. Da die Gastarbeiter nicht die niederländische Staatsangehörigkeit besitzen, haben sie einen anderen politischen Status als die Surinamer und Molukker. Dennoch galten auch für sie die

Zusammensetzung der Bevölkerung von Surinam und der Emigranten in die Niederlande

Stichtag der Unabhängigkeit: 25. November 1975	Ethnische Zusammensetzung der Bevölkerung von Surinam (1972)	Ethnische Zusammensetzung der emigrierten Bevölkerung (1972)
Indianer (Ureinwohner von Guyana)	2%	-
»*Kreolen*« (Negroide Bevölkerung ohne Stämme)	31%	51%
»*Buschneger*« (negroide Stammesangehörige)	10%	2%
Inder (Stammland Britisch-Indien)	37%	27%
Indonesier (Stammland Niederländ.-Indien)	15%	5%
Übrige (größtenteils Chinesen, daneben Libanesen, Niederländer u.a.)	5%	15%
Totale Anzahl Surinamer (1982) 530.000 (100%)	Surinamer in Surinam (1982) 350.000 (66%)	Surinamer in den Niederlanden (1982) 180.000 (34%)

Quelle: Wetenschappelijke Raad voor het Regeringsbeleid: Etnische Minderheden, Den Haag 1979, S. 55, ergänzt durch den Verfasser.

Grundsätze und Richtlinien der emanzipatorisch konzipierten Gesellschaftspolitik. Wie schon erwähnt, handelt es sich größtenteils um Türken und Marokkaner, also wiederum um Angehörige einer nichteuropäischen Kultur, mit deren Religion man nicht erst jetzt zu tun bekam. Schon in Indonesien, zur Zeit Abraham Kuypers und der »ethischen Politik«, hatte der Islam die auf ihre Glaubensgrundsätze eingeschworenen Niederländer und deren Kirchen dazu herausgefordert, ihr Verhältnis zu Moslems und Hindus zu klären. Einige Calvinisten sollen damals gesagt haben, man könne, wenn man sich schon mit Katholiken zurechtfinden müsse, auch für Moslems und Hindus Verständnis aufbringen.

Auch hierin wird die Kontinuität des gewohnten Denkens über religiöse Minderheiten erkennbar. Türken und Marokkaner gelten als »Moslems in der Diaspora«. Daß sie keine Glaubensgemeinschaft vorfinden, der sie sich anschließen könnten - obwohl gerade bei ihnen die Religion so eng mit Lebenssitten und Gebräuchen verbunden ist -, wird als ein ernstes Problem aufgefaßt. Regierung, Kirchen und eine große Zahl von Basisorganisationen begannen zu überlegen, wie für Gebetsräume, Moscheen und Festtagsgebräuche Subventionen und andere Unterstützungen gewährt werden könnten, ob nicht der nach dem alten Versäulungsprinzip geregelte geistliche Beistand in Heimen, Krankenhäusern oder Gefängnissen als ein Recht auch Moslems zukommen sollte. Man entdeckte dabei aber auch, daß sich die unter westlichen Einfluß gekommene zweite Generation oft nicht mehr so streng nach den Vorschriften des Korans richten will.

An ihrem Ruf, eine tolerante Nation zu sein, begannen die Niederländer mehr und mehr zu zweifeln, als infolge der Wirtschaftskrise auch bei ihnen die negativen Einstellungen den Gastarbeitern gegenüber zunahmen und jene winzige Rechtspartei aufkam, die eine andere Ausländerpolitik forderte. Doch gerade die öffentliche Reaktion auf diese Erscheinungen und die Entrüstung über bekannt gewordene Fälle von Diskriminierung bewiesen, daß von einer massiven Einstellungsänderung keine Rede sein konnte. Jene Toleranz, die es nicht als psychologische Erscheinung, sondern – wie Forschungsergebnisse bestätigten –[61] als Wesensmerkmal der niederländischen Kultur zu begreifen gilt, ist nach wie vor vorhanden.

Viel Wirbel gab es um ein Gesetz vom 1. November 1979, das vor allem dem schier unaufhörlichen Zustrom illegal eingewanderter Gastarbeiter ein Ende bereiten sollte. Die daraufhin mit Strafe bedrohten Unternehmen entließen große Gruppen »Illegaler« – ihre Zahl wurde auf 25.000 geschätzt –, denen nun auf einmal die Ausweisung drohte. Um der Fremdenpolizei und der Ausweisung zu entgehen, flüchteten sich 1980 zahlreiche Gastarbeiter in niederländische Gotteshäuser, wo sie von der Geistlichkeit und den Gläubigen verständnisvoll aufgenommen wurden. Schon 1978 hatten die Behörden kapitulieren müssen, als sich eine Gruppe Marokkaner in die Franziskanerkirche »Moses und Aaron« flüchtete und sich dort wochenlang aufhielt. Große Gruppen der Bevölkerung brachten ihnen Verständnis entgegen, Komitees setzten sich für sie ein und gewährten Rechtshilfe. Eine um diese Zeit erschienene Dokumentation zum Gastarbeiterproblem trug den Titel *Sie sehen lieber meine Hände als mein Gesicht*[62]. Der Rat der Kirchen wandte sich öffentlich gegen das Gesetz von 1979. Den Gläubigen wurde mit Hinweis auf Bibelstellen vorgehalten, daß der Gott Israels Gastfreundschaft gebiete, daß diese im Alten Testament als heilig gelte und Abraham sogar Gott warten lasse, um seine Gäste empfangen zu können.

Einen guten Überblick über Einwanderungen und Bildung ethnischer Minoritäten in der niederländischen Gesellschaft vermittelt die Studie von Hans van Amersfoort[63]. Zu behaupten, die Niederländer seien im Begriff, sich zu einer multirassischen oder multikulturellen Gesellschaft zu entwickeln, wäre sicher eine Übertreibung; indes ist die verbreitete Bereitschaft, sich als eine solche Gesellschaft zu verstehen, bemerkenswert. Und obschon es keinen Grund gibt, die Niederländer als Musterknaben sozialen Verhaltens zu schildern - in einer sich über siebzig Jahre erstreckenden Chronologie[64] sind auch Fälle von Fremdenfeindlichkeit festgehalten -, dürfte man kaum eine andere Öffentlichkeit mit so verbindlichen toleranten Verhaltensnormen finden.

6. Amsterdam und die Choreographie der Alternativkultur; Freiheitsdrang und das Bedürfnis nach Bindung

Amsterdam gilt als »lästige« Stadt, doch diese Bezeichnung ist nicht abwertend gemeint. Sie wurde zu einem Attribut der Selbstdarstellung der Provos und der *angry young men* in der Politik. *Lastig Links* lautete der Buchtitel Hans van den Doels, des schon früher erwähnten geistigen Führers von *Nieuw Links*. Der Ausdruck stand für die Absicht, die Bürger »aus ihrem Schlaf zu rütteln«, sie auf unbequeme Weise zu notwendigen Veränderungen, zum Widerstand gegen Mißstände zu bewegen. Was diesen betrifft, ist das Wort auch mit dem Aufstand gegen Unrecht und Unterdrückung und mit dem Kampf gegen den Faschismus verbunden. Als lästig in diesem moralischen Sinn verstanden sich Sozialisten wie auch protestantische Radikale, deren Vorfahren schon im vorigen Jahrhundert die gebotene »Beunruhigung« über den Lauf der Welt lehrten, eine Beunruhigung, die in unserer Zeit angesichts der realen Gefahren, die uns bedrohen, keiner Lehre mehr bedarf; sie wird bei vielen zur Angst.

Heute beunruhigt viele Amsterdamer in ihrem Alltag, wie sie sagen, die »Verluderung« ihrer Stadt, und auch dieses Wort ist kein Reizwort, bei dessen Verwendung sich Affekte reaktionärer Bürger gegen eine »Verwilderung« der Jugend oder der Sitten entlüden. Wenn selbst der populäre »linke« Bürgermeister Ed van Tijn, dem man alles andere als die Neigung zu autoritärem behördlichen Eingreifen unterstellen kann, sagt, er wolle der Verluderung »mit dem Messer zu Leibe rücken«[65], beschwört er eher das Bild eines chirurgischen Eingriffs: Die Stadt soll von ihrem Krebsgeschwür, dem Drogenhandel und dem mit ihm einhergehenden Verbrechertum, geheilt werden. Die Zahl der schwer Süchtigen wird auf achttausend geschätzt. Ein Plan, etwa dreihundert von denen, die schon gegen die Gesetze verstoßen haben, auszuwählen und ihnen über den ärztlichen Dienst der Gemeinde kostenlos Heroin zu verabreichen, sollte den Handel treffen, blieb aber im In- und Ausland umstritten.

Mit dem Plädoyer des Bürgermeisters für ein energischeres Auftreten, »damit die Bürger sich wieder sicher fühlen können«, ist nicht in erster Linie an die Wohlhabenden in ihren Villen und Luxuswohnungen gedacht, sondern an die Menschen in den heruntergekommenen Stadtvierteln, an arme und alte Leute, an Arbeiterfamilien, deren Kinder inmitten von Drogenhandel, Prostitution und wiederholten Krawallen aufwachsen müssen. Die »Narkotikabrigade« soll doppelt so stark, die Polizei reorganisiert werden. Der »Stadtviertelagent« *(wijkagent),* wie der Polizist in den Niederlanden heißt, »muß wieder auf der Straße sichtbar sein«, neue Gefängniszellen sollen gebaut werden; die von Van Tijn einst selbst mitangeführte Bewegung zur Humanisierung des Gefängniswesens sei »über ihr Ziel hinausgeschossen«. Wen diese Vorhaben aber zur Ansicht verleiten, nun solle mit harter Hand ein Polizeistaat errichtet werden, der kennt die Niederländer, vor allem die Amsterdamer nicht. Die Polizei war in diesem Land – wir sagten es schon – nie ein verlängerter Arm der Staatsgewalt. Die Funktion des Stadtbezirksagenten war derjenigen der Stadtbezirkssozialhelferin oder der Hebamme vergleichbar.

Die Urteile von Einheimischen oder Ausländern über Amsterdam sagen oft mehr über sie selbst als über die Stadt aus; sie hängen von der »selektiven Wahrnehmung«, den jeweiligen subjektiven Dispositionen ab, sich von diesen oder jenen Erscheinungen unterschiedlich beeindrucken zu lassen. Der Hinweis auf die sozialen Probleme Amsterdams – welche Großstadt hätte sie nicht? – kann den eigentümlichen Reiz dieser Stadt nicht schmälern. Amsterdam wird heute manchmal romantisiert, ähnlich wie früher Paris, nur weniger von Kultursnobs als von den Kritikern der modernen Kultur. Auch jene ausländischen Jugendlichen, die von ihrem eigenen konservativen Bürgertum als »Alternative« eingestuft werden und daheim keine tolerante Öffentlichkeit vorfinden, sind geneigt, von Amsterdam zu schwärmen. Sie können jedoch die Erfahrung machen, daß die niederländische Linke sehr realistisch denkt und sich durch ein pragmatischeres politisches Verhältnis zur Öffentlichkeit auszeichnet. Der Amsterdamer Bürgermeister verkörpert in seinem Werdegang jenen Prozeß, in dem die Verbesserung der verwalteten Welt, die Lösung ihrer Probleme, längst zur eigenen Aufgabe der kritischen Generation geworden ist.

Das zeigt sich etwa in der Bewältigung der Wohnungsnot und der Reaktion auf die Tausende von »Krakern«, die sicher nicht alle Unruhestifter und »Verweigerer« sind. Das Kraken eines leeren Hauses gilt nicht als Hausfriedensbruch und ist darum auch nicht strafbar. Nach Protestaktionen infolge erzwungener Häuserräumungen brachte ein Gesetz 1981 eine gewisse Regelung. Hauseigentümer, Besetzer und Behörden wissen nun, unter welchen Bedingungen Besetzungen möglich sind oder Räumungen erzwungen werden können. Die Krakerbewegung kann nur in Zusammenhang mit dem völligen Versagen der staatlichen Wohnungsbaupolitik - ihrer Konzeption, Planung und Durchführung - angemessen beurteilt werden. Jeder niederländische Bürger über achtzehn Jahre hat das Recht auf eine eigene Wohnung. Es fehlt aber an Wohnungen, da viele leerstehende Wohnungen wegen der strengen Mieterschutzgesetze nicht angeboten werden. Tatsächlich übersteigt die Zahl der leerstehenden Wohnungen und Zimmer diejenige der gesuchten. Die selbstbewußten Kraker fordern von Staat und Gesellschaft die Verwirklichung des ihnen zustehenden Rechts und streiten zugleich für eine bessere, zeitgemäße und gerechtere Wohnungspolitik, für »Demokratisierung« auch auf diesem Gebiet.

Kaum eine zweite europäische Stadt gibt sich auch Randgruppen gegenüber so zugänglich. Amsterdam hat Merkmale der Protestkultur sogar offiziell in seine Selbstdarstellung einbezogen: Darstellende Künstler konnten an den Wänden der Untergrundbahnhöfe den Aufstand der Neumarktbewohner gegen den Abbruch alter Häuser festhalten, der wegen des umstrittenen Baus der Bahn unumgänglich geworden war. Zeugnisse sozialer Konflikte gehören zur Choreographie dieser Stadt, die den Vorwurf der »Verluderung« erträgt, sich ungeschminkt präsentiert und neben Kirchen, Museen und alten Grachtenhäusern auch Zeugnisse seelischen und sozialen Elends und zugleich des Versagens einer überforderten Stadtverwaltung zeigt.

Das wiederhergestellte Haus Rembrandts in dem einstigen Judenviertel ist heute ein Museum. Unweit von ihm liegt jene Franziskanerkirche, in der die erwähnten, illegal ins Land gekommenen oder von Anwerbern geholten Marokkaner Asyl fanden. 1971 wurde darin ein »Teehaus« als kultureller und ökumenischer Begegnungsort eingerichtet. Neben den regelmäßigen katholischen

Gottesdiensten sollte, wie ein Franziskanerpater, einer der Gründer des Zentrums, zum zehnjährigen Bestehen schrieb, eine »Pluriformität liturgischer Stile«[66] angeboten werden; das waren meistens Theater- und Tanzliturgie. Neben christlicher sollte fernöstliche Meditation gepflegt werden, vor allem aber war jeder aufgefordert, »seine Lebensgeschichte zu erzählen«. So bietet Amsterdam noch immer den Nährboden für Sekten und neue Basisbewegungen, die, wenn sie etwas Nützliches leisten wollen, Gehör und Unterstützung finden.

Inmitten all dieser Geschehnisse werden jedoch die soliden Fundamente der bürgerlichen Gesellschaft erkennbar, deren auffälligstes Merkmal wohl in ihrer Wandlungsfähigkeit liegt. Wenn die bürgerliche Kultur schon im vorigen Jahrhundert ihre eigene Gegenkultur hervorbrachte und zu integrieren vermochte,[67] wenn somit in der Philosophie, im Modernismus der Kunst und bei den Bohemiens in den Enklaven Montmartres etwas begonnen hatte, was dann im zwanzigsten Jahrhundert auf weitere Kulturbereiche übergriff, bis es in den Institutionen des Erziehungswesens, der Wissenschaft und der Religion in Erscheinung trat, dann nahm dieser ganze Prozeß in den Niederlanden einen ganz besonderen Verlauf.

Da in diesem Land die Dekadenz der bürgerlichen Kultur - wie wir zu zeigen versuchten - als intellektuelles Ereignis, philosophisch wie literarisch, eigentlich nicht stattfand, die Gesellschaftskritik von den Kirchen rezipiert wurde und der Sozialismus verkirchlichte, konnten die Institutionen auch den weiteren Prozeß recht gut verkraften. Die Menschen der neuen niederländischen Mittelschichten, die in den fünfziger Jahren die Kulturkritik aus Großvaters Zeit als Bildungssymbol entdeckten und einst schokkierende Bilder der Avantgarde in Wohnstuben und Schulräumen aufhängten, waren die züchtigsten Bürger geblieben, wie ja auch ihre Bürgerlichkeit nicht so ausgesehen hatte wie die in den Bildern von Toulouse-Lautrec. Und als dann die antibürgerliche Kultur der sechziger und siebziger Jahre als Zeitgeist und Mode vom »System« entdeckt, ihre Ideen, die in Kleidung, Gehabe und Lebensstil ihren Ausdruck fanden, kommerzialisiert wurden, kam die Einbürgerung des Antibürgerlichen wie von selbst zustande. In der niederländischen Nation, von der Romein meint, sie sei durch die »Emanzipation der Dissidenten« nicht nur geschaffen, sondern auch immer wieder neu gebildet worden, fand die antibürgerliche Bewegung, so paradox es auch klingen mag, die zu ihrer Absorption am besten ausgerüsteten bürgerlichen Institutionen vor.

An einem winterlich kalten Sonntagnachmittag des Jahres 1981, als auf der zugefrorenen Gracht an der Stadhouderskade vor dem Amsterdamer Rijksmuseum junge und ältere Leute wie zu Brueghels Zeiten Schlittschuh liefen, sprach der Soziologe Norbert Elias in dem nahegelegenen Jugendzentrum »Paradiso« über traditionelle Kultur und Alternativkultur, über den Generationenkonflikt und die Zukunft der Kultur. Elias, der aus Deutschland nach England emigriert war, hatte nach dem Krieg auch eine Zeitlang in Amsterdam doziert und dort Ereignisse miterlebt, auf die er nun zurückblickte. Im Vergleich mit anderen Ländern nannte er die damalige niederländische Jugendrevolte verhältnismäßig gesittet *(»relatively gentle«)*. Das Publikum entsprach nicht dem Bild, das man sich im allgemeinen von den Besuchern des »Paradiso« macht. Bei der Begrüßung des Gelehrten wurde nicht versäumt, auch die umstrittene Reputation des Lokals hervorzuheben. Die ehemalige Kirche, die jetzt den Namen des Gottesgartens trägt, aus dem Jahwe die ersten Menschen vertrieb, und die nicht nach Weihrauch, sondern nach Haschisch duftet, gilt als Ort für Experimente der Alternativkultur. Popartisten, Disco-Idole und fremdartige Sektierer treten dort auf, doch gelegentlich auch Prominente wie Joop den Uyl. Manchmal geschieht hier etwas, was die Behörden nicht tolerieren können - so mußte die Polizei Anfang 1982 eine Ausstellung mit Fotos von Verteidigungsanlagen und entwendeten NATO-Dokumenten beschlagnahmen; doch solche Vorkommnisse werden nicht zum Anlaß genommen, das Gebäude zu schließen.

Elias (dessen wissenschaftliches Werk in den Niederlanden viel früher als in der Bundesrepublik rezipiert wurde) sprach davon, daß nicht in den Thesen des Jugendprotestes, sondern in der Tatsache, daß er auftrat und wirkte, die Problematik liegt. In der Tat geht es nicht um den Inhalt solcher Begriffe wie »traditionelle Kultur« und »Alternativkultur«, sondern um die realen Spannungsverhältnisse zwischen den Generationen. Was auch immer die heutige junge Generation den Vätern vorwerfen mag, ruinöses Wirtschaften, schlechte Verwaltung der Welt oder unzeitgemäßes Denken - auch ihre Söhne werden sie einmal nach ihrer Leistung beurteilen, nach dem, was sie zur Neugestaltung der Gesellschaft in den achtziger und neunziger Jahren beigetragen haben. Und auch ihr Leben ist nicht denkbar ohne *commitments* und *rules of conduct,* ohne Bindungen und Verantwortung für ein auf klare Ziele ausgerichtetes Handeln, ohne Disziplin, »der großen Leidensquellen eine« (A. Mitscherlich).

Während der letzten Jahre haben sich die Sozialforscher der westlichen Welt zunehmend mit den sich ändernden Einstellungen der jungen Generation zu Wirtschaft und Gesellschaft befaßt. Eine vielbesprochene Hypothese lautet, daß Menschen, die in Zeiten der Prosperität, in materiellem Wohlstand und sozialer Sicherheit aufgewachsen sind, diese letzteren weniger hoch einschätzen als Menschen, die ihre Lebensanschauungen und Verhaltensdispositionen in Zeiten der Not und Unsicherheit entwickelt haben.[68] Wer Wohlstand und Sicherheit als etwas Selbstverständliches kennengelernt habe, sei mehr geneigt, nach Veränderung und Erneuerung zu streben und »höheren« Werten wie sozialer Anerkennung, Persönlichkeitsentwicklung und Selbstverwirklichung Priorität zu geben. Tatsächlich ließen sich entsprechende Verhaltensdispositionen empirisch nachweisen; doch Begriffsverwirrung trat auf, wenn man dazu neigte, Wohlstand, Sicherheit und Bürgerlichkeit an und für sich zu disqualifizieren, und sie als Zeichen einer »postmateriellen« oder »nachbürgerlichen« Kultur deutete. Als ob nicht auch die heute erstrebte Beseitigung der ökologischen Schäden und gesellschaftlichen Übel als materielle Wohlstandsverbesserung und Erhöhung der Sicherheit begriffen werden könnte! Und als ob nicht – umgekehrt – die alten Arbeiter im Erwerben von Wohlstand und Sicherheit ihre »Selbstverwirklichung« gesehen hätten, wenn ihnen dieses Wort in einer Frage vorgelegt worden wäre. Zu erkennen gilt es, daß die Begriffe »materieller Wohlstand« und »soziale Sicherheit« einen anderen Inhalt bekommen.

Noch wesentlicher aber als diese Begriffsfrage wurde die kritische Betrachtung der neuen Leitbilder, nach denen das Leben nur in dem Maße als erfüllt gilt, wie es in all seinen Möglichkeiten ausgekostet wird, frei von jeglicher Gebundenheit in einem Arbeits- und Sozialsystem. Die Verwirklichung des »wahren Lebens« als Entdeckungsreise des Ichs, als Kreation expressiver Lebensstile, als existentielles Abenteuer und Experiment beruht auf zwei Voraussetzungen: einer auch fernerhin garantierten wirtschaftlichen Wohlfahrt und einer psychischen Kraftreserve, die die riskanten Abenteuer ohne Schaden bestehen läßt; beide Voraussetzungen sind nicht gegeben.

Wir sind sicher nicht auf dem Weg zu einer Gesellschaft, in der ein jeder tun und lassen kann, was ihm gefällt. Eine solche Entwicklung wäre auch gar nicht erstrebenswert, denn Selbstverwirklichung ist nur möglich in der verantwortungsvollen Lösung von Aufgaben. *Commitment* scheint, als Inbegriff der *New Morali-*

ty[69], den Ausdruck *»engagement«* abgelöst zu haben. In der Tat, jede Generation sieht sich aufs neue vor die Notwendigkeit gestellt, Arbeit und Beruf, Ehe, Familie und Erziehung, Wirtschaft und Staatseinrichtung zu gestalten und darin dem Leben Sinn und Würde zu geben. Heute ist etwa die Hälfte aller niederländischen Arbeitslosen noch keine fünfundzwanzig Jahre alt, vierzig Prozent davon fallen in die Kategorie der Langzeitarbeitslosen. Diesen Menschen fehlt mit dem Arbeitsplatz zugleich die Möglichkeit, im Berufsleben ihre Persönlichkeit zu entwickeln und über die Berufserfahrung ein Bild der Gesellschaft zu gewinnen. Sowenig wie mit der Unfreiheit darf sich der Mensch mit einem Zustand abfinden, der es ihm unmöglich macht, durch Arbeit den Weg zu sich selbst zu finden.

7. Die neue Wirtschaftsära, nationale Interessen und europäische Lösungen als Ausweg in die Zukunft

Die Wirtschaftsreform als Gesellschaftsreform begreifen heißt, ein neues Verhältnis zur Arbeit zu gewinnen. Das zu Ende gehende Jahrhundert erfordert die Umstellung auf ein humankapitalorientiertes Produktionswesen, dessen Zielsetzungen, Anreize und Organisationsformen das brachliegende Leistungsvermögen der Menschen für neue Aufgaben zu motivieren vermögen. Zu den großen Irrtümern unserer Zeit gehört die Meinung, der technologische Fortschritt ermögliche es, durch Steigerung der Arbeitsproduktivität mit weniger Arbeit auszukommen, so daß das Arbeitsvolumen gesenkt werden könne. Bekanntlich ist die Arbeitsproduktivität nur deshalb so sehr gestiegen - und zwar stärker als das Sozialprodukt -, »weil wir durch Lohndruck alles aus dem Produktionsprozeß herausgedrängt haben, was nicht produktiv genug war«[70], wie erst kürzlich der Präsident des Kieler Instituts für Weltwirtschaft, Herbert Giersch, mit aller wünschenswerten Klarheit gezeigt hat. Ein wichtiger Preis, der Reallohn, stimmt nicht mehr. Knapp geworden sind die auf dem Arbeitsmarkt angebotenen subjektiv befriedigenden Arbeits»plätze«, die »zumutbaren« Jobs. Wenn die Ökonomen heute sagen, daß man die Arbeit nicht so sehr als Produktionsfaktor, sondern vielmehr als *Produkt* der Wohlfahrt betrachten müsse, dann ist dies weniger eine Aussage über die Arbeit als eine über die Gewohnheiten ökonomischer Theoretiker. Für die Menschen war die Arbeit immer schon ein Gut, wenn auch oft von einer sehr schlechten physischen und sozialen Beschaffenheit. Heute sind eben auch die Ansprüche an dieses Gut gestiegen.

Daß wir alle mehr arbeiten können und sollten, ist nach den Tiraden gegen die Leistungsgesellschaft ein verdächtig, wenn nicht verpönt gewordener Standpunkt. Weil man den Begriff der Arbeit an ein problematisch gewordenes Produktionssystem band, verlor sie ihr Ethos, ihren Charakter als jene leitende Idee, nach der die alten Protestanten ihr Leben eingerichtet und die auch die alten Sozialisten als Weg zu einem erfüllten Leben angesehen haben. Der heute in allen westlichen Ländern registrierte Verfall von Tugenden wie Fleiß, Pflichtbewußtsein, Gehorsam und Disziplin bezieht sich nicht auf Arbeit schlechthin, sondern nur auf Lohnarbeit mit ihrer rigiden Organisation. Dafür die Tugenden aufzubringen, wird nicht mehr als sinnvoll erachtet.

Bekanntlich entstand die Lehre von den Produktionsfaktoren, als Handarbeit und Geldkapital das Denken über die Wirtschaft bestimmten. Auch Marx hatte die Kopfarbeit noch dem Unternehmer zugerechnet und nur Geldkapital als Maßstab seines Denkens über den Kapitalismus genommen. Ein Wirtschaftssystem, in dem menschliches Leistungsvermögen zunehmend als *»human capital«* oder Kulturkapital erscheint, zwingt uns heute, die Lehre von den Produktionsfaktoren und damit die monetaristische Konzeption der Kapitaltheorie zu überprüfen. Damit ist zugleich die Entwicklung einer »politischen Ökonomie der Kultur«[71] verbunden, zu welcher der amerikanische Soziologe Alvin Gouldner, der in Amsterdam tätig war, wichtige wirtschaftssoziologische Ansätze geliefert hat. Neben dem Leistungsvermögen der Menschen spielt in diesem Zusammenhang ihre Leistungsbereitschaft die entscheidende Rolle. Obschon ein Gemeinplatz, ringen die Theoretiker der Ökonomie seit Adam Smith mit den psychologischen Problemen des wirtschaftlichen Verhaltens. Noch immer tendieren viele Ökonomen und Politiker dazu, dieses Verhalten als eine Funktion verselbständigter makroökonomischer Prozesse zu betrachten, es aus Trendveränderungen von Aggregatgrößen zu erklären, obwohl sich längst gezeigt hat, daß es etwas Fundamentaleres darstellt als die objektiven Daten des Wirtschaftsverlaufs (wie Löhne, Preise, Investitionen), in denen sich die unberechenbare Veränderlichkeit der subjektiven Dispositionen (etwa Erwartungen, Ansprüche) erst niederschlägt.[72]

Die niederländische Thronrede, die zur Eröffnung des parlamentarischen Sitzungsjahres im Herbst 1983 die restriktive Politik ankündigte, wirkte wie eine Grabrede auf die verlorene Prosperität, nicht wie der inspirierende Ausblick auf eine neue Zeit. Der Präsident der Staatsbank nannte es besorgniserregend, daß wir uns um die »Verteilung der Armut« so viel mehr Gedanken machen als darüber, wie wir wieder Reichtum erwerben können.[73] Das Wort »Armutsverteilung«, das schon zuvor in den Medien aufgetaucht war, klingt merkwürdig in einem der reichsten Länder, das sich stets für die Dritte Welt eingesetzt hat. Nach Kürzung der Entwicklungshilfe (der niederländische Beitrag war der relativ größte gewesen) war die Frage gestellt worden, ob die Niederlande denn nun auf einmal kein »Leuchtturm« mehr sein wollen. Die sogenannte Armutsverteilung im eigenen Land war wichtiger geworden als die Bekämpfung der katastrophalen, der wirklichen Armut in der fernen Welt. Inzwischen jedoch ist die Entwicklungshilfe unter neuer, liberaler Leitung zielstrebiger und effizienter geworden.

Die Erfahrung der Wirtschaftskrise als illegitim, als etwas, was eigentlich nicht hätte kommen dürfen, geht immer mit dem Bedürfnis einher, Parteien, Regierungen, Ideologien oder Sozialsystemen die Schuld zuzuweisen. Hierdurch unterscheidet sich die heutige Krise von jenen Zeiten der Not, die man akzeptiert, weil Entbehrungen und Verzicht ein Sinn zuerkannt wird und Anstrengungen zur Überwindung der Not als lohnend empfunden werden. Das Verhalten in Arbeit, Beruf und Gesellschaft ist in diesem Fall auf ein klares Zukunftsbild gerichtet. Deutliche Vorstellungen davon, was die Zukunft bringen und was man durch Anstrengung erreichen kann, sind eine Bedingung für Planung und Investitionen. Wahrgenommene Chancen stimulieren. Unbehagen erwächst weniger aus der Erwartung schlechter Zeiten als aus der Ungewißheit darüber, was wirklich kommen wird, und aus der Unerklärlichkeit des ganzen Zustands. Ein solches Klima dient weder wirtschaftlicher Belebung noch gesellschaftlicher Reform. Was für Reformpläne auch immer Experten entwerfen und Politiker schmieden mögen, zu verwirklichen sind sie nur, wenn die Menschen von der Verwirklichung auch eine konkrete Verbesserung der eigenen Existenz, des Lebens ihrer Familien und Kinder erwarten können. An einer solchen Verbesserung sind die meisten Menschen interessiert, und dies ist auch das richtig verstandene Selbstinteresse, von dem Adam Smith, der Begründer der Ökonomie, meinte, daß es als Motor des Wirtschaftslebens Fortschritt und den Völkern Reichtum bringen würde.

Nachdem die niederländischen Gewerkschaften innerhalb von vier Jahren ein Viertel ihrer Mitglieder verloren hatten, begannen sie wieder pragmatisch zu denken. Es kam zu einer von der sozialistischen Partei allerdings mit Argwohn verfolgten Annäherung zwischen Gewerkschaften und Arbeitgebern. Man schöpfte Verdacht, die Interessenvertretung der »Besitzer von Arbeit« könnte Vorrang erhalten vor der Solidarisierung mit den Arbeitslosen. Alle politischen Parteien gerieten in Orientierungskrisen, insbesondere die kleinen Linksparteien und allen voran die Kommunisten; deren Kongreß 1984 illustrierte die Kontinuität separatistischer und sektiererischer Tendenzen in der niederländischen Parteienlandschaft ebensosehr wie die fortschwelenden Gegensätze im Lager der Christdemokraten, deren innere Einheit an der Frage der Raketenstationierung zu zerbrechen drohte. Alle Parteien tun sich schwer bei der Bestimmung neuer »fundamentaler Standpunkte«.

Indessen hat sich das Klima in der Wirtschaft gegen Mitte der achtziger Jahre schon auffallend gebessert. Daß man auf den Aufschwung der amerikanischen Wirtschaft und dann auf die »deutsche Lokomotive« zu warten habe, wurde zu oft gesagt, als daß man auch an das Auftreten neuer mächtiger Schwungkraft bei den hiesigen Unternehmern glauben könnte. Was Neil W. Chamberlain[74] in seiner Untersuchung herausfand - daß im Unterschied zu amerikanischen Unternehmern, deren Elan und Selbstvertrauen noch ungebrochen sind und die daher notwendige Umstellungen spontan zustande bringen, den europäischen die Anpassungsprozesse von außen aufgedrängt werden -, gilt sicher auch für die niederländischen Unternehmer. Die Regierung zeigt sich ihnen gegenüber nun sehr wohlgesinnt und ist bemüht, ein optimistisches Klima herbeiführen zu helfen.

Die Industriepolitik soll jetzt von allen drei Partnern - Arbeitgebern, Gewerkschaften und Staat - nach den Empfehlungen einer Studienkommission in Angriff genommen werden, die nach dem Namen ihres Vorsitzenden als »Wagner-Kommission« bekannt wurde. Daß mit diesem Vorsitzenden ein ehemaliger Präsident der einst so heftig kritisierten Shell zum Leiter einer staatlichen Kommission berufen worden ist, die untersuchen sollte, wie der angeschlagenen niederländischen Industrie wieder auf die Beine geholfen werden kann, könnte ein *Comeback* der Kaufleute symbolisieren. Ein anderer ehemaliger Direktor von Shell,

Frits Bolkestein, trat, obwohl nur Staatssekretär geworden, wie ein energischer Minister für den Außenhandel auf. Er erinnerte die Niederländer daran, daß sie durch den Handel zur Nation geworden, zu Reichtum gekommen sind und sich nur als Handelsnation weiter behaupten können. Sein Buch über den heutigen Liberalismus gibt bezeichnenderweise Gespräche mit den führenden Köpfen der liberalen Parteien des Auslandes wieder.[75] Eine öffentliche Auseinandersetzung mit dem Egalitarismus und Antielitarismus christlich-sozialer wie sozialistischer Gesellschaftspolitik der vergangenen Jahre findet nach wie vor nicht statt und wird auch nicht für so wichtig gehalten.

So eifrig wie einst die Neuen Linken über die Gesellschaftsreform diskutieren jetzt die Kaufleute über die Industriereform. Dabei traten sehr rasch auch jene typischen Dilemmas zutage, aus denen ersichtlich ist, daß konstruktive Industriepolitik einzig in einem europäischen Konzept denkbar und realisierbar ist. In einer Studie[76] wurden fünf Paradoxien beschrieben: Erstens kann eine Entwicklung der eigenen Industrie, die gegen die Konkurrenz aus den anderen EG-Staaten gerichtet ist, keine wirklichen Vorteile bringen. Zweitens kann die niederländische Industrie sich immer weniger im eigenen Land entwickeln; sie muß vielmehr mit allen Konsequenzen für eigene Volkswirtschaft im wesentlichen international expandieren. Drittens ist die niederländische Industrie zur Entwicklung eigener forschungsintensiver Industrien und entsprechender Produkte strukturell schlecht disponiert. Ihre spezifische Stärke liegt, wie schon hervorgehoben, noch immer in Landwirtschaft (inbegriffen jene der Tropen), Handel und Transport. Der Anteil an neuen technischen Branchen wie Computertechnik, Mikroelektronik und anderen ist marginal. Viertens sei ein erneuter industrieller Aufschwung nicht ohne neue staatliche Großprojekte, wie einst die Zuiderzeewerke und der Deltaplan, möglich; diese nationalen Projekte hatten für die niederländische Wirtschaft einen ähnlich stimulierenden Effekt wie die Rüstungs- und Raumfahrtprojekte der Amerikaner für deren Wirtschaft. Da jedoch neue Landgewinnung zu industriellen Zwecken aus ökologischen Gründen unerwünscht und umweltfreundliche Projekte noch nicht gefunden sind, hält die Regierung sich beim Schmieden neuer Pläne zurück. Fünftens schließlich ist das wirtschaftspolitische Denken noch immer primär sachkapital-, nicht humankapitalorientiert; die Problematik der Arbeit spielt in den Konzepten eine untergeordnete Rolle. All diese Dilemmas führen zur Einsicht, daß eine neue Industriepolitik nur als Bestandteil einer *koordinierten europäischen Wirtschaftspolitik* möglich ist, und so war es denn auch nur konsequent, daß der Verband niederländischer Unternehmer die Regierung um Initiativen zu einer solchen Politik ersuchte.

Die Niederländer, obschon verschworen auf Prinzipien, wissen, daß sie sich immer wieder umstellen müssen, wenn ein »Gezeitenwechsel« auftritt. Den Uyl meint, der historische Prozeß vollziehe sich in »Wellenbewegungen« *(golfbewegingen)*[77]. Dieses Wort steht für die Tatsachen, deren Änderung immer wieder ein Alibi bietet und etwa die Reaktion auslöst: »So ist das nun einmal, wir müssen uns eben auf wiederum andere Verhältnisse umstellen.« Es ist wichtig, bei kultursoziologischen Studien die Nuancen der gängigen Begriffe und Stereotypen in der betreffenden Sprache zu erfassen. J. R. M. van den Brink, Wirtschaftsminister in der Aufbauzeit (1948–1951) und derzeitiger Wortführer einer neuen industriellen Aufrüstung, spricht in einem reich dokumentierten Werk, das eine Generalabrechnung mit der Wirtschaftspolitik der siebziger Jahre darstellt, ebenfalls von Wellen, meint jedoch die langen Konjunkturwellen, wie sie der russische Ökonom Nicolai Kondratieff in der Wirtschaftsgeschichte nachgewiesen hat. Auch für niederländische Ökonomen behält die Metaphorik von Ebbe und Flut, Wind und Wellen etwas Bestechendes. Die jüngste Flaute, die Krise, die mit den siebziger Jahren kam, nennt van den Brink »die lange Kondratieff-Welle der Emanzipation, Demokratisierung, Arbeitsveränderung und Inflation«; sein Werk versteht er als »Ausarbeitung dieses Gedankens«[78]. Der Linken wird es nicht schwer fallen, es als Ausdruck konservativen Denkens hinzustellen, denn die konjunkturzyklische Bestimmung und Einordnung all dessen, was sich ereignet hat, zeugt nicht von einem tieferen Verständnis der gesellschaftlichen und kulturellen Wandlungsprozesse, mit denen eine total andere Wirtschaftsära angebrochen ist.

Im Titel einer akademischen Vorlesung des Präsidenten des Verbandes Niederländischer Unternehmen kam ein Begriff vor, dessen ständiger Gebrauch in Politik und Öffentlichkeit von der Gewöhnung der Niederländer an wiederholt notwendige Kursänderungen zeugt: »Umstrukturierung«, begann Chris van Veen, »ist im Wesen nichts anderes als das Sichanpassen an veränderte oder sich ändernde Umstände… Umstrukturierung ist ein Prozeß, den es immer gegeben hat und der auch weiterhin stattfinden wird.«[79] In diesem Fall waren Industriebranchen und deren Betriebe gemeint. Der Begriff wird aber auf alle Institutionen des sozialen Lebens angewendet. Und hierbei wird die Analogie der Vorstellungen vom Eingriff in die Landschaft und dem in die Gesellschaft erkennbar.

Beide Welten sind nun sehr verändert. Wie die übervölkerte *randstad Holland* mit ihren zu gigantischen Autobahnnetzen gewordenen Deichen ein einziges großes Bild totaler Umstrukturierung der alten Polderlandschaft ergibt - oft hoch über dem Flachland verlaufend, wirken die Bahnen manchmal wie eine dem Land und seinen Kanälen etagenartig aufgestülpte Kanalisation des motorisierten Straßenverkehrs -, so bietet das gesellschaftliche Geschehen der letzten Jahrzehnte das Schauspiel unentwegten Umgestaltens der Institutionen, sei es in der Wirtschaft, im Bildungswesen oder in anderen Bereichen, je nach dem jeweiligen Verlauf der respektierten politischen und geistigen Strömungen. Strömungen, Stromschnellen, Wellenbewegungen, Gezeitenwechsel: all diese Ausdrücke haben ihren übertragenen Sinn in einer Gesellschaft, die nun viel weniger durch die Naturgewalten des Meeres als durch die Ergebnisse ihrer eigenen Dynamik herausgefordert wird. Daß der Begriff »Strömung« nicht nur in maritimem und wasserbaulichem, sondern auch in geistig-politischem Sinn seine feste, ja staatsrechtliche Bedeutung hat, zeigten wir bei der Darstellung der Versäulung.

Der Staat, das Mittel zur Regulierung aufkommender, anhaltender, beschleunigter oder sich teilender und verebbender Strömungen hat sich mit der Gesellschaft in einer Weise verflochten, die niemand vorhersah. Diese Verflechtung, »ursprünglich ein progressives Ideal, ist allmählich ein Alptraum geworden«[80], und die Unumgänglichkeit einer »Entflechtung« demonstrieren nun viele besorgniserregende Fehlentwicklungen. Bei der Verwirklichung dieses Vorhabens bedarf es der Akkommodation, die ein Wesensmerkmal niederländischer Politik geblieben ist, entgegen den Erwartungen einiger Beobachter in früheren Jahren. Niederländische Politik kann nicht auf Konfrontationskurs eingestellt sein. Sie ist notwendig Pazifizierung, und nur wenn man dies vor dem geistigen und gesellschaftlichen Hintergrund der Nation erkennt, kann man auch den Charakter der heutigen niederländischen Friedensbewegung wirklich verstehen. Man braucht dabei gar nicht näher auf die Besonderheiten dieser Bewegung einzugehen. Etwas so Ungeheuerliches wie die Stationierung atomarer Massenvernichtungswaffen steht der Nation schlechthin nicht an, läuft ihrem Wertempfinden, ihrer Alltagsmoral zuwider und paßt nicht in das so verwundbare und übervölkerte kleine Land. Der

Standpunkt, die europäische Sicherheitsfrage könne einzig militärisch, durch immer raffiniertere »Waffensysteme« gelöst werden, bildet schon gar keinen Gegenstand theoretischer Argumentationen; wer diesen Standpunkt vertritt, stößt auf Widerstand, der oft gar nicht begründet zu werden braucht, sondern in die einfache Bemerkung gefaßt werden kann: das geht doch nicht, das kann man doch nicht tun.

Die Krisen und Konflikte dieser Zeit lassen keine Gesellschaft verschont. Doch in der Art, wie die Menschen die Erscheinungen erleben und auf sie reagieren, erkennt man alte Kulturunterschiede der Nationen in veränderter Form wieder. »Soziale Strukturen, Typen und Verhaltensweisen«, schreibt Joseph Schumpeter in seinem berühmten Werk über »Kapitalismus, Sozialismus und Demokratie«, »sind Münzen, die nicht leicht schmelzen. Sind sie einmal geprägt, so überdauern sie möglicherweise Jahrhunderte, und da verschiedene Strukturen und Typen verschiedene Grade der Lebensfähigkeit aufweisen, finden wir beinahe immer, daß das tatsächliche Verhalten der Gruppen und Nationen mehr oder weniger von dem abweicht, was wir erwarten müßten, wenn wir versuchten, es von den vorherrschenden Formen des produktiven Prozesses abzuleiten.«[81] Die europäischen Nationen bilden keine homogene Kultur – eine Tatsache, die man nicht zu bedauern braucht, liegen in der kulturellen Vielfalt der alten Welt doch spezifische Möglichkeiten und Chancen, die sich nutzen lassen, wenn wir zur Unterordnung unserer nationalen Interessen unter das europäische Interesse imstande sind. Das Leistungspotential Europas ist groß, bedarf nur der Organisation und Mobilisierung, und allein durch diese können sich die Nationen auf die Dauer behaupten.[82] So emphatisch dieser allgemeinen Feststellung zugestimmt wird, so hart prallen die nationalen Interessen aufeinander. Nicht die Wünsche und Denkweisen der Menschen, sondern die starren Strukturen unserer nationalen Systeme und die damit verbundenen Interessen sind es, die der Einigung unseres Kontinents im Wege stehen.

Noch während des letzten europäischen Bürgerkrieges schrieb Johan Huizinga: »Erst unsere Geschichte ist Weltgeschichte«[83], und Karl Jaspers schrieb später, alle bisherige Geschichte sei nur »gleichsam das Sichtreffen, das Sichversammeln der Menschen zur Aktion der Weltgeschichte« gewesen, der geistige und technische »Erwerb der Ausrüstung zum Bestehen der Reise. Wir fangen gerade an.«[84] Daß sich die Europäer zu einer gemeinsamen Reise getroffen hätten, kann man nicht behaupten, wie denn auch die Ereignisse der Weltentwicklung dem hier suggerierten Bild immer weniger entsprechen. Die stürmischen Prozesse, durch die Kapitalgüter und Millionen von Menschen als ein- oder abwandernde Arbeitskräfte weltweit in Bewegung gerieten[85] und die Erde verändern, verlaufen ohne Zielsetzungen und koordinierende Führung, mit außerordentlich ungleichen Ausgangslagen, Ressourcenanteilen und Erfolgschancen der Völker. Wachsende Abhängigkeiten und die Verletzbarkeit der Interessen aller Beteiligten durch Handlungen anderer erhöhen beständig das Konfliktpotential. Und doch sind es immer Menschen, die - in den verschiedensten Konstellationen mit- oder gegeneinander stehend, durch Not, Interessen und steigende Erwartungen motiviert oder durch Armut und Not zur Passivität verurteilt - die Entwicklungen bewirken. Die Geschichte gleicht keinem Fluß, dessen Lauf schon vorgegeben ist und der uns darin mitführt. Was wir wollen, erhoffen und vermögen, was wir zustande bringen oder woran wir scheitern, bestimmt den Verlauf unserer Geschichte. So ist die Zukunft ein Aspekt unserer Existenz, unserer jeweiligen Gegenwart.

Viel ist jetzt in den Niederlanden von Kurswechsel die Rede. Sind wir - ohne Pathos sei die Frage gestellt und nur praktisch, nur durch die Entwicklung der kommenden Jahre wird sie beantwortet werden - zu einer europäischen Kursbestimmung und zur Bewältigung gemeinsamer Aufgaben in guter Ausrüstung imstande? Fragte man, was die Niederländer zu dem Unternehmen beisteuern können, dann wäre Bedeutsameres hervorzuheben als die historische Erfahrung einer Welt- und Seehandelsnation, die sich auf ihre mit der Kolonialzeit verbundenen Leistungen schon lange nicht mehr beruft. Auch wäre nicht in erster Linie das zu nennen, was die Ökonomen unter dem Begriff der komparativen Vorteile im Wettbewerb im Auge haben. Es gibt Fundamentaleres. Die Solidität einer alten, bewährten Demokratie, die Zivilität einer von Protestantismus und Humanismus geprägten Alltagskultur und die Toleranz einer nichtautoritären, kritischen und lernfähigen Öffentlichkeit: hierin liegen trotz allen Wandels von Werten und Verhaltensweisen noch immer die stärksten Aktivposten der Nation. Da die Erde nun einmal nicht ohne das Böse denkbar ist, da Zwietracht und Gegensätze fortdauern, die Bemühung um ein erträgliches und würdiges Zusammenleben nicht auf die Errichtung eines Heilsstaates, sondern einzig auf die geduldige, immer wieder neue Bewältigung von Nöten und Konflikten ausgerichtet sein kann, kommt es letztlich auf die Kultivierung der Alltagsmoral an. 1935 erschien Huizingas Buch *Im Schatten von morgen.* Es beginnt so: »Wir leben in einer verrückten Welt und wir wissen es. Und es käme nicht als Überraschung, wenn der Wahnsinn mit einem Mal in Raserei ausbräche ...«[86] Das Buch trug dem Autor den Ruf eines Kulturpessimisten ein, doch vier Jahre später war die Raserei da. Um ihre Wiederkehr in weit schlimmerer Weise verhindern und den Skandal fortschreitender Pauperisierung in der Welt beseitigen zu können, brauchen wir beides: nüchternes, pragmatisches Wirtschaftsdenken und moralisches Engagement, das allem, was in dieser Welt falsch, ungerecht und verlogen ist, entgegentritt. Sie schließen einander nicht aus, beide gehören zusammen. Glaube und Hoffnung sind in diesem Zusammenhang nicht als sentimentale Gefühle aufzufassen; sie bilden »harte«, strukturelle Bedingungen menschlichen Vermögens, das Klima der Zuversicht, in dem die Zukunft gestaltet werden kann.

Anmerkungen

Kapitel I

Die fremdsprachigen Zitate übersetzte der Verfasser.

1 Siehe Wetenschappelijke Raad voor het Regeringsbeleid: Herwaardering van welzijnsbeleid, Den Haag 1982; hierzu die gründliche Analyse der Entwicklung von Doorn, J.A.A. van: De discussie over welzijnsbeleid (unveröff. Manuskript); siehe unsere Darstellung in Kap. V/4.

2 Barnes,S.H. und Kaase, M. (Hrsg.): Political Action, Mass Participation in Five Western Democracies, Beverley Hills-London 1979, S. 90f.

3 Barnes, S.H. und Kaase, M., a.a.O., S. 135.

4 Siehe Frankfurter Allgemeine Zeitung, 20. Juli 1983.

5 Mann, G.: Deutsche Geschichte des 19. und 20. Jahrhunderts, Frankfurt a.M. 1958.

6 Gerlo, A., Bakelants, L., Boutemy, A. u.a. (Hrsg.): La correspondence d'Erasme, Brüssel 1967 (Brief an Antonius van Bergen); siehe auch Braak, M. ter: Verzameld Werk, Bd. IV, Amsterdam 1951.

7 Felling, A., Peters, J., Schreuder, O.: Identitätswandel in den Niederlanden, in: Kölner Zeitschrift für Soziologie und Sozialpsychologie, März 1982, S. 27; dies.: Burgerlijk en onburgerlijk Nederland, Deventer 1983.

8 Siehe Beus, J.W. de und Doorn, J.A.A. van (Hrsg.): De interventiestaat - tradities, ervaringen, reacties, Amsterdam 1983 (zit. nach dem Manuskript eines Beitrages von Van Doorn).

9 Entdeckt von F.K.H. Kossmann (persönliche Mitteilung E.H. Kossmanns an den Verfasser).

10 Verwey, G.: Geschiedenis van Nederland, Amsterdam-Brüssel 1976, S. 354; siehe auch Price, J.L.: Culture and Society in the Dutch Republic during the 17th Century, London 1974.

11 Thadden, R. von: Protestantismus und Demokratie, Vortrag auf dem »Troeltsch-Kongreß«, Augsburg 1983 (Veröffentlichung angekündigt); siehe ders.: Fragen an Preußen, München 1981; ders.: Die brandenburgisch-preußischen Hofprediger im 17. und 18. Jahrhundert, Berlin 1959.

12 Schiller, F.: Geschichte des Abfalls der Vereinigten Niederlande von der Spanischen Regierung, in: Werke, hrsg. v. K.-H. Hahn, Bd. 17, Weimar 1970, S. 10.

13 Chorus, A.: De Nederlander uiterlijk en innerlijk, Leiden 1964, S. 39; dieses anregende Buch bietet scharfsinnige Beobachtungen, verliert jedoch durch unhaltbare theoretische Erklärungen.

14 Plessner, H.: Ein Volk der Dichter und Denker?, in: ders.: Diesseits der Utopie, Düsseldorf-Köln 1966, S. 66.

15 Siehe Plessner, H.: Eine Kritik des sozialen Radikalismus (1924), in: Gesammelte Schriften, Bd. V, Frankfurt a.M. 1981, S. 14.
16 Kolakowski, L.: Falls es keinen Gott gibt, München-Zürich 1982, S. 8.
17 Barth, H.: Die Idee der Ordnung, Erlenbach-Zürich 1958, S. 218f.
18 Taine, H.: Philosophie de l'art, 2 Bde., Paris 1921 (1. Aufl. 1881), Bd. I, S. 245.
19 Plessner, H.: Diesseits der Utopie, a.a.O., S. 56.
20 Dunk, H.W. von den: Die Niederlande und Deutschland, in: Hecht Verlag (Hrsg.): Die Niederlande: Korrespondenten berichten, Zürich 1980, S. 133.
21 Weber, M.: Wirtschaft und Gesellschaft, Tübingen 1956, zit. nach der Lizenzausgabe Köln-Berlin 1964, Halbbd. 1, S. 403.
22 Uyl, J.M. den: Inzicht en uitzicht, Amsterdam 1978, S. 93.
23 Pareto, V.: La question sociale (1922), in: ders.: Mythes et mythologies, Genf 1966, S. 314-316; siehe auch Becher, H.J. (Hrsg.): Die Neue Soziale Frage, Opladen 1982.
24 Braak, M. ter, a.a.O., Bd. III, S. 304, 307f.; siehe hierzu auch Aron, R.: L'opium des intellectuels, Paris 1955.
25 Roland-Holst, H.: Belijdenis voor jonge mensen die God zoeken, Amsterdam 1946; dies.: De geestelijke ommekeer en de nieuwe taak van het socialisme, Arnheim 1931; von den frühen Schriften der Verfasserin siehe insbes. Kapitaal en arbeit in Nederland, 4. Aufl., Rotterdam 1932, ferner: Generalstreik und Sozialdemokratie (m. einem Vorw. v. K. Kautsky), Dresden 1905.
26 Nell-Breuning, O. von: Kapitalismus - kritisch betrachtet, Freiburg 1974, S. 13; siehe ferner Brakelmann, G.: Kirche, soziale Frage und Sozialismus, Gütersloh 1977.
27 Braak, M. ter, a.a.O., Bd. III, S. 312.
28 Spaemann, R.: Emanzipation - ein Bildungsziel, in: ders.: Zur Kritik der politischen Utopie, Stuttgart 1977, S. 127.
29 Romein, J. und A.: Erflaters van onze beschaving, 12. Aufl., Amsterdam 1977 (1. Aufl. 1938-1940), S. 771.
30 Wertheim, W.F.: Evolutie en revolutie, de golfslag der emancipatie, Amsterdam 1971, engl.: Evolution and revolution: the rising waves of emancipation, Harmondsworth (Penguin) 1974.
31 Oecumenische Raad van Kerken in Nederland: Welvaart en welvaartsdenken, o.O. 1963, S. 16.
32 Meadows, D.H. u.a. (Hrsg.): The Limits to Growth, New York 1972.
33 Weber, M.: Gesammelte Aufsätze zur Religionssoziologie, Tübingen 1930.
34 Weber, M.: Wirtschaft und Gesellschaft, a.a.O., Halbbd. 1, S. 317.
35 Weber, M.: Wirtschaft und Gesellschaft, a.a.O., Halbbd. 1, S. 402f.
36 Felling, A. u.a.: Identitätswandel, a.a.O., S. 27.
37 Simmel, G.: Philosophie des Geldes, 5. Aufl., München-Leipzig 1930 (1. Aufl. 1900), S. 496.
38 Fromm, E.: You shall be as Gods, New York 1966, S. 37.
39 Weber, M.: Wirtschaft und Gesellschaft, a.a.O., Halbbd. 1, S. 403.

40 Plessner, H.: Diesseits der Utopie, a.a.O., S. 64.
41 Plessner, H.: Die verspätete Nation, Stuttgart 1959, S. 67.
42 Plessner, H.: Diesseits der Utopie, a.a.O., S. 70.
43 Siehe Verwey-Jonker, H.: Emancipatiebewegingen in Nederland, Deventer 1983; Wertheim, W.F.: Eclipse der Eliten, Amsterdam 1973.
44 Vgl. Verheugen, G.: Eine Zukunft für Deutschland, München 1980.
45 Diese Worte aus H. Spencer: Principles of Sociology (1877-1896), bilden das Motto von Goffman, E.: Relations in Public, New York 1971, deutsch: Das Individuum im öffentlichen Austausch, Frankfurt a.M. 1974.
46 Siehe Bouman, P.J.: Wetenschap en werkelijkheid, Assen 1967, S. 117-130.

Kapitel II

1 Plessner, H.: Diesseits der Utopie, a.a.O., S. 61.
2 Siehe Kohn, H.: The Mind of Germany, New York 1960, zit. nach der niederl. Ausgabe: De duitse geest, Amsterdam 1962, S. 102, 103.
3 Siehe hierzu Sell, F.G.: Die Tragödie des deutschen Liberalismus, Stuttgart 1953; ferner Kohn, H., a.a.O., Kap. 6 und 7; ferner Verwey, G., a.a.O., S. 747.
4 Siehe ausführlich bei Kohn, H., a.a.O.; sowie bei Plessner, H.: Die verspätete Nation, a.a.O.
5 Vieten, G. C.: Holland, München 1983, S. 197.
6 In einer Fernsehsendung am 16. Mai 1983.
7 Stürmer, M.: Deutsche Identität. Auf der Suche nach der verlorenen Nationalgeschichte, in: Neue Zürcher Zeitung, 31. Mai 1983; ders.: Das ruhelose Reich; Deutschland 1866–1918, Berlin 1983.
8 Huizinga, J.: Nederland's beschaving in de zeventiende eeuw, 5. Aufl., Groningen 1972, siehe Vorrede, 1. Aufl. deutsch unter dem Titel: Holländische Kultur des siebzehnten Jahrhunderts. Ihre sozialen Grundlagen und nationale Eigenart, Jena 1933; zit. wird nach der niederl. Ausgabe.
9 Huizinga, J., a.a.O., S. 49; siehe hierzu auch Price, J.L., a.a.O., Kap. 7.
10 Huizinga, J.: Erasmus, 6. Aufl., Rotterdam 1978 (1. Aufl. 1924), S. 217.
11 Siehe Bohrer, K.H.: Die europäische Dekadenz und wir, in: Frankfurter Allgemeine Zeitung, 28. April 1976; siehe auch Krockow, Ch. Graf von: Warnung vor Preußen, Berlin 1981.
12 Elias, N.: Über den Prozeß der Zivilisation, 2. Aufl., Bern 1969; im Folgenden zit. nach der 8. Aufl., Frankfurt a.M. 1981.
13 Sieburg, F.: Haben wir einen gesellschaftlichen Stil?, in: Frankfurter Allgemeine Zeitung, 1. Dezember 1956.
14 Camartin, I.: Assimilation als Problem sprachlicher und kultureller Minderheiten, in: Neue Zürcher Zeitung, 8. September 1979.
15 Chorus, A., a.a.O., S. 49.

16 Clough, Sh. B. und Cole, Ch. W.: Economic History of Europe, Boston 1946, S. 164.
17 Hamerow, Th. S.: Restoration, Revolution, Reaction: Economics and Politics in Germany, 1815–1871, Princeton 1966.
18 Parry, J.: Trade and Dominion, London 1971, deutsch: Kindlers Kulturgeschichte des Abendlandes, Bd. 16: Europäische Kolonialreiche, München 1978 (zit. nach dieser Ausgabe); siehe hierzu auch die Besprechung von Max Silberschmidt in: Neue Zürcher Zeitung, 10. September 1972.
19 Avenel, G. Vicomte d': Découvertes d'Histoire Sociale, 1200–1910, Paris 1917, S. 259, 267.
20 Chorus, A., a.a.O., S. 56–59.
21 Keynes, J.M.: A Treatise on Money, London 1960 (1. Aufl. 1930), Bd. 2, Kap. 30, S. 150f., 156.
22 Schumpeter, J.: Capitalism, Socialism, and Democracy, 4. Aufl., New York 1965 (1. Aufl. 1942).
23 Martin, A. von: Soziologie der Renaissance, 2. bearb. Aufl., München 1974 (1. Aufl. 1932), S. 37.
24 Siehe zu diesen Unterschieden Furnivall, J. S.: Colonial Policy and Practice; a comparative study of Burma and Netherlands India, New York 1956.
25 Eine prägnante Zusammenfassung gibt Albertini, R. von: Europäische Kolonialherrschaft 1880–1940, Zürich 1976; ausführlich Wertheim, W.F.: East-West Parallels, Den Haag 1964; ders.: Indonesian Society in Transition, Den Haag 1956; ders.: Indonesië: van vorstenrijk tot neo-kolonie, Amsterdam 1978.
26 Groot, S.W. de: Djuka Society and Social Change, Assen 1969.
27 Herskovits, M.J. und Herskovits, F.S.: Rebel Destiny; Among the Bush Negroes of Dutch Guiana, New York 1934; dies.: Suriname Folklore, New York 1936.
28 Parry, J., a.a.O., S. 606f.
29 Siehe hierüber ausführlich bei Lier, R. A. J. van: Samenleving in een grensgebied, Den Haag 1949.
30 Zu Schillers »Don Carlos« siehe Braak, M. ter, a.a.O., Bd. 4, S. 737.
31 Meyer, H.: Das Bild des Holländers in der deutschen Literatur, in: ders.: Zarte Empirie; Studien zur Literaturgeschichte, Stuttgart 1963.
32 Hommes, T.: Holland im Urteil eines Jungdeutschen, Amsterdam 1926; Kossmann, E. F.: Holland und Deutschland; Wandlungen und Vorurteile, Den Haag 1901.
33 Kant, I.: Werke, hrsg. v. E. Cassirer, 1912–1922, Bd. 2, S. 292.
34 Herder, J. G. von: Journal meiner Reise (1769), in: Werke, hrsg. v. Hempel, Bd. 20, S. 429; ders.: Fragmente über neuere deutsche Literatur (1768), a.a.O., Bd. 19, S. 333; siehe dazu auch Kossmann, E. F., a.a.O., und ausführlich Hommes, T., a.a.O., S. 5.
35 In einem Brief an Bürger vom 17. November 1791; zit. nach Scholte, J.H.: August Wilhelm Schlegel in Amsterdam, in: Jaarboek 1949, Genootschap Amstelodamum, S. 113.

36 Zit. nach Kossmann, E.F., a.a.O., S. 21.
37 Lichtenberg, G.F.: Vermischte Schriften, 9 Bände, hrsg. v. L.Ch. Lichtenberg und F. Kries, Göttingen 1800-1806, Bd. 2 (1801), S. 378.
38 Wienbarg, L.: Holland in den Jahren 1831 und 1832, Hamburg 1833; Langbehn, J.: Rembrandt als Erzieher, Leipzig 1890; Keyserling, H. Graf: Das Spektrum Europas, Heidelberg 1928.
39 Siehe ausführlich Meyer, H., a.a.O., S. 5f.
40 Taine, H., a.a.O., Bd. II, S. 64-65.
41 Kossmann, E.F., a.a.O., S. 25.
42 Zit. nach Kossmann, E.F., a.a.O., S. 18; siehe Hommes, T., a.a.O., S. 3.
43 Siehe Scholte, J.H.: Goethe und Holland, in: Mitteilungen der Akademie zur wissenschaftlichen Erforschung und zur Pflege des Deutschtums, Jg. 1932, Heft 1, S. 5.
44 Meyer, H., a.a.O., S. 8.
45 Brentano, C.: Der Philister vor, in und nach der Geschichte, in: Gesammelte Werke, hrsg. v. H. Amelung und K. Vietor, o.O. 1923, Bd. 1, S. 482; siehe auch Meyer, H., a.a.O., S. 9.
46 Meyer, H., a.a.O., S. 9.
47 Meyer, H., a.a.O., S. 14.
48 Kossmann, E.F., a.a.O., S. 32f.
49 Wienbarg, L., a.a.O., Bd. 1, S. 90.
50 Wienbarg, L., a.a.O., Bd. 2, S. 14.
51 Wienbarg, L., a.a.O., Bd. 2, S. 20f.
52 Wienbarg, L., a.a.O., Bd. 1, S. 63f.
53 Wienbarg, L., a.a.O., Bd. 1, S. 6, 21, 129; Bd. 2, S. 112f.
54 Stern, F.: Kulturpessimismus als politische Gefahr, Bern-Wien 1963.
55 Langbehn, J., a.a.O., S. 75.
56 Keyserling, H. Graf, a.a.O., S. 319-324, 331.
57 Keyserling, H. Graf, a.a.O., S. 325f., 334.
58 Störig, H.J.: Kleine Weltgeschichte der Philosophie, München-Zürich 1950, S. 104, 499.
59 Combecher, H.: Was tun wir gegen die Verkennung des Niederländischen?, in: Wirkendes Wort, Düsseldorf, Jg. 10, Heft 5, S. 297; ders.: Nederlands voor anderstaligen - reacties en gevolgtrekkingen, in: Ons Erfdeel, Heft Januar/Februar 1980, S. 96; ders.: Nederlands en Duits - feiten, verschillen en vooroordelen, in: Intermediair, Amsterdam, Jg. 8, Nr. 44, Nov. 1972, S. 25.
60 Allport, G.: The Nature of Prejudice, New York 1954.
61 Combecher, H.: Nederlands en Duits, a.a.O., S. 27.
62 Chorus, A., a.a.O., S. 44f.
63 Friedrich II.: De la littérature Allemande (1780), in: Deutsche Literaturdenkmale, XVI, Heilbronn 1883, zit. nach Elias, N., a.a.O., Bd. 1, S. 13.
64 Elias, N., a.a.O., Bd. 1, S. 11.
65 Siehe dazu Chorus, A., a.a.O., S. 59, 117.
66 Combecher, H.: Nederlands en Duits, a.a.O., S. 27.

67 Combecher, H.: Nederlands en Duits, a.a.O., S. 29.
68 Huizinga, J.: Verzamelde Werken, Haarlem 1948, Bd. 2, S. 25.
69 Plessner, H.: Diesseits der Utopie, a.a.O., S. 64.
70 Vgl. Leep, H.J.: Kulturkonsum und Konsumkultur, unveröff. Bericht über eine Tagung der Gesellschaft »Der Bund«, Wuppertal 1955.
71 Heine, H.: Schriften über Deutschland, in: Werke, hrsg. v. Helmut Schanze, Frankfurt a.M. 1968, Bd. 4, S. 86.
72 Plessner, H.: Diesseits der Utopie, a.a.O., S. 63.
73 Humboldt, W. von: Über die Kawi-Sprache auf der Insel Java, 3 Bde., hrsg. v. E. Buschmann, Berlin 1836–1840; siehe vor allem die (1839 gesondert erschienene) Einleitung.
74 Siehe den Anhang zu Braak, M. ter: Verzameld Werk, a.a.O., Bd. 4, S. 897.
75 Auf katholischer Seite: De Beiaard und De Roeping, auf protestantisch-orthodoxer: Stemmen des Tijds; siehe hierzu Stuiveling, G.: Een eeuw Nederlandse letterkunde, 5. Aufl., 1982. Die niederländische Literaturgeschichte ist zu nicht geringem Teil Geschichte von Zeitschriften und damit von »Strömungen« der Zeit.
76 Herzog, U.: Der Roman auf der Kanzel, in: Neue Zürcher Zeitung, 5. August 1983.
77 Harnoncourt, N.: Musik als Klangrede, Salzburg–Wien 1982, S. 48.
78 Harnoncourt, N., a.a.O., S. 103; siehe auch S. 116.
79 Muggler, F.: Neue Musik in Holland, in: Neue Zürcher Zeitung, 16. Januar 1981.
80 Straub, E.: Großes Welttheater für eine entgötterte Welt, in: Frankfurter Allgemeine Zeitung, 12. Februar 1983.
81 Westerman, G. von: Knaurs Opernführer, München–Zürich 1952, S. 184.
82 Siehe die Deutung Multatulis von Romein, J. und A., a.a.O., S. 699.
83 Albert Verwey, zit. nach Verwey, G., a.a.O., S. 769.
84 Zu Brooshoofd siehe Locher-Scholten, E.: Ethiek in fragmenten, Zeist 1981.
85 Siehe Thommen, A.St.: Nekrolog auf Singapurs Chinatown, in: Neue Zürcher Zeitung, 5. März 1983.
86 Zahn, L.: Geschichte der Kunst, Stuttgart–Zürich 1965, S. 493f.; auch das Zitat von Aurier findet sich dort; siehe in diesem Zusammenhang auch Price, J.L., a.a.O.
87 Zahn, L., a.a.O., S. 494.
88 Wild, D.: Moderne Malerei, Zürich 1950, S. 54.
89 Siehe den »Hs« gezeichneten Beitrag: ... daß unsere Wurzel in holländischer Erde steckt, in: Neue Zürcher Zeitung, 16. Januar 1981.
90 Bruyn, J.: Geschiedsschrijving als parabel (Rektoratsrede vom 8. Januar 1981), Broschüre der Universität von Amsterdam, S. 15.
91 Taine, H., a.a.O., Bd. II, S. 76f.
92 Hommes, T., a.a.O., S. 182.

Kapitel III

1 Kossmann, E.H.: De Lage Landen 1780-1940, Amsterdam-Brüssel 1979, 2. Aufl., Amsterdam 1979 (auch englisch); siehe auch Bromley, J.S. und Kossmann, E.H.: Britain and the Netherlands in Europe and Asia, London 1968.
2 Brugmans, I.J.: De arbeidende klasse in Nederland in de negentiende eeuw 1813-1870, Utrecht 1967 (1. Aufl. 1925), aus diesem Werk wird im Folgenden zit.; ders.: Paardenkracht en mensenmacht, Den Haag 1961; ders.: Stapvoets voorwaarts; sociale geschiedenis van Nederland in de negentiende eeuw, Bussum 1970.
3 Brugmans, I.J., a.a.O., S. 66-80, 189, 194-198.
4 Brugmans, I.J., a.a.O., S. 195, 196.
5 Bouman, P.J.: Industrieel klimaat, Assen 1961, S. 54-69; zit. S. 62.
6 Hayek, F.A. (Hrsg.): Capitalism and the Historians, London-Chicago 1963 (1. Aufl. 1954), siehe dazu die Beiträge von Hayek und Ashton.
7 Brugmans, I.J., a.a.O., S. 263; zur Geschichte der niederländischen Gewerkschaften siehe Jong, F. de: Om de plaats van de arbeid, Amsterdam 1956.
8 So z.B. Verwey-Jonker, H.: De emancipatiebewegingen, in: Hollander, A.N.J. den u.a. (Hrsg.): Drift en koers; een halve eeuw sociale verandering in Nederland, 2. Aufl., Assen 1962, S. 113.
9 Über den niederländischen Liberalismus siehe Mandele, K.E. van der: Het liberalisme in Nederland, Arnheim 1933; Kossmann, E.H., a.a.O., Kap. 5; Verwey, G., a.a.O., S. 739; Beus, J.W. de: Oorsprong en wederkeer de liberalen, in: Beus, J.W. de und Doorn, J.A.A. van (Hrsg.): De interventiestaat, a.a.O.; Thadden, R. von (Hrsg.): Die Krise des Liberalismus zwischen den Weltkriegen, Göttingen 1978.
10 Praag, J.P. van: Nederland nog een christelijke natie?, in: Couwenberg, S.W. (Hrsg.): De Nederlandse natie, Utrecht 1981, S. 65.
11 Kossmann, E.H., a.a.O., S. 126.
12 Zit. nach Verwey, A., a.a.O., S. 723.
13 Hamerow, Th.S., a.a.O., S. 60.
14 Zit. nach Kohn, H., a.a.O., S. 161.
15 Thorbecke, J.R.: Bedenkingen anngaande het Regt en den Staat, in Auszügen abgedruckt in: Bodlaender, M.L. (Hrsg.): Politeia, 4. bearb. Aufl., Amsterdam-Brüssel 1956, S. 455f.
16 Zit. nach Ritter, G.A. (Hrsg.): Das deutsche Kaiserreich 1871-1914, 3. Aufl., Göttingen 1977, S. 197.
17 Siehe Kuyper, A.: De kleyne luyden, Kampen 1917; ders.: Als gij in uw huis zit, Amsterdam 1899; eine gute Charakteristik Kuypers gibt Kossmann, E.H., a.a.O., S. 219ff.
18 Kuyper, A.: Antirevolutionaire staatkunde, 2 Bde., Kampen 1916-1917, siehe bes. Kap. 18 über die Volkssouveränität, S. 286-289; siehe auch: Ons program, Hilversum 1879 (Parteiprogramm, das eine Zusammenfassung von Kuypers Staats- und Gesellschaftslehre ist).

19 Goddijn, W.: Roomsen dat waren wij, Hilversum 1978, S. 33.
20 Kossmann, E.H., a.a.O., S. 260f.
21 Kuyper, A.: Antirevolutionaire staatkunde, a.a.O., Kap. 18, S. 265f.
22 Weber, M.: Wirtschaft und Gesellschaft, a.a.O., 2. Halbbd., S. 858.
23 Ruppert, M.: Naar een rechtsorde van de arbeid, Den Haag o.J., S. 105f.
24 Kuyper, A.: Souvereiniteit in eigen kring, Amsterdam 1880; ders.: Antirevolutionaire staatkunde, a.a.O., Kap. 18.
25 Kongreßbroschüre der sozialwissenschaftlichen Fakultät der Universität von Amsterdam: Fascisme - toen en nu, 1977; ferner Bericht in: Folia Civitatis, Amsterdam, Nov. 1977.
26 Plessner, H.: Diesseits der Utopie, a.a.O., S. 64.
27 Kruijt, J.P. und Goddijn, W.: Verzuiling en ontzuiling als sociologisch proces, in: Hollander, A.N.J. den: Drift en koers, a.a.O., S. 233; siehe auch Goudsblom, J.: Dutch Society, New York 1967.
28 Uyl, J.M. den, a.a.O., S. 91f.
29 Romein, J. und A., a.a.O., S. 798f.
30 Hueting, E., Jong, F. de, Ney, R.: Ik moet, het is mijn roeping, Amsterdam 1981.
31 Hueting, E. u.a., a.a.O., S. 17.
32 Troelstra, P.J.: Gedenkschriften, 4 Bde., Amsterdam 1927–1931, siehe die Aufzeichnungen unter folgenden Daten: 12.2.1901; 22.1.1915; 20.11.1916; 21.9.1921; 27.11.1923.
33 Hueting, E. u.a., a.a.O., S. 50.
34 Hueting, E. u.a., a.a.O., S. 139.
35 Zit. nach Verwey, G., a.a.O., S. 871.
36 Zit. nach Verwey, G., a.a.O., S. 873.
37 Jong, L. de: Nederland in de Tweede Wereldoorlog, 10 Bde., Den Haag 1969–1982, Bd. 8, S. 673.
38 Améry, J.: Jenseits von Schuld und Sühne, München 1966; ders.: Weiterleben - aber wie?, Stuttgart 1982; ders.: Schlägt das Herz noch links?, in: Die Weltwoche, 22. Sept. 1967.
39 Nell-Breuning, O. von, a.a.O., S. 13.
40 Kongreßberichte, zit. nach Zuthem, H. J. van: Gezag en zeggenschap, Kampen 1968, S. 21.
41 Romein, J. und A., a.a.O., S. 756.
42 Hueting, E. u.a., a.a.O., S. 146.
43 Hueting, E. u.a., a.a.O., S. 50.
44 Zit. nach Verwey, G. a.a.O., S. 795.
45 Siehe Marx, K. und Engels, F.: Werke, Berlin (DDR) 1967, Bd. 35, S. 160f.
46 Löwenthal, R.: Der Prophet einer diesseitigen Erlösung, in: Frankfurter Allgemeine Zeitung, 12. März 1983.
47 Jong, F. de: Amsterdam Meetings of the First International in 1872, in: Bulletin of the International Institute of Social History, Jg. VI, 1951, Nr. 1, S. 1–15.
48 Jong, F. de, a.a.O., S. 1–3.
49 Hartmann, K.: Die Marxsche Theorie, Berlin 1970.

50 Hartmann, K., a.a.O., S. 489, siehe Fn.
51 Hueting, E. u.a., a.a.O., S. 180.
52 Man, H. de: De Socialistische Idee, Arnheim 1933, S. 330.
53 Buskes, J.J.: Droom en Protest, Baarn 1974, S. 84.
54 Buskes, J.J., a.a.O., S. 54, 64, 65.
55 Buskes, J.J., a.a.O., S. 61.
56 Banning, W.: Karl Marx, Utrecht 1960; ders.: Hedendaagse sociale bewegingen, 2. Aufl., Arnheim 1948.
57 Hartmann, K., a.a.O., S. 2.
58 Rostow, W.W.: The Stages of Economic Growth, A Non-Communist Manifesto, Cambridge 1960.
59 Banning, W.: Karl Marx, a.a.O., S. 190.
60 Blumenberg, W.: Ein unbekanntes Kapitel aus Marx' Leben; Briefe an die holländischen Verwandten, in: International Review of Social History, Bd. I, 1956; ders.: Karl Marx in Selbstzeugnissen und Bilddokumenten, Hamburg 1962; Heerding, A.: Geschiedenis van de N.V. Philips' Gloeilampenfabrieken, Den Haag 1980.
61 Heerding, A., a.a.O., S. 74f.
62 Goddijn, W., a.a.O., S. 27.
63 Goddijn, W., a.a.O., S. 85f.
64 Steininger, R.: Polarisierung und Integration. Eine vergleichende Untersuchung der strukturellen Versäulung der Gesellschaft in den Niederlanden und in Österreich, Meisenheim a. Glan 1975.
65 Siehe hierzu Doorn, J.A.A. van und Lammers, C.J.: Moderne Sociologie, 13. Aufl., Utrecht 1976, S. 385; fernder Goddijn, W., a.a.O., S. 14.
66 Siehe Hollander, A.N.J. den u.a. (Hrsg.): Drift en koers, a.a.O., S. 233; ferner Kruijt, J.P.: Zoeklicht en kompas, Assen 1968, S. 203, 280.
67 Hollander, A.N.J. den u.a., a.a.O., S. 234.
68 Pelt, H. van: De omroep in revisie, Leuven 1974, S. 4, 19.
69 Nederlandse Omroepstichting: Radio en televisie in Nederland (Prospekt); dies.: De omroep in jaartallen, Hilversum 1983.
70 Pelt, H. van, a.a.O., S. 350.
71 Siehe dazu Niekerk, P. van: Vertrossing - hoezo?, in: Intermediair, 14. Oktober 1983, S. 1.
72 Siehe den Bericht: Voorstel vervolgnota: meer zendtijd voor etnisch-culturele minderheden, in: Omroeppodium, Hilversum April 1984, S. 2f.
73 Nederlandse Omroepstichting: Jaarverslag 1982, Hilversum 1983; diess.: Jaarverslag 1983, Hilversum 1984.
74 Köbben, A.J.F.: De Zaakwaarnemer, Deventer 1983, S. 5.
75 Die Sendung heißt: De achterkant van het gelijk, Marcel van Dam war in den 70er Jahren Staatssekretär des Ministeriums für Wohnungsbau.
76 Elseviers Magazine, 7. Februar 1981.
77 Gez. »Hg«: Was bleibt, ist die Unruhe (Besprechung der Tagebücher von Max Frisch), in: Neue Zürcher Zeitung, 29. April 1983.

78 Die Sendung heißt: Sonja op dinsdag (nach dem Namen der Moderatorin Sonja Barend).
79 Pelt, H. van, a.a.O., S. 339.
80 Muggler, F., a.a.O., S. 11.
81 Jordan, R.: Die Organisation des Rundfunks in den Niederlanden, in: Neue Zürcher Zeitung, 30. November 1978; ders.: »Piraten« via Kabel, in: Neue Zürcher Zeitung, 28./29. Mai 1981.

Kapitel IV

1 Zum politischen System und Parteienwesen der Niederlande siehe Daalder, H. und Mair, P. (Hrsg.): Western European Party Systems, London 1983; Lepszy, N.: Regierung, Parteien und Gewerkschaften in den Niederlanden, Düsseldorf 1979; Lijphart, A.: The Politics of Accommodation: Pluralism and Democracy in the Netherlands, 2. Aufl., Berkeley 1975; Lipschits, I.: Politieke stromingen in Nederland, Deventer 1977.
2 Scheuch, E.: Sichtbare und unsichtbare Macht, in: Die Zeit, Hamburg 24. November 1967.
3 Jonge, A. A. de: Het communisme in Nederland, Den Haag 1972.
4 Neue Zürcher Zeitung, 24. Mai 1977.
5 Felling, A. u.a.: Identitätswandel, a.a.O., S. 52.
6 Uyl, J.M. den, a.a.O., S. 92.
7 Daalder, H.: Politisering en lijdelijkheid in de Nederlandse politiek, Assen 1974, S. 52f.
8 Doel, H. van den: Mijn avonturen met Nieuw Links, in: Haagse Post, 9. Oktober 1976; ders.: Lastig Links, Utrecht 1976.
9 Doel, H. van den: Mijn avonturen ..., a.a.O., S. 23.
10 Die sogenannte Knelpuntennota (»Engpässe-Memorandum«) von 1974, der bald darauf die sogenannte Contourennota folgte.
11 Siehe Kap. V/4.
12 Doel, H. van den: Mijn avonturen ..., a.a.O., S. 28.
13 Siehe den Bericht von J. J. van Galen, in: Haagse Post, 10. März 1979.
14 Politieke Partij Radikalen: De PPR, Amsterdam o. J., S. 8; siehe auch den Bericht des wissenschaftlichen Büros der Partei: Toekomst van de verzorgingsstaat: een aanzet tot radikale visie, Amsterdam 1980.
15 Goddijn, W., a.a.O., S. 46, 58, 69.
16 Siehe in diesem Zusammenhang Laeyendecker, L.: Religie en conflict, Meppel 1967.
17 Goddijn, W., a.a.O., S. 60, 89f.
18 Goddijn, W., a.a.O., S. 62.
19 Goddijn, W., a.a.O., S. 64f.
20 Goddijn, W., a.a.O., S. 7.
21 Treffers, P.E.: Kwantiteit en kwaliteit: de geboorte in een tijd van verandering, in: Intermediair, 31. Januar 1975, S. 1.
22 Siehe näher bei Kooy, G. A.: Sexualiteit, huwelijk en gezin in Nederland, Deventer 1975.

23 Vieten, G.C., a.a.O., S. 116.
24 Vieten, G.C., a.a.O., S. 116.
25 »Golfslag der emancipatie« lautet der Untertitel des schon erwähnten Werkes von Wertheim, W.F.: Evolutie en revolutie, a.a.O.
26 Folia Civitatis, 16. Januar 1982.
27 Vieten, G.C., a.a.O., S. 120.
28 Zuthem, H.J. van: Gezag en zeggenschap, Kampen 1968, Kap. 5 und 9.
29 Zuthem, H.J. van, a.a.O., S. 86f.; siehe in diesem Zusammenhang auch Goudzwaard, B.: Kapitalisme en vooruitgang, Amsterdam 1976.
30 Zit. nach dem Vorabdruck von Kolakowski, L.: Die Sorge um Gott in einem scheinbar gottlosen Zeitalter, in: Süddeutsche Zeitung, 5./6. Sept. 1981, aufgenommen in: Rösser, H. (Hrsg.): Der nahe und der ferne Gott, Berlin 1981.
31 Siehe den Bericht hierüber in: De Onderneming, 4. November 1977.
32 Roscam-Abbing, P.J.: Ethiek van de inkomensverdeling, Deventer 1973.
33 Economisch-Statistische Berichten, 21. November 1973, S. 1005.
34 Albeda, W.: Inkomensverdeling betekent cultuurkritiek, in: Hervormd Nederland, 30. Juni 1973.
35 Zit. nach Buskes, J.J., a.a.O., S. 59; siehe auch Gerbrandy, P.S.: De strijd voor nieuwe maatschappijvormen, Amsterdam 1928.
36 Wagner, G.A.: Ethiek en bedrijf, in: Olie, September 1975.
37 Entfällt.
38 Roszak, Th.: The Making of a Counter-Culture, London 1970; Tuynman, H.: Ich bin ein Provo, Darmstadt 1967; Hollstein, W.: Die Gegengesellschaft, Hamburg 1981.
39 Erasmus, D.: Moriae Encomium - Dat is de lof der zotheid, übers. v. A. Dirkzwager und A.C. Nielson, 2. Aufl., Amsterdam 1965.
40 Vgl. Fack, F.U.: Eine geballte Ladung linker Intoleranz, in: Frankfurter Allgemeine Zeitung, 24. Februar 1979; wir sind der Redaktion dieser Zeitung für die Einsicht in die Dokumentation deutscher Pressestimmen zu Dank verpflichtet.
41 Leserzuschrift von W. Wiegand in: Frankfurter Allgemeine Zeitung, 7. März 1979.
42 Beunders, H.J.G. und Selier, H.H.: Argwaan en profijt, Nederland en Westduitsland 1945–1981, Amsterdam 1983.
43 Beunders, H.J.G. und Selier, H.H., a.a.O., S. 74.
44 Niederländisches Institut für Meinungs- und Marktforschung (NIPO): Zo zijn wij, Amsterdam 1970, S. 146.
45 Interview mit Soetendorp in: Haagsche Courant, 24. November 1969.
46 Beunders, H.J.G. und Selier, H.H., a.a.O., S. 92.
47 Beunders, H.J.G. und Selier, H.H., a.a.O., S. 61.
48 Beunders, H.J.G. und Selier, H.H., a.a.O., S. 61.
49 Beunders, H.J.G. und Selier, H.H., a.a.O., S. 93.

50 Siehe J.L. Heldring in einem seiner regelmäßigen politischen Kommentare, in: NRC-Handelsblad, 10. Februar 1976.
51 Beunders, H.J.G. und Selier, H.H., a.a.O., S. 147.
52 Jong, F. de: Macht en inspraak; de strijd om de democratisering van de Universiteit van Amsterdam, Baarn 1981.
53 Daalder, H.: The Dutch Universities between the »New Democracy« and the »New Management«, in: Minerva, London, Bd. XII, Nr. 2, April 1974, S. 222.
54 Über Art und Ausmaß der Konflikte siehe die im Auftrag der Stiftung Wetenschap en Democratie herausgegebene Zeitschrift gleichen Namens sowie die Jahrgänge der Amsterdamer Universitätszeitung Folia Civitatis aus den 70er Jahren.
55 Siehe Szirmai, Z.: Wet Veringa kan een ramp worden, in: Het Parool, 1. September 1970; Szirmai, ein ehemaliger ungarischer Flüchtling, war ein Wortführer von 120 Dozenten der Universität Leiden, die in einer Petition das Parlament ersuchten, den Gesetzesantrag abzulehnen.
56 Brenninkmeijer, G.: Universitaire zelfstandigheid versus interuniversitaire samenwerking, Amsterdam 1981.
57 Siehe dazu Hennis, W.: Demokratisierung – zur Problematik eines Begriffes, Opladen 1972; ferner Becker, W.: Demokratisierung – ein Mißverständnis liberaler Demokratie, in: Neue Zürcher Zeitung, 3. Juni 1977; ferner Habermas, J.: Protestbewegung und Hochschulreform, Frankfurt a.M. 1969.
58 Phillips, D.L.: Geen medewerker mag ontsnappen aan kritische evaluatie, in: Folia Civitatis, Amsterdam, 21. Mai 1983, S. 14; ders.: Enige beschouwingen over het wetenschappelijk onderwijs in Nederland, in: De Gids, Nr. 9/10, 1977.
59 Universiteit van Amsterdam, in: Universiteit, Jg. 4, Nr. 6, November 1979.
60 Daalder, H.: The Dutch Universities, a.a.O., S. 222.
61 Thurlings, J.M.G.: De wankele zuil, 2. Aufl., Deventer 1978.
62 Stiftung SISWO: Berichten over onderzoek, Jg. 11, Nr. 1, Februar 1983, S. 10, siehe vor allem die Forschungsberichte über die Universität von Nimwegen.
63 Stiftung SISWO, a.a.O., S. 7f.
64 Lijphart, A.: The Politics of Accommodation, a.a.O., niederl. 3. bearb. Aufl.: Verzuiling, pacificatie en kentering in de Nederlandse politiek, Amsterdam 1979, S. 204.
65 Siehe hierzu Klages, H. und Kmieciak, P. (Hrsg.): Wertwandel und gesellschaftlicher Wandel, 2. Aufl., Frankfurt a.M. 1981.
66 Siehe Mainberger, G.K.: Begegnungen in Holland; soziale Landschaft und religiöse Basisbewegungen, in: Neue Zürcher Zeitung, 5. September 1978.
67 Diese Differenzierung stammt von Ch.Y. Glock; siehe näher bei Lenski, G.E.: The religious factor, New York 1961; ferner den Beitrag von F. Fürstenberg und I. Mörth über Religionssoziologie in:

König, R. (Hrsg.): Handbuch der empirischen Sozialforschung, 2. bearb. Aufl., Stuttgart 1979, Bd. 14, S. 1f.
68 Spaemann, R., a.a.O., S. 144.
69 Spaemann, R., a.a.O., S. 146.
70 Boogman, J.C. und Tamse, C.A. (Hrsg.): Emancipatie in Nederland, Den Haag 1978, siehe Vorwort S. X.
71 Erasmus-Liga: Bulletin, Nr. 5, Februar 1980.
72 Hoefnagels, H.: Kritische sociologie, Alphen 1973; siehe auch ein neueres Werk Hoefnagels' in deutscher Ausgabe: Die neue Solidarität: Ausweg aus der Wachstumskrise, München 1979.
73 Horkheimer, M. und Adorno, Th. W.: Dialektik der Aufklärung, Frankfurt a.M. 1971 (1. Aufl., Amsterdam 1947), S. 7, 12.
74 Schegget, G.H. ter: De andere mogelijkheid, Baarn 1979.
75 Siehe dazu den Briefwechsel zwischen Habermas und Spaemann in: Spaemann, R., a.a.O., S. 127f.; siehe auch Höffe, O.: Herrschaftsfreiheit oder gerechte Herrschaft, in: Neue Zürcher Zeitung, 31. Juli/1. August 1977; ders.: Zur Ethik öffentlicher Entscheidungsprozesse, Freiburg-München 1975.
76 Schelsky, H.: Die Arbeit tun die anderen, München 1977.
77 Siehe bei Spaemann, R., a.a.O., S. 128.
78 Siehe den von der Stiftung Het Nederlands Gesprekcentrum hrsg. Prospekt.
79 Lijphart hält an dieser These auch 1979, in der 3. bearb. Auflage seines niederl. Werkes fest.
80 Vgl. Hennis, W.: Die mißverstandene Demokratie, Freiburg i.Br. 1973.

Kapitel V

1 Siehe Koninklijk Historisch Archief, 1946, S. 6921.
2 Wetenschappelijke Raad voor het Regeringsbeleid: De economische relaties van Nederland met de Bondsrepubliek Duitsland (unveröff. Bericht über eine Konferenz vom November 1979), Den Haag April 1980.
3 Schermerhorn in seiner bekannten Rundfunkrede vom 27. Juni 1945.
4 Simonis, J. B. D.: Ruimtelijke ordening: de overspanning van een planconceptie, in: Beus, J. W. de, und Doorn, J. A. A. van (Hrsg.): De interventiestaat, Amsterdam 1984, S. 148.
5 Shonfield, A.: Modern Capitalism, London 1965; Albert, J. C.: Economic Policy and Planning in the Netherlands 1950–1965, London 1969; Messing, F.: De Nederlandse Economie 1945–1980, Haarlem 1981; Windmuller, J., Galan, C. de, Zweden A.S.: Arbeidsverhoudingen, Utrecht 1983.
6 Driehuis, W.: Zes scenario's voor economische politiek, in: Maandschrift Economie, Jg. 46, 1982, S. 492.
7 Benda, E.: Industrielle Herrschaft und sozialer Staat, Göttingen 1966.

8 Tinbergen, J.: Overheid en bedrijfsleven, internationaal, in: Dam, C. van (Hrsg.): Ondernemer en overheid, Deventer 1978, S. 179.

9 Nederlands Verbond van Vakverenigingen (NVV): Rapport inzake het vraagstuk van de ondernemingsraden..., Amsterdam 1948, S. 13f.; siehe dazu auch Hijfte, B. u.a.: Medezeggenschap en neocorporatisme, in: Intermediair, Jg. 19, 6. Mai 1983, S. 19 (dort auch weitere Literatur).

10 Shell ist zu 60% britischer, zu 40% niederländischer Besitz, Unilever zu je 50% in britischen und niederländischen Händen. Jährliche Übersichten über die größten Weltfirmen gibt die amerikanische Zeitschrift Fortune.

11 Krägenau, H.: Internationale Direktinvestitionen (HWWA-Institut für Wirtschaftsforschung), Ergänzungsbd., Hamburg 1979, S. 83.

12 Kuin, P.: The Magic of Multinational Management, in: Harvard Business Review, Nov./Dez. 1972, S. 91; ders.: Management is méér, Amsterdam-Brüssel 1977.

13 Siehe Perlmutter, H.: Der Aufbau einer symbiotischen Weltwirtschaft - Ein sozioökonomisches Konzept für die Zukunft, und Thiemann, H.: Die Rolle der Wirtschaft: Die multinationalen Gesellschaften, beide Beiträge in: Peccei, A. u.a. (Hrsg.): Der Weg ins 21. Jahrhundert, Berichte an den Club of Rome, München 1983, S. 115 bzw. 101.

14 Kuin, P.: Harvard Business Review, a.a.O., S. 91; siehe auch Hofstede, G.: Culture's Consequences, London 1984.

15 Makler, H., Martinelli, A. und Smelser, N. (Hrsg.): The New International Economy, Beverly Hills-London 1982; siehe auch Bornschier, V.: Multinationale Konzerne, Wirtschaftspolitik und nationale Konzerne im Weltsystem, Frankfurt-New York 1980.

16 Hooglandt, J. D.: Duits-Nederlandse samenwerking in een onderneming, Vortrag vom 30. November 1979, aufgenommen in dem unter Anm. 2 dieses Kapitels genannten Konferenzbericht, Teil 8.

17 Scheuch, E., siehe Anm. 2, Kap. 4.

18 Siehe: Hollands multinationale Unternehmen; puritanische Scheu vor wirtschaftlicher Größe, in: Neue Zürcher Zeitung, 27. August 1974.

19 Levinson, Ch: Capital, Inflation and the Multinationals, London 1971; ders. (Hrsg.): Industry's Democratic Revolution, London 1974.

20 Boerma, A. H.: A Right to Food, Rom (FAO) 1976, S. 75.

21 Tinbergen, J. (Coordinator): Naar een rechtvaardiger internationale orde (Bericht an den Club of Rome), Amsterdam-Brüssel 1976; siehe auch Volker, M.: Neue Weltwirtschaftsordnung, Opladen 1980; Lozoya, J. A. und Laszlo (Hrsg.): International Trade, Industrialization and the New International Economic Order, New York 1979.

22 Doel, H. van den: Lastig Links, a.a.O., S. 40.

23 Association Internationale de la Distribution des Produits Alimentaires: Stratégie de l'entreprise dans la tourmente économique, Rom 1975.

24 Röling, B. V. A.: International Law in an Expanded World, Amsterdam 1960.
25 Tucker, R. W.: The Inequality of Nations, New York 1977, S. 56f.
26 Block, F. L.: The Origins of International Economic Disorder, Berkeley-London 1977.
27 Kant, I.: Zum ewigen Frieden (1795), in: Kants Werke, hrsg. von A. Messer, Berlin-Leipzig o. J., Bd. 3, S. 759.
28 Hollander, A. N. J. den: Americana, Meppel 1970.
29 Sociaal-Economische Raad (SER): Ontwerp-Advies inzake het Aardgasbeleid (unveröff. Bericht), Den Haag 1983.
30 Sociaal-Economische Raad, a.a.O., S. 72.
31 OECD: Public Expenditure Trends, Paris Juni 1978; dies.: Economic Surveys Netherlands, Paris 1984; zur Entwicklung der niederländischen Industrie siehe ausführlich Wetenschappelijke Raad voor het Regeringsbeleid: Plaats en toekomst van de Nederlandse industrie, Den Haag 1981, ferner die Jahresberichte der Niederländischen Bank.
32 Sociaal-Cultureel Planbureau: De kwartaire sector in de jaren tachtig (Project PKS, Bulletin 2), Den Haag 1980; siehe auch Waterbolk, A.: Banen…, in: Economenblad, 4. März 1981, S. 1.
33 Zwan, A. van der: Ondernemend investeren in de jaren tachtig, in: Economenblad, 25. April 1984, S. 1f.
34 Huber, J.: Die verlorene Unschuld der Ökologie, Frankfurt/M. 1982.
35 Katona, G., Strümpel, B., Zahn, E.: Aspirations and Affluence, Comparative Studies in the United States and Western Europe, New York 1971, S. 137, deutsch: Zwei Wege zur Prosperität, Düsseldorf-Wien 1971.
36 Klipstein, M. von und Strümpel, B.: Der Überdruß am Überfluß, München 1984; siehe auch Strümpel, B.: Die Krise des Wohlstands, Stuttgart 1977; ferner Katona, G. und Strümpel, B.: A New Economic Era, New York-Amsterdam 1978.
37 Albeda, W.: De crisis van de werkgelegenheid en de verzorgingsstaat, Kampen 1984.
38 Sociaal-Cultureel Planbureau: Sociaal-Cultureel Rapport 1982, Einleitung; siehe auch die Rapporte von 1980, 1978, 1976 und 1974.
39 Zit. nach Huizinga, J.: Nederland's beschaving…, a.a.O., S. 83.
40 Katona, G., Strümpel, B., Zahn, E.: Aspirations…, a.a.O.
41 Strümpel, B.: Sozialindikatoren und ihr Beitrag zum Wirtschaftsdenken, in: Verhandlungen auf der Arbeitstagung des Vereins für Sozialpolitik, Bd. 98, S. 682; siehe auch Hirsch, F.: Social Limits to Growth, London 1977.
42 Time, 1. Dezember 1980, S. 10.
43 Uyl, J. den: Het socialisme is geen streep minder actueel dan twintig jaar geleden, in: Haagse Post, 21. April 1984, S. 71 und 73.
44 Siehe das Interview mit J. den Uyl: Het CDA gaat kapot aan één miljoen werklozen, in: Elseviers Magazine, 25. Februar 1984, S. 12f.
45 Giersch, H. (Hrsg.): Wie es zu schaffen ist; Agenda für deutsche Wirtschaftspolitik, Stuttgart 1983; Schmölders, G.: Der Wohlfahrts-

staat am Ende; Adam Riese schlägt zurück, München 1983; Jungblut, M.: Der Wohlstand entläßt seine Kinder; Wege aus der Krise, Stuttgart 1983; Siebert, H. (Hrsg.): Perspektiven der deutschen Wirtschaftspolitik, Stuttgart 1983; Kurlbaum, G. und Jens, U. (Hrsg.): Beiträge zur sozialdemokratischen Wirtschaftspolitik, mit einem Vorwort von Helmut Schmidt, Bonn 1983.

46 Siehe dazu Lindblom, Ch. E.: Politics and Markets, The World's Political-Economic Systems, New York 1977; ders.: Epilogue, in: Makler, H., Martinelli, A., Smelser, N., a.a.O., S. 323.

47 Doorn, J. A. A. van: De discussie over welzijnsbeleid (unveröff. Manuskript, siehe Kap. I, Anm. 1.), S. 20.

48 Achterhuis, H.: De markt van welzijn en geluk, 7. Aufl., Baarn 1981.

49 Wetenschappelijke Raad voor het Regeringsbeleid: Herwaardering van welzijnsbeleid, Den Haag 1982. Als Urheber des Programms der mit diesem Gutachten überprüften Politik gilt der gegenwärtige Bürgermeister von Rotterdam, A. Peper, vgl. ders.: Vorming van welzijnsbeleid (Diss.), Meppel 1962.

50 Doorn, J. A. A. van: De discussie over welzijnsbeleid, a.a.O., S. 34.

51 Siehe dazu Gurr, T. R.: Why Men Rebel, Princeton, N. J. 1970; Runciman, W. G.: Relative Deprivation and Social Justice, Berkeley 1966; Rawls, J.: Eine Theorie der Gerechtigkeit, Frankfurt/M. 1975.

52 Uyl, J. den: Het socialisme is geen streep minder actueel..., a.a.O., S. 70.

53 Parry, J., a.a.O., S. 18.

54 Siehe hierüber in den Werken von Wertheim, W. F., a.a.O.; ferner Lademacher, H.: Geschichte der Niederlande, Politik, Verfassung, Wirtschaft, Darmstadt 1983.

55 Furnivall, J. S., a.a.O.

56 Bagley, Ch.: The Dutch Plural Society, London 1973.

57 Zit. nach Doorn, J. A. A. van, in: The Engineers and the Colonial System (Second Anglo-Dutch Conference on Comparative Colonial History), unveröff. Manuskript, Leiden 1981.

58 Doorn, J. A. A. van: The Engineers..., a.a.O.

59 Wertheim, W. F.: Indonesie: van vorstenrijk tot neokolonie, a.a.O., S. 71.

60 Manusama, J. A.: Om recht en vrijheid, Utrecht 1952.

61 Bagley, Ch., a.a.O., S. 244.

62 Theunis, S.: Zij zien liever mijn handen dan mijn gezicht, Baarn 1979. Siehe auch Wetenschappelijke Raad voor het Regeringsbeleid: Etnische Minderheden, Den Haag 1979.

63 Amersfoort, H. van: Immigration and Formation of Minorities Groups: Dutch Experience 1945–1975, London 1982.

64 Schumacher, P.: De Minderheden; 600.000 vreemdelingen in Nederland, Amsterdam 1981; siehe auch Weenink, J. B. (Hrsg.): De vreemdeling in onze samenleving, Amsterdam 1983.

65 Siehe das Interview mit Ed van Tijn: Het mes in de verloedering, in: Elseviers Magazine, 25. Februar 1984, S. 18f.

66 De stad in, Jg. 7, Nr. 3, September 1979; die Nummer dieser Kirchenzeitschrift ist dem zehnjährigen Bestehen des »Moses-Hauses« gewidmet.
67 Siehe dazu Bell, D.: The Cultural Contradictions of Capitalism, in: Bell, D. und Kristol, I. (Hrsg.): Capitalism today, New York 1970; siehe auch Revel, J. F.: Ni Marx ni Jésus, Paris 1970; Garaudy, R.: Appel aux vivants, Paris 1979; ders.: Il est encore temps de vivre, Paris 1980; Willis, P.: Profane Culture, London 1978.
68 Inglehart, R.: The silent revolution, Princeton 1977.
69 Yankelovitch, D.: The New Morality: a Profile of the American Youth in the 1970's, New York 1974.
70 Giersch, H.: Löhne, Jobs und Jobkiller, in: Frankfurter Allgemeine Zeitung, 1. Dezember 1982.
71 Gouldner, A.: The New Class Project, in: Theory and Society, Bd. 6, Nr. 2, September 1978, S. 153f.
72 Katona, G.: Psychological Economics, Amsterdam-New York 1975; Schmölders, G.: Verhaltensforschung im Wirtschaftsleben, Hamburg 1978.
73 Nederlandse Bank: Jaarverslag 1982, S. 26; siehe auch Jaarverslag 1983.
74 Chamberlain, N. W.: Forces of Change in Western Europe, London 1980.
75 Bolkestein, F.: Modern Liberalism; Conversations with Liberal Politicians, New York 1982.
76 Kooistra, S.: Vijf paradoken van het nieuw industrieel elan, in: Intermediair, Jg. 20, 1. Juni 1984, S. 25.
77 Uyl, J. den: Het socialisme is geen streep minder actueel..., a.a.O., S. 73; siehe auch Franke, S. und Linthorst, M. (Hrsg.): Heimwee naar de toekomst, Amsterdam 1984.
78 Brink, J.R.M. van den: Zoeken naar een »heilstaat«, Amsterdam-Brüssel 1984, S. 83.
79 Veen, Ch. van: Herstructurering van bedrijven, in: Onderneming, Dezember 1983.
80 Beus, J.W. de und Doorn, J.A.A. (Hrsg.): De interventiestaat, a.a.O., S. 9.
81 Schumpeter, J.: Kapitalismus, Sozialismus und Demokratie, Bern 1950, S. 12f.
82 Horst Emke sprach hierüber in seiner Rede vom 16. Februar 1984 in der Deutschen Schule, Den Haag.
83 Huizinga, J.: Im Bann der Geschichte, Basel 1943, S. 103.
84 Jaspers, K.: Vom Ursprung und Ziel der Geschichte, Basel 1949, S. 45f.
85 Kritz, M., Keeley, Ch. B. und Tomasi, S. M. (Hrsg.): Global Trends in Migration; Theory and Research on International Population Movements, New York 1981.
86 Huizinga, J.: In de schaduwen van morgen, Haarlem 1935, S. 1.

Bildnachweis

Kartenarchiv der Universität von Amsterdam: 35, 251;
Museum V. v. Gogh: 114;
Philips-Archiv: 156;
Rijksmuseum Amsterdam: 24, 49, 69, 75, 78, 79, 80, 93, 115, 279;
Rijksmuseum - Stichting Amsterdam: 25, 73, 91, 126;
Rijksmuseum Kröller-Müller: 201;
Shell-Archiv: 259.